Cornelia Moll | Diana Giesen – Praxishandbuch Leichtathletik

Erfolgreiche Stundenbilder
für Schule und Verein

Cornelia Moll | Diana Giesen

Praxishandbuch
Leichtathletik

Limpert Verlag Wiebelsheim

Stets sind weibliche Adressaten gleichermaßen und gleichberechtigt gemeint, auch wenn der Text aus Gründen der Kürze und Lesbarkeit nur die männliche Form anführt.

Bibliografische Information Der Deutschen Nationalbibliothek
Die Deutsche Nationalbibliothek verzeichnet diese Publikation in der Deutschen Nationalbibliografie; detaillierte bibliografische Daten sind im Internet unter http://dnb.d-ndb.de abrufbar.

2., aktualisierte und erweiterte Auflage

www.limpert.de

Fotos: Christian Kramczynski
Druck und Verarbeitung: TZ-Verlag & Print GmbH, Roßdorf
Grafiken: Limpert Verlag
Printed in Germany/Imprimé en Allemagne

ISBN 978-3-7853-2002-0

Inhaltsverzeichnis

Abkürzungsverzeichnis

AA	Arbeitsauftrag
BB	Basketball
DLV	Deutscher Leichtathletik-Verband
DMT	Deutscher Motorik-Test 6–18
ebd.	ebenda
HA	Hausaufgabe
HB	Handball
li	links
re	rechts
rw	rückwärts
sw	seitwärts
VB	Volleyball
vw	vorwärts

Einführung

Ich betrete das Gelände des Olympiastadions in Berlin. Ich möchte noch etwas zu Essen kaufen und flaniere rund um das Stadion. Dabei schimmert immer wieder die blaue Bahn in den Durchgängen zu mir durch. Plötzlich sehe ich im Augenwinkel einen Speer quer durch das ganze Stadion segeln: Die Speerwerfer werfen sich bereits ein! Auf einmal will ich so schnell wie möglich auf meinen Sitzplatz und für einen Nachmittag lang die unglaublichen Leistungen der Athleten bewundern.

Leichtathletik fasziniert. Leichtathletik geht in Grenzbereiche menschlich möglicher Leistungen. Leichtathletik ist Leistung fast in Reinform. Die menschlichen Grundtätigkeiten Laufen, Springen und Werfen haben in dieser Sportart eine Konvention gefunden. Diese Grundtätigkeiten sind folglich durch das Regelwerk der Leichtathletikverbände in eine „Form gepresst", welche von vielen Menschen auf der Welt übernommen und durchgeführt wird.

In diesem Buch haben wir Stundenbilder für den Sportunterricht entworfen, die Grundtätigkeiten wie das Laufen, Springen und Werfen in freudbetonter Weise ermöglichen. Die feste, konventionelle Form wird zeitweise verlassen. Das Hauptziel ist aber: Die Schüler der Sekundarstufe lernen die Sportart Leichtathletik in ihrer konventionellen und gesellschaftlich vorherrschenden Form kennen. Dies ermöglicht den Schülern die Teilhabe an der Sportart (Erziehung zum Sport) und lässt die Schüler ihre individuellen Grenzen austesten, erfahren und erweitern (Erziehung durch Sport).

Die Sportart Leichtathletik ist eine „Sportart-Sportart" (vgl. Haag, Mess & Morawietz, 2010, S. 105). Das bedeutet, dass die Anforderungen so heterogen sind, dass die einzelnen Disziplinen selbst oder zumindest die Disziplingruppen Sprint, Sprung, Wurf/Stoß und Lauf quasi als eigene Sportart gekennzeichnet werden können. Die Wurf- und Stoßdisziplinen gehören laut Fröhner und Wagner beispielsweise zur Gruppe der Kraft-/Kraftausdauersportarten, der (Mittel- und Langstrecken-)Lauf zu den konditionell-koordinativen Sportarten und der Mehrkampf zu den koordinativ-konditionellen Sportarten (vgl. 2006, S. 211).

Die Anforderungen, die in den einzelnen Disziplinen an den Sportler gestellt werden, widersprechen sich also zum Teil. So stehen sich z. B. das Ausdauertraining eines Langstreckenläufers und das Maximalkrafttraining eines Kugelstoßers entgegen. Die Trainingsziele differieren so sehr, dass es sogar kontraproduktiv ist, sich allen Disziplinen gleichzeitig widmen zu wollen. Aus diesem Grund halten wir uns an die Experten in Sachen Heterogenität: Die Mehrkämpfer. Das Mehrkampftraining ermöglicht die sinnvolle Kombination von Inhalten in einer Trainingseinheit bzw. in unserem Kontext: die Kombination verschiedener Disziplinen in einer Doppelstunde Unterricht und in einer Unterrichtseinheit[1].

Unsere Idee von der Leichtathletik in der Sekundarstufe I und II

Unsere Herangehensweise für die Kombination differierender Unterrichtsinhalte

Viele Leichtathletikpublikationen planen mit einer Disziplin für eine Doppelstunde (vgl. z. B. Liedtke & Dornbusch, 2015a & 2015b; Fittko, Kölsch, Monz-Dietz, Poppe & Scheer, 2011). Diese Herangehensweise ist möglich, birgt jedoch die Gefahr, dass die Belastung zu hoch und zu spezifisch ist und zudem die Motivation bei der Beschäftigung mit einer Disziplin über 90 min nachlässt. So schreibt auch Zeuner, dass „Doppelstunden für eine (weitgefasste) Disziplin [...] wenig akzeptabel sind [...]." (vgl. 2017a, S. 101). Ein weiteres Argument, das für eine Kombination mehrerer Disziplinen in einer Doppelstunde spricht, ist die in manchen Bildungsplänen in Deutschland vorgesehene Durchführung eines Mehrkampfes.

Unsere Überlegungen sind daher folgende: Sprint- und Sprungleistungen – idealtypisch für die Schule sind hier Kurzsprint und Weitsprung – beeinflussen sich im Allgemeinen aufgrund ihrer ähnlichen konditionellen und koordinativ-technischen Voraussetzungen positiv (vgl. Deutscher Leichtathletik-Verband, 2015, S. 217). Wurfdisziplinen, wie z. B. Kugelstoßen und Speerwerfen, können erfahrungsgemäß gut mit Ausdauerbelastungen kombiniert werden, wobei die Technikaufgaben in der Regel im ermüdungsfreien Zustand und somit vor der Ausdauerbelastung durchgeführt werden sollten (vgl. Deutscher Leichtathletik-Verband, 2015, S. 219).

Grundsätzliches zur didaktisch-methodischen Herangehensweise an einzelne Disziplinen

Wir haben aufgrund von eigenen Erfahrungen und nach Literaturrecherche für viele Disziplinen didaktisch-methodische Schwerpunktsetzungen festgelegt, die jeweils als Hauptschwierigkeit für das Gelingen bzw. das Misslingen einer leichtathletischen Technik ausschlaggebend sind (vgl. dazu Zeuner, 2017a, S. 102f.). Exemplarisch sind hier einige Hauptschwierigkeiten aufgeführt:

- Im Hochsprung ist es z. B. die Tatsache, dass sich viele Schüler beim Absprung in die Matte hineinlegen, statt aus der Kurveninnenlage abzuspringen und zunächst zu steigen.
- Im Weitsprung ist es beispielsweise in den höheren Klassen „das Brett treffen", was als eine der Hauptschwierigkeiten für das Erreichen einer möglichst großen Weitsprungleistung gilt.
- Beim Ausdauertraining ist es der Spannungsbogen, der zwischen dem Erkennen und Verstehen der körperlichen Signale auf die Belastung („ich kann nicht mehr") und der Ablenkung von der Belastung (z. B.

1 Eine Doppelstunde Unterricht definieren wir als 90-min-Stunde. Eine Unterrichtseinheit – manchmal auch Unterrichtsvorhaben genannt – legen wir fest auf eine sinnvoll aufeinander aufgebaute Folge mehrerer Doppelstunden Unterricht, die im Umfang ca. 5–10 Unterrichtsstunden von je ca. 90 min einzuordnen ist.

„wir können gewinnen“) aufgespannt wird (kompetenzorientiert laufen lernen; vgl. Kurz, 2008).

- Beim Unterschied zwischen dem Werfen und dem Stoßen muss der Zweck der jeweiligen Bewegung in den Vordergrund gestellt werden: Wieso wirft man? Wieso stößt man? Der Zusammenhang ergibt sich aus den beiden Faktoren *Wurfgewicht* und der *Kraft* des Werfers: Individuell als schwer empfundene Gegenstände können schlicht und einfach nicht mehr geworfen, sie müssen gestoßen werden. Wir schlagen eine induktive Herleitung vor.
- Ein weiteres Problem ist das mangelnde Stemmen beim Kugelstoßen. Es wird „auf halber Höhe“ mit gebeugten Knien nach vorne geschoben. Ursächlich ist meist die mangelnde Kraft im Druckbein. Eine Auftaktbewegung in jeglicher Art erhöht die Anfangskraft.

Diese Schwerpunktsetzungen bedeuten daher auch, dass nicht alle technisch relevanten Bewegungsmerkmale bearbeitet werden können.

Am besten geht man von einem Bewegungsproblem aus

Diese Überlegungen führen zur von uns gewählten Herangehensweise an die didaktisch-methodischen Schwerpunktsetzungen im Bewegungslernen. Das Erschließen von Bewegungsinhalten nicht nur motorisch, sondern ebenso kognitiv über ein zu lösendes Bewegungsproblem anzugehen, ist nachhaltiger (vgl. Zeuner, Hofmann & Lehmann, 1997, S. 12). Die Schüler werden dadurch zum Nachdenken über Sport und Bewegung angeregt. Ein stures Nachmachen von Übungen, die sicherlich wohlüberlegt und zielführend sein mögen, ist nicht so wirkungsvoll und tiefgehend wie das Durchdenken eines gestellten Bewegungsproblems.

Im Fall der Gestaltung unserer Stundenbilder bedeutet dies, dass durch die Kombination mehrerer Disziplinen über die 90-min-Unterrichtsstunde keine einheitliche Fragestellung oder Problematisierung für die Schüler aufgebaut werden kann. Für die kombinierten Inhalte muss meist jeweils eine neue Fragestellung bzw. Problematisierung aufgeworfen werden. In manchen Stundenbildern findet sich jedoch ein inhaltlicher roter Faden über die Disziplingrenzen hinweg.

Gesprächsanlässe und Reflexionen

Sportunterricht heißt vor allem, dass die Schüler sich bewegen wollen und sollen, aber der Doppelauftrag und die zu verfolgende Mehrperspektivität im modernen Sportunterricht sowie die Tragweite der Vor- und Nachteile des Kulturguts Sport können nur über Reflexionen seitens der Schüler vermittelt werden (vgl. Brandl-Bredenbeck & Schulz, 2016, S. 85). Insbesondere die oben erwähnten Bewegungsprobleme lassen sich nur über Gespräche vermitteln. Deshalb bieten wir immer wieder Gesprächsanlässe, Problematisierungen und (Zwischen-)Reflexionen an, um die Schüler zum Nachdenken über ihr Sporttreiben und auch darüber hinaus anzuregen.

Technikleitbilder als Maß aller Dinge?

Ein weiteres großes Problem von Schülern im Sportunterricht sind die im wahrsten Sinn des Wortes fantastischen Leistungen der Spitzenathleten. Seien es etwa die Hochsprung- oder Sprintweltrekorde; sie und die gezeigten Bewegungstechniken scheinen wie aus einer anderen Welt zu sein.

Idealisierte Technikleitbilder gibt es daher in unseren Stundenbildern nicht (vgl. dazu auch Wastl & Wollny, 2012, S. 5): „Moderne Kinder- und Jugendleichtathletik [muss] von den idealisierten Technikleitbildern des Spitzensports abrücken, verschiedene funktionelle Bewegungslösungen zulassen, individuelle Handlungskompetenzen fördern und nachhaltige Körper- und Bewegungserfahrungen vermitteln.“ Auf unseren Bildern sehen Sie schülernahe Lösungen für die leichtathletischen Zieltechniken.

Dennoch vermittelt der Blick auf die Weltspitze in der Leichtathletik, wie eine Lösung für Bewegungsprobleme aussehen *kann*. Wie eine disziplinspezifische Technik im Optimalfall gelingt, sieht man bei den Besten. Der Lerneffekt kann beträchtlich sein, sei es motivational oder tatsächlich in der Verbesserung der eigenen Technik – natürlich angepasst an das Schülerniveau. An verschiedenen Stellen der Stundenbilder haben wir empfohlen, auf Bilderserien oder Videos von Spitzenathleten zurückzugreifen.

Für Technikleitbilder, die einfach zu beziehen und hochaktuell sind, verweisen wir auf die Internetseite www.leichtathletik.de. Hier findet man aktuelle Videoclips deutscher Spitzenathleten[2]. Eine weitere Möglichkeit sind Youtube-Videos von aktuellen oder auch früheren Spitzenathleten. Youtube und andere soziale Netzwerke ähnlicher Art stellen zum Teil hochwertige Inhalte frei im Netz zur Verfügung, die für den Sportunterricht herangezogen werden können.

Sportunterricht in Deutschland: Erziehung zum und durch Sport sowie Mehrperspektivität

Wie bereits erwähnt, ist der moderne Sportunterricht in Deutschland ein erziehender Sportunterricht *zum* und *durch* Sport (vgl. Kurz, 2008, S. 211; vgl. dazu auch Zeuner, 2015, 86f. sowie der Übersichtsbeitrag von Brandl-Bredenbeck & Schulz, 2016). Durch das Prinzip der Mehrperspektivität sollen die Schüler dazu befähigt werden, den Sport unter verschiedenen Sinnperspektiven zu erfahren (vgl. Kurz, 2008). Sportliche Aktivitäten können mit unterschiedlichem Sinn belegt werden und dadurch eine jeweils andere Bedeutsamkeit erlangen (vgl. Kurz, 1993, S. 414). Durch eine empirisch begründete und didaktisch sinnvolle Reduktion der Vielfalt möglicher Sinnzuschreibungen entstehen sechs sportpädagogische Perspektiven (vgl. Kurz, 2000, S. 27ff.):

- Die Wahrnehmungsfähigkeit verbessern und Bewegungserfahrungen erweitern
- Sich körperlich ausdrücken und Bewegungen gestalten
- Etwas wagen und verantworten

2 Stand 2022: Rubrik „TV“ oder Bilderreihen mit Kommentaren unter der Rubrik „Training“

- Das Leisten erfahren, verstehen und einschätzen
- Kooperieren, wettkämpfen und sich verständigen
- Gesundheit fördern, Gesundheitsbewusstsein entwickeln

Die Erziehung *durch* Sport bedeutet eine über den Sport hinausgehende Entwicklungsförderung anzubieten (vgl. Kurz, 2008, S. 211; Brandl-Bredenbeck, 2016, S. 84). Für unsere Stundenbilder bedeutet es: Das Wahrnehmen, Gestalten, Wagen, Leisten, Kooperieren und die Gesundheit innerhalb des Leichtathletikunterrichts zu fördern, kann die Persönlichkeitsentwicklung der Schüler stärken. Alle pädagogischen Perspektiven können mehr oder weniger in der Leichtathletik verortet werden und finden sich in unseren Stundenbildern wieder. Erziehung *durch* Sport heißt für uns im Blick auf die pädagogischen Perspektiven und die Leichtathletik aber vor allem: Jeder soll dazu befähigt sein, das Beste aus sich herauszuholen und an seine Leistungsgrenze zu gehen. Die Erziehungswirkung in der Individualsportart heißt eben auch: Es kommt auf *mich* an!

Das schließt nicht aus, dass alle anderen Perspektiven, wie auch beispielsweise die Perspektive der Kooperation, mit aufgenommen werden. Das betrifft insbesondere die Klassenstufe 5/6, wo in einigen Teilen unserer Stundenbilder eine Orientierung am Kinderleichtathletik-Wettkampfsystem des DLV in unseren Stundenbildern umgesetzt wurde (vgl. Deutscher Leichtathletik-Verband, 2013). Leichtathletik ist auch ein Gemeinschaftserlebnis, sei es als ein echtes gemeinsames Sporttreiben (z. B. Mannschaftswettspiele) oder als ein gemeinsames „Nebeneinanderhersporttreiben“ (z. B. zusammen laufen).

Desgleichen sind vielfältige Bewegungserfahrungen und die Schulung der Wahrnehmungsfähigkeiten in unseren Stundenbildern immer wieder präsent, da die von uns geplanten verschiedenen Übungen die Körperwahrnehmung und die Bewegungserfahrung erweitern können und dies mit den Schülern in gemeinsamen Reflexionsgesprächen thematisiert wird.

In vielen Stundenbildern werden mehrere pädagogische Perspektiven angesprochen. Wenn eine pädagogische Perspektive dem gesamten Stundenbild überzuordnen ist, ist dies zu Beginn des Stundenbilds vermerkt.

Die Erziehung *zum* Sport soll die Schüler handlungsfähig im Sport machen (vgl. Kurz, 2008, S. 211; Brandl-Bredenbeck & Schulz, 2016, S. 86). Erziehung *zum* Sport heißt im Blick auf die Leichtathletik für uns, insbesondere das in dieser Sportart innewohnende Kulturgut zu vermitteln. Das betrifft vor allem die im Laufe der Jahrhunderte gewachsene Tradition, sich im Laufen, Springen und Werfen mit sich selbst und anderen zu messen. Die Erziehung *zum* Sport heißt für uns aber auch: Das leichtathletische Training eignet sich hervorragend, um Grundlagen zu schaffen für viele andere Sportarten und Bewegungsfelder. Laufen, Springen und Werfen ist eine Grundlage menschlich möglicher Bewegungen. Sie werden in der Leichtathletik vertieft, differenziert und mit Blick auf das Optimum sowie das Maximum der Leistung behandelt. Diese Grundlagen sind übertragbar auf andere Sportarten und weitere Bewegungsfelder im Sportunterricht.

Sportunterricht in Deutschland: Kompetenzorientierung

Was bedeutet es überhaupt, wenn man kompetent in der Leichtathletik ist? Was bedeutet es z. B., ganz konkret, kompetent im *Laufen* zu sein? Kurz schreibt in einem Aufsatz dazu (2008, S. 214f.): Beim ausdauernden Laufen wird ein Spannungsbogen zwischen dem Erkennen, Verstehen und Anerkennen der körperlichen Belastung und der möglichen Ablenkung von der Belastung gespannt. Ein bewusstes Erleben und Bewältigen der Belastung ist kompetenzorientiert, nicht die reine Ablenkung davon.

Hier verstehen wir die Kompetenz im Verständnis nach Weinert. Für ihn sind Kompetenzen „die bei Individuen verfügbaren oder durch sie erlernbaren kognitiven Fähigkeiten und Fertigkeiten, um bestimmte Probleme zu lösen, sowie die damit verbundenen motivationalen, volitionalen und sozialen Bereitschaften und Fähigkeiten, um die Problemlösungen in variablen Situationen erfolgreich und verantwortungsvoll nutzen zu können.“ (vgl. Weinert, 2003, S. 27f.) Ganz konkret soll folglich ein Schüler, der kompetent laufen kann, eine ausreichend hohe allgemeine aerobe Ausdauer besitzen, über eine möglichst ökonomische Lauftechnik verfügen, sein Körpergewicht tragen können und ein Wissen darüber haben, wie die körperlichen Signale der Anstrengung zu deuten und zu bewältigen sind (vgl. Kurz, 2008, S. 214f.). Dieser Anspruch einer Laufkompetenz ist übertragbar auf alle Ziele und Inhalte des Sportunterrichts.

Ein Plädoyer für die Leistung

Obwohl wir in unseren Stundenbildern den mehrperspektivischen Zugang verfolgen und den Doppelauftrag des Sportunterrichts erfüllen wollen, möchten wir dennoch die Leistung als pädagogische Perspektive ein wenig in den Vordergrund rücken. Zeuner schreibt über Buchpublikationen zur Didaktik und Methodik der Leichtathletik (vgl. 2017a, S. 101): „Überraschend ist eine geringe Orientierung auf das Erreichen von Leistungsfortschritt in grundlegenden leichtathletischen Disziplinen.“ In vielen anderen Kontexten heißt es im Gegensatz dazu häufig sinngemäß: „Sport soll Spaß machen. Es kommt nicht auf die Leistung an.“ Aber diese Aussage ist so nicht haltbar: Keine sportliche Handlung ist ohne ein Mindestmaß an Leistung möglich, weil sie sonst einfach nicht existiert, nicht geleistet wird.

Ein einleuchtendes Beispiel ist hier das Volleyball- oder Beachvolleyballspiel, welches nur zustande kommt, wenn alle Teilnehmer in der Lage sind, zumindest von Zeit zu Zeit einen Ball einigermaßen zielgerichtet zurückzuspielen. Und so kann man diese Argumentation herunterbrechen auf alle sportlichen Handlungen: Joggen gehen, Körpererfahrungen im Gerätturnen sammeln, zusammen Fußball spielen, sich im Wasser fortbewegen usw. Meistens reicht es für ein gelungenes Sporterlebnis, dass dieses Mindestmaß an Leistung erreicht wird. Manchmal ist eine Optimierung der Leistung nötig. In der Sportart Leichtathletik geht es allerdings vielfach um die Maximierung der Leistung. Das ist nicht jedermanns Geschmack, ist aber eine dem Sport immanente Sinnperspektive, die in der Leichtathletik besonders zum Tragen kommt. Deshalb wollen wir in unserem Buch der Stundenbilder Leichtathletik die Leistung aller Schüler positiv belegen und positiv würdigen (vgl. dazu auch Zeuner, Hofmann & Lehmann, 1997, S. 6). Jede erbrachte Leistung hat einen Wert.

Man kann diese Leistung nun relativieren, wie z. B. zur eigenen Körpergröße, zum eigenen körperlichen Entwicklungsstand in der Pubertät oder zum aktuellen Trainingszustand. Aber natürlich wollen wir klarmachen, dass auch die absoluten Höchstleistungen einzelner Schüler gewürdigt werden dürfen und von allen Schülern eine persönliche Höchstleistung gefordert werden kann. Gesunde Schüler können sich anstrengen und werden durch Training und Reflexion der sportlichen Handlung eine für sich gute Leistung erzielen. Der Bezug zur absoluten Leistung wird spätestens durch die Notengebung geschehen.

Es ist selbstverständlich, dass das in der Notentabelle der jeweiligen Schule nicht immer die Note 1 sein wird. Aber von vornherein zu sagen: „Ich bin zu klein, ich kann daher sowieso keinen Hochsprung", ist eine Ausrede, die es Schülern einfach macht, sich nicht um diese Disziplin zu bemühen. Denn in der Tat gibt bzw. gab es immer wieder relativ kleine Hochspringer (z. B. Stefan Holm, Kajsa Bergqvist), die von den körperlichen Voraussetzungen her nicht optimal für den Spitzensport im Hochsprung geeignet und trotzdem sehr erfolgreich waren. Das Anforderungsprofil beim Hochsprung besteht nicht ausschließlich aus einer genügend hohen Körpergröße (vgl. Moll, 2017, S. 109f.). „Ein Leistungsfortschritt ist für jeden erreichbar,"[3] schreiben Zeuner, Hofmann und Lehmann (1997, S. 8). Und wenn Lehrer, Schüler oder Eltern fordern, dass der Hochsprung generell nach Körpergröße relativiert werden sollte, kann man entgegnen: Sollen wir auch Muskelbiopsien machen, um die Sprinttypen nicht beim Ausdauerlauf und die Ausdauertypen nicht beim Sprint zu benachteiligen? Nur weil die Körpergröße leicht messbar und offensichtlich ist, heißt es noch lange nicht, dass „alles gerecht ist", wenn beim Hochsprung die Körpergröße berücksichtigt wird. Gleiche Voraussetzungen bei allen Schülern hat man niemals. In keiner Sportart und in keinem Bewegungsfeld im Sportunterricht, in keinem anderen Schulfach und damit muss man umgehen.

Unser Vorschlag ist daher, dass die unterschiedlichen Voraussetzungen thematisiert werden, gewürdigt werden und die Beurteilung so voraussetzungsfrei wie möglich sein sollte, aber niemals die einzige Leitperspektive des Leichtathletikunterrichts sein darf. Denn eventuell ist der Junge, der nun mal der Schnellste ist, jemand, der ansonsten in den anderen Sportstunden wenig gewürdigt wird. Oder das Mädchen, das den Ball aufgrund seiner großen Armspannweite so weit werfen kann, steht vielleicht in fast allen anderen Sportarten auf der Note 4.

Räumliche, zeitliche und materielle Gegebenheiten berücksichtigen

Leichtathletik ist eine Sportart für draußen. Zeuner schreibt: „Raus ins Freie – Laufen, Springen, Werfen/Stoßen bietet draußen vielfältige Chancen" (2017b, S. 212) und er thematisiert die Chancen, die das Laufen, Springen, Werfen/Stoßen in einem Unterricht im Freien mit all seinen Unwägbarkeiten bietet. Er führt als überwindbare Unwägbarkeiten hier beispielsweise das Wetter an oder auch den „öffentlichen Blick", dem man ausgesetzt ist (ebd.). Dies alles sind Erfahrungen, die ein Unterricht in der Sporthalle nie ermöglichen kann. Insbesondere die Temperatur führt bei Schülern immer wieder zu Diskussionen. 19 °C sind noch zu kalt, während 22 °C bereits als zu heiß empfunden werden. Aus diesen Gründen haben wir die Stundenbilder für eine Stadionanlage mit Grundausstattung geschrieben und möchten Sie ermutigen, den Leichtathletikunterricht trotz oder wegen aller Unwägbarkeiten ins Freie zu verlegen.

Ein Leichtathletikstadion ist sinnvoll, aber nicht zwingend nötig. Nicht immer ist ein komplettes Stadion notwendig, um draußen Leichtathletik zu machen, manchmal reicht auch ein Kunststoffplatz, ein Sandplatz oder ein Rasenplatz. Weiterhin können auch der Schulhof oder am Stadion angrenzende Flächen genutzt werden, wie z. B. Wege, Spielplätze, Wald und Feld oder etwa Wälle oder Treppen oder Ähnliches. Hier sind der Fantasie keine Grenzen gesetzt (Achtung: Versicherungsrechtliche Aspekte beim Sporttreiben außerhalb des Schulgeländes beachten).

Aber auch in einer Sporthalle mit Grundausstattung kann man viele Ziele des Leichtathletikunterrichts erreichen (vgl. ebd.). In etlichen Fällen haben wir daher Tipps für ein Alternativprogramm in der Halle gegeben. Die Organisation des Leichtathletikunterrichts in einer kleinen Halle haben wir bei Stundenbildern, bei denen dies möglich ist, mit einbezogen und z. T. Vorschläge für Hallenaufbaupläne beigefügt. Einige wenige Stundenbilder sind ausschließlich an Leichtathletikanlagen sinnvoll.

Die zeitlichen Gegebenheiten variieren je nach Schule. Manche Schulen haben ihre Leichtathletikanlagen direkt nebenan und können die vollen 80–90 min Unterrichtszeit ausschöpfen. Andere Schulen müssen lange Fahrtwege auf sich nehmen und können manchmal nur auf 60 min Unterrichtszeit zurückgreifen. An dieser Stelle müssen Sie die von uns angegebene Dauer der einzelnen Stundenbilder an Ihre Gegebenheiten anpassen und gegebenenfalls einige Inhalte kürzen, austauschen oder hinzufügen.

Die Leichtathletikgeräte für die verschiedenen Disziplinen sind teuer in der Anschaffung, aber lohnenswert, da sie meist eine lange Lebensdauer haben. Günstige Anschaffungen kleiner Materialien, die sich für jede Schule lohnen, sind:

---

3 Aber auch alleine den Leistungs*fortschritt* zu bewerten, wie es Zeuner vorschlägt (vgl. 2017a, S. 101), benachteiligt die sehr guten Schüler, die bereits auf einem hohen Niveau sind, wie z. B. trainierte Leichtathleten oder Wettkampfsportler anderer Sportarten. Sie werden sich nicht innerhalb von ein paar Schulstunden verbessern können.

- ein halber Klassensatz digitale Stoppuhren
- ein viertel Klassensatz Maßbänder (10 m, 25 m, 50 m)
- kleine Markierungsteller (ca. 50 Stück)
- kleine Hütchen (ca. 20 Stück)
- Schaumstoffblöcke (ca. 30 Stück)
- ausrangierte Fahrradreifen bzw. Fahrradmäntel (ca. 20 Stück, meist kostenlos beim Fahrradhändler)
- Bananenkisten (ca. 15 Stück, kostenlos im Supermarkt)
- Schaumstoffrohre (ca. 15 Stück, im Baumarkt günstig zu kaufen)
- 50–100 m Flatterband

Unter anderem auf diese Materialien greifen wir in den Stundenbildern zurück. Sie sind zudem universell in vielen anderen Sportstunden außerhalb der Leichtathletik einsetzbar. Durch eine ausreichend hohe Anzahl an Stoppuhren und Maßbändern können die Schüler zudem in Selbstverantwortung Kampfrichteraufgaben übernehmen (Stichwort Kompetenzorientierung).

Weitere schulspezifische Hinweise

Ein immerwährendes schulisches Problem sind die Klassengrößen. In Deutschland sind es zuweilen 33 Schüler pro Klasse (vgl. Sekretariat der Ständigen Konferenz der Kultusminister der Länder in der Bundesrepublik Deutschland, 2021). Durch Teilen und anschließendes Tauschen der Gruppen können kleinere Lerngruppen erreicht werden. Hier muss man mit einfachen Zusatzaufgaben arbeiten, Partnerbeobachtungen einbauen etc., um die wartende Gruppe sinnvoll zu beschäftigen (vgl. Lütt, 2016, S. 17ff.). Eine kurze Abschlusspräsentation erhöht die Verbindlichkeit, das aufgetragene Programm zu absolvieren. Für extra große Gruppen bei wenig Platz haben wir als Exkurs ein zusätzliches Stundenbild entworfen.

An vielen Stellen haben wir Kampfrichter-, Beobachter- und Traineraufgaben vorgeschlagen, die entweder passive Schüler oder alle Schüler aus der Klasse übernehmen können.[4] Dadurch wird ihnen ermöglicht, noch einmal einen anderen Blick auf ihr eigenes Sporttreiben zu werfen und sie werden zur Reflexion über die Unterrichtsinhalte angeregt.

Individualisierung und Differenzierung als notwendige Antwort auf die wachsende Heterogenität

„Differenzieren und Individualisieren ermöglichen eher Erfolgserlebnisse und zeigen individuelle Stärken auf.“ (vgl. Zeuner, Hofmann & Lehmann, 1997, S. 12) Durch die Einzelsportart Leichtathletik gibt es bereits einen ersten Schritt der Differenzierung: Jeder läuft, springt und wirft auf seinem Niveau. Durch Abstandsvarianten, Wurfgewichte, Laufstreckenänderungen etc. erreicht man eine einfache Differenzierung. Manchmal ist spezielle Differenzierung notwendig, wie etwa bei der Wahl der passenden Hochsprungtechnik. Die von uns angegebene Belastungsintensität und -dauer sowie Wiederholungs- und Serienzahlen sind Empfehlungen, die Sie an Ihre Klasse bzw. an einzelne Schüler anpassen dürfen und sollen.

Ein weiterer Punkt der Heterogenität der Schüler wird durch die heterogenen Anforderungen der Leichtathletikdisziplinen kompensiert. Die für die einzelnen Disziplinen notwendigen Konstitutionstypen finden sich wahrscheinlich auch in Ihrer Klasse wieder: Da gibt es vermutlich den lauffaulen Werfer oder umgekehrt den wurffaulen Läufer. Natürlich wird es auch Schüler geben, denen alle Leichtathletikdisziplinen liegen und umgekehrt auch Schüler, die mit allen Disziplinen ihre Schwierigkeiten haben. Letztere können dann aber beispielsweise in Reflexionsphasen, bei den Kampfrichter-, Trainer- und Beobachteraufgaben und in anderen Sportarten und Bewegungsfeldern im Sportunterricht punkten.

Notengebung

Die Notengebung in der Leichtathletik ist naheliegend: Die messbaren Leistungen der Wettkampfdisziplinen Kurzsprint, Weit- und Hochsprung, Kugelstoßen und der 800-m-/1000-m-Lauf werden wohl die meisten Schulnoten in der Leichtathletik in Deutschland ausmachen. In den vergangenen Jahren hinzugekommen ist der Cooper-Test (Bodden, 2002; Schneider, 2002; 2006; 2011). Dieser ist – wie der Name bereits sagt – als Test konzipiert und keine Leichtathletikdisziplin. Aufgrund der Übereinstimmung in der Bewegungsstruktur, der ähnlichen konditionellen Anforderung wie beim leichtathletischen 3000-m-Lauf und der Beliebtheit in der Schule haben wir den Cooper-Test in den Stundenbildern aufgegriffen.

Auch längere Ausdauerläufe von 20 bis 30 min sind in einigen Bildungsplänen vorgesehen. Wir sehen hier aber die Schwierigkeit, dass das Üben und Trainieren für solch eine lange Laufdauer zu viel Zeit im Unterrichtsgang kosten würde. Der Mittelstreckenlauf kann in kürzerer Unterrichtszeit trainiert werden.

Techniknoten sind in der Sportart Leichtathletik ebenso denkbar, haben wir aber in unsere Stundenbilder nicht mit einbezogen. Hier empfehlen wir, einen Kriterienkatalog zu entwerfen – gegebenenfalls mit den Schülern gemeinsam – und diesen offen den Schülern zu kommunizieren.

Für eine stärker kompetenzorientierte Bewertung können Sie die Empfehlungen von Liedtke und Dornbusch aufgreifen, die Vorschläge hierzu im Laufen, Springen und Werfen gemacht haben (Liedtke & Dornbusch, 2015a; 2015b; Dornbusch & Liedtke, 2015).

Weitere Hinweise zur Notengebung möchten wir nicht geben, da die Notengebung sehr eng mit den tatsächlich gehaltenen Unterrichtsstunden, dem geltenden Bildungsplan und den Beschlüssen der jeweiligen Lehrerfachschaften an den Schulen verknüpft sein sollte. Am Ende jeder Unterrichtseinheit wird jedoch ein Vorschlag für eine Einbettung der Notengebung in ein passendes Aufwärmen, eine spezielle Vorbereitung und einen gemeinsamen Abschluss vorgestellt.

---

4 Zur Dringlichkeit vgl. das Themenheft des Deutschen Sportlehrer-Verbands, 2021,12

Die Regeln
Die Unterrichtseinheiten auf den verschiedenen Schulstufen führen also stets auf die Notengebung in den erlernten und geübten Disziplinen hin. Diese sollten natürlich möglichst nach den offiziellen Wettkampfregeln abgenommen werden, da diese in hohem Maße objektiv, valide und reliabel die Leistung in den Leichtathletikdisziplinen überprüfen. Einige wichtige Regeln haben wir in den Einleitungen zu den einzelnen Stundenbildern kurz aufgegriffen. Das ersetzt aber nicht die eigene Beschäftigung mit dem Regelwerk der Leichtathletik. An dieser Stelle kann auf die Broschüre „Grundwissen für Kampfrichter" verwiesen werden, die der DLV im Abstand von einigen Jahren immer wieder neu auflegt und die wichtigsten Regeln der Leichtathletik zusammenfasst (vgl. 2019). Des Weiteren sei das zurzeit kostenlose Angebot des DLV erwähnt, die vollständigen (und sehr ausführlichen) Regeln der Leichtathletik auf der offiziellen Homepage herunterzuladen (vgl. 2021).[5]

Der Aufbau der Stundenbilder und der einzelnen Stufen

Leichtathletik in der Schule von Klasse 5 bis zur Sekundarstufe II
Alle Schüler in Deutschland besuchen verpflichtend die Schule bis zur 9. oder 10. Klasse. Daher behandeln wir die in den meisten Bildungsplänen aufgeführten Leichtathletikdisziplinen von Klasse 5–10 mindestens einmal. Der Unterricht in Klasse 5–10 bildet folglich den Basisunterricht. In der Sekundarstufe II erweitern und vertiefen die Schüler in den gewählten Sportarten die im Sportunterricht der vorausgegangenen Sekundarstufe I erworbenen Fertigkeiten und Fähigkeiten, Kenntnisse, Einstellungen und Werthaltungen in enger Verflechtung von Theorie und Praxis (vgl. Staatsinstitut für Schulqualität und Bildungsforschung München, 2017, Abschnitt 4). In der Sekundarstufe II ist es dann auch möglich, sich im Hinblick auf das Abitur zu spezialisieren.

Folgende Disziplinauswahl haben wir getroffen:

- Sprint
  - 50 m (Klassenstufe 5/6)
  - 75 m (Klassenstufe 7/8)
  - 100 m (Klassenstufe 9/10; Sekundarstufe II)
- Sprung
  - Weitsprung (Klassenstufe 5/6 und 9/10; Sekundarstufe II)
  - Hochsprung (Klassenstufe 7/8; Sekundarstufe II)
  - Mehrfachsprung[6] (Sekundarstufe II)
- Wurf/Stoß
  - Ballwurf (Klassenstufe 5/6)
  - Kugelstoßen (Klassenstufe 7/8; Sekundarstufe II)
  - Speerwurf (Klassenstufe 9/10)
- Lauf
  - 800 m/1000 m (Klassenstufe 5–10)
  - Cooper-Test[7] bzw. 3000-m-Lauf (Sekundarstufe II)
- Exkurse
  - Staffellauf (Klassenstufe 5–Sekundarstufe II)
  - Hürdensprint (Klassenstufe 5–Sekundarstufe II)
  - Sportmotorische Tests in der Leichtathletik (Klassenstufe 5–Sekundarstufe II)
  - Leichtathletik mit großen Gruppen bei wenig Platz (Klassenstufe 5–Sekundarstufe II)

Da sich die Anforderungen der Leichtathletik in den jeweiligen Klassenstufen prinzipiell ähneln, können viele der von uns entworfenen Unterrichtseinheiten in verschiedenen Klassenstufen unterrichtet werden. Wichtig ist hier eine kritische Reflexion, ob die Vorgehensweise auf den entsprechenden Lernstand passt. Es ist grundsätzlich eher denkbar, eine Unterrichtseinheit, die von uns für die jeweils jüngere Klassenstufe entworfen worden ist, auf eine ältere Klassenstufe anzupassen als umgekehrt.

Durch die bereits beschriebene Kombination von Leichtathletikdisziplinen kommt es zu einer Zweiteilung innerhalb der zehn Stundenbilder einer Klassenstufe. Hier ist es möglich, im ersten Schuljahr, z. B. in Klasse 5 die ersten fünf Stundenbilder mit zwei Leichtathletikdisziplinen und anschließend im 6. Schuljahr die Stundenbilder sechs bis zehn mit zwei weiteren Leichtathletikdisziplinen zu unterrichten.

Wie bereits im vorherigen Abschnitt erwähnt, werden durch die Verteilung der Disziplinen in den Schulstufen alle Inhalte bis Ende Klasse 10 mindestens einmal aufgegriffen (s. o.). So schreibt auch Zeuner (2017a, S. 102ff.), dass in den Klassenstufen 5–7 die „einfache" Aneignung grundlegender Disziplinen stattfinden sollte, in den Klassenstufen 7–10 hingegen u. a. die Wahl anderer Disziplinen und weiterer Themen, wie z. B. Fitness/Gesundheit getroffen werden sollte. Wichtige Inhalte sind bei uns nichtsdestotrotz auf jeder Schulstufe zu finden. Das sind z. B. das Sprint-, Sprung-, Lauf- und Wurf-ABC, das sind auch das Sprinten und das ausdauernde Laufen. Im Sinne eines Spiralcurriculums kann im Idealfall auf der höheren Schulstufe auf die erlernten Inhalte der vorherigen zurückgegriffen werden. Im Sinn von Zeuner greifen wir dabei aber immer wieder andere Schwerpunkte und neue Herausforderungen auf (vgl. ebd.)

5 Deutscher Leichtathletik-Verband. (2021, 01. November). *Regelwerk der Leichtathletik*. Zugriff am 29. Juli 2022 unter https://www.leichtathletik.de/service/downloads/regelwerk-der-leichtathletik

6 Wir behandeln nur Mehrfachsprünge allgemein und nicht speziell die Leichtathletikdisziplin Dreisprung. Unser Stundenbild zum Mehrfachsprung ist als erste Hinführung zum Dreisprung zu sehen.

7 Der Cooper-Test ist zwar keine leichtathletische Disziplin, da er aber sehr beliebt ist, und im Abitur z. B. in Baden-Württemberg gefordert wird, haben wir ihn mit aufgenommen (vgl. Ministerium für Kultus, Jugend und Sport Baden-Württemberg, 2017).

In den einzelnen Stunden wurde – soweit wie möglich – versucht, die am ehesten gesundheitsrelevanten konditionellen Fähigkeiten Ausdauer und Kraft zu trainieren (vgl. Brehm, 2003, S. 225). Sie bilden zudem die Grundlage für viele weitere sportliche Handlungen (s. unsere Ausführungen zur Erziehung zum Sport). Auch in den Bildungsplänen vieler Bundesländer werden die konditionellen Fähigkeiten Ausdauer und Kraft besonders in den Vordergrund gestellt. In unseren Stundenbildern schlägt sich das z. B. durch ein verlängertes Aufwärmprogramm oder einen Einschub zur Kräftigung nieder. In vielen Stundenbildern gibt es kognitive und soziale Aufgaben (z. B. für passive Schüler), die sich in Kampfrichter-, Trainer- und Beobachteraufgaben aufteilen. Auch hier findet man in vielen Bildungsplänen Hinweise dazu. Insbesondere das „Regeln kennen und anwenden" oder das „Bewegungen beschreiben und beurteilen können" treten hier als sporttheoretisches Handlungswissen in den Vordergrund.

Hausaufgaben sind grundsätzlich denkbar (vgl. Schittkowski, Woll & Wagner, 2022): Einzelne Bewegungen können auch zu Hause oder im Freien fast überall geübt werden, Grundlagen können durch andere Sportarten geschaffen werden, Filme können im Internet angeschaut werden. An einigen Stellen haben wir Hinweise hierzu gegeben.

Wir haben das fünfte und zehnte Stundenbild jeder Klassenstunde immer als reine Notenbildungs-, Übungs- oder Wiederholungsstunde konzipiert. Eine reine Übungs- und Wiederholungsstunde ist für den Sportunterricht Gold wert (vgl. Themenheft Üben – Üben – Üben des Deutschen Sportlehrer-Verbandes, 2022, 6). Allerdings ist es ist durchaus möglich, in dieser Stunde bereits die Noten zu vergeben, wenn entweder die Klasse bereits so weit ist oder – wie es so oft im Schulalltag der Fall sein wird – die Zeit drängt!

Wie fangen wir an? Bitte nicht gleich sprinten!

Oftmals wird zu Beginn einer Stunde ein Kleines Spiel durchgeführt (z. B. Liedtke & Dornbusch, 2015a; Fittko et al., 2011). Jedoch ist eines der wichtigsten Dinge, die man als Lehrer oder Trainer lernt, dass man sich vor dem Sport – insbesondere vor Höchstbelastungen – in einer niedrigen Intensität gut aufwärmen muss. Bei den meisten Kleinen Spielen wie etwa Fangspielen oder auch Völkerball *muss* hingegen in Höchstgeschwindigkeit oder mit maximalem Antritt gesprintet werden. So eine Art „Kaltstart" vollbringen, ohne sich zu verletzen, nur vorpubertäre Kinder oder alle Menschen in Notsituationen. Wir haben deshalb darauf geachtet, dass die erste Phase des Aufwärmens stets in einer niedrigen Intensität erfolgt und somit als allgemeines Aufwärmen bezeichnet werden kann. Ein spezielles Aufwärmen kann im Anschluss an das allgemeine Aufwärmen erfolgen und führt auf die Themen oder Belastungen im Hauptteil hin. Dieses kann bereits in einer höheren Intensität erfolgen.

Fazit: Höchstens in der 5./6. Klasse ist es zu rechtfertigen, ein Kleines Spiel mit Sprintelementen gleich zu Beginn zu machen. Deshalb plädieren wir dafür: Beim Aufwärmen moderat beginnen und bitte nicht gleich sprinten!

Vorgespräche und Reflexionen

Alle Vorgespräche und Reflexionen – auch Zwischen- und Abschlussreflexionen – fokussieren die Schüler jeweils auf das, was geschehen wird, was gerade geschieht oder was geschah. Diese Fokussierungen haben verschiedene Ziele und inhaltliche Schwerpunktsetzungen. Manchmal sollen die Schüler motiviert werden, manchmal nur informiert. In anderen Fällen soll Fachwissen wiederholt werden, eine Problematisierung erfolgen, die Zusammenarbeit in der Gruppe reflektiert oder die Aufmerksamkeit der Schüler auf ihr Körpergefühl gelenkt werden. Diese Vorgespräche und Reflexionen sind somit situationsangepasst und folgen daher keiner einheitlichen Systematik.

In Bezug auf die Fragetechnik gibt es oft ja/nein-Fragen, die durch Handheben eine schnelle Umfrage möglich machen oder Fragen zum schnellen Nennen von Begriffen. Es sind aber auch Fragen dabei, die mit den Operatoren „beschreiben", „erklären" und „begründen" ausführlichere Antworten von den Schülern verlangen.

Können wir am Schluss noch was spielen?

Schüler spielen gerne und wünschen sich oft ein Abschlussspiel in der Sportstunde. Hierfür wird von uns in vielen Stundenbildern der Vorschlag eines Spiels gemacht, das die Inhalte der Stunde aufgreift, festigt, übt oder zumindest inhaltlich damit verknüpft ist oder wenigstens das bereits herausgeholte Material der Stunde nutzt. Schüler motiviert es jedoch unheimlich, wenn ihre eigenen Ideen bei den Spielen umgesetzt werden. Ein Ansporn für die Schüler kann es sein, dass sie selbst Spielvorschläge machen, die mit dem Unterrichtsthema zu tun haben oder bekannte Spiele abwandeln, sodass sie für das Unterrichtsthema passen – oder zumindest die bereits benutzten Materialien verwenden. Auf diese Weise reflektieren sie die Unterrichtsziele und -inhalte noch einmal intensiver.

Vielleicht finden die Schüler eine Völkerballvariante, die die Ausdauer schult (in etwa wie bei Brennball „extrem" als Ausdauerschulung in Stundenbild 9, Klassenstufe 5/6, s. S. 52). Spiele mit wenigen Regeln erhöhen den Spielfluss und die Spielfreude, da sie von allen verstanden werden und die reine Spielzeit maximiert wird.

Eine weitere mögliche Herangehensweise ist es, die konditionelle und koordinative Beanspruchung der Schüler in den Stundenausklang mit einzubeziehen: War es eine kognitiv anspruchsvolle Stunde, geht es im Abschlussspiel darum, sich auszupowern. War jedoch Ausdauertraining die Hauptbeanspruchung der Stunde, ist der Stundenabschluss taktisch, vielleicht auch eher entspannend oder sozial herausfordernd geprägt.

Mut zur Variation

Die Stundenbilder bauen aufeinander auf, sind aber auch unabhängig voneinander durchführbar. Suchen Sie sich die Stundenbilder aus, die für ihre Schüler, ihre Gegebenheiten und für Sie selbst passen. Nehmen Sie gegebenenfalls die Stundenbilder auseinander und setzen Sie sie anders wieder zusammen. Schulunterricht muss flexibel sein, um an den jeweiligen Lehrer, die jeweilige Klasse, an spezielle Bedingungen und unvorhergesehene Ereignisse angepasst werden zu können. Die von uns ausgearbeiteten Stundenbilder sind ein Vorschlag und kein Dogma.

Die Stundenbilder Leichtathletik auch im Verein?
Viele unserer Ziele und Inhalte sind auf den Vereinssport Leichtathletik übertragbar. Wichtig ist, dass Sie kritisch reflektieren, ob die von uns vorgesehenen Ziele und Inhalte mit den Zielen ihres Vereinstrainings übereinstimmen. Passen Sie die Stundenbilder an ihre Athleten an. Gegebenenfalls muss die Belastung im Vereinstraining intensiver sein, manchmal benötigen die Athleten drei Serien statt einer. Grundsätzlich sind Voraussetzungen für viele leichtathletiktypische Bewegungen im Vereinssport eher vorhanden und Sie können bei der Erarbeitung einer Technik schneller voranschreiten. Beispielsweise können Leichtathleten ab einem gewissen Trainingsalter den Ablauf eines Tiefstarts „im Schlaf" und benötigen keine langen Erklärungen zum Kommando oder zur Einstellung des Startblocks, profitieren wohl aber von den von uns vorgeschlagenen Partnerbeobachtungen zum Tiefstart (s. Stundenbild 2, Klassenstufe 7/8m, s. S. 64).

Klassenstufe 5 und 6

Stundenbild 1: Weitsprung ist babyleicht! / Beim Spielen sprinten wir total oft!

Zeit 80 Minuten
Niveau Klassen 5 und 6
Ort Stadion, ggf. Sporthalle

Hinweise zum Ort
Mit dem entsprechenden Aufbau ist diese Stunde auch gut in der Sporthalle möglich. Der Stadioncrosslauf kann durch verschiedene Hindernisse als Hallencrosslauf umgeplant werden. In der Sporthalle muss etwas mehr Zeit für den Aufbau der Hallenweitsprunganlage mit eingeplant werden; Hallenweitsprunganlage s. Stundenbild 3, Klassenstufe 5/6 (S. 24).

Ziele und Kompetenzen
Die Schüler können Leichtathletikanlagen und Leichtathletikdisziplinen benennen. Sie können einen Weitsprung in der Grobform durchführen. Die Schüler können ein Sprintspiel nach vereinbarten Regeln spielen und die Hauptfortbewegungsart des Sprintspiels nennen.

Vorkenntnisse
keine

Fachliche Hinweise

Der Stadioncrosslauf beim Aufwärmen entspricht der Ausdauertrainingsmethode „Fahrtspiel" (vgl. Hohmann, Lames & Letzelter, 2010, S. 63f.; s. Stundenbild 6, Klassenstufe 9/10, S. 127).

Der Weitsprung wird als die „einfachste" der Sprungdisziplinen angesehen. Die meisten Schüler können auf Anhieb einen Hocksprung durchführen, bei dem das Sprungbein sofort nach dem Absprung zum Schwungbein gezogen wird. Die angestrebte Zieltechnik für die Schule ist der Schrittweitsprung, wohingegen der Hangsprung und die Laufsprungtechnik aufgrund der benötigten längeren Flugphase im Vereinssport Berücksichtigung finden (vgl. Fittko, Kölsch, Monz-Dietz, Poppe & Scheer, 2011, S. 94). In den höheren Klassenstufen kann für sehr sprungkräftige Schüler jedoch der Hangsprung eine Option sein, bei besonders bewegungsbegabten Schülern kann auch der Laufsprung ausprobiert (!) werden (s. Stundenbild 2, Klassenstufe 9/10, S. 112 f.).

Lesenswerte Ausführungen zum kompetenzorientierten Weitspringen in Klasse 5 und 6 bietet Haupt (vgl. 2017a, S. 113ff. und 2017b, S. 1ff.).

Bei der Entwicklung der Sprintfähigkeit liegt das Hauptaugenmerk zunächst auf der Ausprägung der Schnelligkeitsfähigkeiten. Technik- und kraftorientierte Trainingsinhalte sind als nachrangig einzustufen. Es gilt insbesondere, die Frequenzschnelligkeit und das schnelle Ansteuern von Bewegungen (s. Stundenbild 2, S. 20) sowie als Vorbereitung für den Sprintstart das schnelle Reagieren und Antreten in vielfältigen Spielsituationen bzw. aus verschiedenen Positionen (s. Stundenbild 4, S. 31) zu schulen (vgl. Seeger & Bernhart, 2012, S. 6). In dieser Stunde werden die Schüler folglich spielerisch an den Sprint herangeführt (vgl. Zeuner, Hofmann & Lehmann, 1997, S. 17).

Praktische Tipps

Gruppeneinteilung: So schnell und so gerecht wie möglich. Das Durchzählen auf die gewünschte Anzahl ist eine schnelle Methode, um Gruppen einzuteilen und die Schüler gut zu durchmischen. Bei gut eingespielten Klassen kann es auch schnell und gut sein, die Gruppen selbst bestimmen zu lassen.
Weitsprung: Je nach verfügbaren Weitsprunganlagen, empfiehlt es sich, möglichst viele Gruppen einzuteilen, um die Wartezeit zu minimieren und somit die Bewegungszeit zu erhöhen.
Beobachteraufgabe: An welchen Leichtathletikanlagen welcher Disziplinen kommen die Schüler bei ihrem Stadioncrosslauf vorbei? Wer trifft den Fahrradreifen beim Weitsprung-Absprung? Wer trifft ihn am häufigsten?
Kampfrichteraufgabe: Wie weit springen die Schüler beim Weitsprung? Halten sich die Schüler beim Sprintspiel an die Regeln? Die Schüler können auch das Signal zum Fangen beim Spiel „Partnerfangen" geben.
Traineraufgabe: Ein Schüler pfeift beim Aufwärmen, wenn die Führungsposition wechseln soll.

Literatur

Bader, R., Chounard, D., Eberle, F., Kromer, R. & Mayer, G. (1998). *Kinderleichtathletik. Band 1 Laufen und Sprinten* (Handreichungen für den Sportunterricht). Stuttgart: Stiftung „Sport in der Schule" Baden-Württemberg.

Bader, R., Chounard, D., Eberle, F., Kromer, R. & Mayer, G. (2001). *Kinderleichtathletik. Band 2 Springen und Werfen* (Handreichungen für den Sportunterricht). Stuttgart: Stiftung „Sport in der Schule" Baden-Württemberg.

Deutscher Leichtathletik-Verband (2013). *Wettkampfsystem Kinderleichtathletik*. Darmstadt: Deutscher Leichtathletik-Verband.

Fittko, E., Kölsch, J., Monz-Dietz, L., Poppe, M. & Scheer, H. J. (2011). *Leichtathletik – Handreichungen für Schulen der Sekundarstufe 1* (Edition Schulsport, Bd. 16, 1. Auflage). Aachen: Meyer & Meyer.

Hohmann, A., Lames, M. & Letzelter, M. (2010). *Einführung in die Trainingswissenschaft* (5., unveränderte Auflage). Wiebelsheim: Limpert.

Katzenbogner, H. & Medler, M. (2001a). *Spielleichtathletik. Teil 1: Laufen und Werfen* (Anregungen für den praktischen Sportunterricht, Bd. 13, 7. Auflage). Flensburg: Sportbuch-Verlag Medler.

Körner, P. (2016). Ein großer Fang: Fang- und Laufspiele für jedermann. *leichtathletiktraining, 27* (9+10), 14–19.

Seeger, A. & Bernhart, J. (2012). Vom Hoch- zum Tiefstart. *leichtathletik-training, 23* (4), 4–13.

Zeuner, A., Hofmann, S. & Lehmann, F. (1997). *Schulmethodik Leichtathletik. Sportiv Leichtathletik* (1. Auflage). Stuttgart: Klett.

Auf einen Blick

<table>
<tr><th>Phasen</th><th>Organisation, Geräte- und Materialbedarf</th></tr>
<tr><td colspan="2">Einstieg (20 Minuten)</td></tr>
<tr><td>Vorgespräch
Die Schüler werden vom Lehrer gefragt, welche Leichtathletikanlagen sie erkennen und auf welchen sie bereits einmal Leichtathletik gemacht haben. Hierbei kann man die korrekten Bezeichnungen einiger Leichtathletikdisziplinen ansprechen. Es wird das Ziel für diese Unterrichtseinheit genannt (50-m-Sprint und Weitsprung erlernen und üben). Am Schluss des Vorgesprächs werden die Gruppen für das Aufwärmen eingeteilt (s. Praktische Tipps) und die Schüler auf Entdeckungsreise im Stadion geschickt.

Aufwärmen: Stadioncrosslauf
Die Schüler machen einen Stadioncrosslauf, bei dem sie das Gelände und alle Leichtathletikanlagen laufend entdecken (vgl. Katzenbogner & Medler, 2001a, S. 121; Deutscher Leichtathletik-Verband, 2013, S. 21 und in Anlehnung an Bader, Chounard, Eberle, Kromer & Mayer, 1998, S. 46 und 50). Dabei gibt es mehrere Laufgruppen. Es empfehlen sich Gruppen von ca. 8–10 Schülern. Jeder Schüler darf ca. 1 min lang die Gruppe anführen, die in einer Schlange hinterherläuft. Der führende Schüler ist verantwortlich dafür, dass alle aus der Gruppe den Anschluss nicht verlieren. Auf verbotene Orte und Tätigkeiten (z. B. gefährliche Sprünge) wird vom Lehrer hingewiesen. Der Lehrer oder ein passiver Schüler pfeift, wenn 1 min um ist, und die Führungsposition wechselt. Der Stadioncrosslauf endet an der Weitsprunganlage.</td><td>Leichtathletikanlagen

Lehrer-Schüler-Gespräch

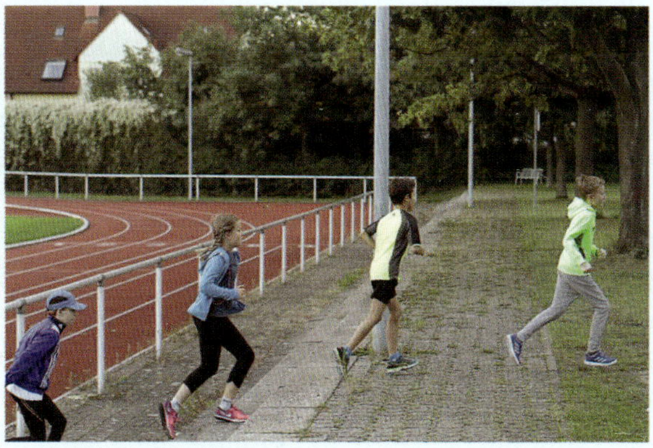

Leichtathletikanlagen und geeignetes Gelände darum herum

Stoppuhr, Pfeife, ggf. Handpfeife

Gruppenarbeit (ca. 8–10 Schüler pro Gruppe)

Laufdauer ca. 10 min

Achtung! Auf verbotene Orte und Tätigkeiten hinweisen!</td></tr>
<tr><td colspan="2">Hauptteil (40 Minuten)</td></tr>
<tr><td>Problematisierung: Wie geht Weitsprung?
„Wer von euch kann denn ‚weit springen'? Zeigt mal, was ihr draufhabt!“ Es erfolgt eine unmittelbare Konfrontation mit dem Weitsprung aus ca. 10 m Anlauf. Als Ablaufmarkierung wird ein Hütchen auf jede Anlage gestellt. Die einzige vorgegebene Regel ist der einbeinige Absprung. Die Schüler sollen hierbei mit möglichst vielen Sprüngen Bewegungserfahrung sammeln.

Zwischenreflexion: Absprungbein
„Mit welchem Bein bist du abgesprungen? Mit welchem geht es besser? Probiere (nochmals) beide Seiten und entscheide dich!“</td><td>pro 10–15 Schüler 1 Weitsprunganlage

Rechen (Harke), pro Anlage 1 Hütchen

Lehrer-Schüler-Gespräch, Einzelarbeit (möglichst in 2–3 Riegen)</td></tr>
</table>

Absprungpunkt treffen Die Schüler sollen nun aus einem Fahrradreifen abspringen. Das ist leichter als das Brett bzw. die Zone treffen zu müssen und ist daher eine Vorübung zum Brett-/Zonetreffen.	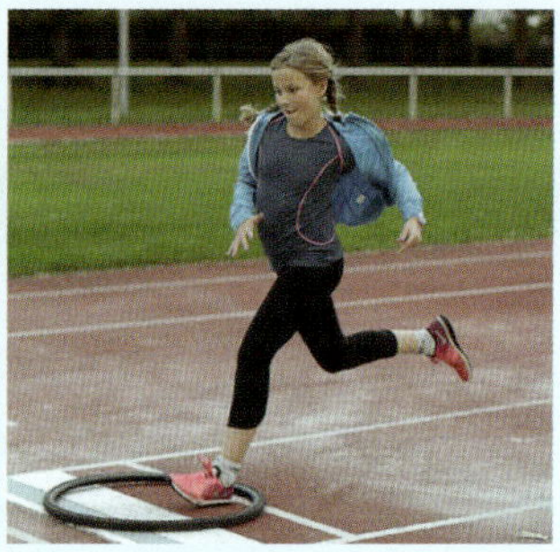 pro Weitsprunganlage 1 Fahrradreifen Einzelarbeit
Wie weit springe ich? Als Anreiz weit zu springen, werden als Nächstes an den Rand der Grube verschiedene Markierungen bei ca. 1,5 m, 2 m, 2,5 m, 3 m und 3,5 m gelegt (falls kein Maßband vorhanden, in Meterschritten abschätzen; alle Schüler sollten mindestens Zone 1 erreichen können).	Schaumstoffblöcke, Hütchen, Seile oder Bananenkartons, um Sprungweiten zu markieren; optional: Maßband nehmen und messen
Optional: Beine nach vorne bringen Um das „Nach-vorne-Bringen" beider Beine für die Landung zu schulen, können noch zusätzlich Seile in die Grube gelegt werden (vgl. Bader, Chounard, Eberle, Kromer & Mayer, 2001, S. 27). Wenn Sie die Seile neben die Landefläche legen, müssen die Seile auch nicht nach jedem Sprung wieder an die richtige Stelle gerückt werden.	Zusätzlich ca. 4 Seile pro Weitsprunganlage
Variation der Anlaufgeschwindigkeit AA: „Versucht mal, so schnell wie ihr könnt anzulaufen, dann im zweiten Versuch in einem mittleren Tempo und dann im dritten Versuch im lockeren Joggingtempo! Was passiert? Wie weit springt ihr jeweils?" (vgl. ähnlich dazu Zeuner, Hofmann & Lehmann, 1997, S. 9 und S. 54ff.)	Lehrer-Schüler-Gespräch, Einzelarbeit
Zwischenreflexion: Anlauftempo „Was ist euer optimales Anlauftempo?" Normalerweise antworten die Schüler, dass sie beim schnellsten oder mittleren Tempo am weitesten springen. „Beim Weitsprung müsst ihr so schnell anlaufen, dass ihr gerade noch gut abspringen könnt. Also müsst ihr fast so schnell laufen, wie ihr könnt!"	Lehrer-Schüler-Gespräch
Optional: Beobachtung schulen Es erfolgt eine (Schüler-)Demonstration: „Was machen diese Schüler schon gut? Könnt ihr das auch?" Hierbei wird auf folgende Technikmerkmale hingewiesen: Flüssiger Anlauf Einbeiniger Absprung Streckung im Absprung Eventuell Schwungbeineinsatz Alle Schüler versuchen, die Hinweise umzusetzen.	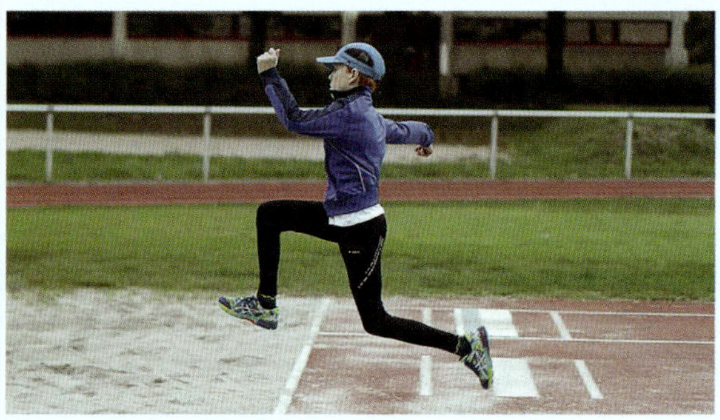 Lehrer-Schüler-Gespräch, Schülerdemonstration, Einzelarbeit

Schlussteil (20 Minuten)	
Abschlussspiel: Beim Spielen sprinten wir total oft! Die Schüler spielen ein bis zwei Fangspiele:	Rasen- oder Kunststoffplatz; Feldgröße ca. 2 VB-Felder 4 Hütchen als Feldbegrenzung, 1 Seil pro Paar
1. Partnerfangen Zwei Schüler halten jeweils am Ende ein Seil und laufen hintereinander her. Auf ein Signal des Lehrers lassen sie das Seil los und der hintere Schüler versucht den vorderen zu fangen. Anschließend werden die Rollen getauscht (vgl. Seeger & Bernhart, 2012, S. 7).	Partnerarbeit 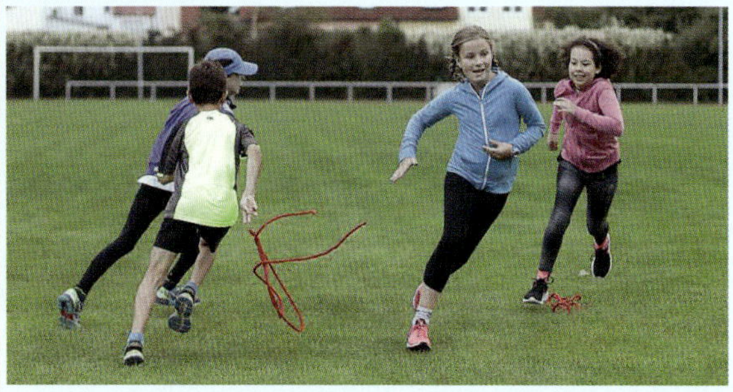 Rasen- oder Kunststoffplatz; Feldgröße ca. 2 Volleyballfelder 4 Hütchen als Feldbegrenzung
2. Raketenfangen Ein Schüler jagt einen Mitschüler. Die restliche Gruppe liegt paarweise in Bauchlage auf dem Boden. Der Gejagte kann sich retten, indem er sich auf eine Seite des Paars dazulegt. Der Schüler auf der anderen Seite – er startet wie eine Rakete – wird zum neuen Fänger! (vgl. Körner, 2016, S. 18).	Gruppenarbeit 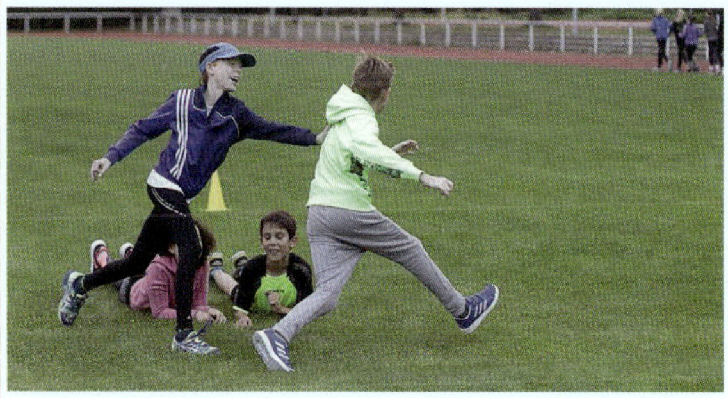
Abschlussreflexion „Was war eure Haupttätigkeit beim Spiel?" (Schnell laufen) „Wie nennt man diese Art zu laufen in der Leichtathletik?" (Sprint) „Wie oft seid ihr gesprintet, um dem Fänger zu entkommen? Um schneller zu sein? Um jemanden zu fangen?" (Total oft) „Wie könnte man denn noch schneller sprinten?" (Üben, trainieren, Technik verbessern) **Ausblick** Das haben wir in der nächsten Stunde vor: „Wir wollen das Sprinten üben und dafür unsere Schnelligkeit verbessern. Im Weitsprung wollen wir die Technik noch besser lernen."	Lehrer-Schüler-Gespräch

Stundenbild 2: Gehirnverknotung beim Sprinten / Weitsprung ist doch echt schwierig!

Zeit	80 Minuten
Niveau	Klassen 5 und 6
Ort	Stadion, ggf. Sporthalle

Hinweise zum Ort

Mit dem entsprechenden Aufbau ist diese Stunde auch gut in der Sporthalle möglich. Dort muss etwas mehr Zeit für den Aufbau der Hallenweitsprunganlage eingeplant werden, Hallenweitsprunganlage s. Stundenbild 3, Klassenstufe 5/6 (S. 24).

Ziele und Kompetenzen

In diesem Stundenbild steht die pädagogische Perspektive „Erweiterung der Bewegungserfahrung" im Vordergrund. Die Schüler können an einer Reifenbahn verschiedene Koordinationsaufgaben durchführen und rhythmisch durch die Reifenbahn sprinten. Sie können Übungen des Sprint-ABC oder Ideen für schwierige Rhythmen an der Reifenbahn nennen und gegebenenfalls demonstrieren. Die Schüler können ihren Anlauf beim Weitsprung druckvoll gestalten und rhythmisieren.

Vorkenntnisse

Bezüglich der Koordinationsübungen durch die Reifenbahn kann man sicherlich auf Vorkenntnisse seitens einzelner Schüler hoffen, da sie in ihren eigenen Sportarten schon einmal ein solches Koordinationstraining gemacht haben. Die Schüler sollten ihr Absprungbein kennen (s. Stundenbild 1, Klassenstufe 5/6, S. 24).

Fachliche Hinweise

Die Weitsprungleistung wird zum großen Teil (ca. ¾) durch den Anlauf und Absprung bestimmt, weshalb diese beiden Komponenten im Vergleich zur Flugphase und Landung (ca. ¼) im Vordergrund stehen. Somit ist beim Anlauf zunächst vor allem auf folgende Merkmale zu achten (vgl. Bechheim, 2011, S. 77f.):

- Anlauflänge von ca. 15 bis maximal 20 m
- Schneller Steigerungslauf
- Zunehmende Schrittfrequenz und -länge
- Rhythmische zwei letzte Schritte „Ta-Tam" (lang-kurz), um die Absenkung des Körperschwerpunktes vor dem Absprung zu erreichen.

Der Anlauf sollte immer möglichst gleich gestaltet werden, um passend am Brett bzw. Fahrradreifen anzukommen. Zur Anlaufschulung eignet sich eine Reifenbahn, durch die die Schrittlänge vorgegeben wird. Beim letzten Reifen, aus dem abgesprungen werden soll, wird der Abstand etwas verringert, um einen verkürzten letzten Schritt zu fordern. Bei zwei oder mehr Weitsprunganlagen können Sie die Schüler nach Körpergröße und ggf. auch Schnelligkeit einteilen und die Reifenabstände somit an die Schrittlänge anpassen. Die erforderliche Absenkung des Körperschwerpunkts ist mit dem Vorwissen der Schüler dieser Jahrgangsstufe nur schwer oder nur mit viel Zeit zu erklären, weshalb wir an dieser Stelle darauf verzichtet haben. Die Reifenbahn gibt also die Schrittlänge vor, in der Intention, dass die Schüler den Rhythmus aufnehmen, verinnerlichen und eintrainieren. In den höheren Klassenstufen sollte die Körperschwerpunktabsenkung allerdings thematisiert werden (s. Stundenbild 4, Klassenstufe 9/10, S. 122 bzw. Stundenbild 2, Sekundarstufe II, S. 156).

Praktische Tipps

Absprungbein: Die Schüler sollen darauf achten, mit welchem Bein sie in die Reifenbahn laufen, damit das Absprungbein passt (bei neun Reifen wird das Absprungbein in den ersten Reifen gesetzt).
Anzahl der Anlaufbahnen und Reifenabstände: Es empfiehlt sich, mindestens zwei Reifenbahnen aufzubauen, damit es zu wenig Stau kommt und auch die Abstände der Schrittlänge der Schüler angepasst sind.
Kampfrichteraufgabe: Die Schüler helfen bei der Durchführung des Memoryspiels mit, indem sie z. B. umgefallene Hütchen aufstellen.
Traineraufgabe: Die Schüler äußern beim Sprint-ABC an der Reifenbahn Ideen für verschiedene Rhythmen. Die Schüler beraten die beim Weitsprung springenden Schüler, welche Bahn sie wählen, um die Schrittgröße an die ausgelegten Abstände anzupassen.

Literatur

Bader, R., Chounard, D., Eberle, F., Kromer, R. & Mayer, G. (2001). *Kinderleichtathletik. Band 2 Springen und Werfen* (Handreichungen für den Sportunterricht). Stuttgart: Stiftung „Sport in der Schule" Baden-Württemberg.

Bechheim, Y. (2011). *Leichtathletik für Kinder. Spielerische Übungsformen zum Laufen, Springen und Werfen* (Praxisbücher Sport, 2. Auflage). Wiebelsheim: Limpert.

Deutscher Leichtathletik-Verband (2017, 12. September). Übung der Woche. Zugriff unter https://www.leichtathletik.de/jugend/uebung-der-woche/

Katzenbogner, H. (2007). Lernen und Üben des Schrittweitsprungs. *leichtathletiktraining, 18* (9+10), 14–21.

Auf einen Blick

Phasen	Organisation, Geräte- und Materialbedarf
Einstieg (15 Minuten)	
Vorgespräch „Heute wollen wir beim Sprinten euer Gehirn ‚verknoten'! Und anschließend auch beim Weitsprung euer Denkvermögen fordern. Zuerst gibt es aber noch eine andere Aufgabe für euer Gedächtnis“: **Aufwärmen: Hütchenmemory** „Wer ist Memorymeister?“ Die Schüler spielen das bekannte Spiel Memory als Bewegungsspiel. Bei Klassen mit 15 Schülern und weniger laufen die Schüler alleine. Bei größeren Klassen laufen die Schüler als Paar oder als Dreiergruppe zusammen. Dazu mehrere Hütchen kreuz und quer auf dem Platz verteilen. Darunter jeweils 1 Memorybild legen – das Pendant dazu kommt auf einen Stapel beim Lehrer. Von diesem Stapel dürfen alle Schüler (bzw. Paare oder Dreiergruppen) eine Memorykarte ziehen und sie suchen gehen. Haben sie das Pendant gefunden, dürfen sie die nächste Karte vom Stapel holen. Wer hat am Ende die meisten Pärchen gesammelt? Achtung: Das Team muss immer zusammenbleiben! Achtung: Die Hütchen müssen weit genug auseinander stehen, damit aus dem Spiel kein Sprintspiel wird!	Lehrer-Schüler-Gespräch 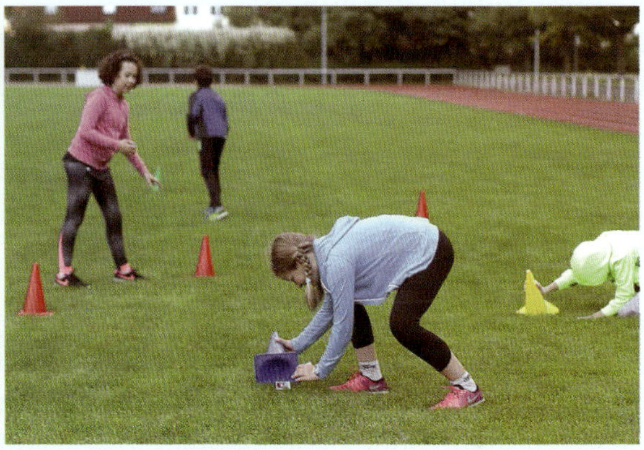 Rasenplatz (ca. ½ Fußballfeld) oder Kunststoffplatz (mindestens Handballfeldgröße) Memoryspiel mit mindestens 30 Kartenpaaren, mindestens 15 Hütchen (möglichst ohne Loch oben) Einzel-/Partner-/Gruppenarbeit (je nach Klassengröße) Laufdauer ca. 10 min
Hauptteil I (20 Minuten)	
Gehirnverknotung beim Sprinten: Koordination durch die Reifenbahn Es wird eine Fahrradreifenbahn (optimalerweise bereits auf der Weitsprunganlaufbahn, da hier Hauptteil II stattfindet) aufgebaut, an der die Schüler verschiedene Koordinationsübungen des Sprint-ABC absolvieren: • 2 Kontakte pro Reifen • 3 Kontakte pro Reifen • 2 und 3 Kontakte im Wechsel • 2 Kontakte seitwärts (beide Seiten) • 2 – 3 – 4 – 3 – 2 Kontakte usw. • 1 Kontakt pro Reifen • Schülerideen für andere Rhythmen aufnehmen Insbesondere die Rhythmuswechsel fordern die Koordinationsfähigkeit der Schüler stark.	Anlaufbahnen der Weitsprunganlage pro 10–15 Schüler 9 Fahrradreifen Einzelarbeit (in mehreren Riegen von je 8–10 Schülern), Schülerdemonstration 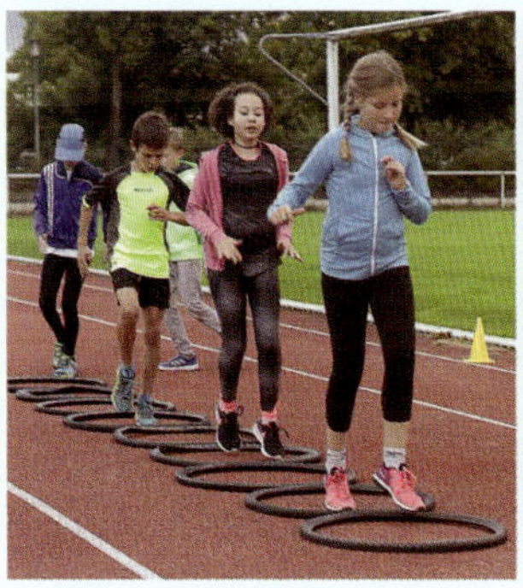 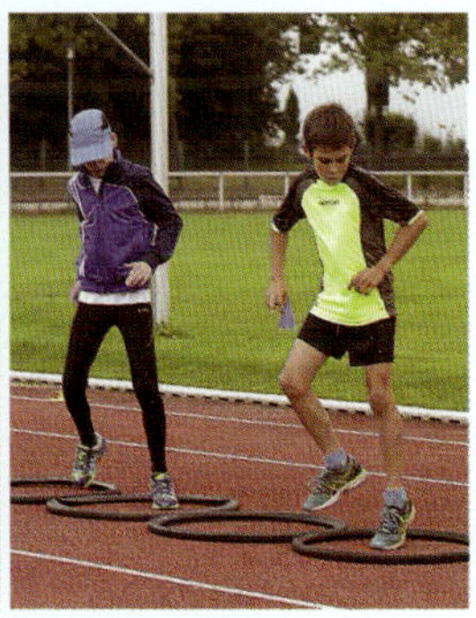

Optional: Zwischenreflexion Sportartenunterschiede Gegebenenfalls kann man hier bereits auf den Unterschied in den Koordinationsübungen bei verschiedenen Sportarten hinweisen: Ballsportler – Leichtathlet – Turner/Tänzer (s. Foto Stundenbild 3, Sekundarstufe II).	Lehrer-Schüler-Gespräch
Es erfolgt der fließende Übergang zum Sprung, indem die Schüler ebenfalls an der Fahrradreifenbahn kleine Sprünge (beidbeinig, einbeinig, mit Grätsche) und einen Hopserlauf durchführen.	Einzelarbeit (in mehreren Riegen von je 8–10 Schülern)
Hauptteil II (30 Minuten)	
Absprungschulung Die Schüler springen an der Weitsprunganlage aus ca. 10 m Anlauf aus einem Fahrradreifen über einen oder zwei Bananenkartons mit beidbeiniger Landung.	1–3 Weitsprunganlagen pro Weitsprunganlage 1 Fahrradreifen, mindestens 1 Bananenkarton
Optional: mehrere Bananenkartons Es werden weitere flach gestellte Bananenkartons hintereinander aufgebaut. Dadurch wird automatisch die Absprungposition länger gehalten und somit auf den Schrittweitsprung hingearbeitet.	Einzelarbeit (in mehreren Riegen von möglichst je ca. 8–10 Schülern) 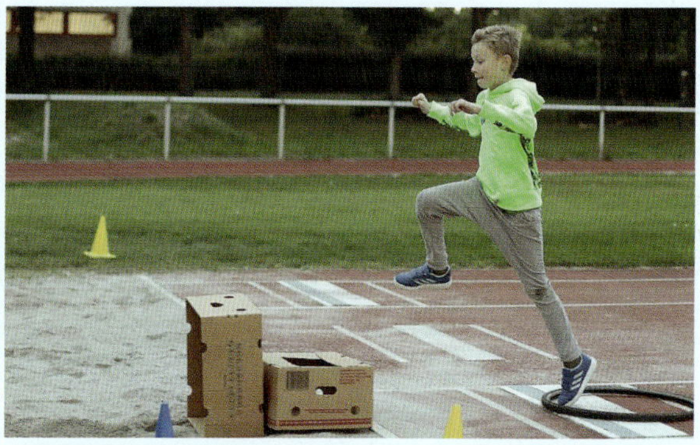
Anlaufschulung Die Schüler sprinten durch eine Fahrradreifenbahn und springen aus dem letzten Reifen ab (s. Fachliche Hinweise). Der Abstand muss für große/kleine bzw. langsame/schnelle Schüler angepasst werden, deshalb werden mehrere Bahnen angeboten und die Schüler zugewiesen. Die Schüler benötigen wahrscheinlich mehrere Durchgänge, bis das Treffen der Fahrradreifen gut klappt.	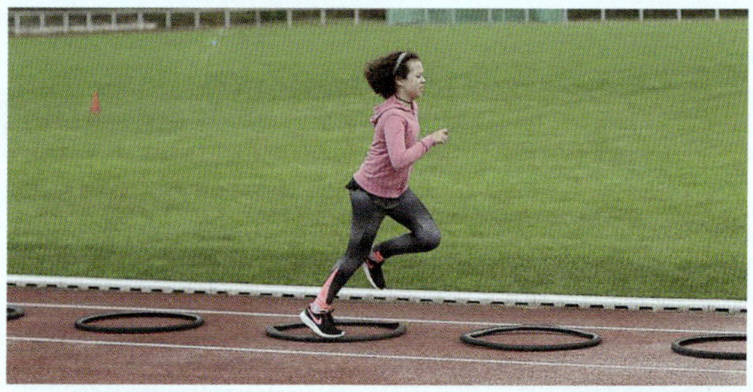 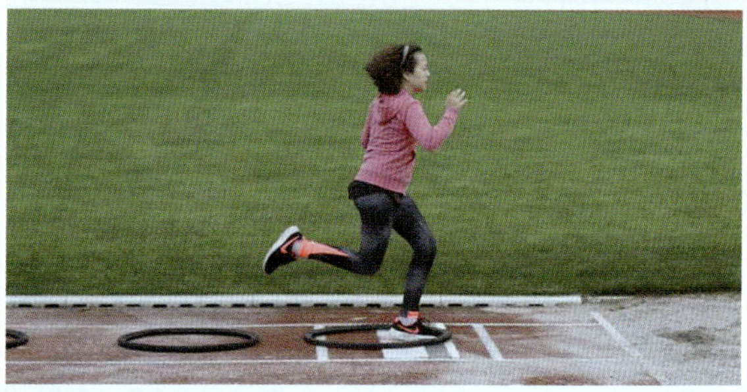 Zusätzlich dazu: 1–2 Reifenbahnen mit jeweils 9 Reifen (mit zunehmenden Reifenabständen zum Absprung hin und wiederum etwas verkürztem Abstand beim letzten Reifen, um einen kurzen letzten Schritt zu fordern)

Zwischenreflexion: Absprungvorbereitung „Wie ist die Schrittgestaltung der letzten zwei Schritte?“ (lang-kurz); gegebenenfalls Verbalisierung mit „Ta-Tam“ oder anderen Wörtern in diesem Rhythmus (s. Fachliche Hinweise). Nach und nach werden die Reifen abgebaut, um in den freien Anlauf überzuleiten. Dabei kann bei zunehmender Anlaufstabilität zunächst auf den zweit- und drittletzten Reifen und schließlich auf weitere Reifen verzichtet werden (vgl. Bader et al., 2001, S. 28 und Katzenbogner, 2007, S. 20).	Lehrer-Schüler-Gespräch, Einzelarbeit (in mehreren Riegen von ca. 8–10 Schülern)
Abschluss (15 Minuten)	
Abschlussspiel „Tic-Tac-Toe“ „Auch zum Abschluss gibt es eine Denkaufgabe“: Es wird ein Reifenquadrat mit 3x3 Reifen aufgebaut. Die Schüler werden in zwei oder vier Mannschaften zu je 5–7 Schülern eingeteilt, die in einem Abstand von ca. 15 m zum Reifenquadrat stehen. Auf ein Startsignal laufen die jeweils ersten Schüler einer jeden Mannschaft los und legen eine Markierung ihrer Mannschaftsfarbe (Teamband, Seil, Hütchen o. Ä.) in einen Reifen. Die nächsten Läufer dürfen ihre Markierung nur in einen noch freien Reifen legen und versuchen dabei in drei nebeneinander liegenden Reifen horizontal, vertikal oder diagonal ihre Farbe zu platzieren (vgl. Deutscher Leichtathletik-Verband, 2017).	Rasen- oder Kunststoffplatz; Feldgröße ca. 1 VB-Feld pro 30 Schüler Pro 10–14 Schüler 9 Reifen, 6 Teambänder/ Seile oder Hütchen in zwei verschiedenen Farben Bei mehr als 14 Schülern zwei Spielfelder aufbauen und vier Mannschaften bilden, um lange Wartezeiten zu vermeiden Gruppenarbeit 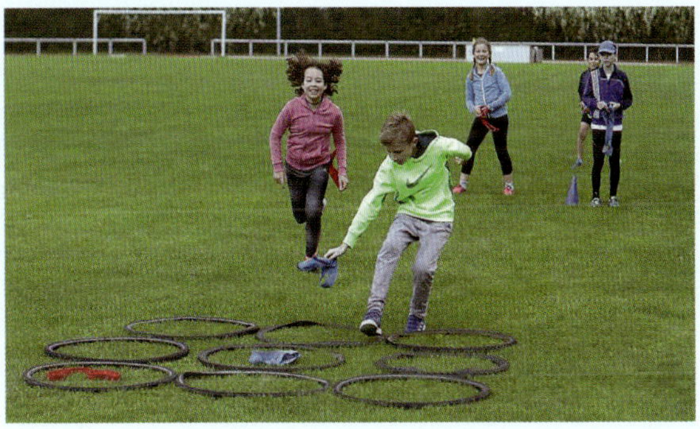
Optional: Ruhige Alternative Drehwurf Wenn die Intensität der Stunde bereits zu hoch war: einfach die Fahrradreifen im Drehwurf werfen lassen (s. Foto Stundenbild 7, Klassenstufe 5/6, vgl. Bader et al., 2001, S. 69). Das hat einen hohen Aufforderungscharakter, weil die Fahrradreifen im Drehwurf sehr gut fliegen. Oder Sie lassen ein anderes, ruhigeres Spiel nach Wahl aussuchen, wie z. B. „Zublinzeln“.	Alle vorhandenen Fahrradreifen Einzelarbeit
Abschlussreflexion „Heute habt ihr gemerkt, dass man beim Sprinten und beim Weitsprung auch gut mitdenken muss. Was für Erfahrungen habt ihr dabei gemacht? Was war besonders schwierig? Versucht mal, das zu beschreiben!“	Lehrer-Schüler-Gespräch
Ausblick Das haben wir in der nächsten Stunde vor: „Leichtathletik kann man auch im Team machen: Wir wollen als Mannschaft sprinten und springen.“	

Stundenbild 3: Die Mannschaft zählt: gemeinsam eine Sprint- und Sprungleistung erbringen

Zeit 75 Minuten
Niveau Klassen 5 und 6
Ort Stadion, ggf. Sporthalle

Hinweise zum Ort
Mit dem entsprechenden Aufbau ist diese Stunde auch gut in der Sporthalle möglich. Dort muss etwas mehr Zeit für den Aufbau der Hallenweitsprunganlage mit eingeplant werden, Hallenweitsprunganlage s. rechts.

Ziele und Kompetenzen
In diesem Stundenbild steht die pädagogische Perspektive „kooperieren, wettkämpfen und sich verständigen" im Vordergrund. Die Schüler können für eine Mannschaftsleistung im Sprinten und Springen kooperieren. Sie können ihre Sprintleistung einschätzen. Die Schüler können die erlernte Weitsprungtechnik (Schrittweitsprung) im Spiel anwenden. Sie können die Spielregeln gegebenenfalls anpassen und abwandeln.

Vorkenntnisse
Idealerweise beherrschen die Schüler bereits den Schrittweitsprung.

Fachliche Hinweise

Die Kooperation als pädagogische Perspektive kommt in diesem Stundenbild besonders zum Tragen (vgl. zu diesem Thema auch Pfitzner, 2017, S. 108f., der dieses Thema für den Wurf aufgearbeitet hat). Es sollte auch genügend Reflexionszeit eingeplant werden, um das Agieren der Schüler im Team zu reflektieren. Sie können auch die Regeln der Spiele durch die Schüler anpassen lassen.

Sprint-Staffelspiele eignen sich hervorragend zur Schulung der Schnelligkeitsfähigkeiten und haben einen hohen Aufforderungscharakter (vgl. Katzenbogner, 2014, S. 12).

Hinweise für Staffelspiele gibt mit viel Erfahrung Lang (vgl. z. B. 2017, S. 15). Hier eine kleine Auswahl:

- „Die Wand darf nur in Ausnahmefällen das Ziel sein"
- Die „Schubkarre" eignet sich nicht als Staffelelement.
- „Staffeln dürfen nie mit Gleichgewichtsaufgaben kombiniert werden".

Praktische Tipps

Gruppeneinteilung: Bei Staffelspielen können viele Schüler gleichzeitig beschäftigt werden. Bei großen Klassen sollten eher mehr anstelle von zu großen Teams gebildet werden.

Hallenaufbau Weitsprung: In der Sporthalle kann mithilfe von zwei Weichbodenmatten und zwei kleinen Matten eine Weitsprunganlage aufgebaut werden. Die kleine Matte vor der Weichbodenmatte dient als Abstandhalter. Die Schüler springen vor der Matte vom Boden ab. Die zweite kleine Matte dient als Aufprallschutz an der Wand.

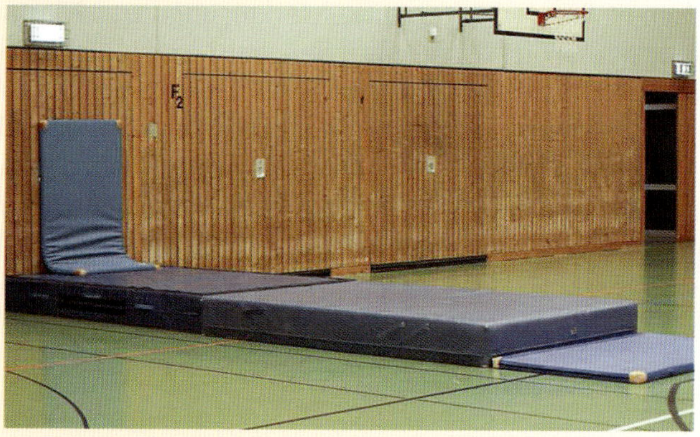

Kampfrichteraufgabe: Die Schüler machen Vorschläge für weitere Varianten im Atomspiel. Sie zählen bei der Weitsprungstaffel die Punkte. Sie beobachten, ob die Regeln eingehalten werden und machen Vorschläge für eine Anpassung der Regeln.

Traineraufgabe: Die passiven Schüler beraten die anderen beim Atomspiel, auf welche Weise sie die geforderten Körperteile auf dem Boden platzieren können.

Literatur

Bader, R., Chounard, D., Eberle, F., Kromer, R. & Mayer, G. (1998). *Kinderleichtathletik. Band 1 Laufen und Sprinten* (Handreichungen für den Sportunterricht). Stuttgart: Stiftung „Sport in der Schule" Baden-Württemberg.

Deutscher Leichtathletik-Verband (2013). *Wettkampfsystem Kinderleichtathletik*. Darmstadt: Deutscher Leichtathletik-Verband.

Deutscher Leichtathletik-Verband (2017, 26. November). *Wettkampfsystem Kinderleichtathletik*. Zugriff unter www.leichtathletik.de/jugend/kinderleichtathletik/

Katzenbogner, H. (2014). Mit kleinen Staffeln schneller werden –Teil 1. *leichtathletiktraining, 25* (1), 11–19.

Lang, H. (2017). *Was man bei Staffeln (unbedingt) vermeiden sollte.* Lehrhilfen für den Sportunterricht, 66 (4), 15.

Pfitzner, M. (2017). Sozialer Kompetenzerwerb im Inhaltsbereich „Laufen, Springen, Werfen – Leichtathletik". *sportunterricht, 66* (4), 108–112.

Seeger, A. & Bernhart, J. (2012). Vom Hoch- zum Tiefstart. *leichtathletiktraining, 23* (4), 4–13.

Auf einen Blick

Phasen	Organisation, Geräte- und Materialbedarf
Einstieg (15 Minuten)	
Vorgespräch „Heute ist die Teamleichtathletikstunde! Auch beim Aufwärmen ist Zusammenarbeit angesagt".	Lehrer-Schüler-Gespräch
Aufwärmen: Atomspiel Die Schüler bewegen sich joggend als freie Atome im mit Hütchen abgesteckten Feld. Auf Zuruf einer Zahl bilden sie schnellstmöglich Moleküle mit der zuvor zugerufenen oder mit Fingern gezeigten Anzahl an Atomen und müssen gemeinsam folgende Aufgaben erfüllen: • 2 Personen: 2 Füße und 2 Hände berühren den Boden • 3 Personen: 2 Füße und 6 Hände berühren den Boden • 5 Personen: 8 Füße, 3 Ellbogen und 4 Hände berühren den Boden • usw. (Schülerideen mit einbeziehen) Es empfiehlt sich, auch mal die Bewegungsformen zwischen den Atomaufgaben (rückwärts laufen, Hopserlauf, Seitgalopp etc.) zu wechseln.	Rasen- oder Kunststoffplatz; Platzbedarf mindestens 1 VB-Feldgröße 4 Hütchen Partner- und Gruppenarbeit (je nach Aufgabenstellung im Atomspiel) Laufdauer zwischen den Aufgaben jeweils mindestens 1 min 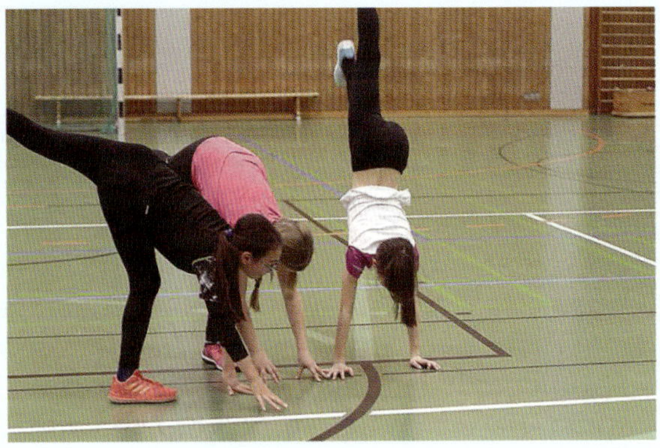
Optional: Aggregatzustände Fächerübergreifend kann der Unterrichtsinhalt „Aggregatzustände" aus dem Naturphänomeneunterricht[8] thematisiert werden: Die Schüler bewegen sich mal als gasförmige Teilchen getrennt voneinander, dann als flüssige Teilchen bereits enger und langsamer und bilden schließlich als Feststoff ein starres Gitter. Fließender Übergang zum Hauptteil: Das Atomspiel wird zur Teambildung für die Staffel genutzt, indem beim letzten Durchgang als Zahl die entsprechend pro Team benötigte Schüleranzahl genannt wird.	Lehrer-Schüler-Gespräch

8 Je nach Bundesland und Bildungsplan gibt es hier Verknüpfungen. In Baden-Württemberg wird z. B. BNT (= Biologie, Naturphänomene und Technik) unterrichtet. Eventuell müssen Sie auf ein didaktisch reduziertes Konzept von Atom zurückgreifen, wie z. B. kleinstes Teilchen oder Stoffteilchen.

Hauptteil I (20 Minuten)

Mannschafts-Sprintspiele
Die Schüler spielen ein oder zwei Sprintspiele:

1. Schlüpfstaffel
Hierbei müssen die Schüler eines Teams nacheinander bzw. alle gleichzeitig zu einem Fahrradreifen sprinten, hindurch schlüpfen und wieder zum Ausgangspunkt zurück sprinten (vgl. Katzenbogner, 2014, S. 13). Die Streckenlänge für den Sprint beträgt ca. 15–20 m.

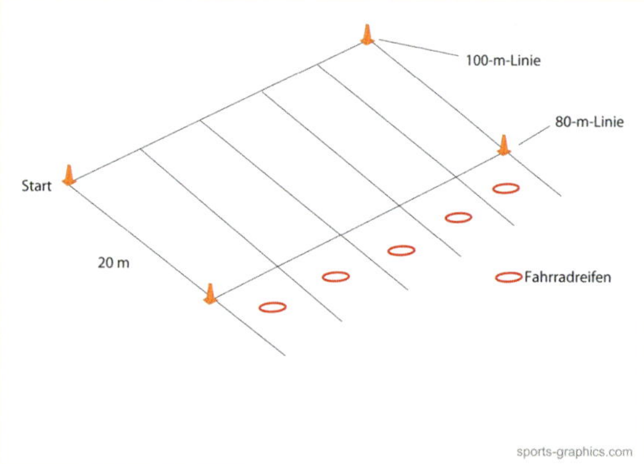

Laufbahn, Rasen- oder Kunststoffplatz; Feldgröße ca. 1 VB-Feld

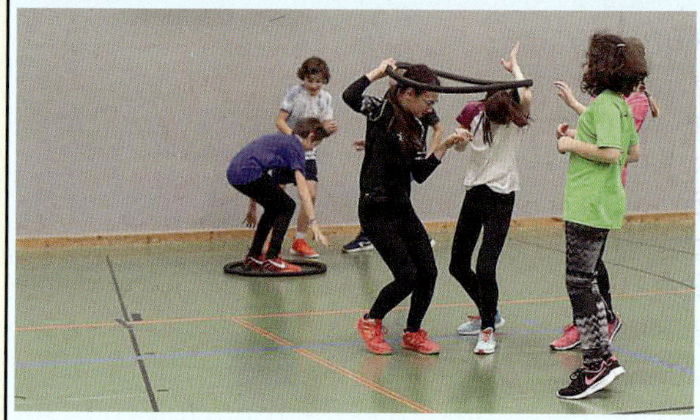

Pro 5 Schüler 1 Fahrradreifen, Hütchen

Gruppenarbeit
(ca. 5 Schüler pro Mannschaft)

2. Zonensprint
Es werden mehrere Teams gebildet (gegebenenfalls neue Teams mischen). Jeder Schüler versucht innerhalb einer vorgegebenen Zeit (maximal fünf Sekunden) in eine von ihm benannte Zone zu sprinten. Gelingt dies nicht, verfallen die Punkte (vgl. Seeger & Bernhart, 2012, S. 7). Die Punkte der Teammitglieder werden addiert. Welches Team hat die meisten Punkte erreicht? Hierbei steuern nicht unbedingt die schnellsten Schüler die Punkte zum Mannschaftsergebnis bei, sondern auch diejenigen, die sich gut einschätzen können. Die Streckenlänge des Sprints bis zum ersten Hütchen beträgt ca. 20 m. Anschließend kommen 5 Zonen von jeweils 3 m Breite. Die Zeit, die Streckenlänge des Sprints und die Zonen müssen so gewählt werden, dass alle Schüler zumindest die Zone 1 erreichen (vgl. Bader et al., 1998, S. 23).

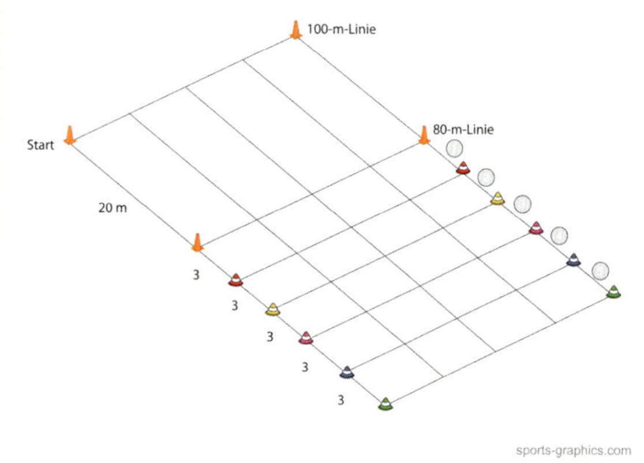

Laufbahn; pro 5–10 Schüler 1 Bahn mit ca. 50 m Länge (ggf. Rasen- oder Kunststoffplatz; Feldgröße ca. 1 HB-Feld)

12 Hütchen für 5 Zonen, am besten in 5 verschiedenen Farben

Gruppenarbeit (ca. 5–10 Schüler pro Mannschaft)

Allgemeine Hinweise für Staffelspiele s. Literatur

Hauptteil II (25 Minuten)

Weitsprung-Teamstaffel
Am Rand der Weitsprunganlage werden 5–7 Zonen von 1,5 bis 5 m in ½ m Abstand durch Hütchen abgesteckt. Es treten zwei Mannschaften gegeneinander an. Auf ein Startsignal laufen jeweils die ersten Schüler der Mannschaft los und springen so weit wie möglich in die mit Zahlen (1–7 Punkte) gekennzeichneten Zonen. Passive Schüler zählen die Punkte. Die nächsten Schüler dürfen erst starten, sobald die vorherigen Springer in einem neben der Weitsprunganlage liegenden Fahrradreifen stehen. Welches Team hat nach einer bestimmten Zeit (oder nach einer gewissen Anzahl an Durchgängen) die meisten Punkte gesammelt? Die Spieldauer muss so lange sein, dass jeder Schüler mindestens einmal dran war (verändert nach Deutscher Leichtathletik-Verband, 2013, S. 23).

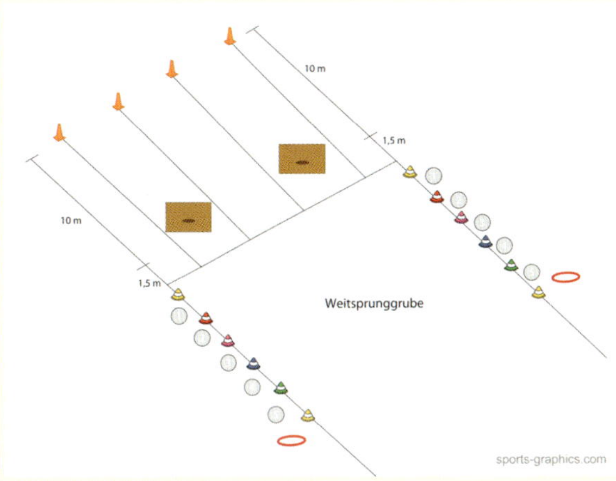

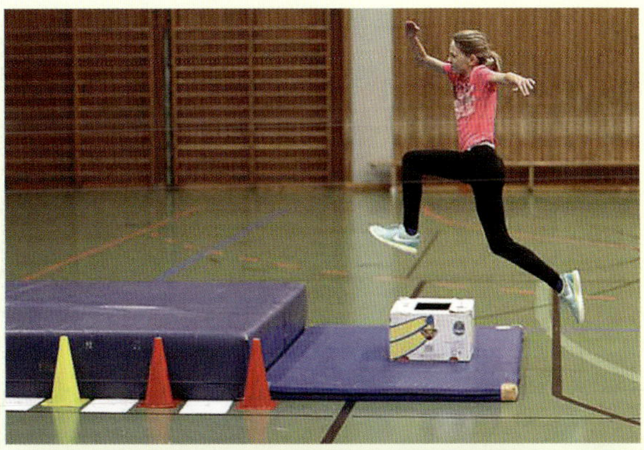

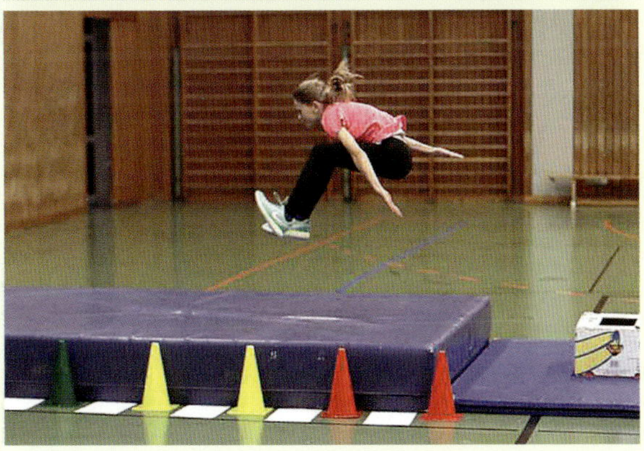

Weitsprunganlage mit mindestens 2 Anlaufbahnen (in der Sporthalle: Aufbau von zwei Hallenweitsprunganlagen)

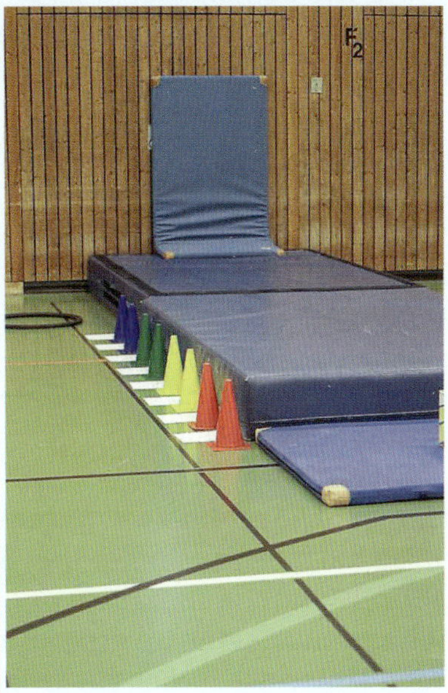

An jeder Anlage: 5–7 Zonen mit 6–8 Hütchen abgrenzen (Einteilung in ½ Meter), 1 Fahrradreifen als Wechselmarkierung, 1–2 Bananenkartons als Absprungmarkierung

Gruppenarbeit (in 2 Mannschaften)

Abschluss (15 Minuten)	
Abschlussspiele für draußen Lebendig: ein weiteres Sprintspiel wird gespielt, wie z. B. die Transportstaffel. Hier können die in der Stunde benutzten Geräte wie Bananenkarton, Fahrradreifen und Hütchen verwendet werden. Idealerweise endet dieses Spiel als Aufräumwettspiel und alle Gegenstände sind an ihrem Platz in der Garage! Ruhig: Geräuschen lauschen Die Schüler legen sich auf den Rücken, schließen die Augen und hören für eine Minute lang auf die Geräusche in der Umwelt. Anschließend berichten die Schüler von ihren wahrgenommenen Geräuschen.	Rasen- oder Kunststoffplatz; Feldgröße ca. 1 VB-Feld Hütchen und andere Transportgegenstände Gruppenarbeit (2 Mannschaften) Rasen- oder Kunststoffplatz; Feldgröße ca. ½ VB-Feld Einzelarbeit, Lehrer-Schüler-Gespräch
Abschlussspiele für die Sporthalle Lebendig: Mattenrutschen Die Schüler werden in mindestens zwei Mannschaften eingeteilt. Auf ein Signal sprinten immer drei Schüler pro Team zu ihrer Weichbodenmatte, springen gleichzeitig darauf und rutschen eine größtmögliche Strecke damit. Dann laufen sie zurück zur Gruppe, wo die nächsten drei Schüler starten dürfen. Es gewinnt die Mannschaft, die zuerst die Endzone erreicht. Auch hier endet der letzte Durchgang an dem Ort, wo die Weichbodenmatten aufgeräumt werden. Ruhig: Sich an die Weichbodenmatte geschmiegt fallen lassen. Dazu stellen zwei Schüler die Matte auf die lange Kante und 3–4 Schüler stellen sich mit dem Rücken zur Matte auf. Die Matte wird losgelassen und die Schüler dürfen im Fallen den Kontakt zur Matte nicht verlieren. (Tipp: im Sommer verursacht das Fallen der Matte kühlenden Wind)	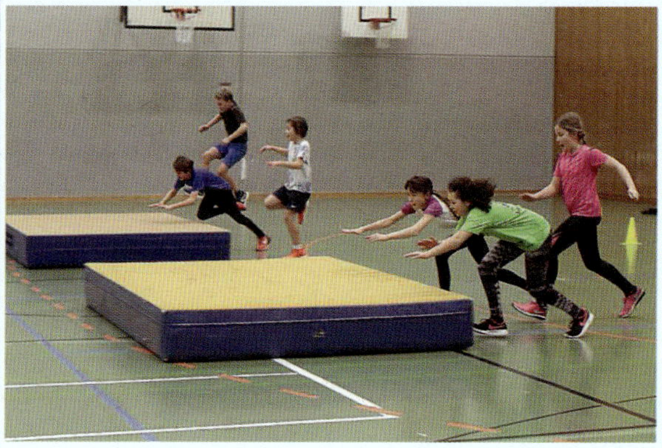 Sporthalle; Feldgröße mindestens 1 VB-Feld 2 Weichbodenmatten (glatte Seite nach unten) Gruppenarbeit (je nach Anzahl der Weichbodenmatten und Platz 2–4 Mannschaften)
Abschlussreflexion „Wie ihr heute gemerkt habt, seid ihr für eure Mannschaft weitgesprungen und gesprintet. Findet ihr, dass ihr als Mannschaft gut zusammengearbeitet habt?“ **Ausblick** Das haben wir in der nächsten Stunde vor: „Wir werden wie die Profis aus dem Startblock lossprinten und eine Weitsprungflugshow machen.“	Lehrer-Schüler-Gespräch

Stundenbild 4: „Auf die Plätze…“ / Aufgepasst, wir machen eine Weitsprungflugshow!

Zeit 80 Minuten
Niveau Klassen 5 und 6
Ort Stadion, ggf. Sporthalle

Hinweise zum Ort
Mit dem entsprechenden Aufbau ist diese Stunde auch gut in der Sporthalle möglich. Dort muss etwas mehr Zeit für den Aufbau der Hallenweitsprunganlage mit eingeplant werden, Hallenweitsprunganlage s. Stundenbild 3, Klassenstufe 5/6, S. 24; Hallenstartblöcke s. u.

Ziele und Kompetenzen
Die Schüler können den Tiefstart in der Grobform ausführen und in diesem Zusammenhang auf das Kommando „Auf die Plätze“ – „Fertig“ – „Los“ (bzw. auf ein Signal: Startklappe, Klatschen …) adäquat reagieren. Die Schüler können beim Flugerlebnis beim Weitsprung den Moment einer Bewegung bewusst wahrnehmen und verbalisieren. Die Schüler können Hinweise zum besseren Springen aus ihren Bewegungserfahrungen ableiten und berichten.

Vorkenntnisse
Es ist von Vorteil, wenn einige Schüler bereits das Startkommando und die entsprechenden Startpositionen kennen. Gut sind auch Grundkenntnisse im Weitsprung.

Fachliche Hinweise

Das Erlernen des Tiefstarts kann ab einem Alter von ca. zehn Jahren erfolgen, da ab diesem Zeitpunkt meist die konditionellen Grundlagen für eine effektive Ausführung gegeben sind (vgl. Deutscher Leichtathletik-Verband, 2010b, S. 66). Von einer intensiven Schulung sollte allerdings aufgrund der noch nicht ausreichend ausgeprägten Kraftvoraussetzungen abgesehen werden (vgl. Deutscher Leichtathletik-Verband, 2010b, S. 72). Als Vorübungen für den Tiefstart eignen sich z. B. der Fallstart, der Hochstart oder der Start aus der Bauchlage, um die Schüler an eine explosive Startbewegung mit Oberkörpervorlage heranzuführen (vgl. Katzenbogner, 2008, S. 24; Zeuner, Hofmann & Lehmann, 1997, S. 20).
Hinweise zur Startblockeinstellung und Starttechnik finden Sie im Stundenbild 2 der Klassenstufe 7/8 (s. S. 64).

Wir empfehlen als Anlauflänge im Weitsprung maximal 15–20 m.

Die Fußkräftigung ist ein wichtiger Baustein in der körperlichen Entwicklung der Schüler. Sie wird in diesem Stundenbild spielerisch begonnen und in allen weiteren Klassenstufen in anderen Varianten wieder aufgegriffen.

Praktische Tipps

Die Startposition: Eine lange Erklärung der Startposition erübrigt sich oftmals durch eine kurze Demonstration durch den Lehrer, gegebenenfalls auch durch einen Schüler. Es können aber ebenso oder zusätzlich Medien eingesetzt werden (s. Stundenbild 2, Klassenstufe 7/8; , Arbeitsblatt 4 s. Anhang S. 215).
Startblöcke für die Halle: Es gibt Hallenstartblöcke. Falls Ihre Schule so etwas nicht besitzen sollte, kann man auch von der Wand starten und nur mit dem hinteren Fuß abdrücken oder aber man stellt die Startblöcke mit Nägeln auf ausreichend dicke Gummimatten.

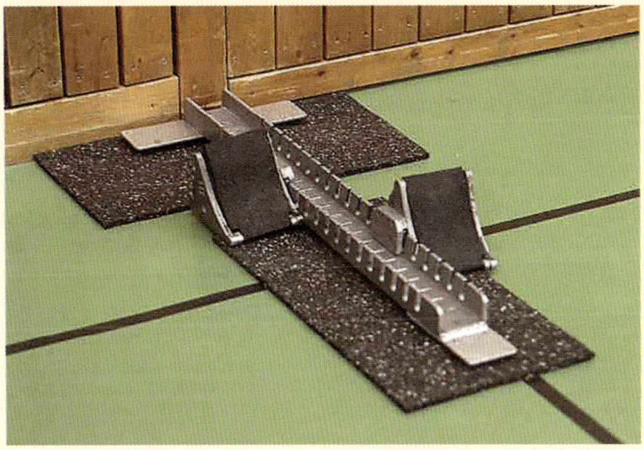

Welches Bein ist vorne? Es gibt vielfach Hinweise, wie man herausfinden kann, welches Bein im Startblock vorne ist: Manche Lehrer/Übungsleiter schubsen teilweise ihre Schüler aus dem Schlussstand nach vorne oder lassen sie auf Zuruf umdrehen. Unseres Erachtens ist das nicht sinnvoll, in Bezug auf das Schubsen respektlos und kann auch gefährlich werden. Die einfachste und effektivste Methode, wie jemand herausfinden kann, welches Bein am besten im Startblock vorne ist (oder auch welches Sprungbein das bessere ist, s. Stundenbild 1, Klassenstufe 5/6), ist: beide Seiten mehrmals im Wechsel ausprobieren. Die Seite, die sich schlicht und einfach besser anfühlt, ist die richtige. Wenn sich beide Seiten gleich gut anfühlen, kann gegebenenfalls noch die beobachtete oder gemessene Leistung mit einbezogen werden.

Traineraufgabe: Die Schüler denken sich Kräftigungsübungen und Fortbewegungsformen für das Aufwärmspiel aus und machen sie vor.
Kampfrichteraufgabe: Die Schüler geben das Startkommando. Wichtig ist es hierbei, auf ausreichend lange Pausen (im Kopf zählen „21, 22, 23 ...") zwischen den einzelnen Kommandos zu achten, damit man nicht auf das Startsignal spekulieren kann.
Beobachteraufgaben: Die Schüler „fotografieren" ihre Mitschüler beim Weitsprung, beschreiben die „fotografierten" Bewegungen und leiten Hinweise zum Springen ab.

Literatur

Deutscher Leichtathletik-Verband (2010b). *Kinderleichtathletik. Spielerisch und motivierend üben in Schule und Verein* (4. Auflage). Münster: Philippka.

Katzenbogner, H. (2008). Aus dem Block und über Hürden. *leichtathletiktraining, 19* (8), 20–27.

Zeuner, A., Hofmann, S. & Lehmann, F. (1997). *Schulmethodik Leichtathletik. Sportiv Leichtathletik* (1. Auflage). Stuttgart: Klett.

Auf einen Blick

Phasen	Organisation, Geräte- und Materialbedarf
Einstieg (15 Minuten)	
Vorgespräch „Heute wollen wir aus dem Startblock sprinten. Dabei müsst ihr so schnell wie möglich reagieren. Das ist auch gleich beim Aufwärmen gefragt." **Aufwärmen: „Feuer – Wasser – Sturm" einmal anders** Die Schüler bewegen sich joggend, hüpfend, rückwärts laufend, im Seitgalopp, im Hopserlauf etc. um ein abgestecktes Viereck. Auf Zuruf oder stummes Zeichen des Lehrers machen alle Schüler in der Feldmitte eine Kräftigungsübung (Seitstütz, Unterarmstütz vorlings/rücklings, vereinfachte Liegestütze, Schwimmen in Bauchlage etc. – Schülerideen mit einbauen!). Einen Wettspielcharakter bekommt das Spiel so: wer nimmt zuletzt die Kräftigungsposition ein? Als „Strafaufgabe" muss sich der zuletzt reagierende Schüler die nächste Bewegungsform einfallen lassen. Auch Schüler geben mal das Kommando.	Lehrer-Schüler-Gespräch Rasen- oder Kunststoffplatz; Feldgröße ca. 1 VB-Feld 4 Hütchen für Feldbegrenzung Einzelarbeit, Schülerdemonstration 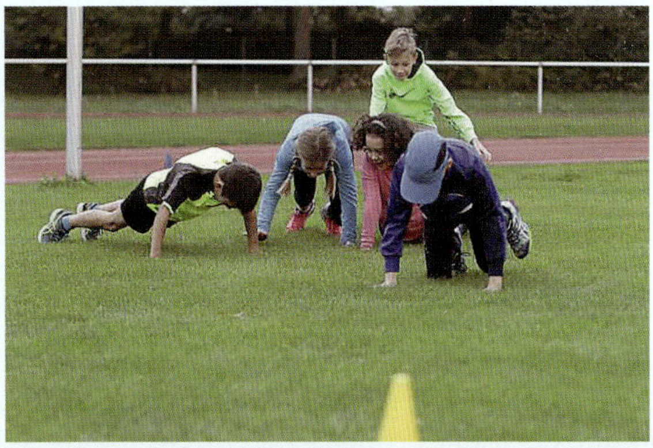
Hauptteil I (35 Minuten)	
„Auf die Plätze…": das Erlernen des Tiefstarts Bevor es an die Startblöcke geht, werden Reaktionsstarts bzw. Vorübungen für den Tiefstart (je 2x) über eine Streckenlänge von 20 m durchgeführt (vgl. Katzenbogner, 2008, S. 24f.): • Start aus der Bauchlage (falls noch mehr Zeit ist: Starts aus weiteren Positionen) • Hochstart Beim Hochstart sollen die Schüler einmal mit dem rechten und einmal mit dem linken Bein an die Startlinie gehen und bereits ausprobieren, welche Position sich besser anfühlt. Der Abstand zwischen den beiden Füßen sollte ungefähr eine Fußlänge betragen (s. Bild: zweiter und dritter Schüler von links).	Laufbahn; pro 5 Schüler 1 Bahn; ca. 30 m 2 Hütchen als Streckenmarkierung Einzelarbeit (am besten nur 5 Schüler pro Lauf) 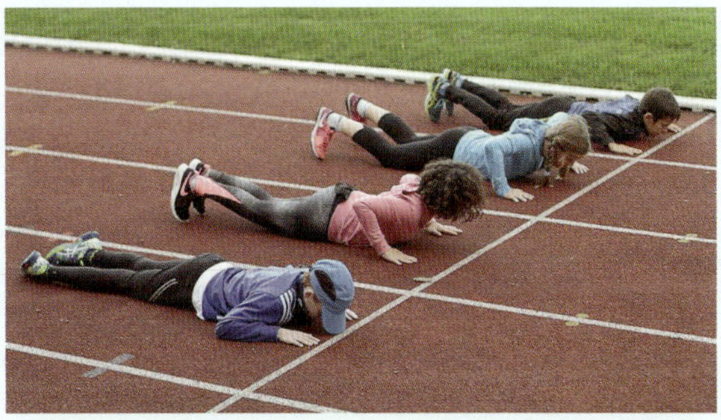 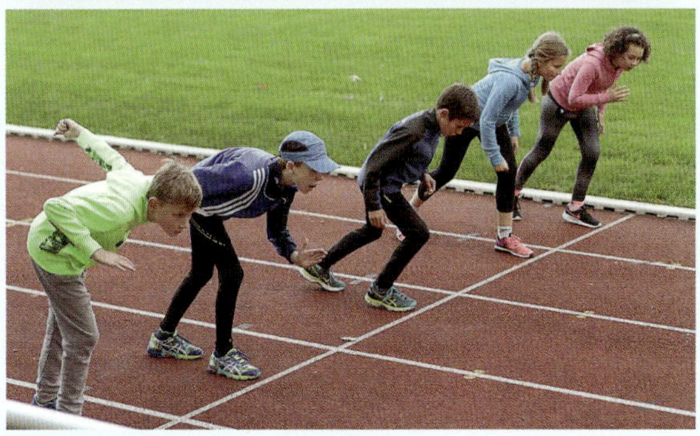

Problematisierung: „Wie komme ich am schnellsten von diesem komischen Startblock weg?“ „Wer kennt die beste Starttechnik?“ (Tiefstart aus dem Block) „Wer kennt das Startkommando?“ (Auf die Plätze – fertig – los) „Was bedeutet das Kommando?“ Die Schüler begeben sich zu den Startblöcken. Es erfolgt eine kurze (Schüler-)Demonstration der Startblockeinstellung und der verschiedenen Positionen („Auf die Plätze“-Position und „Fertig“-Position). Jeder Schüler absolviert zwei Probestarts. Der Abstand von der Startlinie zum vorderen Block sollte zwei Fuß und zum hinteren Block drei Fuß betragen (s. auch Stundenbild 2, Klassenstufe 7/8, S. 64). Achten Sie darauf, dass ein Teil der Startblöcke mit dem linken Fuß vorne eingestellt ist und ein Teil mit dem rechten Fuß, sonst geht beim Umstellen jedes Mal sehr viel Zeit verloren.	Lehrer-Schüler-Gespräch Möglichst pro 5 Schüler 1 Startblock Einzelarbeit 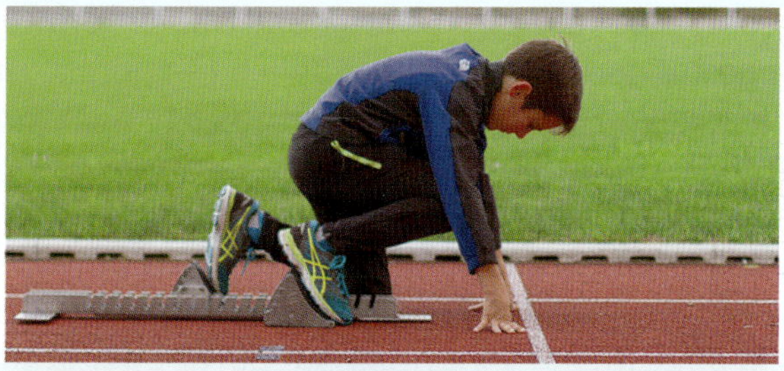 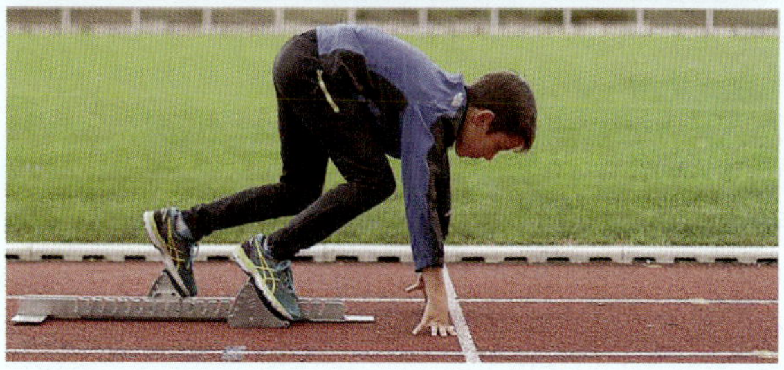
Zwischenreflexion: Abdruckbein „Welches Bein ist vorne im Startblock? Mit welchem geht es besser? Probiere (nochmals) beide Seiten und entscheide dich!“ Es folgen bis zu vier Starts auf Kommando über eine Streckenlänge von 15 m. **Optional: Test 50 m** Die Schüler werden in Gruppen eingeteilt (abhängig von verfügbaren Startblöcken) und führen einen Testlauf über 50 m durch.	Lehrer-Schüler-Gespräch Stoppuhr Einzelarbeit
Hauptteil II (20 Minuten)	
Weitsprung-Flugshow mit „Fotografieren“[9] Die Schüler gehen paarweise zusammen. Einer der Partner springt, der andere beobachtet und „fotografiert“ den Springer, wenn er an der höchsten Stelle in der Luft ist. Das bedeutet, dass er so tut, als würde er den Partner fotografieren. Der Sinn dabei ist, das Bewegungssehen zu vereinfachen, indem für den „fotografierenden“ Schüler ein Moment – eine bestimmte Haltung – herausgegriffen wird. Wichtig dabei sind – wie auf dem Bild zu sehen – das Anwinkeln des Schwungbeins in 90° Vorhalte und die Armhaltung, wobei der Gegenarm nach vorne und der Arm der Schwungbeinseite nach hinten gestreckt werden.	2 Weitsprunganlagen Rechen, Hütchen für Anlaufmarkierung (ca. 15 m) Partnerarbeit 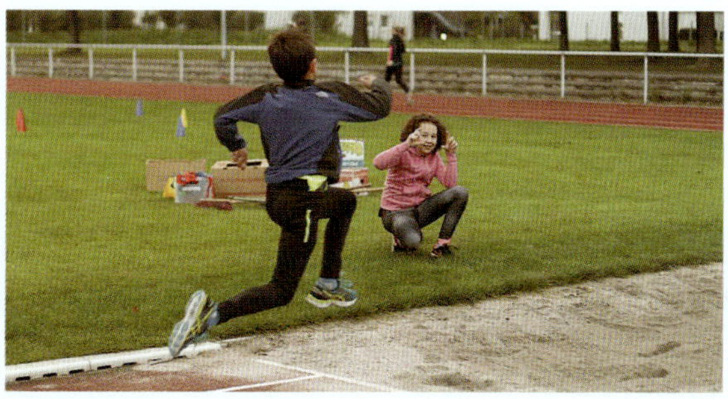

9 An dieser Stelle kann man natürlich einwenden, warum keine Fotografie- oder Filmaufnahmen gemacht werden, um den springenden Schülern direkt eine visuelle Rückmeldung zu geben. Wir haben uns hier dazu entschieden, die kostenfreie und stets verfügbare Kamera im Sinne von Auge und Gehirn zu nehmen. Dies schließt natürlich nicht aus, dass Sie in Ihrem Sportunterricht Foto- und Filmaufnahmen mit entsprechender Vorbereitung, Zeit und Muße unter Beachtung der Datenschutzbestimmungen in den Unterricht einflechten können.

Zwischenreflexion: Fotografie „Wie sieht euer Partner in der Luft aus? Welche Positionen konntet ihr ‚fotografieren‘? Beschreibt ganz genau, was ihr gesehen habt! – die Positionen – die Bewegungen – wie stehen die Körperteile zueinander?“ Die Rollen werden getauscht und weitere Durchgänge absolviert.	Lehrer-Schüler-Gespräch
Abschluss (10 Minuten)	
Stundenausklang: Fußkräftigung im Sand Die Schüler sollen mit den Füßen Figuren in den Sand malen. „Wer kann Traktorspuren machen?“	Sandgrube der Weitsprunganlage Einzelarbeit 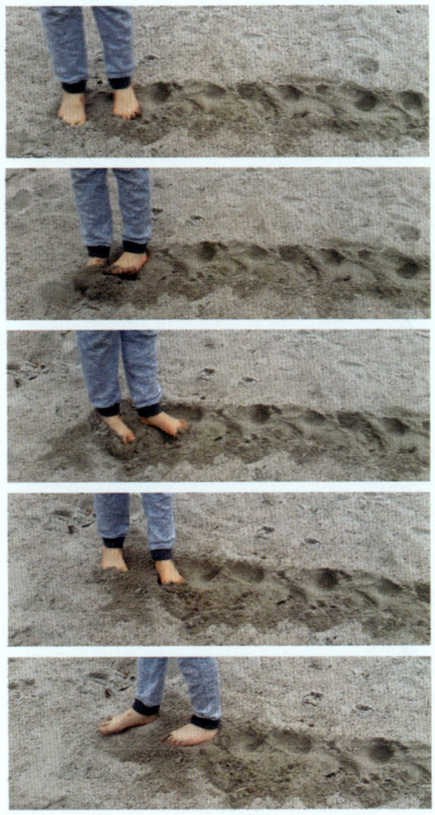
Alternative zum Auspowern: Synchronweitsprung Anlauf und Absprung werden möglichst synchron mit einem Partner durchgeführt (vgl. Zeuner, Hofmann & Lehmann, 1997, S. 62).	2 Weitsprunganlagen Partnerarbeit
Abschlussreflexion „Wenn ihr euren ersten Start aus dem Startblock mit eurem letzten Start vergleicht: Habt ihr da Fortschritte gemacht? Konntet ihr am Schluss besser starten? Was war das tollste Bild, das ihr von eurem Partner ‚fotografiert‘ habt?“	Lehrer-Schüler-Gespräch
Ausblick Das haben wir in der nächsten Stunde vor: „Wir machen Noten im 50-m-Sprint und im Weitsprung.“	

Stundenbild 5: Wir sind bereit für die Sprint- und Sprungnoten!

Zeit 80 Minuten
Niveau Klassen 5 und 6
Ort Stadion

Ziele und Kompetenzen
In diesem Stundenbild steht die pädagogische Perspektive „Leisten erfahren, verstehen und einschätzen" im Vordergrund. Die Schüler können eine Sprintleistung erbringen. Sie können das Startkommando geben. Die Schüler können mit Lehrerunterstützung die Zeit beim Sprintlauf stoppen. Sie können eine Weitsprungleistung erbringen. Die Schüler können mit Lehrerunterstützung beim Weitsprung die Weite messen.

Vorkenntnisse
Den Schülern muss der Ablauf eines Sprintstarts und eines Weitsprungs bekannt sein. Hierzu zählen einerseits die Regelkenntnis und andererseits die Bewegungstechniken.

Fachliche Hinweise

Noten oder noch üben? Wie in allen von uns dargestellten Stundenbildern zur Notenbildung ist es möglich, stattdessen auch noch eine reine Übungsstunde der Disziplinen einzuschieben – je nach Jahresplanung im Schuljahr und Lernstand der Klasse.

Es wird sicher nicht möglich sein, bei größeren Klassen sowohl die Sprint-, als auch die Weitsprungnote in einer Doppelstunde abzunehmen. Hier sind weitere Stunden nötig.

Achten Sie beim Startkommando auf ausreichend Pause zwischen den einzelnen Kommandos (mindestens „21, 22, 23 ..." im Kopf zählen). Warten Sie auch mal länger oder kürzer bis zum Startsignal, Sie werden merken, dass einige Schüler darauf spekulieren.

Hinweise zum Regelwerk der Leichtathletik finden Sie in „Unsere Idee von der Leichtathletik in der Sekundarstufe I und II" unter der Rubrik „Die Regeln", s. S. 12.

Praktische Tipps

Kampfrichteraufgabe: Die Schüler helfen bei der Notengebung als Kampfrichter mit.
Traineraufgabe: Die Schüler geben den anderen Schülern bei den Probeversuchen Tipps, was sie besser machen können.

Literatur

Katzenbogner, H. & Medler, M. (2001a). *Spielleichtathletik. Teil 1: Laufen und Werfen* (Anregungen für den praktischen Sportunterricht, Bd. 13, 7. Auflage). Flensburg: Sportbuch-Verlag Medler.

Auf einen Blick

Phasen	Organisation, Geräte- und Materialbedarf
Einstieg (15 Minuten)	
Vorgespräch „Heute gibt's Noten im Sprint und im Weitsprung. Jetzt bereiten wir uns optimal darauf vor!"	Lehrer-Schüler-Gespräch Notentabellen für Notentransparenz
Aufwärmen Allgemeines Aufwärmen: Stern- oder Kreislaufen: Die Hütchen werden entweder in Stern- oder in Kreisform aufgestellt (vgl. Katzenbogner & Medler, 2001a, S. 49f.) und die Schüler laufen um diese Form herum. Beim Stern wird auf dem Weg in die Mitte, beim Kreis beim Durchschneiden der Diagonalen jeweils eine der folgenden Bewegungsformen gemacht: • Hopserlauf • Anfersen • Kniehebelauf • Rückwärtslaufen • Seitgalopp • und weitere Übungen aus dem Sprint-ABC. 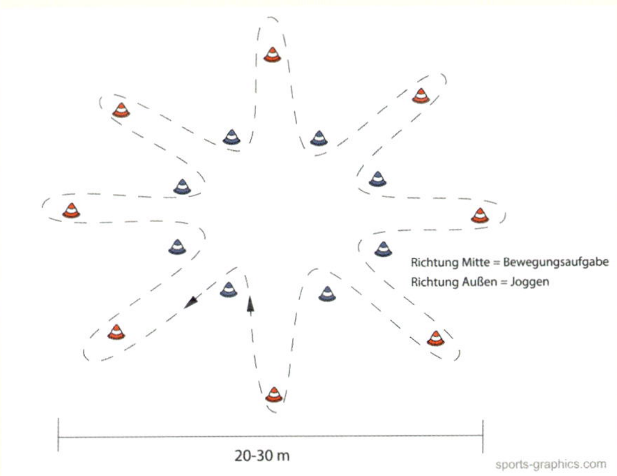 	Rasen- oder Kunststoffplatz; Feldgröße ca. 1 BB-Feld ca. 20 Hütchen, diese werden in Stern- oder Kreisform aufgestellt (Durchmesser 20–30 m) Einzelarbeit Bewegungszeit ca. 10 min 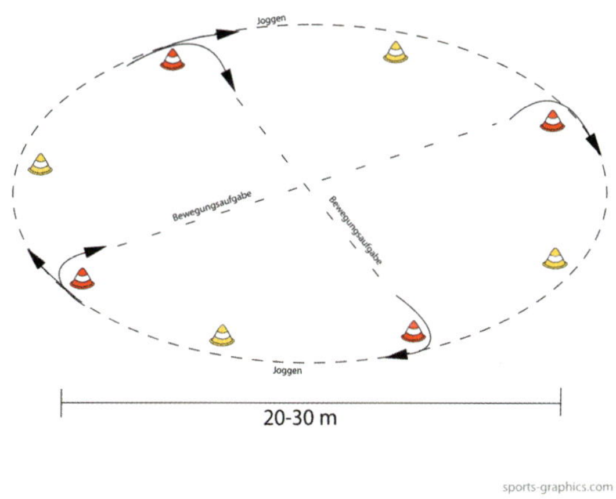
Spezielles Aufwärmen: Kräftigung in der Startblockposition: „Wer kann wie lange in der Startblockposition ‚Fertig' bleiben? Wer kann dabei noch ein Bein heben? Wer kann in der Startblockposition ‚Auf die Plätze' Liegestütze machen?" Diese Übungen wiederholen noch einmal die Positionen und entsprechenden Kommandos. Die Übungen können auch als Drill gemacht werden: der Lehrer gibt eines der Kommandos und die Schüler müssen in die entsprechende Position und diese halten, bis das nächste Kommando kommt. (Bei „Los" laufen sie auf der Stelle.)	

Hauptteil I (25 Minuten)	
Üben 50 m oder Note 50 m Die Schüler werden entsprechend der Anzahl der vorhandenen Bahnen und Startblöcke in mehrere Riegen eingeteilt. Jeder Schüler absolviert einen Antritt aus dem Hochstart über ca. 20 m und nach dem individuellen Einstellen des Startblocks einen Probestart über ca. 15 m. Nun treten die Riegen nacheinander an die Startblöcke und absolvieren den 50-m-Sprint aus dem Tiefstart auf Zeit. Die Schüler helfen beim Erfassen der Sprintzeit mit. Eventuell bietet es sich an, die Ziellinie mit Hütchen zu markieren, damit die Schüler eine Orientierung haben.	Laufbahn; pro 5 Schüler 1 50-m-Bahn Möglichst pro 5 Schüler 1 Startblock, Stoppuhren, Startklappe für das Kommando, ggf. Hütchen Einzelarbeit (in mehreren Riegen) 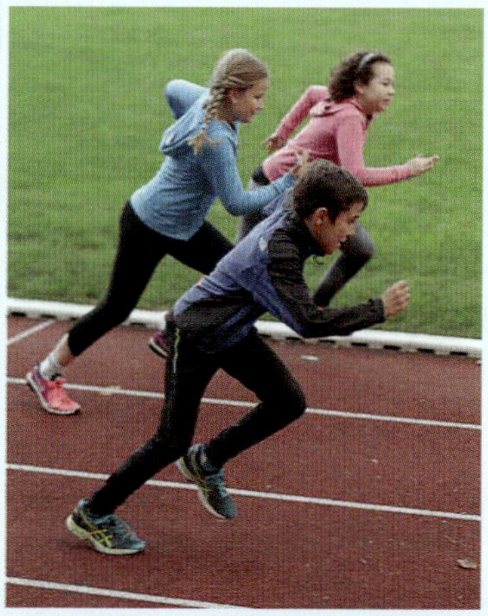
Hauptteil II (30 Minuten)	
Üben Weitsprung oder Note Weitsprung Am besten wird an der einen Weitsprunganlage geübt und an der anderen die Leistung abgenommen. Manche Schüler benötigen nur einen Probeversuch und können gleich auf Weite springen, andere benötigen zwei Probeversuche und kommen anschließend zur Weitenmessung auf die andere Anlage. Jeder Schüler hat drei Versuche. Die Schüler helfen beim Erfassen der Weite mit. Ein Schüler geht mit dem Nullpunkt des Maßbandes in die Grube und Sie ziehen im rechten Winkel das Maßband zum Absprungpunkt und lesen ab.	1–2 Weitsprunganlagen Rechen, Maßband, ggf. Klebeband, um die Zone abzukleben, ggf. ein Besen, um im Bereich der Absprungzone den Sand zu entfernen (Rutschgefahr) Einzelarbeit (in mindestens 2 Riegen)
Abschluss (10 Minuten)	
Abschlussreflexion „Was habt ihr gelernt? Was hat euch am meisten Spaß gemacht? Was am wenigsten?“	Lehrer-Schüler-Gespräch

Stundenbild 6: Beim Werfen kann ich meine Wut rauslassen! / ... und beim Laufen sowieso!

Zeit 80 Minuten
Niveau Klassen 5 und 6
Ort Stadion oder Sporthalle

Hinweise zum Ort
Dieses Stundenbild ist auch gut in einer Sporthalle durchführbar.

Ziele und Kompetenzen
Die Schüler können kraftvolle und gezielte Schlagwürfe mit dem Tennis- oder 80-g-Ball durchführen. Die Schüler können in einem Ausdauerwettspiel als Mannschaft ausdauernd laufen.

Vorkenntnisse
keine

Fachliche Hinweise

Die im Hauptteil Wurf genannten Spiele (Dosenwerfen und Medizinballtreiben) sollen motivierend sein und die Schüler dazu hinführen, kräftig und zielgerichtet zu werfen. Das zielgerichtete Werfen ist in der Leichtathletik nur ein untergeordnetes Ziel, da in allen Wurfdisziplinen lediglich der Sektor getroffen werden muss. Aber zur allgemeinen Wurfschulung gehört auch diese Komponente, da sie das grundlegende Wurfgefühl schult (vgl. Bader et al., 2001, S. 55 und 57; Heinicke & Hütcher, 2016, S. 67). Es sollte auch häufig mit der ungeübten Hand geworfen werden, da dies zum einen positive Effekte auf der geübten Seite bedingt und zum anderen den Wurfarm entlastet (vgl. Dreier, 2017, S. 17).

Ein Ausdauertraining in dieser Altersklasse sollte spielerisch gestaltet sein (vgl. Fröhlich, 2017, S. 26ff.). Deshalb werden sowohl in dieser als auch in den folgenden Stunden die Ausdauereinheiten in motivierende Spielformen verpackt.

Eine gute Differenzierung ergibt sich beim Würfellauf, indem jeder die Rundenzahl in das Mannschaftsergebnis einbringt, die er zu leisten vermag. In dieser Weise sollte man auch das Thema mit den Schülern besprechen, um die Mannschaftszusammensetzungen nicht als „unfair" betiteln zu lassen. Die Laufdauer ist bei allen Schülern ohnehin gleich. Es unterscheidet sich nur das Lauftempo, und das soll jeder selbst gestalten dürfen, das muss allen Schülern klar sein.

Das Ziel dieser Unterrichtseinheit bezogen auf den Lauf sind die 800 m. Für Jungen werden im Schulkontext oftmals die 1000 m vorgesehen. Da sich das Training und der Wettkampf der 1000 m nur gering von den 800 m unterscheiden, haben wir in unseren Stundenbildern keine separaten Hinweise für die 1000 m gegeben. Wenn Sie eine 1000-m-Note abnehmen wollen, können Sie eventuell die Laufdauer und die Streckenlängen bei den Übungen und Spielen jeweils leicht anheben.

Praktische Tipps

Würfellauf organisieren: Beim Würfellauf können Sie die Spielfeldgröße an die Leistungsstärke ihrer Klasse anpassen. Je ausdauerleistungsstärker die Klasse im Durchschnitt ist, desto größer können Sie das Feld machen. Um die Laufstrecke freizuhalten, sollte das Blatt Papier, der Stift und der Würfel jeweils innerhalb des durch Hütchen abgegrenzten Spielfelds positioniert werden. Sind die Kästchen auf dem Blatt Papier durchnummeriert, kann man den Zwischenstand gut ablesen und verkünden (z. B. Mannschaft 3 hat bereits 44 Kästchen erlaufen, s. Arbeitsblatt 1, S. 212).
Ökonomisch oder rhythmisiert unterrichten: Man könnte ökonomischer unterrichten, wenn man das UFO-Spiel direkt im Anschluss an die Wurfspiele durchführt. Allerdings ist das Stundenbild von der Belastung her besser rhythmisiert, wenn zwischen den Wurfinhalten eine Ausdauerbelastung liegt.
Werfen in der Halle: Viele Wurfübungen sind auch in der Halle möglich. Durch Organisationsformen, bei denen der Ball an der Wand abprallen kann, setzen Sie auch wurfstarken Schülern eine Herausforderung in einer kleineren Sporthalle (vgl. z. B. Zeuner, Hofmann & Lehmann, 1997, S. 84)
Kampfrichteraufgabe: Die passiven Schüler stellen die Dosen wieder auf und zählen gegebenenfalls die Punkte.
Traineraufgabe: Die Schüler äußern Ideen, wie man den Tennisball zwischen den Partnern hin- und herwandern lassen kann.

Literatur

Bader, R., Chounard, D., Eberle, F., Kromer, R. & Mayer, G. (2001). *Kinderleichtathletik. Band 2 Springen und Werfen* (Handreichungen für den Sportunterricht). Stuttgart: Stiftung „Sport in der Schule" Baden-Württemberg.
Dreier, J. (2017). Erfolgreich Schlagwerfen lernen. *leichtathletiktraining, 28* (6), 12–18.
Fröhlich, N. (2017). Wir trainieren Ausdauer – und keiner merkt es! *leichtathletiktraining, 28* (11), 26–33.
Heinicke, W. & Hütcher, R.H. (2016). Schlag- und Drehwurf stufenweise entwickeln – Teil 1. *leichtathletiktraining, 27* (2+3), 64–71.
Zeuner, A., Hofmann, S. & Lehmann, F. (1997). *Schulmethodik Leichtathletik. Sportiv Leichtathletik* (1. Auflage). Stuttgart: Klett.

Auf einen Blick

Phasen	Organisation, Geräte- und Materialbedarf
Einstieg (15 Minuten)	
Vorgespräch „Unsere Ziele in dieser Unterrichtseinheit: Ballweitwurf und 800-m-Lauf lernen, üben und trainieren.“ **Problematisierung: Bewegung verdrängt Wut** „Was macht ihr, wenn ihr mal so richtig wütend seid?“ (Stampfen, toben, aus voller Kraft schreien etc.) „Das hat fast alles mit Bewegung zu tun, richtig? Heute wollen wir beim Werfen unsere Wut rauslassen und dabei stark und kräftig werfen. Aber auch beim Laufen kann man sich total gut auspowern und seine Wut verpuffen lassen. Ich hoffe, dass ihr jetzt noch nicht wütend seid, denn beim Aufwärmen ist Fingerspitzengefühl gefragt.“	Lehrer-Schüler-Gespräch
Aufwärmen: Partnerübungen mit dem Tennisball Es wird eine Streckenlänge von ca. 30–40 m mit Hütchen abgesteckt. Die Schüler nehmen zu zweit einen Tennisball und laufen im Abstand von ca. 1 m nebeneinander her. Nun machen sie auf dem Hinweg verschiedene Aufgaben mit dem Tennisball, auf dem Rückweg joggen sie zurück: • Hin- und hergeben • Einmal um den eigenen Rumpf kreisen lassen und dann weitergeben • Hin- und herwerfen – auch mit der ungeübten Hand • Beim Laufen anschauen (also seitwärts laufen) und zuwerfen • Gleiche Übung und nun im Seitgalopp • Zwischen den beiden Partnern den Ball aufprellen lassen Bei den meisten Aufgaben werden die Bälle wahrscheinlich häufig fallen gelassen. Deshalb ist es wichtig, dass zwischen den Paaren genügend Abstand ist und es nicht zu Stau oder Stolperfallen kommt.	Laufbahn; ca. 4 Bahnen à 50 m Streckenlänge pro 2 Schüler 1 Tennisball, 2 Hütchen zum Abstecken der Streckenlänge Partnerarbeit Achten Sie auf genügend Nettolaufzeit (ca. 10 min)! 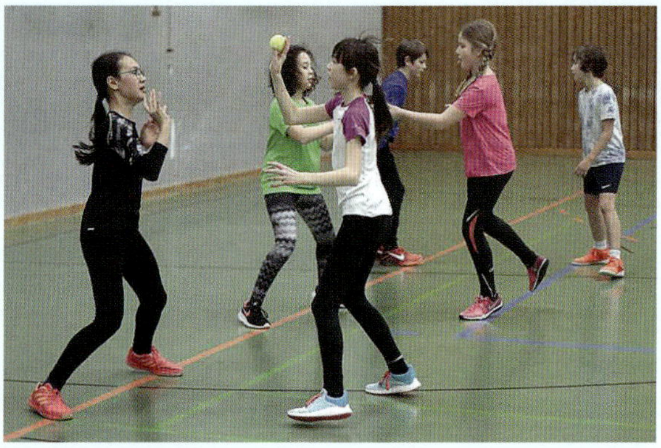
Hauptteil I (30 Minuten)	
Der Schlagwurf als Kraftwurf Die Schüler führen eine spielerische Wurfübung und ein Wurfspiel durch (vgl. Bader et al., 2001, S. 55 und 57 und Heinicke & Hütcher, 2016, S. 67):	Leichtathletikanlage; falls vorhanden, ein erhöhter Platz für die Wurfziele

<table>
<tr><td>1. Dosenwerfen:
Die Dosen werden möglichst erhöht, z. B. auf dem Handballtor in der Halle oder einer Treppenstufe bzw. einem Wall draußen aufgestellt. Die Schüler werfen in einem Abstand von ca. 10 m
auf die Dosen. Mindestens ein Durchgang wird mit der ungeübten Hand absolviert. Hier kann man auch einen Wettbewerb starten und zwei Mannschaften gegeneinander antreten lassen.</td><td>pro 10 Schüler mindestens 5 Blechdosen (oder Hütchen oder Schaumstoffblöcke), pro Schüler 1 80-g-Ball oder Tennisball, ausreichend Hütchen zur Markierung der Abwurflinie

Einzelarbeit, ggf. Gruppenarbeit

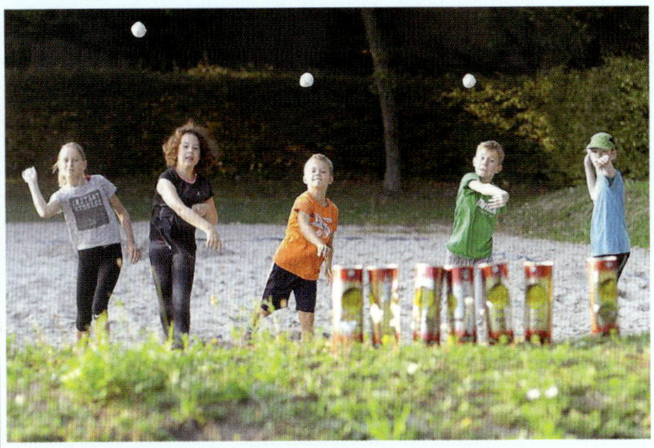</td></tr>
<tr><td>2. Medizinball treiben:
Zwei Mannschaften treten gegeneinander an und versuchen, durch kräftige Würfe mit ihrem Tennisball, den Medizinball zur anderen Mannschaft zu treiben.</td><td>Kunststoffplatz oder Laufbahn (auf dem Rasen rollt der Medizinball schlecht);
Feldgröße ca. 1 VB-Feld

pro Schüler 1 80-g-Ball oder Tennisball,
1 leichter, möglichst großer Medizinball (ca. 1–2 kg, alternativ ein großer Gymnastikball), ca. 10 Hütchen zum Abgrenzen der beiden Abwurflinien

Gruppenarbeit (2 Mannschaften)</td></tr>
<tr><td colspan="2">Hauptteil II (20 Minuten)</td></tr>
<tr><td>Würfellauf
Es werden vier Mannschaften jeweils in eine Ecke des rechteckigen Spielfelds positioniert (pro Mannschaft sollten es ca. 5 Schüler sein; bei größeren Klassen können an den langen Seiten des Rechtecks zwei weitere Mannschaften starten). Jede Mannschaft erhält einen Würfel, ein Blatt Papier mit Kästchen (s. Arbeitsblatt 1, ca. 66 eventuell durchnummerierte Kästchen) und einen Stift. Beim Startsignal würfelt jeder und läuft entsprechend der Augenzahl die Runden. Ist der Schüler die Rundenzahl gelaufen, darf er die entsprechende Anzahl an Kästchen abstreichen. Welche Mannschaft hat zuerst alle Kästchen erlaufen?
Sind Ihre Schüler schneller als in 10 min fertig, starten Sie einen zweiten Durchgang und vergrößern Sie gegebenenfalls die Laufrunde.</td><td>Pro 5 Schüler 1 (Flüster-) Würfel, Arbeitsblatt 1 mit ca. 66 Kästchen darauf (s. Anhang S. 212), 1 Stift, 4–6 Hütchen um Spielfeld abzustecken (mindestens VB-Feldgröße)

Gruppenarbeit (ca. 5 Schüler pro Mannschaft)

Laufdauer mindestens 10 min oder z. B. 2–3x 5 min

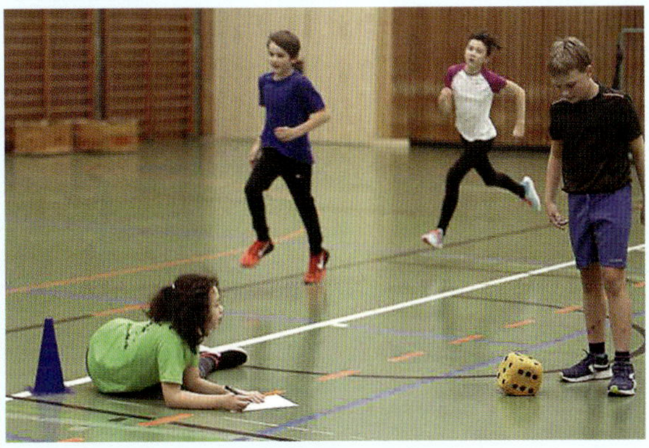</td></tr>
</table>

<table>
<tr><th colspan="2">Abschluss (15 Minuten)</th></tr>
<tr><td>Abschlussspiel: Wir treffen das UFO im Flug
Das UFO ist ein großer Gymnastikball oder ein leichter, großer Medizinball. Die Schüler stehen alle an einer Linie. Der Lehrer steht in ca. 10–15 m Entfernung zur Linie und wirft den großen Gymnastikball oder den Medizinball hoch in die Luft. Der Ball ist das UFO und muss von den Schülern abgetroffen werden (vgl. Bader et al., 2001, S. 56).</td><td>Rasen- oder Kunststoffplatz;
Feldgröße ca. 1 BB-Feld

1 großer Gymnastikball oder 1 Medizinball (ca. 1–2 kg, möglichst groß), pro Schüler 1 Tennis- oder 80-g-Ball, 6 Hütchen

Einzelarbeit

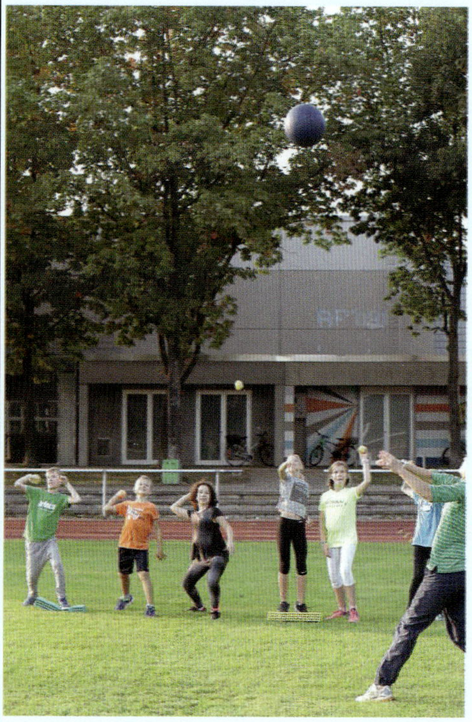</td></tr>
<tr><td>Abschlussreflexion
„Und, ist eure eventuell vorhandene Wut verpufft? Berichtet mal, wie das Werfen und das ausdauernde Laufen auf euch gewirkt haben!“

Ausblick
Das haben wir in der nächsten Stunde vor:
„Wir werden alles Mögliche an Wurfgeräten ‚durch die Gegend werfen‘ und versuchen, die Ausdauer gut einzuteilen.“</td><td>Lehrer-Schüler-Gespräch</td></tr>
</table>

Stundenbild 7: Was, diese Dinger kann man alle werfen? / Wie teile ich meine Ausdauer am besten ein?

Zeit 80 Minuten
Niveau Klassen 5 und 6
Ort Stadion, ggf. Sporthalle

Hinweise zum Ort
Bis auf den Testlauf über 800 m ist das Stundenbild gut in der Sporthalle durchführbar.

Ziele und Kompetenzen
In diesem Stundenbild stehen die pädagogischen Perspektiven „Erweiterung der Bewegungserfahrung" sowie „Bewegungen gestalten" im Vordergrund. Die Schüler können eine Dauer in Minuten schätzen. Sie können ihre Laufzeit auf eine bestimmte Strecke in Minuten schätzen. Die Schüler können ausdauernd laufen. Sie können Bewegungserfahrungen mit verschiedenen Wurfgeräten und Wurfarten sammeln.

Vorkenntnisse
Die Schüler sollten möglichst 800 m am Stück joggen können.

Fachliche Hinweise

Mögliche Wurfarten sind nach Wastl und Wollny (vgl. 2012, S. 138):

- beidarmiger Wurf über den Kopf (als Vorstufe des Schlagwurfes)
- Schlagwurf
- Drehwurf
- Schockwurf
- Druckwurf (als Vorstufe des Stoßes)
- Stoß

Der Drehwurf taucht in unseren Stundenbildern nicht mehr auf, sollte aber in diesem Stundenbild auf jeden Fall mit einbezogen werden, um die Bewegungserfahrung der Schüler zu erweitern. Schleuderball oder Diskuswurf sind denkbare Disziplinen für die Schule. Wastl und Wollny bieten hierzu einige Ausführungen zum Diskuswurf für den Anfängerbereich (vgl. 2012, S. 160ff.). Speziell für den schulischen Kontext schreiben Zeuner, Hofmann und Lehmann einige Empfehlungen für das Schleuderball- und Diskuswerfen (vgl. 1997, S: 90ff.). Für eine intensivere Einarbeitung in den Diskuswurf empfehlen wir die Rahmentrainingspläne des DLV für das Grundlagentraining und das Aufbautraining in den Wurfdisziplinen (Deutscher Leichtathletik-Verband, 2017 und Deutscher Leichtathletik-Verband, 2011).

Praktische Tipps

Vielfalt der Wurfgeräte: Eine große Anzahl an verschiedenen Wurfgeräten ermöglicht nicht nur vielfältige Wurferlebnisse, sondern minimiert auch die Wartezeit.
Sicherheit und Wurfhäufigkeit: Beim Wurftraining besteht die Gefahr unkontrolliert umherfliegender Geräte. Dementsprechend müssen gewisse Sicherheitsvorkehrungen getroffen werden (vgl. Deutscher Leichtathletik-Verband, 2017, S. 200):

- ausreichender Abstand zum danebenstehenden Werfer
- gleiche Wurfrichtung für alle
- alle werfen erst nach dem Kommando
- erst auf Ansage des Lehrers werden die Wurfgeräte geholt

Um Verletzungen durch Wurfgeräte zu vermeiden und die Wurfhäufigkeit zu maximieren, werden daher immer *alle* vorhandenen Wurfgeräte geworfen und dann *alle gemeinsam* geholt.
Traineraufgabe: Die Schüler denken sich Figuren aus, die von den anderen gelaufen werden.
Beobachteraufgabe: Die passiven Schüler beobachten, wer die Zielzeit beim Zeitschätzlauf am besten trifft. Dazu bekommen sie eine Stoppuhr.

Literatur

Bader, R., Chounard, D., Eberle, F., Kromer, R. & Mayer, G. (1998). *Kinderleichtathletik. Band 1 Laufen und Sprinten* (Handreichungen für den Sportunterricht). Stuttgart: Stiftung „Sport in der Schule" Baden-Württemberg.

Deutscher Leichtathletik-Verband (2011). *Jugendleichtathletik. Rahmentrainingsplan des Deutschen Leichtathletik-Verbandes für die Wurfdisziplinen im Aufbautraining* (Mediathek Leichtathletik). Münster: Philippka.

Deutscher Leichtathletik-Verband (2017). *Jugendleichtathletik Grundlagentraining. Rahmentrainingsplan des Deutschen Leichtathletik-Verbandes für die Altersklassen U12 bis U16* (Mediathek Leichtathletik, 1. Auflage). Münster: Philippka.

Fittko, E., Kölsch, J., Monz-Dietz, L., Poppe, M. & Scheer, H. J. (2011). *Leichtathletik – Handreichungen für Schulen der Sekundarstufe 1* (Edition Schulsport, Bd. 16, 1. Auflage). Aachen: Meyer & Meyer.

Fröhlich, N. (2017). Wir trainieren Ausdauer – und keiner merkt es! *Leichtathletiktraining, 28* (11), 26–33.

Wastl, P. & Wollny, R. (2012). *Leichtathletik in Schule und Verein. Ein Praxishandbuch für Lehrer und Trainer.* Schorndorf: Hofmann.

Zeuner, A., Hofmann, S. & Lehmann, F. (1997). *Schulmethodik Leichtathletik. Sportiv Leichtathletik* (1. Auflage). Stuttgart: Klett.

Auf einen Blick

<table>
<tr><th>Phasen</th><th>Organisation, Geräte- und Materialbedarf</th></tr>
<tr><td colspan="2">Einstieg (15 Minuten)</td></tr>
<tr><td>

Vorgespräch/Problematisierung: Kreativität
„Heute sollt ihr mal richtig kreativ werden: Beim Aufwärmen und beim Werfen dürft ihr eurer Fantasie freien Lauf lassen. Im ersten Teil der Stunde wollen wir herausfinden, wie gut ihr Zeiten einschätzen könnt. Und zum Abschluss testen wir euren Leistungsstand im 800-m-Lauf."

</td><td>

Lehrer-Schüler-Gespräch

</td></tr>
<tr><td>

Aufwärmen: Figurenlauf
Die Schüler laufen in einer Reihe hintereinander (eventuell mehrere Gruppen) und bilden durch ihre Laufwege Figuren ab (Kreis, Herz, Stern, Dreieck ...), die von den Schülern selbst ausgedacht werden bzw. bei vorübergehendem Ideenmangel vom Lehrer vorgeben werden (s. Arbeitsblatt 2; vgl. Fröhlich, 2017, S. 28).

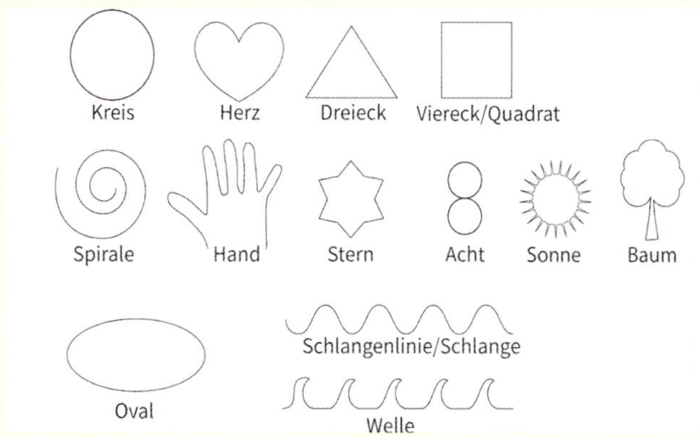

Wettspiel: Der erste Schüler denkt sich eine einfache (!) Figur aus und der letzte Schüler in der Reihe muss erraten, um welche Figur es sich handelt. Damit möglichst alle drankommen, sollten hier Fünfergruppen gebildet werden. Gegebenenfalls die Figuren mehrmals laufen lassen, damit die Chance erhöht wird, die Figur zu erraten.

</td><td>

Rasen- oder Kunststoffplatz;
Feldgröße ca. 1 BB-Feld

Eventuell 4 Hütchen, um das Lauffeld zu begrenzen, Hilfekärtchen Lauffiguren, Arbeitsblatt 2 mit Ideen für einfache Figuren (s. Anhang S. 213)

Gruppenarbeit (ca. 5 Schüler pro Gruppe)

Laufzeit mindestens 10 min

</td></tr>
</table>

<table>
<tr><th colspan="2">Hauptteil I (20 Minuten)</th></tr>
<tr><td>

Wie teile ich meine Ausdauer am besten ein?
Zeitschätzläufe
Die Schüler laufen auf einem äußeren Viereck. Wenn ihrer Meinung nach die vorgegebene Zeit vorüber ist, laufen sie auf einem inneren Viereck weiter (verändert nach Bader et al., 1998, S. 45; vgl. auch Zeuner, Hofmann & Lehmann, 1997, S. 30). Weniger laufstarke Schüler sollen gehen, wenn sie nicht mehr können. Es empfiehlt sich, die Dauer von 1 min oder bei laufstärkeren Klassen auch 2–3 min mehrmals schätzen zu lassen. Nach einigen Durchgängen gibt es immer mehr Schüler, die die Minute gut schätzen können. Hier können auch die weniger ausdauerstarken Schüler ein Erfolgserlebnis erzielen.

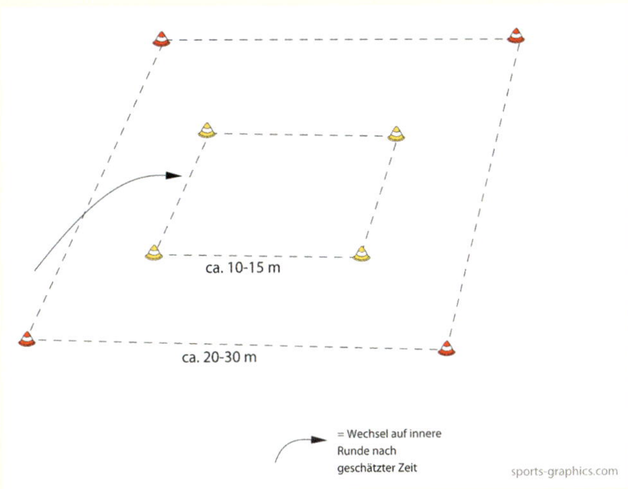

</td><td>

Rasen- oder Kunststoffplatz; Feldgröße des äußeren Vierecks ca. 1 VB-Feld; Feldgröße des inneren Vierecks ca. Badmintonfeld-Größe

Stoppuhren, 8 Hütchen

Einzelarbeit

Gesamtlaufzeit ca. 10 min; z. B. 3x 1 min – 2x 2 min – 1x 3 min

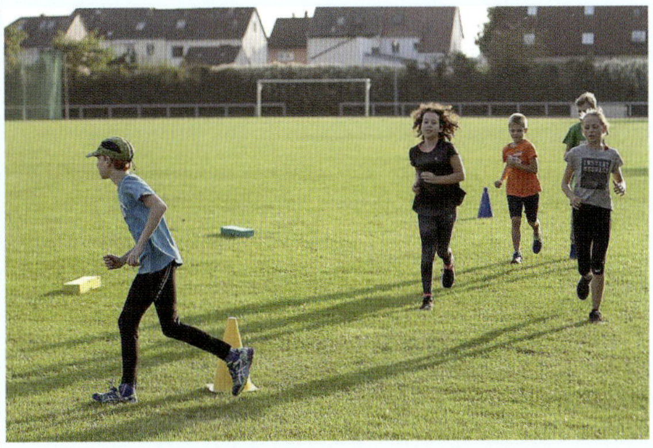

</td></tr>
<tr><th colspan="2">Hauptteil II (30 Minuten)</th></tr>
<tr><td>

Problematisierung: Wurfvarianten
AA: „Welche Wurfgeräte könnt ihr auf wie viele verschiedene Weisen möglichst weit werfen?“ (Schlagwurf, Stoß, Druckpass, Drehwurf, Wurf von unten, Überkopfwurf, durch die Beine ...) „Probiert alles mal aus!“

</td><td>

Lehrer-Schüler-Gespräch

</td></tr>
</table>

Werfen unterschiedlicher Wurfgeräte Die Schüler werfen alle möglichen Wurfgeräte in allen – auch unkonventionellen – Varianten (vgl. Fittko et al., 2011, S. 157ff.). Insofern es keine Sicherheitsbedenken gibt, sind der Fantasie hier keine Grenzen gesetzt. Die Schüler stellen sich an einer Linie zwischen zwei Hütchen (oder an der Grenze zwischen Bahn und Rasen) auf und werfen alle vorhandenen Wurfgeräte so weit sie können auf den Rasen. Erst wenn alle vorhandenen Geräte geworfen sind, werden alle Geräte gemeinsam geholt (Maximierung der Wurfhäufigkeit und Minimierung der Verletzungsgefahr durch Wurfgeräte).	Rasenfeld; Feldgröße: ca. halbes FB-Feld alle möglichen Wurfgeräte (Wurfstäbe, Wurfraketen/„Heuler“, Ringtennisringe, Frisbees, Fahrradreifen, Jonglierbälle, Jongliertücher, Luftballons, 1-kg-Medizinbälle, Tennisbälle, Schlagbälle, Wurfbälle, ...), 2 Hütchen, Kisten/Körbe/Eimer für die Wurfgeräte Einzelarbeit
Zwischenreflexion: Werfen und Flugeigenschaften „Vermutet mal, wie schwer die Geräte sind? Wie bzw. wie gut fliegen sie? Beschreibt, wie sie geworfen werden müssen, damit sie fliegen?“ (Schlagwurf, Drehwurf etc.) „Mit welchen Wurfgeräten kann man einen Drehwurf gut machen, mit welchen einen Schlagwurf?“	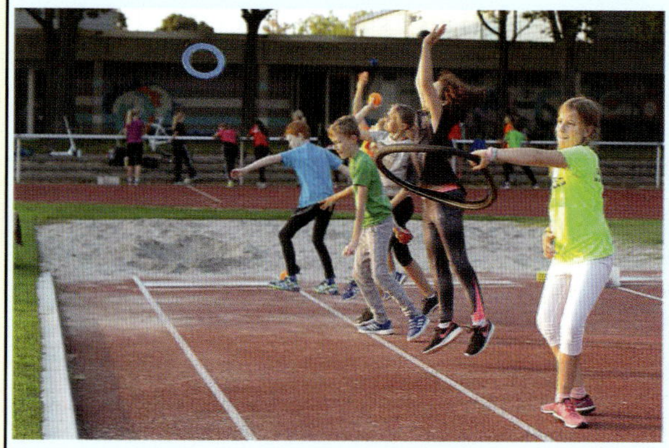
Optional: Reflexion Körperebenen An dieser Stelle können die verschiedenen Körperebenen thematisiert werden (Frontal-/Sagittal-/Transversalebene): „Wie bewegt sich das Wurfgerät zur entsprechenden Körperebene bei den verschiedenen Wurfarten?“ 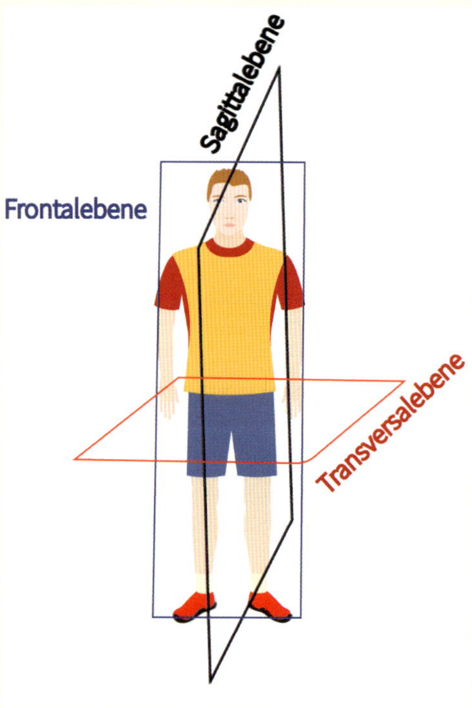 	Lehrer-Schüler-Gespräch

Abschluss (15 Minuten)	
Test 800 m Rückerinnerung an die Zeitschätzläufe: „Was denkt ihr, wie lange ihr für die 800 m benötigt?" Die Schüler absolvieren einen Testlauf über 800 m (Hinweise zur Durchführung s. Stundenbild 10, Klassenstufe 5/6, S. 55 und S. 57).	400-m-Rundbahn 1 Stoppuhr Einzelarbeit
Abschlussreflexion „Habt ihr vorher gedacht, dass es so viele verschiedene Wurfgeräte und Wurfarten gibt? Habt ihr eure Ausdauer beim 800-m-Lauf gut eingeteilt? Was könntet ihr noch besser machen?"	Lehrer-Schüler-Gespräch
Ausblick Das haben wir in der nächsten Stunde vor: „Wir üben den Anlauf und den Abwurf für das Ballwerfen und machen als Ausdauertraining einen Mannschaftswettbewerb, bei dem alle gut mitlaufen können."	

Stundenbild 8: Anlauf, Abwurf – und schon fliegt der Ball! / Im Team laufen wir am schnellsten!

Zeit 80 Minuten
Niveau Klassen 5 und 6
Ort Stadion, ggf. Sporthalle

Hinweise zum Ort
Eine Handballfeldgröße wäre hier optimal, um der Wurfweite keine Grenze zu setzen.

Ziele und Kompetenzen
Die Schüler können den an den Schaumstoffblöcken erlernten Impulsschritt an der Wurfanlage beim Werfen anwenden. Sie können den Ball aus dem Dreierrhythmus sowie einem längeren Anlauf werfen. Die Schüler können in der Mannschaft ausdauernd laufen. Sie können ihre eigene Laufleistung und die der Mitschüler einschätzen und darauf aufbauend die Laufstrecken in der Mannschaft sinnvoll verteilen.

Vorkenntnisse
Sinnvoll sind vielfältige Wurferfahrungen mit und ohne Anlauf (s. Stundenbilder 6 und 7 der Klassenstufe 5/6, ab. S. 37 und ab S. 47) sowie einfache Übungen des Sprint-ABC (s. Stundenbild 2 der Klassenstufe 5/6, S 21).

Fachliche Hinweise

Für Anfänger ist der erste Kontakt mit einer leichtathletischen Wurfdisziplin das 80-g-Ballwerfen, das das Fundament der leichtathletischen Würfe darstellt (vgl. Wastl, 2012, S. 138ff.).

In dieser Stunde wird der Impulsschritt eingeführt, bei dem es wichtig ist, dass sich die Schüler nicht in die Höhe, sondern flach und weit abdrücken. Deshalb werden bereits bei der Einführung des Impulsschrittes mithilfe des seitlichen Überlaufens über Schaumstoffblöcke diese flach hingelegt. Bei allen weiteren Übungsformen sollen noch flachere Markierungen verwendet werden, wie z. B. Kreidestriche, Klebeband, flache Gummistreifen o. Ä.

Hinweise zu den Ballgewichten finden Sie im Stundenbild 10 der Klassenstufe 5/6 (s. S. 55). Hinweise zum Regelwerk der Leichtathletik finden Sie in „Unsere Idee von der Leichtathletik in der Sekundarstufe" unter der Rubrik „Die Regeln, s. S. 12.

Das 6-Tage-Rennen regt die Schüler dazu an, ihre eigenen Lauffähigkeiten und die ihrer Mitschüler einzuschätzen und sich darüber auszutauschen (vgl. zu diesem Thema auch Pfitzner, der dieses Thema für den Wurf aufgearbeitet hat; 2017, S. 108f.).

Praktische Tipps

Sicherheit und Wurfhäufigkeit: Um Verletzungen durch Wurfgeräte zu vermeiden und die Wurfhäufigkeit zu maximieren, werden immer *alle* vorhandenen Wurfgeräte geworfen und dann *alle gemeinsam* geholt.

Leistungsstärke der Klasse: Beim 6-Tage-Rennen können Sie die Spielfeldgröße an die Leistungsstärke Ihrer Klasse anpassen. Je ausdauerleistungsstärker die Klasse im Durchschnitt ist, desto größer können Sie das Feld machen. Um die Laufstrecke freizuhalten, sollte der Pausenplatz innerhalb des durch Hütchen abgegrenzten Spielfelds positioniert werden (s. Grafik). Wenn die Schaumstoffblöcke farblich sortiert sind, bekommt jede Mannschaft einen Pausenplatz in ihrer Farbe.

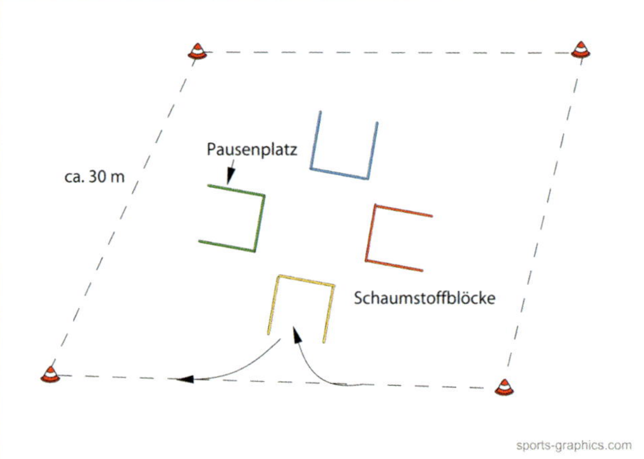

Streckenmessung in Fuß: Messen Sie einmal Ihre Fußlänge (im Schuh) in cm. Dann können Sie kleinere Strecken immer in Fuß messen und müssen kein Maßband auspacken. 80 cm sind beispielsweise bei Schuhgröße 40 ca. 3 Fuß.

Literatur

Dreier, J. (2017). Erfolgreich Schlagwerfen lernen. *leichtathletiktraining, 28* (6), 12–18.

Fittko, E., Kölsch, J., Monz-Dietz, L., Poppe, M. & Scheer, H. J. (2011). *leichtathletik – Handreichungen für Schulen der Sekundarstufe 1* (Edition Schulsport, Bd. 16, 1. Auflage). Aachen: Meyer & Meyer.

Katzenbogner, H. & Medler, M. (2001a). *Spielleichtathletik. Teil 1: Laufen und Werfen* (Anregungen für den praktischen Sportunterricht, Bd. 13, 7. Auflage). Flensburg: Sportbuch-Verlag Medler.

Moll, C. (2014). Leichtathletik: Zielgerichtetes und effektives Aufwärmen. *SportPraxis, 55* (9+10), 6–11.

Pfitzner, M. (2017). Sozialer Kompetenzerwerb im Inhaltsbereich „Laufen, Springen, Werfen – Leichtathletik". *sportunterricht, 66* (4), 108–112.

Wastl, P. & Wollny, R. (2012). *Leichtathletik in Schule und Verein. Ein Praxishandbuch für Lehrer und Trainer.* Schorndorf: Hofmann.

Auf einen Blick

Phasen	Organisation, Geräte- und Materialbedarf
Einstieg (15 Minuten)	
Vorgespräch Erinnern Sie die Schüler an das Sprint-ABC an der Reifenbahn (Klassenstufe 5/6, Stundenbild 2, S. 21). Kündigen Sie die neue Variante an: Übungen mit den Schaumstoffblöcken. **Aufwärmen: Übungen an den Schaumstoffblöcken** Die Schüler absolvieren verschiedene Übungen an den Schaumstoffblöcken und laufen anschließend um einen 15 m entfernten Wendepunkt und joggen zurück zum Ausgangspunkt (vgl. Moll, 2014, S. 9). Folgende Aufgaben sind u. a. denkbar: • In Schlangenlinien vorwärts und rückwärts durchlaufen • Im Seitgalopp, Blick nach vorne • Vorwärts und rückwärts durchlaufen, Blick immer in eine Richtung 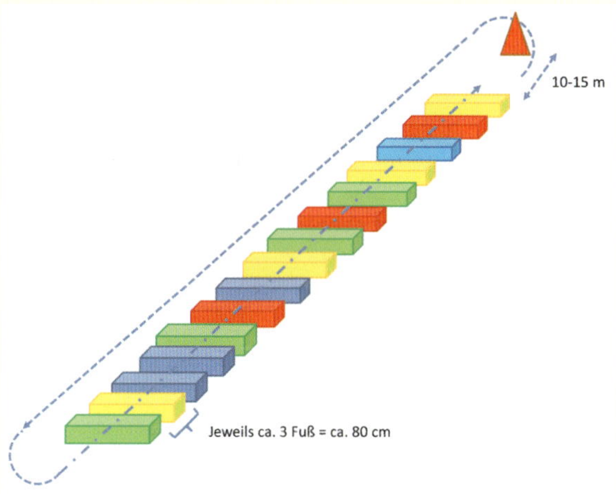	Lehrer-Schüler-Gespräch Kunststoffplatz oder Laufbahn pro 10 Schüler ca. 10 Schaumstoffblöcke, pro 10 Schüler 2 Hütchen Einzelarbeit Bewegungszeit ca. 10 min 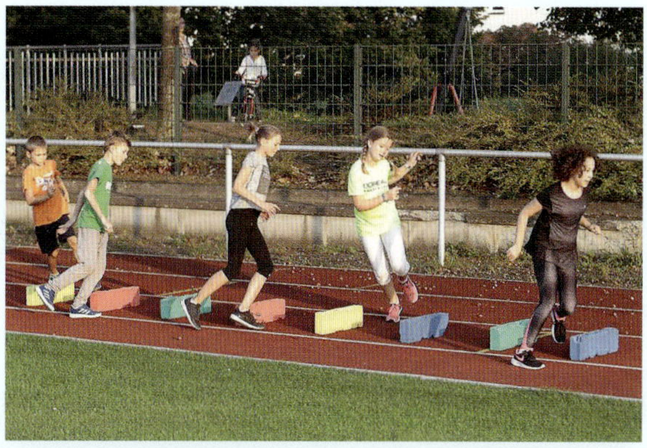 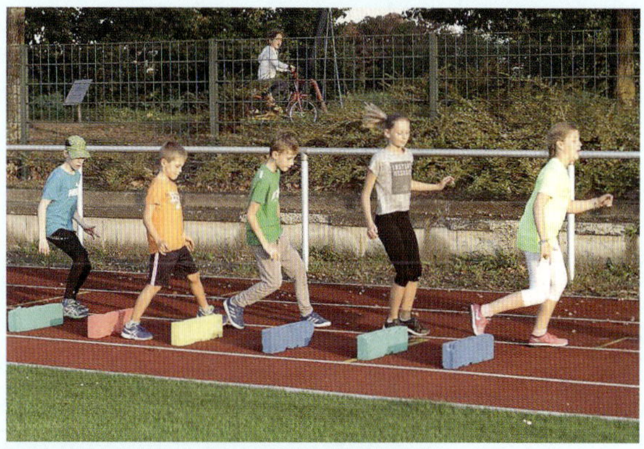 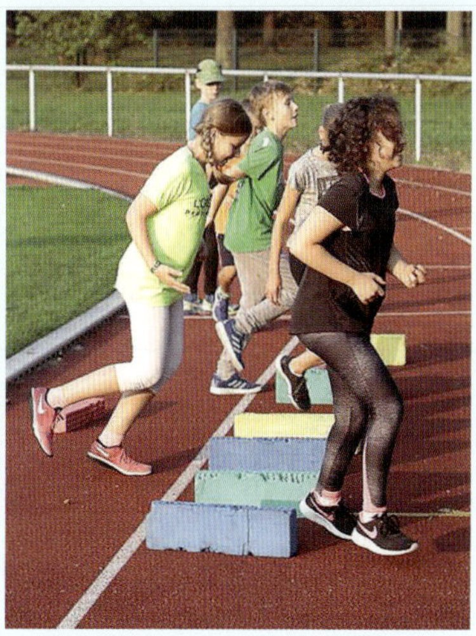

Problematisierung: Seitlich über die Schaumstoffblöcke

Die letzte Aufgabe an den nun flach gelegten Schaumstoffblöcken lautet: „Laufe seitlich darüber, sodass eine Körperseite immer vorangeht!" Hier gibt es zwei Varianten, die gezeigt werden können: mit einem Kontakt zwischen den Schaumstoffblöcken immer wechselseitig oder mit zwei Kontakten immer mit dem führenden Bein über den Schaumstoffblock steigen.

Hierbei wird die geeignete Lösung für den Anlauf beim Ballwerfen herausgestellt. Dies ist die Grobform eines Impulsschrittes, bei dem das in Bewegungsrichtung hintere Bein das vordere überläuft.

Lehrer-Schüler-Gespräch

Einzelarbeit, Schülerdemonstration

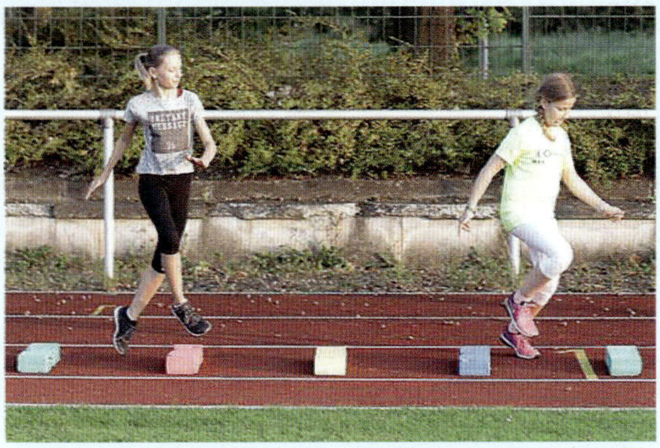

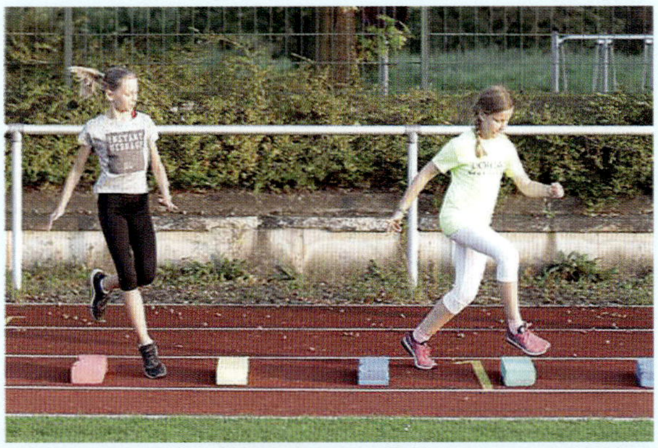

Hauptteil I (30 Minuten)

Werfen aus dem 3er-Rhythmus

Das im Aufwärmen eingeübte seitliche Überlaufen nehmen die Schüler mit in den Hauptteil der Stunde: Daraus werden der Impulsschritt und der Abwurf entwickelt. Die Schüler werfen aus dem 3er-Rhythmus (Mitsprechen: „kurz – lang – kurz" kann helfen). Zusätzliche Hilfe geben flache Bodenmarkierungen (Gummimatten, Kreidestriche, Klebeband ...) für den rechten und linken Fuß (vgl. Dreier, 2017, S. 17). Die Schrittfolge bei Ballwürfen kann man bei gelungenen Versuchen einzelner Schüler anschauen lassen oder z. B. ein Lehrvideo auf www.youtube.com oder Technikleitbilder auf www.leichtathletik.de zeigen. Lassen Sie die Schüler in mehreren Riegen gleichzeitig von ca. 5–8 Schülern werfen, um die Wartezeit zu minimieren. Nur beim Holen der Wurfgeräte müssen alle gemeinsam gehen.

Rasen- oder Kunststoffplatz;
Feldgröße: ca. halbes FB-Feld

pro Schüler 1 80-g-/200-g-Ball, pro 10 Schüler ca. 5 flache Bodenmarkierungen, wie z. B. Gummistreifen, Kreide, Klebebänder, Schaumstoffblöcke oder auch eine Koordinationsleiter

Einzelarbeit (in mehreren Riegen von 5–8 Schülern)

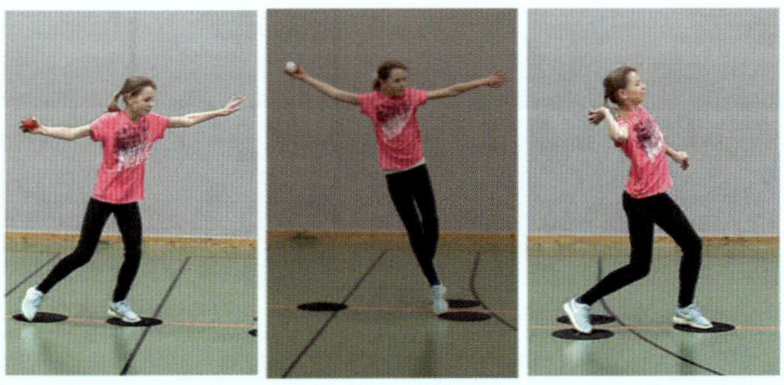

Hinführung zum längeren Anlauf Flache Markierungen werden an der Wurfanlage ausgelegt. Dies sind z. B. Gummistreifen, Klebebänder oder auch eine Koordinationsleiter, da der Impulsschritt flach über dem Boden geführt werden soll. Höher als die flach hingelegten Schaumstoffblöcke auf den Bildern rechts dürfen sie jedenfalls nicht sein! Die Schüler laufen seitlich durch Markierungen, der Abwurf erfolgt direkt danach. Anschließend können weitere Würfe aus dem freien Anlauf absolviert werden. Auch hier gilt: Alle werfen zunächst alle Wurfgeräte, bevor alle die Wurfgeräte wieder einsammeln. Dies dient der Sicherheit und der Erhöhung der Wiederholungszahl.	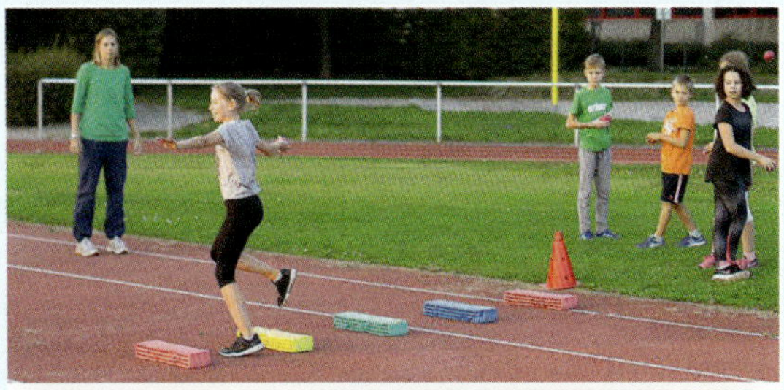 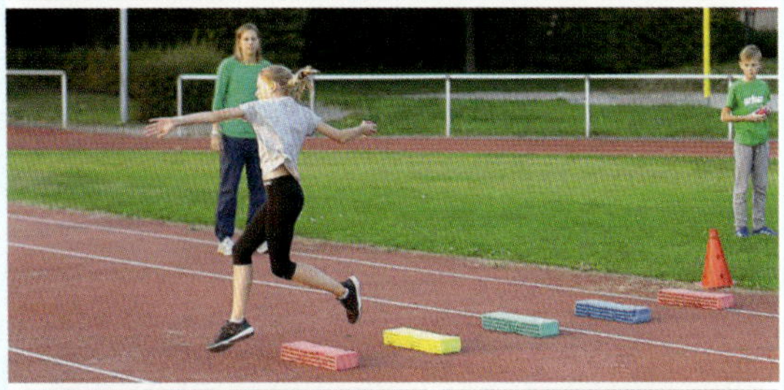 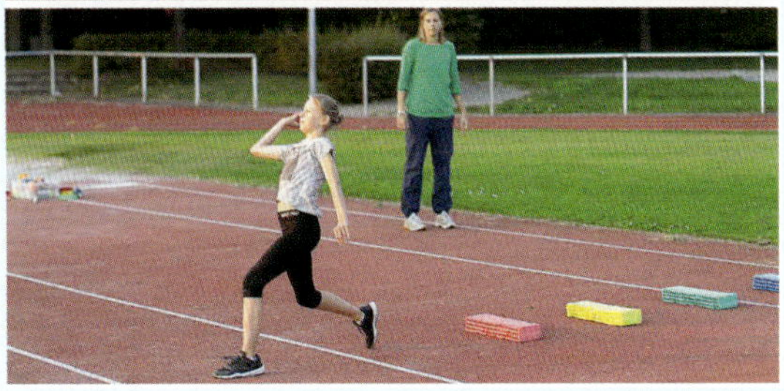
Optional: Test Ballwurf Es wird ein Maßband ausgelegt und alle 5 m ein Hütchen aufgestellt, damit die Schüler ihre Leistung abschätzen können. Dies dient als Test für die Notengebung. Möglichst ab mehr als 15 Schülern zwei Wurfanlagen nebeneinander aufbauen oder je eine Riege jeweils links und rechts vom Maßband werfen lassen.	1–2 Maßbänder (bei wurfstarken Schülern bis zu 50 m), 10–20 Hütchen oder Markierungsteller
Hauptteil II (20 Minuten)	
Teamlaufspiel „6-Tage-Rennen" Es werden mehrere (möglichst ungefähr gleich starke) Teams aus ca. sechs Schülern gebildet und eine „Boxengasse" (= Pausenplatz) pro Team abgegrenzt. Alle Teams laufen in der gleichen Richtung auf der gleichen „Rennstrecke" (also um das abgesteckte Viereck). Die Teammitglieder sollen gemeinsam möglichst viele Runden in ihrem „Rennauto" in einer vorgegebenen Zeit laufen, wobei sich die Teammitglieder abwechseln. Sie legen je nach Gruppengröße und Laufstärke fest, wie viele Teammitglieder gleichzeitig in der Boxengasse Pause machen dürfen. Empfehlenswert ist es, dass 1 oder 2 Schüler Pause machen dürfen und der Rest läuft. Welches Team schafft die meisten Runden? Aber Achtung: Eine Runde zählt nur, wenn sie von allen Teammitgliedern gemeinsam gelaufen worden ist (von den Schülern in der Boxengasse abgesehen). (in Anlehnung an Fittko et al., 2011, S. 275). Geben Sie den Schülern vor dem Start des Spiels Zeit, sich über ihre Laufstärken auszutauschen. Auch vor dem zweiten Durchgang sollen sich die Schüler austauschen: Haben wir uns gut eingeschätzt? Wie können wir uns noch geschickter abwechseln?	Rasen- oder Kunststoffplatz; Feldgröße ca. 1 BB-Feld 4 Hütchen zur Feldbegrenzung und je 4 Hütchen oder Schaumstoffblöcke als Pausenplatz = „Boxengasse", ggf. pro Team ein Seil, um ein „Rennauto" zu bilden (s. Stundenbild 9, Sekundarstufe II, S. 187) Gruppenarbeit Laufzeit ca. 2 x 7–8 min 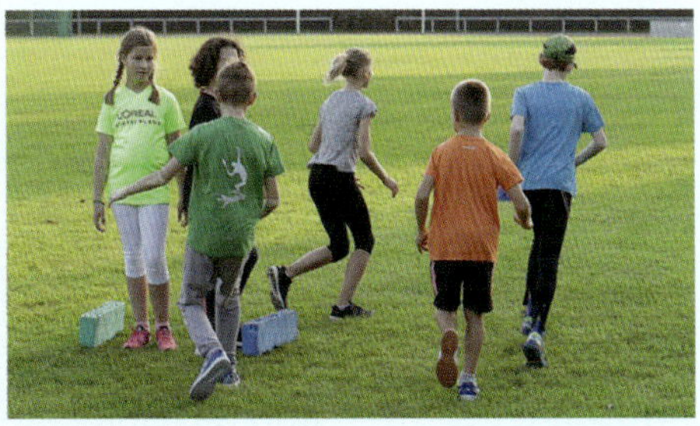

Abschluss (15 Minuten)

Abschlussspiel: Läufer gegen Werfer Die Inhalte der beiden Hauptteile werden im Abschlussspiel noch einmal aufgegriffen und kombiniert. Die Schüler finden sich in Vierer-Teams zusammen. Immer zwei Vierer-Teams spielen auf einem Spielfeld – ein äußeres Quadrat mit der Seitenlänge von ca. 20–30 m und ein inneres Quadrat von ca. 15–20 m. Eines der beiden Vierer-Teams ist das Wurfteam (Wurfrunde um das äußere Quadrat), das andere das Laufteam (Laufrunde um das innere Quadrat). Wer kann das Quadrat schneller umrunden? Die Werfer oder die Läufer? (verändert nach Katzenbogner & Medler, 2001a, S. 149). Besiegen die Läufer die Werfer, müssen sie als Handicap auf die äußere Runde wechseln (und in allen folgenden Durchgängen ebenso: der Gewinner bleibt/wechselt auf die äußere Runde). Nach einigen Durchgängen werden die Läufer zu Werfern und umgekehrt. Passen Sie (oder die Schüler) die Größen der Quadrate auf ihre Schüler an. 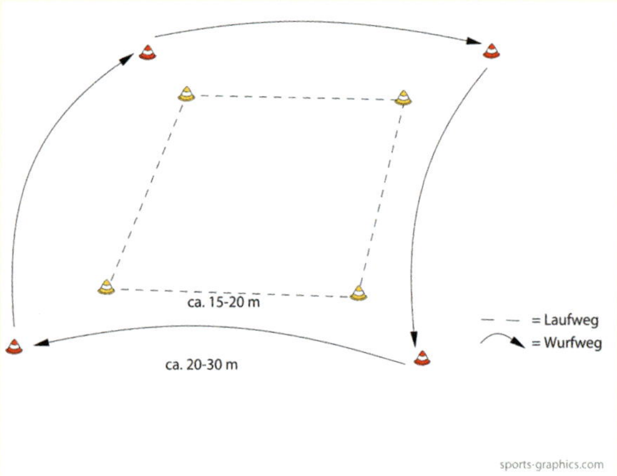 **Spielvariante mit Laufcharakter:** Die Läufer starten gemeinsam an einer Ecke, während sich die Werfer je an eine Ecke stellen. Die Läufer laufen gemeinsam eine Runde, während die Werfer eine Runde werfen. **Spielvariante mit Sprintcharakter:** An jede Ecke des Quadrats stellen sich ein Läufer und ein Werfer. Die Läufer sprinten nur eine Kante des Quadrats und übergeben an jeder Ecke den Staffelstab an den nächsten Läufer. **Alternative: Kleines Spiel nach Wahl** Falls die Intensität für die Schüler in den vorangegangenen Stundenteilen bereits zu hoch war, sollte ein anderes Abschlussspiel gewählt werden, wie z. B. Länder-/Namenball, Völkerball oder ein Spiel nach Schülerwahl. Gut ist es, wenn die bereits verwendeten Materialien genutzt werden und das Spiel das Werfen beinhaltet.	Rasen- oder Kunststoffplatz; Feldgröße ist pro 2 Viererteams ein Quadrat in der Seitenlänge von ca. 10–20 m Pro 2 Viererteams 1 kleiner Softball, ggf. 1 Staffelstab, 8 Hütchen Gruppenarbeit (4 Schüler) Sicherheit beim Werfen: Nehmen Sie besser einen Softball oder zumindest einen kleinen Gymnastikball, damit bei eventuellen Treffern kein Schaden entsteht – auch wenn sich dadurch die Wurftechnik etwas ändert.

Abschlussreflexion „Wie seid ihr in der Mannschaft miteinander umgegangen? Habt ihr alle Mitschüler ihren Fähigkeiten entsprechend eingesetzt? Was denkt ihr, müsst ihr den Impulsschritt für das Ballwerfen noch viel üben?“ **Ausblick** Das haben wir in der nächsten Stunde vor: „Wir verbinden das Werfen und Laufen in weiteren Spielformen!“	Lehrer-Schüler-Gespräch

Stundenbild 9: Biathlon-Staffel und Brennball „extrem“: Werfen und Laufen in maximaler Kombination

Zeit	75 Minuten
Niveau	Klassen 5 und 6
Ort	Stadion oder Sporthalle

Hinweise zum Ort

Dieses Stundenbild ist auch gut in der Sporthalle durchführbar, wenn beim Biathlon durch geschicktes Stellen der Hütchen auf kleiner Fläche eine große Laufstrecke gewonnen wird.

Ziele und Kompetenzen

In diesem Stundenbild steht die pädagogische Perspektive „kooperieren, wettkämpfen und sich verständigen“ im Vordergrund. Die Schüler können in einem Wettspiel ausdauernd laufen. Sie können gezielte und weite Schlagwürfe in einem Spiel anwenden. Die Schüler können in einer Mannschaft zusammenarbeiten. Sie können die Spielregeln reflektieren und gegebenenfalls abwandeln.

Vorkenntnisse

Für dieses Stundenbild ist es gut, wenn die Schüler bereits eine Laufdauer von ca. sechs Minuten am Stück laufen können und die Grobform eines Schlagwurfes beherrschen.

Fachliche Hinweise

Die Kombination von Werfen und Laufen erfolgt in diesem Stundenbild mit Hilfe von zwei Spielen. Sie können in diesem Stundenbild sehr gut die Ideen der Schüler mit einbringen, wie etwa durch eine selbstgestaltete Laufstrecke oder Regeldiskussion/-revision in der Klasse (z. B. beim Team-Biathlon: Wie viele Strafrunden? Wie groß soll die Strafrunde sein? Ab wie vielen Treffern muss man keine Strafrunde laufen?)

Ein motivierender Hallenbiathlon mit fünf verschiedenen Wurfstationen und abwechslungsreichen Lauf-, Kletter-, Kriech- und Sprungaufgaben findet sich bei Hücklekemkes (vgl. 2010, S. 17ff.).

Brennball „extrem“ ist ein intensives Intervalltraining – je nach gewählter Laufstrecke und Pausenzeit in Kombination mit weiten und kräftigen Würfen. Hier müssen die Schüler Gas geben. Eine interessante Variation entsteht, wenn die Schüler einen Fußball schießen, statt einen Schlagwurf zu machen.

Praktische Tipps

Wer hält Ordnung? Beim Biathlon muss geregelt sein, wer die geworfenen Bälle zurückholt (z. B. passive Schüler oder der Werfer selbst).

Kampfrichteraufgabe: Die Schüler dürfen sich einen Laufparcours für den Teambiathlon ausdenken. Sie sind auch für das Aufstellen der Hütchen verantwortlich.

Literatur

Bader, R., Chounard, D., Eberle, F., Kromer, R. & Mayer, G. (2001). *Kinderleichtathletik. Band 2 Springen und Werfen* (Handreichungen für den Sportunterricht). Stuttgart: Stiftung „Sport in der Schule“ Baden-Württemberg.

Deutscher Leichtathletik-Verband (2013). *Wettkampfsystem Kinderleichtathletik*. Darmstadt: Deutscher Leichtathletik-Verband.

Hücklekemkes, J. (2010). Bloß keine Strafrunde! *leichtathletiktraining, 21* (4), 17–21.

Katzenbogner, H. & Medler, M. (2001b). *Spielleichtathletik. Teil 2: Springen und Wettkämpfen* (Anregungen für den praktischen Sportunterricht, Bd. 14, 7. Auflage). Flensburg: Sportbuch-Verlag Medler.

Auf einen Blick

<table>
<tr><th>Phasen</th><th>Organisation, Geräte- und Materialbedarf</th></tr>
<tr><td colspan="2">Einstieg (30 Minuten)</td></tr>
<tr><td>Vorgespräch: Training von Ausdauer und Wurf
„Wir wollen heute die Ausdauer und das Werfen trainieren. Damit wir diese beiden Trainingsinhalte sinnvoll miteinander verbinden können, spielen wir zwei Spiele: Teambiathlon und Brennball ‚extrem‘.“

Aufwärmen: Teambiathlon
Um ein niedrigintensives Aufwärmen zu ermöglichen, benötigt man eine ausreichend lange Laufstrecke, sodass nicht gesprintet werden kann. Nach dem ersten Hauptteil sollten die Schüler zudem noch nicht zu stark ermüdet sein. Aus diesem Grund bietet es sich hier auch an, den Teambiathlon-Wettbewerb nicht über Rundenzahlen, sondern über die Laufdauer von ca. 2 x 6–10 min zu beenden. So wissen die Schüler, dass sie ihre Ausdauer gut einteilen müssen, um nicht nach der ersten Runde bereits zu müde zum Weiterlaufen zu sein. Außerdem sind dann alle Schüler gleichzeitig fertig. Die Enge an den Wurfstationen wird dadurch entzerrt, dass alle Schüler erst einmal eine bestimmte Rundenzahl laufen müssen, bevor sie das erste Mal an die Wurfstation kommen (vgl. Deutscher Leichtathletik-Verband, 2013, S. 18f. und Katzenbogner & Medler, 2001b, S. 181–183).
Regeln Sie mit der Klasse, wer wie viele Hütchen abwerfen muss und ab wann es Strafrunden zu laufen gibt. Gewonnen hat der Schüler mit der größten Rundenzahl.

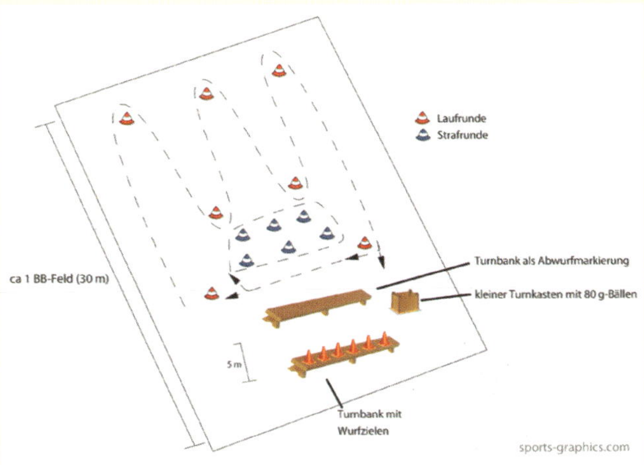
</td><td>Lehrer-Schüler-Gespräch

Rasen- oder Kunststoffplatz;
Feldgröße ca. ½ FB-Feld

Tennis- oder 80-g-Bälle, Hütchen, etwas zum Hochstellen der Hütchen, wie etwa Bank/Treppenstufen/Abdeckung der Hochsprunganlage o. Ä., Eimer/Kiste für die Bälle

Gruppenarbeit

Laufdauer ca. 2 x 6–10 min</td></tr>
</table>

Hauptteil (30 Minuten)

Brennball „extrem"
Das Grundprinzip des Brennballspiels bleibt erhalten. Es ändert sich, dass *jeder* Schüler von Mannschaft A zur gleichen Zeit von der Abwurflinie aus einen Ball wirft, ebenfalls die *ganze* Mannschaft A gleichzeitig gemeinsam um eine Laufstrecke laufen muss (pro Runde 1 Punkt) und von Mannschaft B *alle* Schüler gleichzeitig die Bälle holen. Sind *alle* Schüler von Mannschaft B mit einem Ball in der Hand hinter die Abwurflinie zurückgekehrt, heißt es „verbrannt" (verändert nach Bader et al., 2001, S. 54).

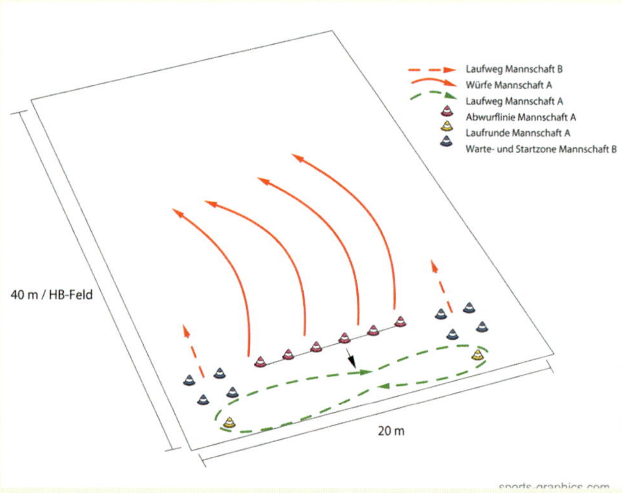

Rasen- oder Kunststoffplatz;
Feldgröße ca. 1 HB-Feld

1 Tennis- oder 80-g-Ball pro 2 Schüler,
6 Hütchen (z. B. rot), 8 Hütchen (z. B. blau),
2 Hütchen (z. B. gelb)

Gruppenarbeit (2 gleichgroße Mannschaften)

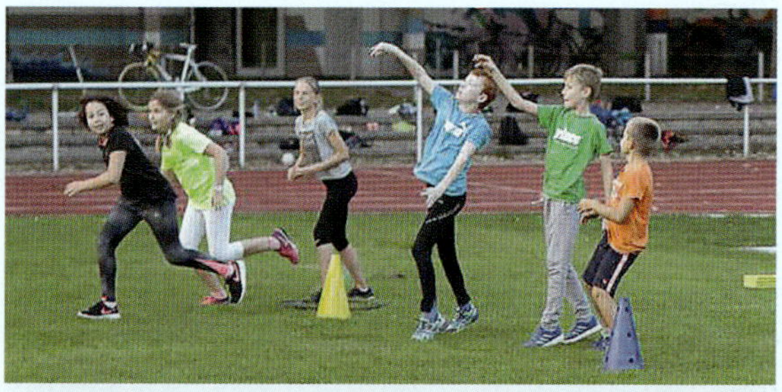

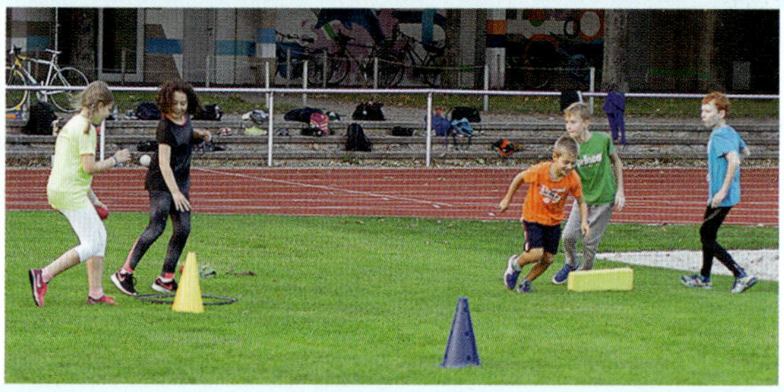

Abschluss (15 Minuten)

Stundenausklang Tennisballmassage
Nach diesen laufintensiven Spielen ist Entspannung angesagt! Die Schüler gehen paarweise zusammen und massieren sich mit einem Tennisball. Der Lehrer weist auf Körperregionen hin, die nicht massiert werden dürfen (z. B. die Wirbelsäule).

Abschlussreflexion
„Was hat euch bei den Wettbewerben mehr angespornt? Eine gute Lauf- oder eine gute Wurfleistung abzuliefern? Wo hattet ihr eher Erfolg?"

Ausblick
Das haben wir in der nächsten Stunde vor:
„Wir machen Noten im Ballweitwurf und im 800-m-Lauf."

Rasen- oder Kunststoffplatz;
Feldgröße ca. ½ VB-Feld

Pro 2 Schüler 1 Tennisball

Partnerarbeit

Lehrer-Schüler-Gespräch

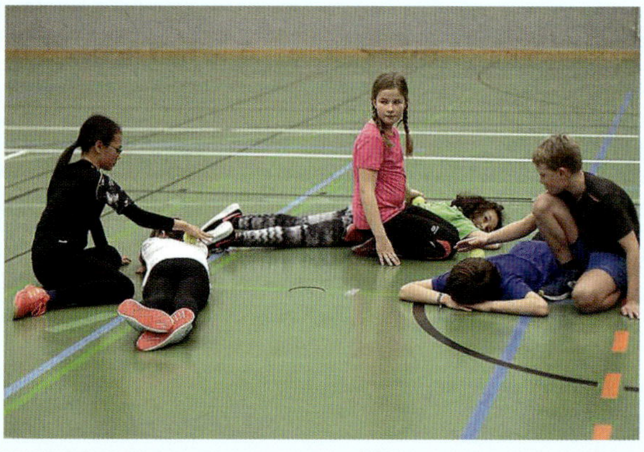

Stundenbild 10: Wir sind bereit für die Wurf- und Laufnoten!

Zeit 80 Minuten
Niveau Klassen 5 und 6
Ort Stadion

Ziele und Kompetenzen
In diesem Stundenbild steht die pädagogische Perspektive „Leisten erfahren, verstehen und einschätzen" im Vordergrund. Die Schüler können eine Wurf-/ und eine Ausdauerleistung erbringen. Sie können mit Lehrerunterstützung die Weite beim Ballwurf messen und die Zeit beim 800-m-Lauf stoppen.

Vorkenntnisse
Die Schüler können 800 m am Stück laufen und beherrschen die Grobform des Schlagwurfes.

Fachliche Hinweise

Noten oder noch üben? Wie in allen von uns dargestellten Stundenbildern zur Notenbildung ist es möglich, stattdessen auch noch eine reine Übungsstunde der Disziplinen einzuschieben – je nach Jahresplanung im Schuljahr und Lernstand der Klasse.

Es wird sicher nicht möglich sein, bei größeren Klassen sowohl die Wurf-, als auch die Laufnote in einer Doppelstunde abzunehmen. Hier sind weitere Stunden nötig.

Hinweis zu den Ballgewichten: Das Regelwerk des Deutschen Leichtathletik-Verbandes sieht aktuell für die Altersklassen U12 den 80-g-Ball und ab der U14 den 200-g-Ball vor. Für den schulischen Kontext empfiehlt der Deutsche Leichtathletik-Verband auch über die U12 hinaus den 80-g-Ball (vgl. Deutscher Leichtathletik-Verband, 2022, S. 10 und 12). Hier können wir Ihnen raten, sich an den Beschlüssen Ihrer Schule und dem Lernstand Ihrer Schüler zu orientieren.

Beim Ablesen der Weite im Ballwurf wird immer auf den nächsten halben Meter abgerundet (21,93 m – 21,5 m; 15,34 m – 15,0 m).

Hinweise zum Regelwerk der Leichtathletik finden Sie in „Unsere Idee von der Leichtathletik in der Sekundarstufe I und II" unter der Rubrik „Die Regeln", s. S. 12.

Praktische Tipps

Kampfrichteraufgabe: Die Schüler helfen bei der Notengebung als Kampfrichter mit und protokollieren im Ziel die gelaufenen Zeiten.
Traineraufgabe: Die Schüler geben den anderen Schülern bei den Probeversuchen Tipps, was sie besser machen können. Die Schüler geben beim 800-m-Lauf Zwischenzeiten durch.

Literatur

Deutscher Leichtathletik-Verband. (2021). *Deutsche-Leichtathletik-Ordnung (DLO) des Deutschen Leichtathletik-Verbandes (DLV)* unter https://www.leichtathletik.de/fileadmin/user_upload/12_Service/Wettkampforganisation/01_Bestimmungen_Satzung_Vordrucke/DLV-Satzungen_Ordn/Deutsche_Leichtathletik-Ordnung.pdf

Auf einen Blick

Phasen	Organisation, Geräte- und Materialbedarf
Einstieg (15 Minuten)	
Vorgespräch „Heute gibt's Noten im Ballweitwurf und im 800-m-Lauf. Jetzt bereiten wir uns darauf optimal vor!"	Lehrer-Schüler-Gespräch Notentabellen für Notentransparenz
Aufwärmen: Geschicklichkeit mit dem 80-g-Ball Allgemeines Aufwärmen: Die Schüler bewegen sich mit ihrem 80-g-Ball in der Hand immer zwischen zwei Linien (Abstand ca. 20 m) hin und her. Dabei absolvieren sie verschiedene Geschicklichkeitsaufgaben mit dem Ball, wie z. B. den Ball beim Laufen hochwerfen, um den Köper herumgeben, hinunterbeugen und mit dem Ball den Boden berühren etc. Der Fantasie und im Schwierigkeitsgrad sind dabei keine Grenzen gesetzt. Schülerideen mit einbeziehen! Spezielles Aufwärmen: In den letzten Durchgängen, bevor es zur Wurfanlage geht, werden die Inhalte spezifischer: Die Schüler sollen sich nun seitlich im Impulsschritt zwischen den Linien bewegen, den Ball in der Wurfauslage. Das Tempo wird von Durchgang zu Durchgang erhöht.	Laufbahn; pro 10 Schüler ca. 2 Laufbahnen auf einer Streckenlänge von ca. 30 m pro Schüler 1 80-g-Ball Einzelarbeit Laufdauer ca. 10 min 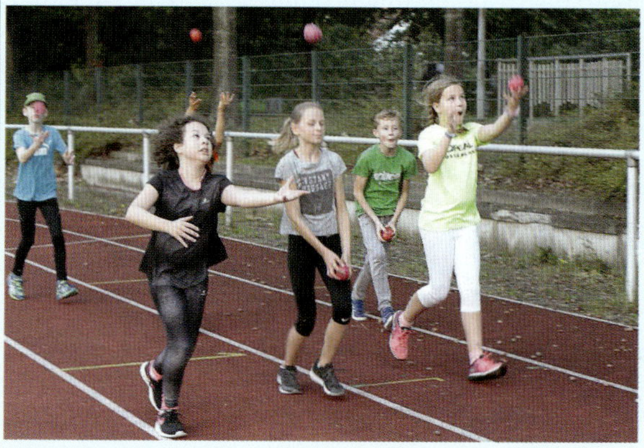
Den Abschluss des Aufwärmens bildet ein kleines Partnerwettspiel: Die Schüler gehen zu zweit zusammen. So lange der eine Partner seinen Ball 5x hochwirft, darf der andere Partner in Impulsschritten zwischen den zwei Linien hin und her laufen (hierbei wird die Muskulatur der Adduktoren und Abduktoren gut auf die Anlauf-/Abwurfbewegung vorbereitet). Das Paar, dessen Ball auf den Boden fällt, scheidet für diese Runde aus. Welches Paar schafft die längste Strecke?	Partnerarbeit

Hauptteil I (35 Minuten)	
Üben Ballwurf oder Note Ballwurf Die Schüler werfen sich in 1–2 Probeversuchen an der Anlage ein. Anschließend absolvieren sie drei Wertungsdurchgänge.	Rasenplatz; Feldgröße ca. ½ FB-Feld 80-g-Bälle, Maßband (50 m), ca. 10–20 Hütchen, um alle 5 m eine optische Orientierung für die Wurfweite zu bieten Einzelarbeit
Hauptteil II (20 Minuten)	
Üben 800 m oder Note 800 m Die Schüler machen eine Steigerung über 50 m, um das Herz-Kreislauf- und das Muskelsystem zu aktivieren. Anschließend stellen Sie sich hinter der Evolvente (Startlinie) auf – alle kontrollieren noch einmal ihre Schnürsenkel. Nach dem Kommando „Auf die Plätze" treten alle an die Startlinie. Beim Kommando „Los" laufen alle los und scheren ohne Drängeln auf die Innenbahn ein. Im Ziel angekommen, rufen Sie als Lehrer die Zeiten in Minute und Sekunde laut durch. Jeder Schüler merkt sich seine eigene Zeit. Wenn Sie passive Schüler haben, können diese die Zeiten mitprotokollieren.	400-m-Rundbahn Stoppuhren, ggf. Hütchen, um die 100 m, 200 m und 300 m zu markieren Einzelarbeit
Abschluss (10 Minuten)	
Abschlussreflexion „Was habt ihr gelernt? Was hat euch am meisten Spaß gemacht? Was am wenigsten? Beschreibt mal euer Körpergefühl direkt nach dem Laufen und ca. 5–10 min nach dem Laufen."	Lehrer-Schüler-Gespräch

Klassenstufe 7 und 8

Stundenbild 1: Kennt ihr schon das Sprint-ABC? / Wir bauen die einfachste Hochsprunganlage der Welt!

Zeit 85 Minuten
Niveau Klassen 7 und 8
Ort Stadion oder Sporthalle

Hinweise zum Ort
Dieses Stundenbild ist auch in der Sporthalle durchführbar. Die Hallengröße sollte mindestens die Größe eines VB-Feldes aufweisen; Hallenaufbau Hochsprung s. Stundenbild 3, Klassenstufe 7/8, S. 70.

Ziele und Kompetenzen
Die Schüler können die Basis-Übungen des Sprint-ABC nennen und durchführen sowie weitere Sprint-ABC-Übungen recherchieren, erfinden, üben und präsentieren. Sie können den Schersprung als Hochsprungtechnik benennen und in der Grobform durchführen.

Vorkenntnisse
Es ist von Vorteil, aber nicht zwingend nötig, wenn die Schüler bereits einige Übungen des Sprint-ABC kennen und durchführen können. Es ist eventuell möglich, auf die in Klasse 5 und 6 unterrichteten Inhalte zurückzugreifen (s. Stundenbilder 2 und 8 der Klassenstufe 5/6, ab S. 20 und ab S. 46) und dadurch auf einem höheren Niveau zu unterrichten. Eine weitere Möglichkeit ist die Adaptation verschiedener Übungen aus anderen Sportarten. So werden z. B. auch in den Ballsportarten oder beim Gerätturnen dem Sprint-ABC vergleichbare Übungen durchgeführt.

Fachliche Hinweise

Aus methodischer Sicht sind ABC-Übungen sehr vielfältig einsetzbar, z. B. als eigenständiger Unterrichtsbaustein zum Lernen technischer Merkmale, als koordinative Vorbereitung auf spezielle Inhalte einer Übungseinheit und zur Verbesserung des allgemeinen konditionellen Niveaus (vgl. May, 2009, S. 11). In dieser Stunde wird das Sprint-ABC zielgerichtet eingesetzt, um den Schülern die Merkmale einer guten Sprinttechnik näherzubringen. Allen Übungen gemeinsam ist eine aktive, angezogene Fußspitze vor dem Fußaufsatz, die in der Luft vor Bodenkontakt im Fußgelenk gestreckt wird (vgl. Deutscher Leichtathletik-Verband, 2012, S. 49).

Schersprung als Basissprung? – Wir meinen ja, denn er ist der technisch einfachste Sprung, der von allen über eine ansprechende individuelle Höhe geleistet werden kann. Zudem ist es fast unmöglich, dass die Schüler bei dieser Technik mit beiden Beinen abspringen. Das Problem, dass unbewusst mit beiden Beinen abgesprungen wird, kommt wahrscheinlich bei einzelnen Schülern in fast jeder Klasse vor. Es betrifft oft – natürlich nicht immer – Schüler, die aus der Sportart (Gerät-)Turnen kommen, wo beidbeinige Absprünge die Regel sind und einbeinige Absprünge selten vorkommen. Ein weiterer Grund für den Schersprung ist die Ähnlichkeit des Absprungs zum Absprung beim Flop. Mühlbach bezeichnet den Schersprung als „Bestandteil der Methodik zum Erlernen des Flopsprungs“, da sich der Athlet hierbei auf die Absprunggestaltung konzentrieren kann (vgl. 2007, S. 21). Zur Diskussion der geeigneten Hochsprungtechnik für Schüler vergleiche auch die Ausführungen von Zeuner, Hofmann und Lehmann (1997, S. 64f.).

Praktische Tipps

Aufwärmen:

- Bei Unsicherheit, ob die Schüler einen Sicherheitsabstand zu den „menschlichen Hochsprungständern“ beim Springen über das Seil einhalten, einfach zwei Seile (statt eines Seils) zusammenknoten und die Schüler dazu auffordern, direkt beim Knoten über das Seil zu springen.
- Weitere Sicherheitshinweise: Das Seil nur so hoch halten, wie der Springer möchte. Das Seil sofort loslassen, wenn der Springer hängenbleibt, also niemals um die Hand schlingen. Die Landung auf den Füßen muss gewährleistet sein!

Sprint-ABC (vgl. May, 2009, S.11):

- Die Streckenlänge sollte zwischen 20 und 30 m betragen
- Pause: Zurückgehen
- Übungsausführung in einer Reihe (bzw. zwei oder mehr Reihen nebeneinander, Zeit sparen, Platz ausnutzen!)
- Bewegungstempo so gestalten, dass die Übung gut kontrolliert werden kann – Abstand für Langsamere lassen!
- Nach jeder Übung erfolgt ein Übergang in dynamische Laufschritte (ca. 5–10 m), um das mit Hilfe des Sprint-ABC erarbeitete Bewegungsgefühl im Lauf umzusetzen.

Hochsprung:

- Wenig Wartezeit durch 1. im *Idealfall* zwei Anlagen; 2. mit Zusatzaufgaben, 3. das eventuelle Teilen der Gruppe und nach der Hälfte der Zeit die Gruppen wechseln (vgl. dazu z. B. Zeuner, Hofmann & Lehmann, 1997, S. 64).
- Statt einer Latte nur eine Gummischnur oder eine Gummischnur mit aufgezogenen Rohrdämmungen verwenden (s. Bild S. 62), damit die Verletzungsgefahr minimiert wird. Zudem wird dadurch die Wartezeit verkürzt (kein mühsames Auflegen der Latte) und die Höhe ist schnell individuell anpassbar.

Weitere einfache Hochsprunganlage: in die Sandgrube (s. Foto Stundenbild 2, Klassenstufe 7/8; vgl. Zeuner, Hofmann & Lehmann, 1997, S. 65f.).

Mannschaften finden und einteilen: Die erste Hälfte der Klassenliste geht zuerst zum Hochsprung, die zweite Hälfte der Klassenliste geht zuerst zum Sprint-ABC.

Die Regeln: Beim Hochsprung findet ausschließlich ein einbeiniger Absprung statt! Weitere Hinweise zu den Leichtathletikregeln finden Sie in „Unsere Idee von der Leichtathletik in der Sekundarstufe I und II“ unter der Rubrik „Die Regeln“, S. 12.

Die Kampfrichteraufgabe: Halten der Seile beim Aufwärmen (bei „der einfachsten Hochsprunganlage der Welt“), Hoch- oder Tiefstellen der Gummischnur beim Hochsprung

Die Traineraufgabe: Beim Aufwärmen und an der Hochsprunganlage kontrollieren, ob die Schüler einbeinig abspringen. Beim Erarbeiten des Sprint-ABC die aktiven Schüler unterstützen und beraten.

Die Beobachteraufgabe: Die verschiedenen Sprungvarianten im Aufwärmen beobachten und anschließend referieren. Die Arbeitsweise der Schüler beim Abschluss der Stunde reflektieren.

Literatur

Deutscher Leichtathletik-Verband (2012). *Jugendleichtathletik. Rahmentrainingsplan des Deutschen Leichtathletik-Verbandes für die Sprintdisziplinen im Aufbautraining* (Mediathek Leichtathletik). Münster: Philippka-Sportverlag.

Deutscher Leichtathletik-Verband (2017). *Jugendleichtathletik Grundlagentraining. Rahmentrainingsplan des Deutschen Leichtathletik-Verbandes für die Altersklassen U12 bis U16* (Mediathek Leichtathletik, 1. Auflage). Münster: Philippka.

May, R. (2009). Das ABC der Leichtathletik – Teil 1. *leichtathletiktraining, 20* (1), 4–11.

Mühlbach, T. (2007): Bausteine für das richtige Floppen. *leichtathletiktraining, 18* (8), 20–27.

Zeuner, A., Hofmann, S. & Lehmann, F. (1997). *Schulmethodik Leichtathletik. Sportiv Leichtathletik* (1. Auflage). Stuttgart: Klett

Auf einen Blick

Phasen	Organisation, Geräte- und Materialbedarf
Einstieg (20 Minuten)	
Vorgespräch/Problematisierung: Zweck Sprint-ABC Die Schüler werden gefragt, ob sie schon mal etwas von (Sprint-)ABC-Übungen in der Leichtathletik gehört haben. „Wer kennt welche?“ (...) „Wozu dienen diese?“ (Lernen bzw. Verbessern der (Sprint-)Technik, Vorbereitung auf folgende Inhalte bzw. Wettkampfbelastungen) „Wir führen nun einige dieser Übungen beim Seilspringen durch!“	Lehrer-Schüler-Gespräch
Aufwärmen: Seilspringen Die Schüler absolvieren auf dem Hinweg einer 40-50-m-Strecke Übungen mit dem Seil. Auf dem Rückweg joggen sie und tragen das Seil. Es werden zunächst sehr niedrigintensive, wenig komplexe Übungen mit dem Seil gefordert, wie z. B. durchlaufen im Zweier- oder Dreierrhythmus; Vorschläge der Schüler aufgreifen; anschließend leichte Übungen aus dem Sprint-ABC, wie z. B. Kniehebelauf, weiter Hopserlauf etc. durchführen lassen; fließender Übergang in die Einführung Hochsprung: im Pferdchensprung über das Seil springen. Das war nun ein einbeiniger Sprung über ein Hindernis – ergo „Hoch-Sprung“.	Laufbahn; pro 5 Schüler 1 50-m-Bahn pro Schüler 1 Sprungseil (kein Rope-Skipping-seil), ggf. 2 Hütchen, um die Streckenlänge zu markieren Einzelarbeit 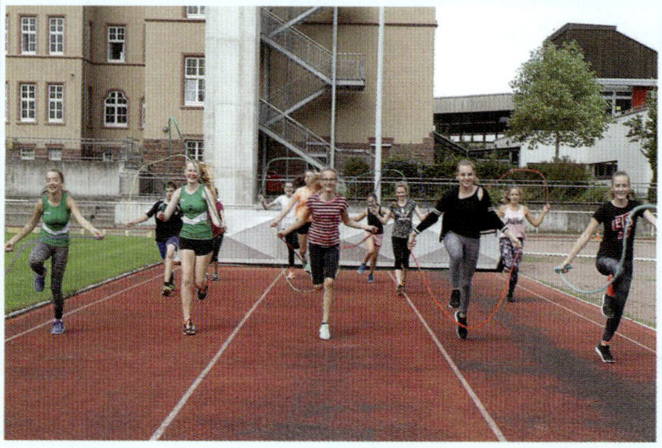
Problematisierung: Schwierigkeiten beim Hochsprung „Hochsprung ist schwierig, Hochsprung erfordert hohen Materialaufwand. Wir machen Hochsprung ganz einfach und mit so wenig Material wie möglich: Baut euch zu dritt mit einem Seil eine Hochsprunganlage!“	Lehrer-Schüler-Gespräch

Die einfachste Hochsprunganlage der Welt
Die Lösung: Zwei halten das Seil, der Dritte springt.
Sicherheitshinweise:

- Springt mit genügend Abstand zu euren „Hochsprungständern“!
- Noch nicht zu hoch!
- Landung nur auf den Füßen!
- Wenn jemand hängen bleibt: sofort loslassen!
- Der Springer bestimmt die Höhe!

Freie Sprünge nach Schülerwahl, geeignete Lösungen herausstellen (z. B. Steigesprung, Pferdchensprung, Hocksprung), gegebenenfalls zeigt jemand zufällig den Schersprung; diesen sollen alle Schüler dann durchführen (wichtig: geradliniger Anlauf, das seilferne Bein springt ab!).
„Nun könnt ihr alle quasi hochspringen!“
Mit diesem Aufwärmen geht es in die beiden Hauptteile „Sprint-ABC“ und „Hochsprung“. Die Klasse wird in zwei Teile geteilt: Der eine Teil geht zur Hochsprunganlage, der andere auf den Rasen oder die Bahn, nach der Hälfte der Zeit wird gewechselt.

Rasen- oder Kunststoffplatz;
Feldgröße pro 20 Schüler ca. 1 BB-Feld

Pro 3–4 Schüler 1–2 Seile
(keine Rope-Skippingseile)

Gruppenarbeit (3–4 Schüler),
Schülerdemonstration

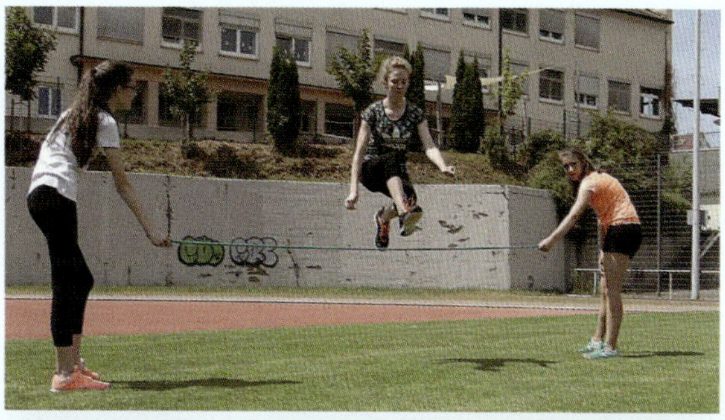

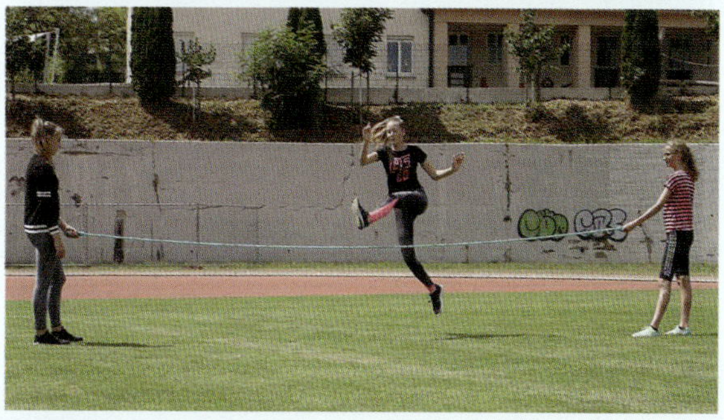

Hauptteil I (25 Minuten)

Sprint-ABC
AA: „Recherchiert, überlegt und übt (!) verschiedene Übungen des Sprint-ABC, die ihr anschließend der ganzen Klasse präsentiert!“
Mögliche Übungen sind folgende (vgl. Deutscher Leichtathletik-Verband, 2012, S. 50ff. und Deutscher Leichtathletik-Verband, 2017, S. 78f.):

- Skippings
- Kniehebelauf
- Stechschrittprellen/Scherenlauf
- Unterfersen
- Storchenlauf (s. Foto Stundenbild 1, Klassenstufe 9/10)
- Hopserlauf (flach und weit)

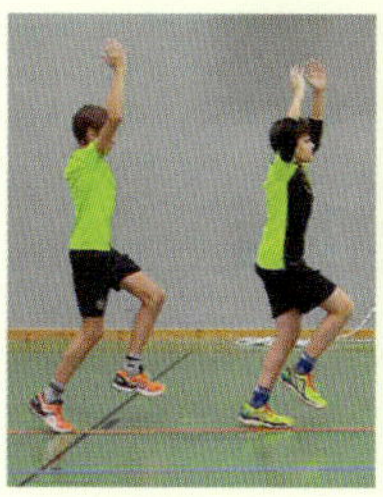

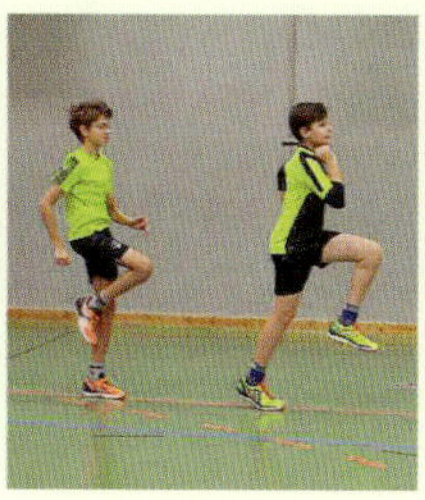

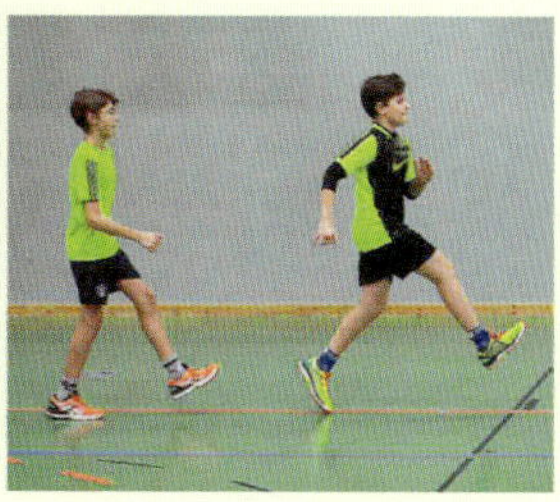

Laufbahn, Rasen- oder Kunststoffplatz;
pro 5 Schüler 1 Bahn à ca. 30–40 m

2 Hütchen, um Streckenlängen abzustecken, Arbeitsblatt 3 mit Übungen des Sprint-ABC (s. Anhang S. 214) (ggf. im Sinne von gestufter Hilfe, bei der nur bei Bedarf auf das Arbeitsblatt mit den Ideen zurückgegriffen wird)

Partner- und Gruppenarbeit in Eigenregie der Schüler

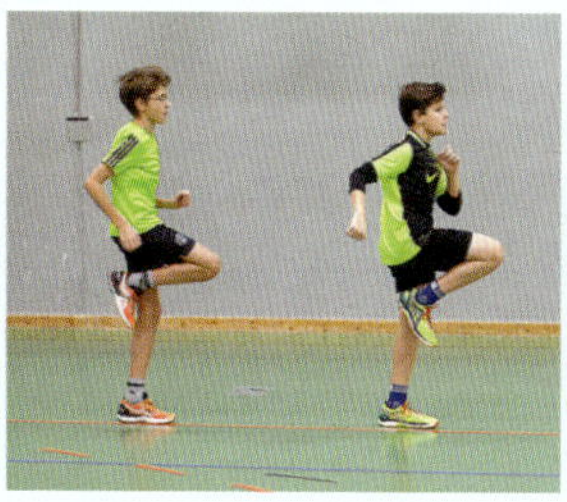

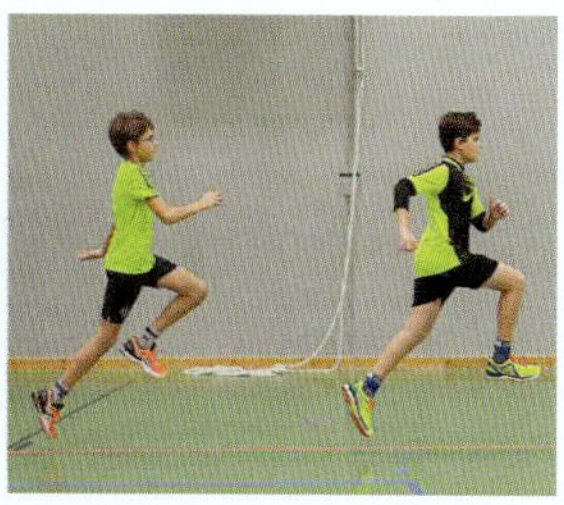

Hauptteil II (25 Minuten)	
Einführung Hochsprung mit Schersprung Die Schüler verteilen sich gleichmäßig auf die rechte und linke Seite der Hochsprunganlage und machen einen Schersprung aus geradlinigem Anlauf (5 Anlaufschritte), zuerst ohne, dann mit Gummischnur/Latte. Nach dem Sprung stellen sie sich auf der anderen Seite an, es wird also sowohl mit dem rechten als auch mit dem linken Bein gesprungen.	Hochsprunganlage mit Zubehör (alternativ Weichbodenmatte auf Bänken und Turnmatten in der Halle; Hallenaufbau s. Stundenbild 3, Klassenstufe 7/8, S. 70) Gummischnur, 2 Hütchen als Ablaufmarkierung Einzelarbeit 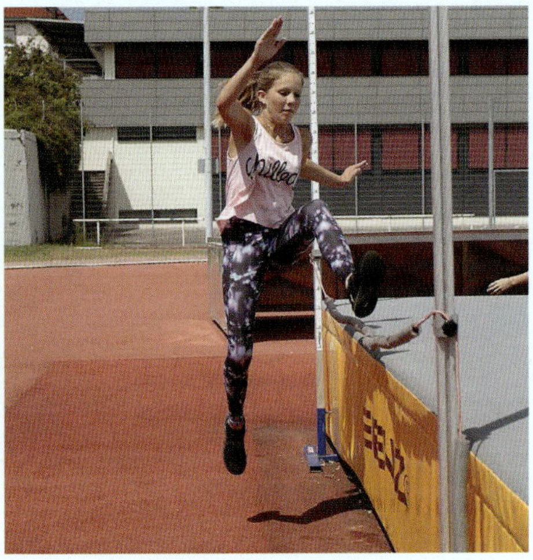
Zwischenreflexion: Wahl des Sprungbeines „Welche Seite fühlt sich besser an? Probiere (nochmals) beide Seiten und entscheide dich!" (zur Wahl des Sprungbeins s. auch Stundenbild 4 Klassenstufe 5/6, S. 29)	Lehrer-Schüler-Gespräch Einzelarbeit
Optional: Synchronschersprung „Suche dir einen Partner, der mit dem gleichen Sprungbein wie du abspringt, und springt gleichzeitig!" (vgl. Zeuner, Hofmann & Lehmann zum Synchronweitsprung, s. auch Stundenbild 4, Klassenstufe 5/6, S. 33)	Partnerarbeit 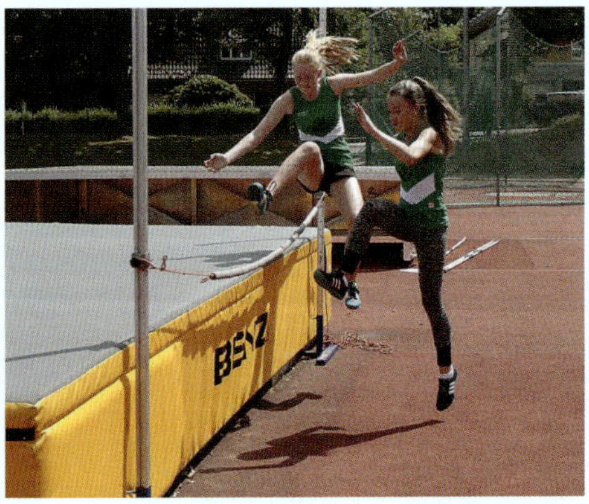

Abschluss (15 Minuten)	
Präsentation der Übungen des Sprint-ABC Die Schüler präsentieren ihre Ergebnisse. Der Lehrer lobt, verstärkt, korrigiert und ergänzt. Die passiven Schüler in der Beobachterrolle referieren ihre Beobachtungen. Einige ausgewählte Übungen werden von allen gemeinsam ausprobiert.	Laufbahn, Rasen- oder Kunststoffplatz 2 Hütchen Schülerdemonstration, Lehrer-Schüler-Gespräch
Abschlussreflexion „Wieso machen wir die Übungen des Sprint-ABC? Wie war euer Gefühl bei der Durchführung? War es schwierig? War es komisch? Wie hieß eure erste Hochsprungtechnik? Wie lief's?"	Lehrer-Schüler-Gespräch
Ausblick Das haben wir in der nächsten Stunde vor: „Wir werden uns mit der Starttechnik beschäftigen und mit verschiedenen Sprüngen beim Hochsprung experimentieren". HA: Youtube-Videos zu Hochsprung anschauen (welche unterschiedlichen Hochsprungtechniken gibt es? Tipp: „Stefan Holm 6 degrees of jumping")	

Stundenbild 2: Starttechnik im Partnercheck / Hochsprung durch die Historie

Zeit	85 Minuten
Niveau	Klassen 7 und 8
Ort	Stadion, ggf. Sporthalle

Hinweise zum Ort

Die Stunde ist bis auf den Testlauf über 75 m gut in der Halle durchführbar; Hallenaufbau Hochsprung s. Stundenbild 3, Klassenstufe 7/8, S. 70; Hallenoption für Startblöcke s. Stundenbild 4, Klassenstufe 5/6, S. 29.

Ziele und Kompetenzen

Die Schüler können einen Tiefstart durchführen, ihn bei einem Partner beobachten, mit einem Technikleitbild (Schülerniveau) vergleichen und einen Partner korrigieren. Sie können ihre individuelle Startposition finden. Die Schüler können variantenreich und regelkonform über die Hochsprunggummischnur in individueller Höhe springen.

Vorkenntnisse

Für den Tiefstart sind keine speziellen Vorkenntnisse nötig, auch wenn es die Erarbeitungstiefe der Unterrichtsinhalte enorm erhöht, wenn die Schüler das Startkommando und die entsprechenden Positionen eines Tiefstarts in der Grobform kennen. Die Schüler sollten für den Hochsprungteil einen einbeinigen Absprung auf die Hochsprungmatte durchführen können.

Fachliche Hinweise

Der Tiefstart wird in vier Phasen untergliedert und zeichnet sich durch folgende Bewegungsmerkmale aus (vgl. Hakus, 2006, S. 30 und Hommel, 2007, S. 66):

1. Startposition „Auf die Plätze“
   Nach dem individuellen Einstellen des Startblocks (s. Praktische Tipps) wird die „Auf die Plätze“-Position eingenommen, die durch eine entspannte Kopfhaltung, eine gleichmäßige Gewichtsverlagerung auf Hände, Knie und Fuß sowie den senkrechten Stütz der Arme gekennzeichnet ist.
2. Startposition „Fertig“
   In der „Fertig“-Position wird die Hüfte über die Schulterachse angehoben, sodass sich Kniegelenkswinkel von ca. 90 Grad im vorderen und ca. 120 Grad im hinteren Bein ergeben.
3. Startreaktion „Los“
   Auf das Startsignal erfolgt ein explosiver *beidbeiniger* Abdruck aus den Blöcken, wobei das hintere Bein den Block zuerst verlässt. Die Arme werden wechselseitig mitgeschwungen, der Blick ist nach vorne unten gerichtet.
4. Beschleunigung der ersten Schritte
   Kurze schnelle Schritte in Verbindung mit einem aktiven Fußaufsatz tragen zur Beschleunigung bei.

Bei allen Sprungformen im Hochsprung, seien sie auch noch so variantenreich, immer einen einbeinigen Absprung fordern! Dies wurde über die Entwicklung des Steige- und Schersprungs in der ersten Hochsprungstunde angebahnt. Für alle wichtigen Sprungformen der Hochsprunghistorie finden sich im Internet Filme, die teilweise auch gute Zeitlupen beinhalten. Diese Filme können entweder im Sportunterricht direkt gezeigt werden, wenn die entsprechende Ausrüstung vorhanden ist, oder die Schüler bereiten sich mit einer Hausaufgabe auf diese Stunde vor. Wir bevorzugen die zweite Variante, da der Sportunterricht zeitlich entlastet wird und die Bewegungszeit erhöht wird. Die zentralen Sprünge der Hochsprunghistorie finden sich in einem Film von Stefan Holm („6 degrees of jumping“): Hocksprung, Schersprung, Rollsprung, Wälzsprung (Straddle), Fosbury Flop (vgl. Hunt, 2007).

Praktische Tipps

Startposition finden: Von Anfängern wird häufig eine enge Startposition der Blöcke bei dichter Blockstellung zur Startlinie (vorne: 1–1,5 Fuß, hinten: 2–2,5 Fuß) bevorzugt (s. Stundenbild 4, Klassenstufe 5/6, S. 29, hier finden Sie auch Hinweise, welches Bein vorne/hinten im Block ist). Dabei wird eine hohe Hüftposition in der „Fertigstellung“ genutzt. Die am häufigsten verwendete Startposition in den leichtathletischen Sprintdisziplinen (sowohl im Nachwuchs- als auch im Spitzenbereich) ist jedoch die mittlere Startposition (vorne: 1,5–2 Fuß, hinten: 2,5–3 Fuß) (vgl. Hakus, 2006, S. 31 und Seeger & Bernhart, 2012, S. 6).

Sprünge der Hochsprunghistorie: Nicht alle Schüler wollen und können alle Sprungtechniken der Hochsprunghistorie ausprobieren. In diesem Fall sollen die unsicheren Schüler aber auf jeden Fall die Steige-, Hock- und Schersprungtechniken ausprobieren und weiter üben. Im Sinne der pädagogischen Perspektive „etwas wagen und verantworten" sollen unsichere Schüler ermutigt werden, sich auch auf die ungewohnten Bewegungen einzulassen.

Bei der Beobachtung sollte man sich auf wenige, klar erkennbare Merkmale fokussieren. Gegebenenfalls sind das Einsetzen eines einfachen Beobachtungsbogens oder Vergleichsbilder mit Technikleitbild sinnvoll.

Weitere einfache Hochsprunganlage: In die Sandgrube springen! (vgl. Zeuner, Hofmann & Lehmann, 1997, S. 65f.) Hier können nur Techniken mit einer Landung auf beiden Beinen gesprungen werden.

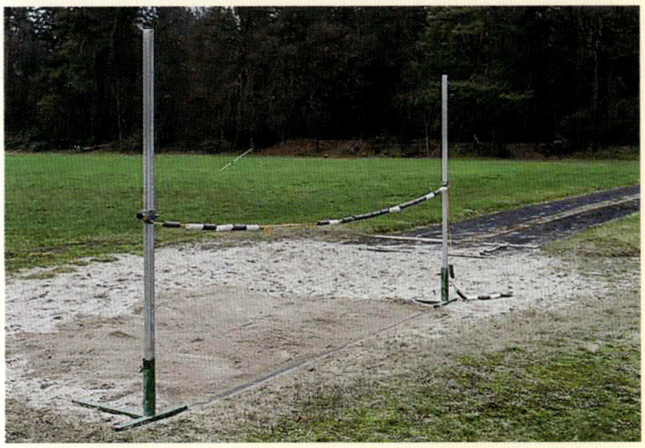

Die Regeln: Nach wie vor ist der einbeinige Absprung beim Hochsprung entscheidend für einen regelkonformen Sprung.

Beim Tiefstart gilt, dass erst nach dem Kommando „Auf die Plätze!" die Schüler aus dem Stand in die Startposition gehen, der Kampfrichter wartet nach jedem Kommando, bis sich die Startenden in einer ruhigen Position befinden (mindestens im Kopf „21, 22, 23 ..." zählen). So beugt man der Spekulation auf das Startsignal vor und damit langfristig auch Fehlstarts.

Hinweise zum Regelwerk der Leichtathletik finden Sie in „Unsere Idee von der Leichtathletik in der Sekundarstufe" unter der Rubrik „Die Regeln, s. S. 12.

Die Kampfrichteraufgabe: Beim Techniktraining für den Tiefstart Startkommando geben, beim Hochsprung Gummischnur in der Höhe verstellen (Bild, s. Stundenbild 1, Klassenstufe 7/8, S. 58 und 62), beim Testlauf 75 m mitstoppen.

Die Traineraufgabe: Beim Tiefstart beobachten, mit dem Technikleitbild vergleichen und beraten.

Die Beobachteraufgabe: Wer kann den Startblock explosiv verlassen? Wer kann die meisten Hochsprungtechniken umsetzen? Wer erfindet eventuell selbst eigene (regelkonforme) Sprungvarianten?

Literatur

Deutscher Leichtathletik-Verband (2008). *Jugendleichtathletik. Offizieller Rahmentrainingsplan des Deutschen Leichtathletik-Verbandes für die Sprungdisziplinen im Aufbautraining* (Mediathek Leichtathletik). Münster: Philippka-Sportverlag.

Hakus, U. (2006). Aus den Blöcken in den Sprintschritt. *leichtathletiktraining, 17* (1), 30–37.

Hommel, H. (2007). Sprinttechnik beobachten und analysieren. *leichtathletiktraining, 18* (2+3), 62–71.

Hunt, S. (2022, 23. Juli). *Six degrees of jumping – Stefan Holm.* Zugriff unter https://www.youtube.com/watch?v=4NPVpl9zUpl

Keil, J.-G. & Killing, W. (2014). Vom Hocksprung zum Speedflop – Teil 1. *leichtathletiktraining, 25* (6), 10–17

Seeger, A. & Bernhart, J. (2012). Vom Hoch- zum Tiefstart. *leichtathletiktraining, 23* (4), 4–13.

Auf einen Blick

<table>
<tr><th>Phasen</th><th>Organisation, Geräte- und Materialbedarf</th></tr>
<tr><th colspan="2">Einstieg (15 Minuten)</th></tr>
<tr><td>

Vorgespräch
„Heute wollen wir den Partnercheck beim Tiefstart machen und beim Hochsprung einen Streifzug durch die Geschichte unternehmen."

Aufwärmen:
Allgemeines Aufwärmen: Die Schüler absolvieren verschiedene Kräftigungsübungen:
• Halten in der Liegestützposition
• Halten in der Seitstützposition
• Sit-ups
• Schwimmen in Bauchlage
• Standwaage
Direkt im Anschluss laufen sie eine bestimmte Strecke hin und wieder zurück (ca. 40 m) und machen die nächste Kräftigungsübung.
Spezielles Aufwärmen: Die Schüler absolvieren maximal zwei bis drei Starts aus zwei bis drei verschiedenen Lagen (s. Stundenbild 4, Klassenstufe 5/6, ab S. 29).
Ggf. empfiehlt sich eine Teilung der Klasse nach diesem Aufwärmen. Hier müssen Sie selbst entscheiden, ob Ihre Schüler dazu in der Lage sind, nach einer kurzen Einweisung den Tiefstart selbstständig zu üben.

</td><td>

Lehrer-Schüler-Gespräch

Rasen- oder Kunststoffplatz;
Feldgröße ca. 1 HB-Feld

2 Hütchen

Einzelarbeit

Übungsdauer (Laufen und Kräftigung gemischt ca. 8–10 min)
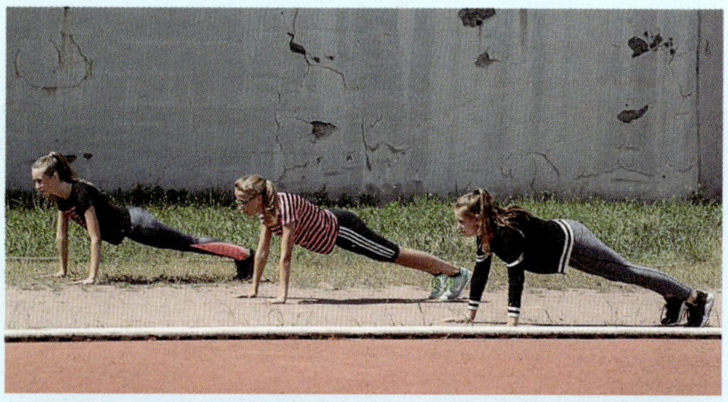
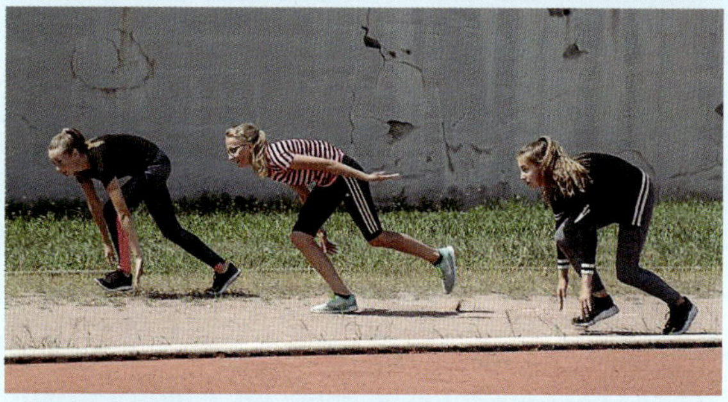
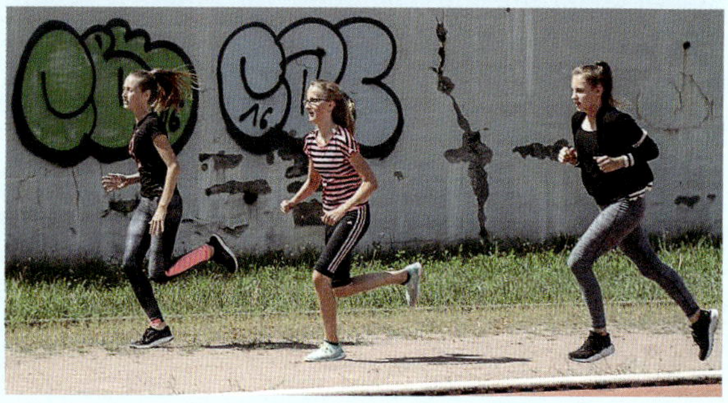

</td></tr>
</table>

<table>
<tr><th colspan="2">Hauptteil I (25 Minuten)</th></tr>
<tr><td>Problematisierung: Starttechnik
„Ihr seid jetzt aus verschiedenen Lagen losgelaufen. Welche Lage war am besten?“ Ableitende Problematisierung der Starttechnik: „Wie laufen Sprinter los? Was ist die derzeit günstigste Lösung?“ (Aus dem Startblock) „Wie stellt man diesen ein? Welches Bein ist vorne? Beobachtungskriterien?“</td><td>Lehrer-Schüler-Gespräch</td></tr>
<tr><td>Starttechnik im Partnercheck
Die Schüler gehen paarweise zusammen und korrigieren sich gegenseitig beim Tiefstart (Arbeitsblatt zu Beobachtungskriterien, s. auch „Fachliche Hinweise“). Dabei führen sie mindestens vier Starts über eine Streckenlänge von ca. 15 m durch.</td><td>Laufbahn; pro 5 Schüler 1 Laufbahn; Streckenlänge ca. 30 m
möglichst viele Startblöcke, am besten pro 5 Schüler 1 Startblock (Hallenalternative s. Stundenbild 4 Klassenstufe 5/6, S. 29), Arbeitsblatt 4 mit Technikleitbild/ Beobachtungsbogen (s. Anhang S. 215), ggf. Hütchen zur Markierung der Streckenlänge

Partnerarbeit
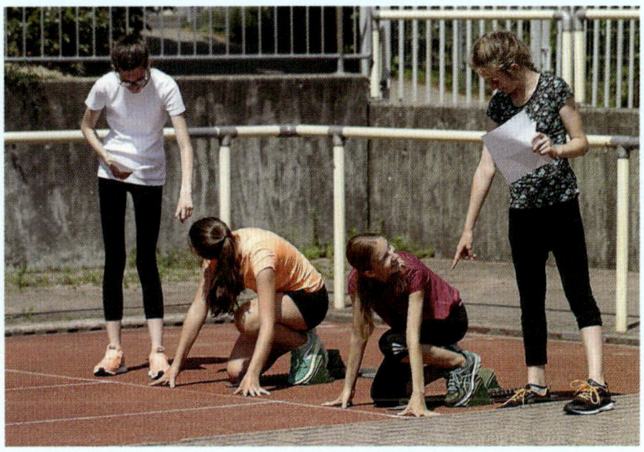</td></tr>
</table>

Hauptteil II (30 Minuten)	
Problematisierung: Hochsprungtechniken „Wie sind die Hochspringer gesprungen, als sie noch keine weiche Matte zur Landung hatten? Vermutet mal!“ (Sie mussten auf den Beinen landen) „Allein deshalb konnte es noch keinen Fosbury-Flop geben! Jetzt wollen wir durch die Geschichte des Hochsprungs streifen.“	Lehrer-Schüler-Gespräch
Hochsprung durch die Historie Die Schüler probieren verschiedene Hochsprungtechniken aus (vgl. Deutscher Leichtathletik-Verband, 2008, S. 42f. und Keil, 2014, S. 14f.): • Frontaler Hocksprung • Bücke • Schersprung (s. Foto Stundenbild 1, Klassenstufe 7/8, S. 61 und 62) • Rollsprung • „Holmroll“ • Wälzer (Straddle) • evtl. Flop (s. Foto Stundenbild 3, Klassenstufe 7/8, S. 74) • Eigene Sprungkreationen Dabei ist wichtig, dass immer ein einbeiniger Absprung gefordert wird.	Hochsprunganlage mit Zubehör (Hallenalternative s. Stundenbild 3 Klassenstufe 7/8, S. 70) 2 Hütchen als Anlaufmarkierung, Gummischnur Einzelarbeit Falls Sie einen Internetzugang in der Sporthalle oder auf dem Sportplatz haben, können die Schüler auch noch einmal vor Ort die verschiedenen Techniken im Film „Six degrees of jumping“ anschauen. 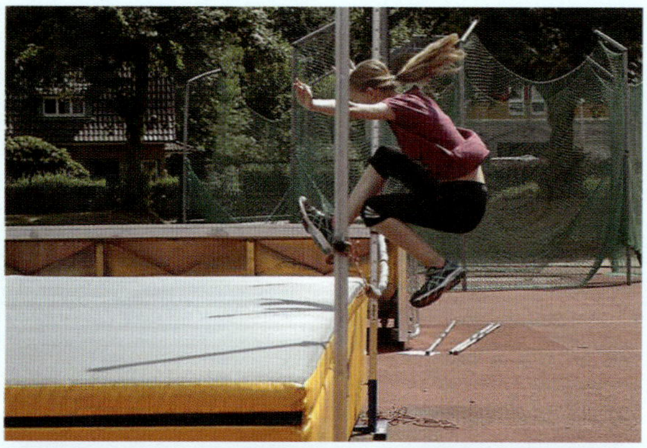 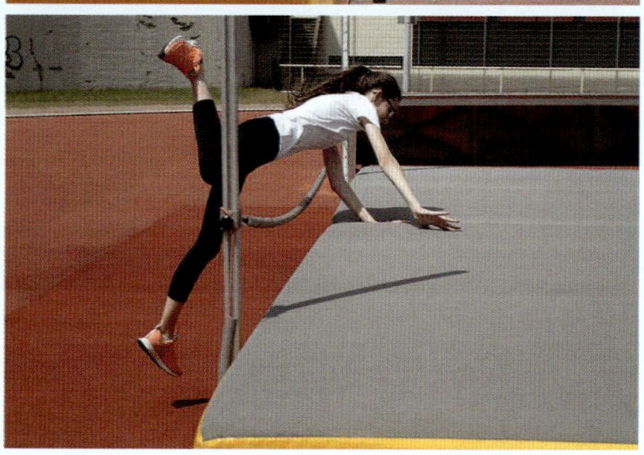

<table>
<tr><th colspan="2">Abschluss (15 Minuten)</th></tr>
<tr><td>Test 75 m
Die Schüler werden in Gruppen eingeteilt (abhängig von verfügbaren Startblöcken) und führen einen Testlauf über 75 m durch.

oder

Quatsch- und Showspringen[10]
Die Schüler, die gerade nicht den Testlauf absolvieren, dürfen an der Hochsprunganlage Quatschsprünge ausprobieren oder Showsprünge üben.

Wenn Sie möchten, teilen Sie die Gruppe nach Interessenslage auf: „Wer hat Lust auf ein Quatschspringen und wer möchte lieber einen Testlauf über 75 m machen?“</td><td>Laufbahn; 75 m, alle verfügbaren Bahnen
Stoppuhren, Startblöcke, Startklappe o. Ä. für Kommando

Einzelarbeit

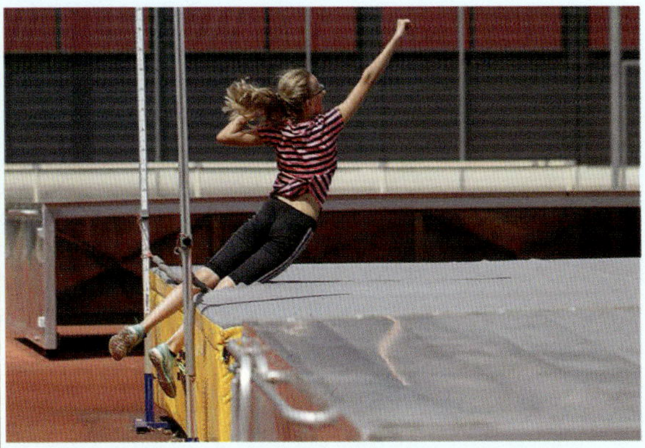</td></tr>
<tr><td>Abschlussreflexion
„Haben alle die für sie beste Startblockeinstellung gefunden? Hättet ihr gedacht, dass es so viele verschiedene Hochsprungtechniken gibt? Mit welcher Sprungtechnik springt ihr bislang am liebsten?“

Ausblick
Das haben wir in der nächsten Stunde vor:
„Im Hochsprung lernen wir die Floptechnik und wir machen ein Sprinttraining wie die Spitzensportler.“</td><td>Lehrer-Schüler-Gespräch</td></tr>
</table>

10 Ideen für alternative Hochsprungwettkämpfe finden sich z. B. bei Wastl und Wollny (vgl. 2012 S. 121). Die Idee, Hochsprungwettkämpfe im Sinne der Kompetenzorientierung von Schüler ausdenken zu lassen, finden Sie bei Liedtke und Dornbusch (vgl. 2015a, S. 36).

Stundenbild 3: Auf dem Weg zum Fosbury-Flop / Sprinttraining wie die Spitzensportler

Zeit	80 Minuten
Niveau	Klassen 7 und 8
Ort	Stadion, ggf. Sporthalle

Hinweise zum Ort
Der Hochsprung ist mit entsprechendem Aufbau auch gut in der Halle möglich, für das geplante Sprinttraining sollte möglichst eine Sporthalle in HB-Feldgröße zur Verfügung stehen, die inhaltliche Alternative in kleineren Hallen sind kurze Abläufe über 10–15 m – bei Sicherung des Auslaufs mit Niedersprungmatten.

Ziele und Kompetenzen
In diesem Stundenbild steht die pädagogische Perspektive „Leisten erfahren, verstehen und einschätzen" im Vordergrund. Die Schüler können einen Flop in der Grobform springen. Sie können in Eigenarbeit ein Sprinttrainingsprogramm absolvieren. Die Schüler können ihre Laufzeit stoppen.

Vorkenntnisse
Ein einbeiniger Absprung auf die Hochsprungmatte muss nun als Voraussetzung gegeben sein. Idealerweise sollte auch das Sprungbein bekannt sein.

Fachliche Hinweise

Der Fosbury-Flop hat sich als Hochsprungtechnik etabliert und ist die angestrebte Zieltechnik für die meisten Leistungsniveaus (vgl. Wastl, 2012, S. 113). Er zeichnet sich durch einen bogenförmigen Anlauf mit einbeinigem Absprung und der rückwärtigen Überquerung der Latte mit Überstreckung der Hüfte aus. Durch den bogenförmigen Anlauf und die Kurveninnenneigung wird der für den Flop notwendige Drehimpuls erzeugt (vgl. Keil, 2012b, S. 37 und 41).

In der Literatur werden zahlreiche methodische Reihen für das Erlernen des Flopsprungs vorgestellt, die zentralen Bewegungselemente finden sich jedoch bei allen Vorgehensweisen (vgl. Keil, 2012a, S. 32). Die Lernziele für den Flop in Grobform werden in Stundenbild 1 der Sekundarstufe II definiert. Bei einigen Schülern kann es jedoch ratsam sein, beim Schersprung zu bleiben und diesen für die Notengebung zu trainieren. Zur Diskussion der geeigneten Hochsprungtechnik für Schüler vergleiche auch die Ausführungen von Zeuner, Hofmann und Lehmann (1997, S. 64f.).

Um bei Sprintprogrammen einen optimalen Trainingseffekt zu haben, ist die Einhaltung von Pausen unerlässlich. Als Richtwert gilt: Bei einem 10-m-Sprint reicht eine einminütige Pause aus, für die zweiten 10 m werden ca. 1–2 min und für die dritten 10 m ca. 3 min hinzuaddiert usw. (vgl. Deutscher Leichtathletik-Verband, 2017, S. 85).

Praktische Tipps

Hochsprunglatte statt Gummischnur: Eventuell sollte bereits in dieser Stunde mit der Hochsprunglatte statt der Gummischnur gesprungen werden, damit die Schüler sich für die Notengebung in Stundenbild 5 daran gewöhnen. Wir können nur davon abraten, die Note mit Gummischnur oder auch mit einem Flatterband abzunehmen, da ein verlässliches Beurteilen der Leistung damit unmöglich ist.

Mannschaften finden und einteilen: Teilen Sie die Schüler in dieser Stunde nach den Leistungen im Schersprung der vorherigen Stunde ein – durch Selbst- und Lehrereinschätzung. Dadurch ist gewährleistet, dass die Sprunghöhe besser an die Fähigkeit der jeweiligen Springer angepasst ist.

Hallenaufbau Hochsprung: In der Sporthalle kann mithilfe von drei Bänken, kleinen Matten und einer Weichbodenmatte eine Hochsprunganlage aufgebaut werden.

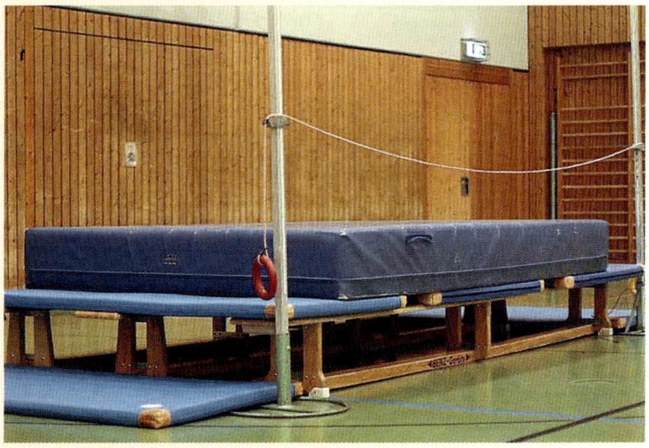

Traineraufgabe: Die passiven Schüler sagen den anderen Schülern das Sprintprogramm an, nehmen die Zeiten, feuern an und überwachen die Pausen.

Literatur

Bauersfeld, K.-H. & Schröter, G. (2016). *Grundlagen der Leichtathletik. Das Standardwerk für Ausbildung und Praxis* (6., aktualisierte Auflage). Berlin: Sportverlag.

Deutscher Leichtathletik-Verband (2017). *Jugendleichtathletik Grundlagentraining. Rahmentrainingsplan des Deutschen Leichtathletik-Verbandes für die Altersklassen U12 bis U16* (Mediathek Leichtathletik, 1. Auflage). Münster: Philippka.

Keil, J.-G. (2012a). Wie aus dem Rückwärtssprung ein Flop wird. *leichtathletiktraining, 23* (5), 31–39.

Keil, J.-G. (2012b). Schritt für Schritt in die Höhe. *leichtathletiktraining, 23* (2+3), 37–45.

Liedtke, C. & Dornbusch, R. (2015a). *Leichtathletik Springen kompetenzorientiert. Kompakte Unterrichtsreihen Klasse 5 – 10* (Sekundarstufe I, 1. Auflage). Berlin: Cornelsen.

Nagel, J. (2012). *Basisinformationen Hochsprung: Wichtigste geschichtliche Fakten, Wettkampfregeln und Einsteigertraining. Unveröffentlichte Stundenausarbeitung im Leichtathletik-Grundfach*, Karlsruhe.

Wastl, P. & Wollny, R. (2012). *Leichtathletik in Schule und Verein. Ein Praxishandbuch für Lehrer und Trainer.* Schorndorf: Hofmann.

Auf einen Blick

Phasen	Organisation, Geräte- und Materialbedarf
Einstieg (15 Minuten)	
Vorgespräch „Heute geht's zur Sache wie bei den Spitzenathleten: Ihr lernt die Floptechnik und ein Sprinttraining kennen.“	Lehrer-Schüler-Gespräch Rasen- oder Kunststoffplatz; Feldgröße ca. 1 BB-Feld
Aufwärmen: Laufparcours mit Kurven Die Schüler bauen mit Hütchen und Stangen und sonstigen Materialien einen Laufparcours auf, der viele Kurven aufweisen soll. Gegebenenfalls können auch einige Hindernisse eingebaut werden, über die gesprungen werden muss (vgl. Sprungparcours aufbauen bei Liedtke & Dornbusch, 2015a, S. 16). Die Schüler durchlaufen den Parcours mehrere Male in verschiedenen Richtungen.	Hütchen, Stangen, Schaumstoffblöcke, Seile und weitere vorhandene Materialien Gruppenarbeit, Einzelarbeit 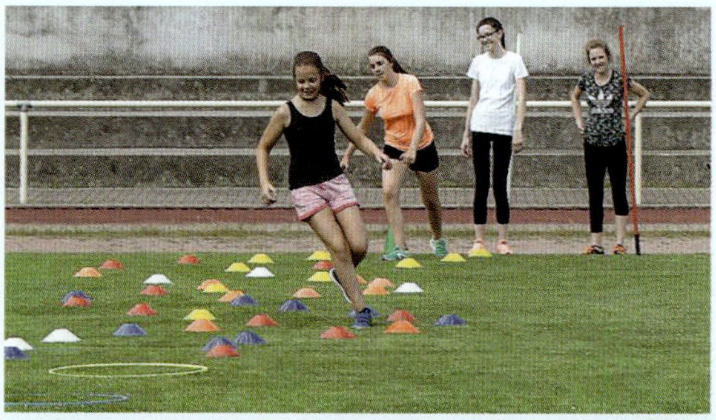 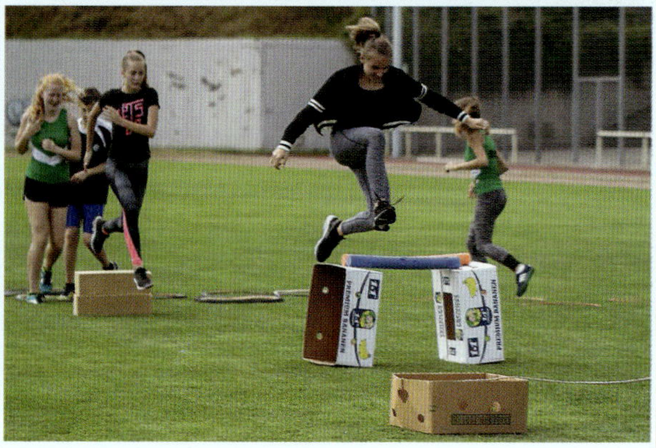
Zwischenreflexion: Kurveninnenlage „Legt euch jedes Mal richtig schräg in die Kurve rein! Diese Kurveninnenlage benötigen wir beim Hochsprunganlauf! Probiert das nochmals aus!“ Anschließend wird die Gruppe geteilt, z. B. nach Selbsteinschätzung der Hochsprungfähigkeit (mit Lehrerempfehlung aus den Beobachtungen der vorherigen beiden Stunden). Diese Gruppeneinteilung hat den Vorteil, dass man bereits jetzt die Sprunghöhe an die Fähigkeiten der Schüler anpassen kann und alle auf ihrem Niveau gefordert werden.	Lehrer-Schüler-Gespräch, ggf. Schülerdemonstration

Hauptteil I (25 Minuten)	
Problematisierung: Kurveninnenlage Der Einstieg erfolgt über folgenden AA: „Wie kommt ein Stab auf die Matte? Der Stab darf nur einmal vor der Matte den Boden berühren. Wie schafft man das?“ Die Schüler kommen recht schnell auf die Lösung, dass der Stab beim Aufprall vor der Matte von der Matte weggeneigt sein muss, um anschließend auf die Matte zu fallen. „Welche Körperhaltung müsst ihr also beim Anlaufen haben, damit ihr beim Absprung diese Schräglage habt?“ Ergo: der bogenförmige Anlauf ist nötig, um eine Kurveninnenlage für den Flopabsprung zu erreichen! 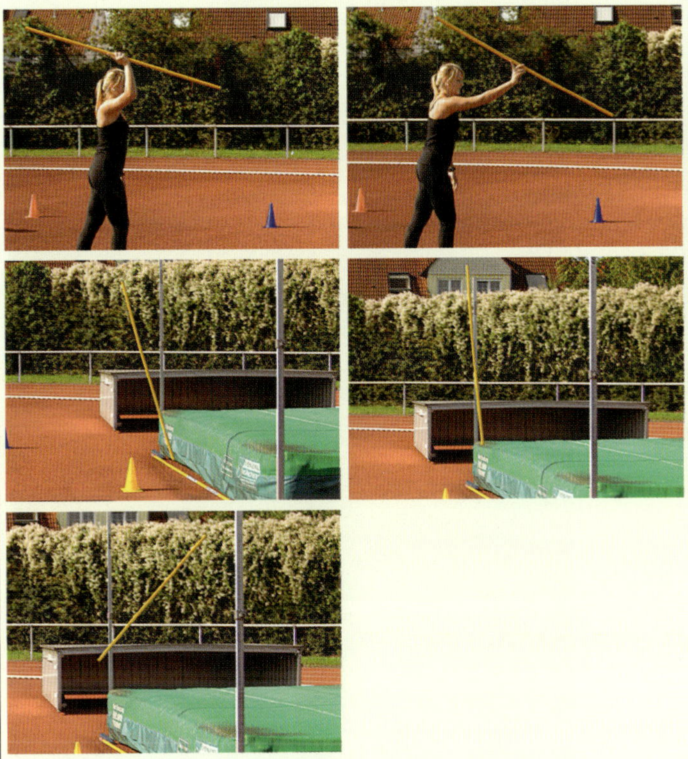	Hochsprunganlage mit Zubehör (Hallenalternative s. Praktische Tipps) Pro 4 Schüler 1 Gymnastikstab Gruppenarbeit, Schülerdemonstration, Lehrer-Schüler-Gespräch 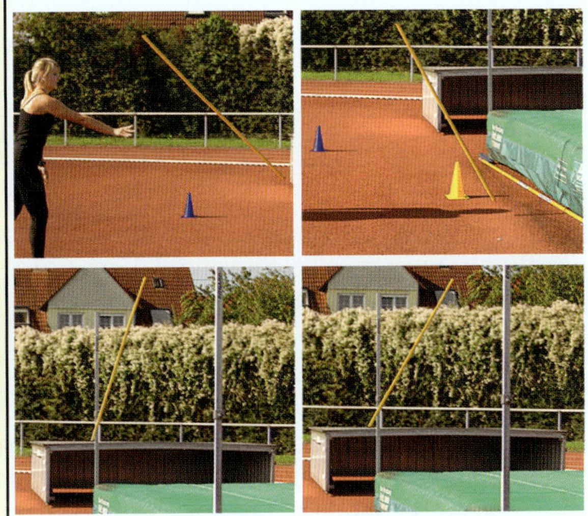

Hauptteil I (25 Minuten)

Hinführung zum Flop
An der Hochsprunganlage wird ein Halbkreis mit Hütchen abgesteckt (s. unten). Die Schüler sollen die gerade besprochenen Hinweise zur Anlaufgestaltung umsetzen, indem sie einen Kurvenlauf mit zur Seite ausgestreckten Armen absolvieren.

Gummischnur, 2 Hütchen als Ablaufmarkierung, ca. 10 Hütchen zur Visualisierung der Anlaufgestaltung

Einzelarbeit

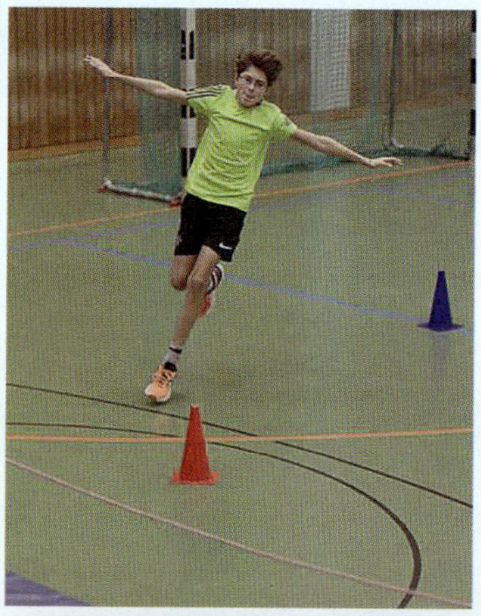

Anhand folgender Übungen aus jeweils 5 Anlaufschritten werden die Schüler an den Flop herangeführt (vgl. Deutscher Leichtathletik-Verband, 2017, S. 164ff., Bauersfeld & Schröter, 2016, S. 467 und Keil, 2012b, S. 41f.):

- Steigesprung auf die Matte
- Optional: Steigesprung zu einer Gummischnur als Höhenorientierung mit rückwärtiger Drehung durch einen von der Matte wegarbeitenden Schwungbeineinsatz
- Steigesprung mit rückwärtiger Drehung durch einen von der Matte wegarbeitenden Schwungbeineinsatz mit Rückenlandung auf der Matte
- Flop über die niedrige Gummischnur/Latte

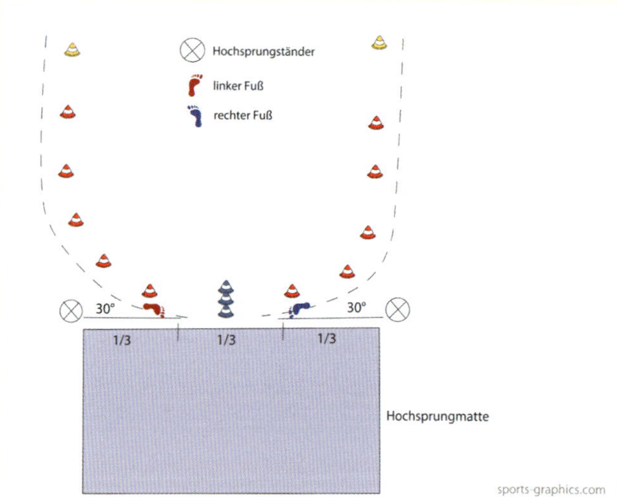

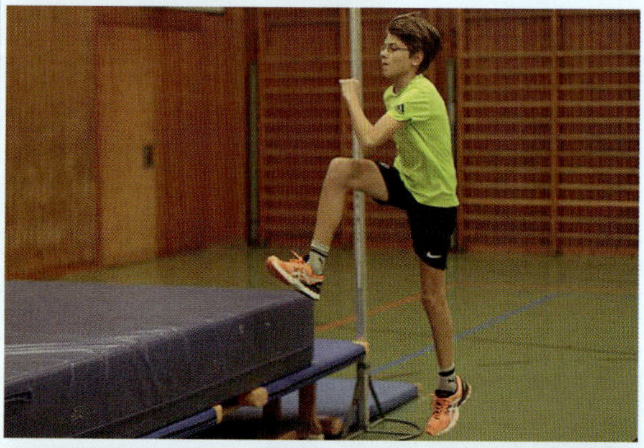

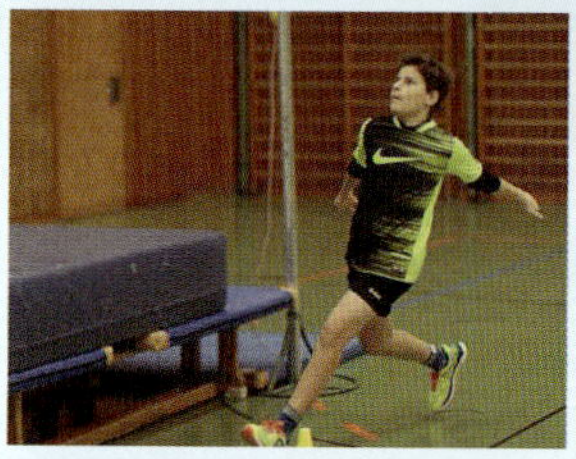

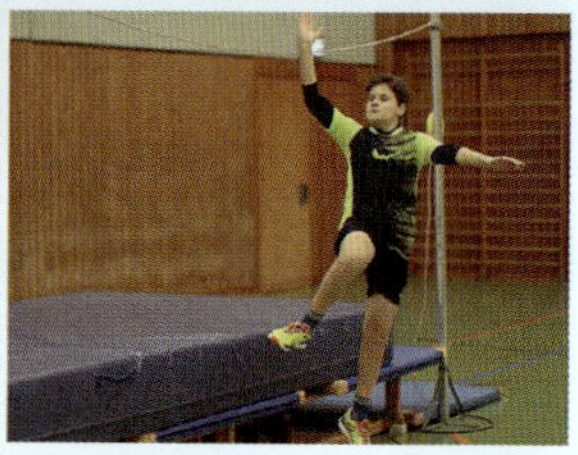

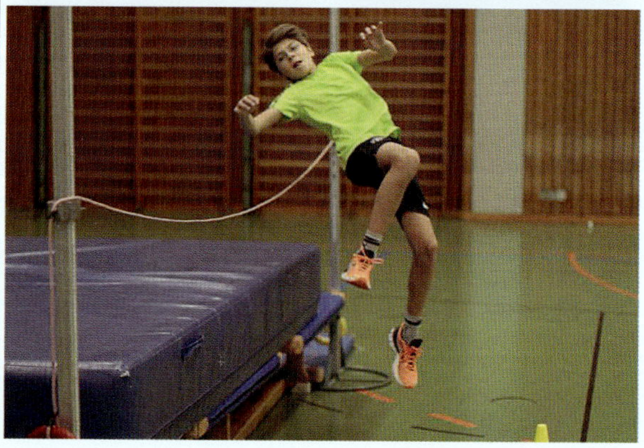

<table>
<tr><td>Alternative Herangehensweise
(vgl. Nagel, 2012, S. 7f.)
Die Schüler laufen bogenförmig auf die Matte zu. Der Anlaufwinkel beträgt ca. 30–45 Grad zur Matte.
1. Anlaufen und mit Steigesprung auf die Matte springen, Landen auf den Füßen
2. Anlaufen, Landen im Strecksitz in Laufrichtung (nach einigen Versuchen mit Gummischnur)
3. Anlaufen, Landen im Strecksitz nach halber Drehung (nach einigen Versuchen mit Gummischnur)
4. Anlaufen, Landen in Rückenlage in Laufrichtung – Beine gestreckt nach oben (nach einigen Versuchen mit Gummischnur)
5. Anlaufen, Landen in Rückenlage nach halber Drehung (nach einigen Versuchen mit Gummischnur)</td><td></td></tr>
<tr><td colspan="2">Hauptteil II (25 Minuten)</td></tr>
<tr><td>Sprinttraining
Die Schüler werden mit Stoppuhren und einem „Trainingsplan“ ausgestattet. Hier können Sie abschätzen, welches Sprintprogramm für Ihre Schüler passt. Zusätzlich dazu können Sie auch die Schüler vorher überlegen lassen. Ein beispielhaftes Trainingsprogramm könnte sein:
• einige Übungen des Sprint-ABC (s. Stundenbild 1, Klassenstufe 7/8, S. 61)
• 2 submaximale Steigerungen über ca. 50 m
• Sprint-Pyramide: 20-30-40-30-20 m mit einer jeweiligen Pause von 3 min nach den 20 m, 5 min nach den 30 m und 7 min nach den 40 m (s. Fachliche Hinweise).</td><td>Laufbahn

Trainingsplan (Arbeitsblatt 5, s. Anhang S. 216), Stifte, Stoppuhren

Einzelarbeit, Partnerarbeit

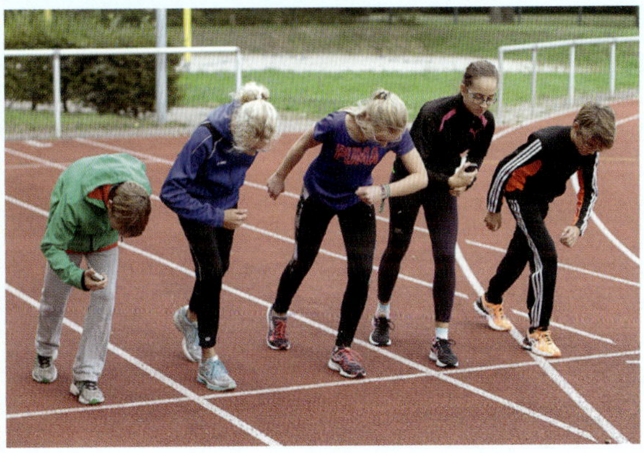</td></tr>
</table>

Abschluss (15 Minuten)	
Abschlussspiel Sanitäterfangen Einige Schüler sind die Viren, die ihre Mitschüler fangen und somit krankmachen. Wer gefangen wurde, muss sich auf den Rücken legen. Eine Heilung ist möglich, indem vier Gesunde einen Kranken zum Krankenhaus (Hochsprungmatte) transportieren. Während des Krankentransports dürfen die Sanitäter nicht gefangen werden.	Hochsprungmatte 2–4 Parteibänder zum Markieren der Fänger, 4–8 Hütchen zum Markieren des Spielfeldes Gruppenarbeit Achten Sie auf rückengerechtes Tragen!
Abschlussreflexion „Wie hieß die Hochsprungtechnik von heute? Und, was meint ihr zur Hochsprungtechnik und zum Sprinttraining der Spitzensportler?“ **Ausblick** Das haben wir in der nächsten Stunde vor: „Wie kann man beim Sprint am besten beschleunigen? Wir üben den Flop als Zieltechnik im Hochsprung.“	Lehrer-Schüler-Gespräch 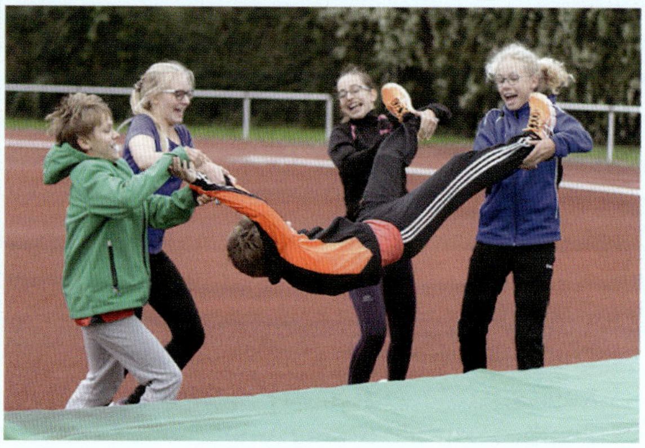

Stundenbild 4: Von 0 auf 100 in 5 Sekunden / Flop-Routine

Zeit	80 Minuten
Niveau	Klassen 7 und 8
Ort	Stadion, ggf. Sporthalle

Hinweise zum Ort

Der Hochsprung ist mit entsprechendem Aufbau auch gut in der Halle möglich, für das geplante Sprinttraining sollte möglichst eine Sporthalle in HB-Feldgröße zur Verfügung stehen; die inhaltliche Alternative in kleineren Hallen für den Sprint sind kurze Abläufe über 10–15 m – bei Sicherung des Auslaufs mit Weichbodenmatten.

Ziele und Kompetenzen

In diesem Stundenbild steht die pädagogische Perspektive „Erweiterung der Bewegungserfahrung" im Vordergrund. Die Schüler können frequent und druckvoll in der Schaumstoffblockbahn beschleunigen. Sie können Schrittfrequenz und Schrittlänge an den Schaumstoffblockabstand anpassen. Die Schüler können den Hochsprunganlauf in Kurveninnenlage durchführen. Sie können ihre Floptechnik verbessern.

Vorkenntnisse

Der Flop sollte in Grobform beherrscht werden.

Fachliche Hinweise

Den Kurzsprint kann man in mehrere Phasen einteilen: Auf den Start folgt die Beschleunigungsphase (Startbeschleunigung und Pick-up-Beschleunigung). Anschließend folgt die Phase der maximalen Geschwindigkeit und zum Schluss die Phase des Geschwindigkeitsverlusts (vgl. Bauersfeld & Schröter, 2016, S. 214). Die Beschleunigungsphase ist eine wichtige Phase des Sprints. Um für die Schule zu vereinfachen, gehen wir von einer Beschleunigungsphase aus und trennen nicht nach Start- und Pick-up-Beschleunigung. In der Beschleunigungsphase wird auf die Höchstgeschwindigkeit (gleichzusetzen mit 100 %) beschleunigt. Dies soll in möglichst kurzer Zeit geschehen. Zur Veranschaulichung für die Schüler kann man sinnbildlich „von 0 auf 100 (%) in 5 sec" sprechen.

Praktische Tipps

Hochsprunglatte statt Gummischnur: Spätestens in dieser Stunde sollte beim Hochsprung die Latte liegen, damit die Schüler sich für die Notengebung daran gewöhnen.

Anlauf ausmessen: Die Schüler sollten ihren Anlauf beim Hochsprung in Fuß ausmessen.

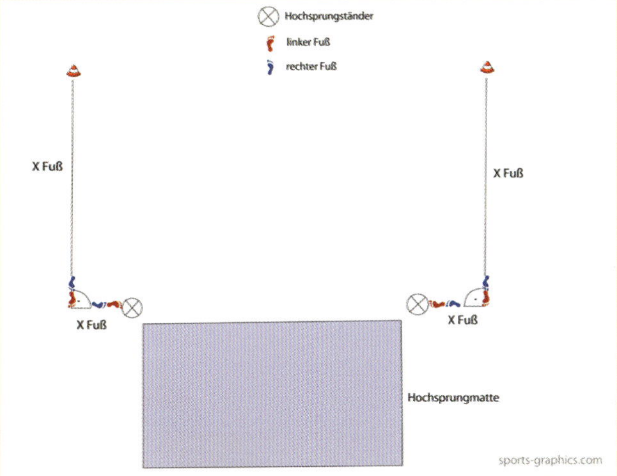

Streckenmessung in Fuß: Messen Sie auch einmal ihre Fußlänge (im Schuh) in cm. Dann können Sie kleinere Strecken immer in Fuß messen und müssen kein Maßband auspacken. 80 cm sind beispielsweise bei Schuhgröße 40 ca. 3 Fuß.

Literatur

Bauersfeld, K.-H. & Schröter, G. (2016). *Grundlagen der Leichtathletik. Das Standardwerk für Ausbildung und Praxis* (6., aktualisierte Auflage). Berlin: Sportverlag.

Moll, C. (2014). Leichtathletik: Zielgerichtetes und effektives Aufwärmen. *SportPraxis, 55* (9+10), 6–11.

Auf einen Blick

<table>
<tr><th>Phasen</th><th>Organisation, Geräte- und Materialbedarf</th></tr>
<tr><td colspan="2">Einstieg (15 Minuten)</td></tr>
<tr><td>

Vorgespräch
„Heute stehen rasante Sprints auf dem Plan – aber mit Hindernissen! Und beim Hochsprung sollt ihr etwas Routine bekommen."

</td><td>

Lehrer-Schüler-Gespräch

</td></tr>
<tr><td>

Aufwärmen: Übungen an den Schaumstoffblöcken (vgl. Moll, 2014, S. 9)
Allgemeines Aufwärmen: Das sprintspezifische Aufwärmen mit Schaumstoffblöcken wird zunächst niedrigintensiv mit einfachen Übungen wie Schlangenlinienlaufen vorwärts und rückwärts, Seitgalopp etc. gestaltet (s. Stundenbild 8 Klassenstufe 5/6). Auf dem Rückweg wird gejoggt. Anschließend wird geradeaus durchgelaufen mit zwei oder drei Kontakten pro Abstand, auch noch in moderatem Tempo.
Spezielles Aufwärmen: Danach erfolgt ein fließender Übergang in den Hauptteil: Jetzt rückt der Sprint immer näher. „Sprintet mit einem Kontakt pro Abstand durch die Bahn!"

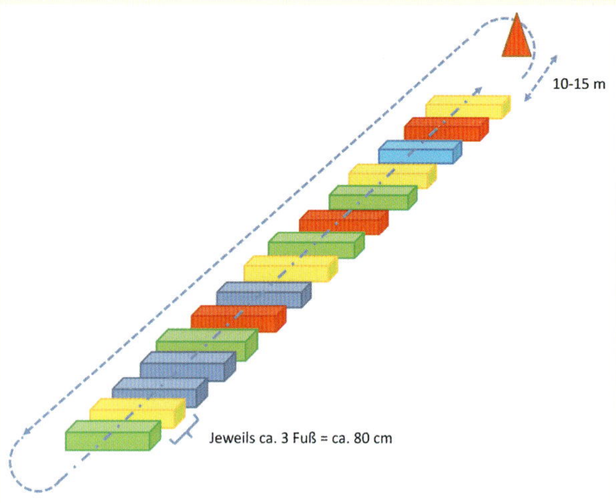

</td><td>

Laufbahn, Kunststoff- oder Rasenplatz

Pro 15 Schüler ca. 10–15 Schaumstoffblöcke, pro 10–15 Schüler 2 Hütchen

Einzelarbeit

Bewegungszeit an den Schaumstoffblöcken mindestens 10 min

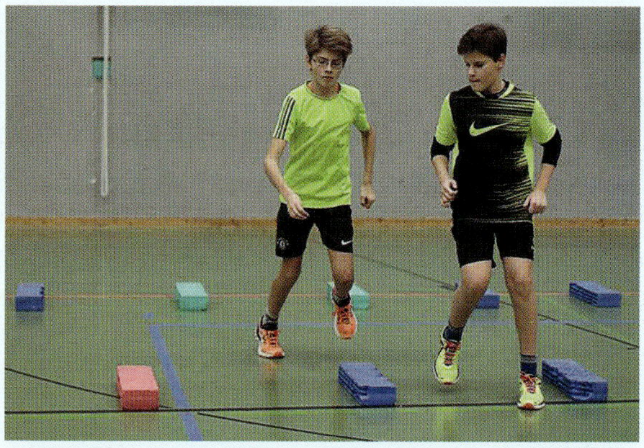

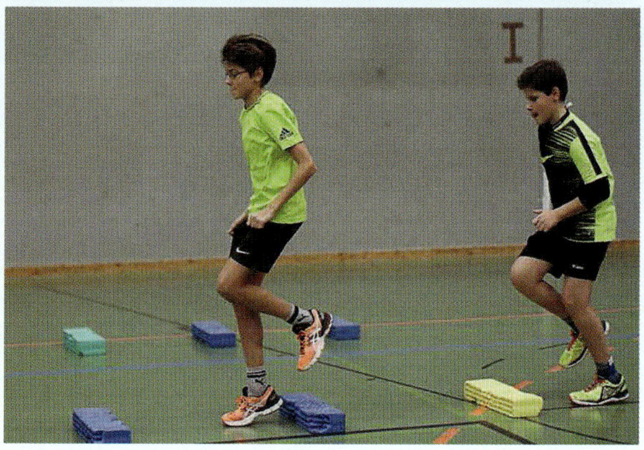

</td></tr>
</table>

Hauptteil I (15 Minuten)	
Von 0 auf 100 in 5 Sekunden Die Schüler sollen in diesem Hauptteil lernen, schnell und effektiv zu beschleunigen. Dabei wird mit Schrittlänge und Schrittfrequenz gearbeitet. „Erhöht die Frequenz!“ Mindestens zwei Durchgänge mit einem Kontakt zwischen den Schaumstoffblöcken durch die Schaumstoffblockbahn sprinten und anschließend weitersprinten bis zum Hütchen. Die Schüler sollen schnell aber sorgfältig durchsprinten.	Laufbahn oder Kunststoffplatz Pro 15 Schüler ca. 10–15 Schaumstoffblöcke, pro 10–15 Schüler 2 Hütchen Einzelarbeit (in mehreren Riegen von ca. 10–15 Schülern)
Zwischenreflexion: Schrittlänge – Schrittfrequenz – Lauftempo (vgl. Moll, 2014, S. 10) „Was passiert, wenn ich die Abstände zwischen den Schaumstoffblöcken immer vergrößere, von euch aber fordere, dass ihr immer noch mit der gleichen Frequenz durchsprinten sollt?“ (Wir müssen beschleunigen/Wir müssen größere Schritte machen/Wir müssen uns kräftiger vom Boden abdrücken). Die Schaumstoffblöcke werden nach hinten immer weiter gestellt, um die Beschleunigung einzufordern (s. Grafik, immer größer werdende Abstände bis zu 110 cm), dabei werden mehrere Bahnen für unterschiedliche Schrittlängen angeboten. „Sprintet nach den Schaumstoffblöcken noch weiter!“ (Streckenlänge insgesamt höchstens 40 m) Lassen Sie die Schüler bei anderen Schülern mit*hören* (!), denen es gelingt, die Schrittfrequenz hochzuhalten. Alle anderen Schüler stehen seitlich am Rand, um eine gute Position zum Zuhören zu haben. Hier bietet sich eine Fächerverbindung zum Physikunterricht an (physikalische Einheit Hertz). 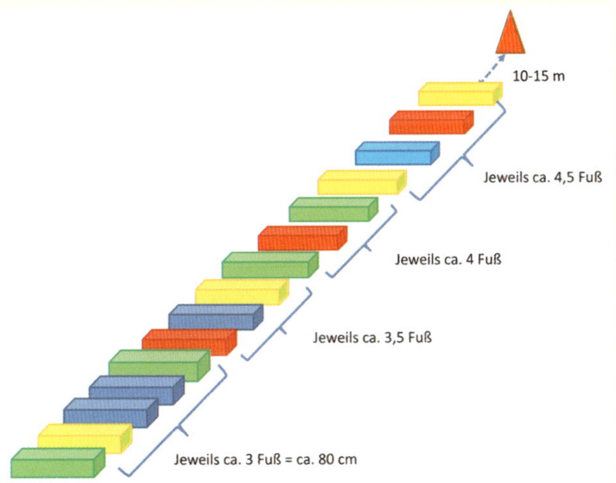 	Lehrer-Schüler-Gespräch 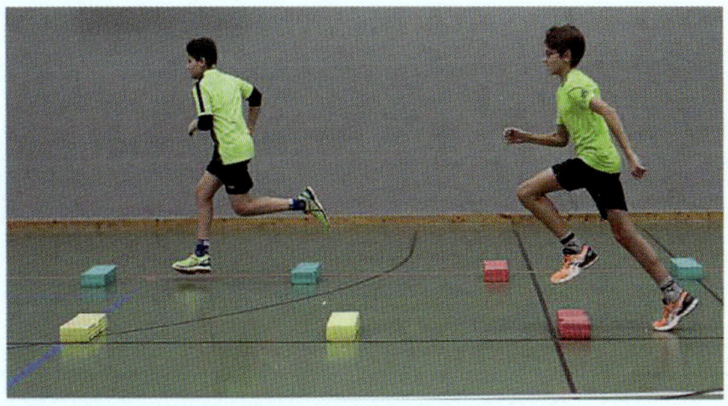 Einzelarbeit (in mehreren Riegen von ca. 10–15 Schülern) Schülerdemonstration

Hauptteil II (40 Minuten)	
Übungen des Sprint- und Sprung-ABC in der Kurve Als Vorbereitung für den Hochsprung werden Übungen des Sprint- und Sprung-ABC (Kniehebelauf, Unterfersen, Hopserlauf ...; s. Stundenbild 1, Klassenstufe 9/10, S. 108-110) in der mit Hütchen abgesteckten Kurve durchgeführt (s. Stundenbild 3, Klassenstufe 7/8, S. 74 und Stundenbild 1, Sekundarstufe II, S. 153). Fordern Sie hier schon die Kurveninnenlage ein!	Hochsprunganlage mit Zubehör Ca. 10 Hütchen oder Schaumstoffblöcke Einzelarbeit
Flop-Routine In diesem Stundenteil ist es wichtig, dass alle Schüler viel zum Springen kommen, um die komplexe Floptechnik zu üben. Die Schüler springen unter Beachtung aller gelernten Technikmerkmale den Flop. Gegebenenfalls nehmen sie noch einmal ihre Sprungseite in Revision. Der Lehrer korrigiert und gibt Tipps zur Verbesserung der Technik – oft steckt der Fehler bereits im Anlauf. Anschließend messen die Schüler ihren Anlauf in Fuß aus. (s. Praktische Tipps)	ggfs. Klebeband für Anlaufmarkierung

Abschluss (10 Minuten)	
Stundenausklang: Fußkräftigung auf Schaumstoffblöcken Zur Fußkräftigung führen die Schüler folgende Übungen auf den Schaumstoffblöcken durch: • Einbeinstand re und li (auch mit geschlossenen Augen) • Einbeinstand re und li in Absprungposition • Standwaage re und li	Rasen- oder Kunststoffplatz; Feldgröße ca. ½ VB-Feld 1 Schaumstoffblock pro Schüler (falls nicht ausreichend, ersatzweise zusammengerollter Pullover o. Ä. oder in der Halle die Weichbodenmatte) 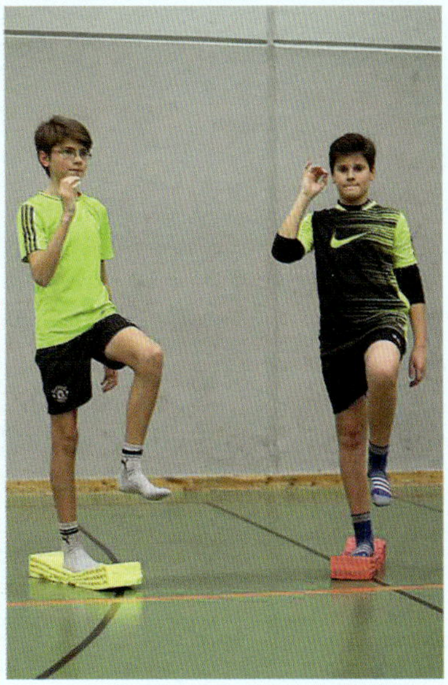
Abschlussreflexion „Erklärt noch mal Schrittlänge und Schrittfrequenz. Was bedeuten diese Begriffe? Beschreibt die Art und Weise des Hochsprunganlaufes!" **Ausblick** Das haben wir in der nächsten Stunde vor: „Wir machen Noten im 75-m-Sprint und im Hochsprung."	Lehrer-Schüler-Gespräch

Stundenbild 5: Wir sind bereit für die Sprint- und Sprungnoten!

Zeit 85 Minuten
Niveau Klassen 7 und 8
Ort Stadion

Ziele und Kompetenzen
In diesem Stundenbild steht die pädagogische Perspektive „Leisten erfahren, verstehen und einschätzen" im Vordergrund. Die Schüler können eine Sprintleistung erbringen. Sie können das Startkommando geben. Die Schüler können mit Lehrerunterstützung die Zeit beim Sprintlauf stoppen. Sie können eine Hochsprungleistung erbringen. Die Schüler können mit Lehrerunterstützung den Hochsprungwettbewerb durchführen.

Vorkenntnisse
Start-, Sprint- und Hochsprungtechnik sollten gekonnt werden.

Fachliche Hinweise

Noten oder noch üben? Wie in allen von uns dargestellten Stundenbildern zur Notenbildung ist es möglich, stattdessen auch noch eine reine Übungsstunde der Disziplinen einzuschieben – je nach Jahresplanung im Schuljahr und Lernstand der Klasse.

Es wird sicher nicht möglich sein, bei größeren Klassen sowohl die Sprint-, als auch die Hochsprungnote in einer Doppelstunde abzunehmen. Hier sind weitere Stunden nötig.

Hinweise zum Regelwerk der Leichtathletik finden Sie in „Unsere Idee von der Leichtathletik in der Sekundarstufe I und II" unter der Rubrik „Die Regeln", s. S. 12.

Praktische Tipps

Hinweis zum Sprint: Die Schüler sollen bis nach der Ziellinie durchlaufen.

Kampfrichteraufgabe: Die Schüler helfen bei der Notengebung als Kampfrichter mit.

Traineraufgabe: Die Schüler geben den anderen Schülern bei den Probeversuchen Tipps, was sie besser machen können.

Literatur

Deutscher Leichtathletik-Verband (Hrsg.). (2019). *Grundwissen für Kampfrichter in der Leichtathletik. Materialien zur Kampfrichterausbildung*. Darmstadt: Druckerei Ph. Reinheimer.

Deutscher Leichtathletik-Verband. (2021, 01. November). *Regelwerk der Leichtathletik*. Zugriff am 29. Juli 2022 unter https://www.leichtathletik.de/service/downloads/regelwerk-der-leichtathletik

Auf einen Blick

<table>
<tr><th>Phasen</th><th>Organisation, Geräte- und Materialbedarf</th></tr>
<tr><td colspan="2">Einstieg (15 Minuten)</td></tr>
<tr><td>Vorgespräch
„Heute gibt's Noten im Sprint und im Hochsprung. Jetzt bereiten wir uns darauf optimal vor!"

Aufwärmen: Eigene Übungen in Kombination mit Laufen
Die Schüler laufen jeweils eine kleine Runde und führen anschließend eine Übung wie z. B. Hampelmann, Kniebeugen, Liegestütze, Hocksprünge etc. durch. Gute Übungen der Einzelnen werden in weiteren Durchgängen für alle übernommen.
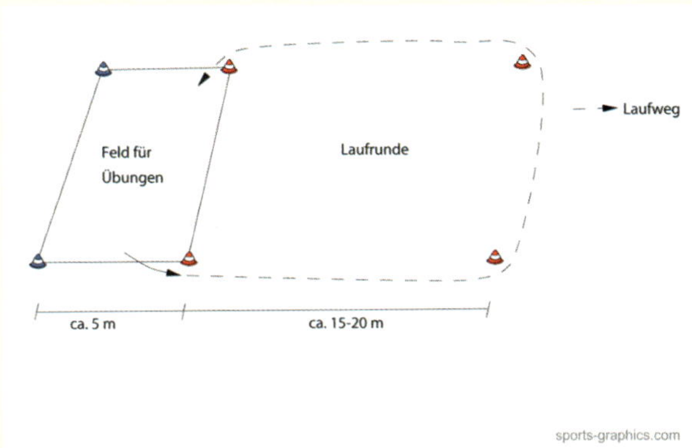</td><td>Lehrer-Schüler-Gespräch

Notentabellen für Notentransparenz

Rasen- oder Kunststoffplatz;
Feldgröße ca. 1 BB-Feld
6 Hütchen

Einzelarbeit, Schülerdemonstration

Bewegungszeit ca. 10 min</td></tr>
<tr><td colspan="2">Hauptteil I (25 Minuten)</td></tr>
<tr><td>Üben 75 m oder Noten 75 m
Die Schüler werden entsprechend der Anzahl der vorhandenen Bahnen und Startblöcke in mehrere Riegen eingeteilt. Jeder Schüler absolviert eine Steigerung über ca. 50 m, einen Antritt aus dem Hochstart über ca. 20 m und nach dem individuellen Einstellen des Startblocks einen Probestart über ca. 15 m. Nun treten die Riegen nacheinander an die Startblöcke und absolvieren den 75-m-Sprint aus dem Tiefstart auf Zeit. Am besten geht das mit in etwa gleichschnellen Gegnern. Die Schüler helfen beim Erfassen der Sprintzeit mit.</td><td>Laufbahn; Streckenlänge 75 m

Stoppuhren, Startblöcke, Startklappe o. Ä. für Kommando

Einzelarbeit (in mehreren Riegen)

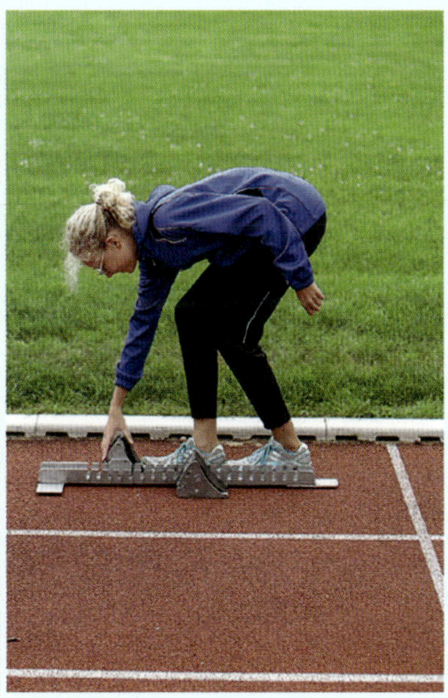</td></tr>
</table>

Hauptteil II (35 Minuten)	
Üben Hochsprung oder Note Hochsprung Die Schüler messen ihren Anlauf aus und springen sich mit Schersprung oder auch bereits im Flop in niedrigen Höhen ein. Anschließend geben sie ihre Anfangshöhe bekannt, die auf dem Hochsprungprotokoll eingetragen wird. Der Wettkampf bzw. das Üben beginnt bei der niedrigsten Höhe.	Hochsprunganlage mit Zubehör Hütchen als Ablaufmarkierung, Arbeitsblatt 6 Hochsprungprotokoll (s. Anhang S. 217) Einzelarbeit
Abschluss (10 Minuten)	
Abschlussreflexion „Seid ihr zufrieden mit eurer Leistung bzw. eurem Leistungszuwachs in dieser Unterrichtseinheit? Welche Übung/welches Spiel ist euch am ehesten im Gedächtnis geblieben?“	Lehrer-Schüler-Gespräch

Stundenbild 6: Schätz mal! Die eigene Laufleistung einschätzen / Medizinball-Mix: Die Wurf- und Stoßschule

Zeit 85 Minuten
Niveau Klassen 7 und 8
Ort Stadion oder Sporthalle

Hinweise zum Ort
In dieser Stunde sind fast alle Inhalte auch in der Halle gut durchführbar. Bei den Übungen zum Ausdauertraining muss die Laufstrecke in der Halle durch geschicktes Stellen der Hütchen verlängert werden.

Ziele und Kompetenzen
In diesem Stundenbild steht die pädagogische Perspektive „Erweiterung der Bewegungserfahrung" im Vordergrund. Die Schüler können ausdauernd laufen und die eigene Laufleistung in Laufdauer, -strecke oder -tempo einschätzen. Sie können den Unterschied zwischen Wurf und Stoß nennen und gegebenenfalls erklären. Die Schüler können mit dem Medizinball verschiedene Wurf- und Stoßübungen in Partnerarbeit durchführen.

Vorkenntnisse
keine

Fachliche Hinweise

Anhand der allgemeinen und speziellen Wurf-/Stoßschule werden Teil- oder komplette Bewegungsfertigkeiten des Werfens und Stoßens geschult. Das Hauptaugenmerk liegt auf einem aktiven schnellkräftigen Abwurf/Abstoß mit hoher Abfluggeschwindigkeit (vgl. Deutscher Leichtathletik-Verband, 2014a, S. 118). Durch variantenreiches Stoßen und Werfen wird die Körpererfahrung geschult (vgl. Zeuner, Hofmann & Lehmann, 1997, S. 101).

Doch was ist der Unterschied zwischen Wurf und Stoß in der Leichtathletik? Beim Werfen handelt es sich um eine Zugbewegung, bei der sich der Ellbogen in der Beschleunigungsphase meist vor dem Wurfgerät befindet, beim leichtathletischen Stoßen um eine Druckbewegung mit dem Ellbogen hinter dem Wurfgerät (vgl. Wastl & Wollny, 2012, S. 171). Je schwerer das Gewicht des Gegenstands im Vergleich zur eigenen Kraft, desto eher wird dieser Gegenstand gestoßen.

Das Ziel dieser Unterrichtseinheit bezogen auf den Lauf sind die 800 m. Für Jungen werden im Schulkontext oftmals die 1000 m vorgesehen. Da sich das Training und der Wettkampf der 1000 m nur gering von den 800 m unterscheiden, haben wir in unseren Stundenbildern keine separaten Hinweise für die 1000 m gegeben. Wenn Sie eine 1000-m-Note abnehmen wollen, können Sie eventuell die Laufdauer und die Streckenlängen jeweils leicht anheben. Falls in Ihrem Curriculum der 20- oder 30-min-Lauf vorgesehen ist, sollten Sie die Laufdauer/-strecken deutlich anheben und ggf. ein Dauerlauftraining als Hausaufgabe geben.

Praktische Tipps

Sicherheit geht vor: Bei den Medizinballübungen ist aus Sicherheitsgründen auf ausreichend seitlichen Abstand zu achten.

Laufstrecke messen: Die Laufstrecke außerhalb der 400-m-Rundbahn kann heutzutage mithilfe von Satellitendaten einfach gemessen werden. Im Internet finden sich viele Homepages, die diesen Service anbieten (z. B. https://www.strecken-messen.de/). So können Sie in Ihrer bekannten Schulumgebung mit Ihren Schülern laufen gehen und entweder selbst im Vorfeld die Strecke messen oder als nachbereitende Hausaufgabe die Strecke von den Schülern messen lassen.

Literatur

Abelmann Consulting GmbH (2022, 18. Juli). *Wanderstrecken und Laufstrecken messen – strecken-messen.de*. Zugriff am 18. Juli 2022 unter https://www.strecken-messen.de/

Bader, R., Chounard, D., Eberle, F., Kromer, R. & Mayer, G. (1998). *Kinderleichtathletik. Band 1 Laufen und Sprinten* (Handreichungen für den Sportunterricht). Stuttgart: Stiftung „Sport in der Schule" Baden-Württemberg.

Deutscher Leichtathletik-Verband (2014a). *Schülerleichtathletik. Offizieller Rahmentrainingsplan des Deutschen Leichtathletik-Verbandes für das Grundlagentraining* (Mediathek Leichtathletik, 3. Auflage). Münster: Philippka-Sportverlag.

Eberle, F. (2007). Werfen mit dem Medizinball. *leichtathletiktraining, 18* (4), 10–15.

May, R. (2009). Das ABC der Leichtathletik – Teil 5. *leichtathletiktraining, 20* (12), 18–23.

Wastl, P. & Wollny, R. (2012). *Leichtathletik in Schule und Verein. Ein Praxishandbuch für Lehrer und Trainer.* Schorndorf: Hofmann.

Zeuner, A., Hofmann, S. & Lehmann, F. (1997). *Schulmethodik Leichtathletik. Sportiv Leichtathletik* (1. Auflage). Stuttgart: Klett.

Zusammenfassung Berlin-Marathon 2013. Der Weltrekord-Marathon im Video. Zugriff unter https://www.runnersworld.de/marathon/der-weltrekord-marathon-im-video.300374.htm

Auf einen Blick

Phasen	Organisation, Geräte- und Materialbedarf
Einstieg (15 Minuten)	
Vorgespräch/Problematisierung: Was muss ein Marathonläufer können? Die Schüler werden vom Lehrer gefragt, welche Leichtathletikdisziplinen sie bereits einmal gemacht haben (eventuell ist auch der Langstreckenlauf dabei). „Was ist ein Marathon?" (42,195 km) „Was schätzt ihr, muss ein Marathonläufer pro km laufen?" (1 km in 3 min bzw. 3:12 min) „Eine gute 800-m-Zeit für die Schule fängt bei 3 min an!" Weitere Reflexionen: „Wie schnell kann ein Marathonläufer losrennen? Woher weiß eine Marathonläuferin, in welchem Tempo sie loslaufen muss?" (...) „Was muss man also alles einschätzen können?" (Strecke, Tempo, Zeitdauer, eigene Fähigkeiten) „Das wollen wir heute alles ausprobieren!"	Lehrer-Schüler-Gespräch
Aufwärmen: Laufstrecke unabhängig vom Lauftempo schätzen (in Anlehnung an Bader et al., 1998, S. 45) Die Schüler schätzen ab, was für eine Strecke sie in 10 min beim lockeren Einlaufen zurücklegen. Erste Kompetenz: Strecke auf Zeit einschätzen, hier geschieht das ohne Leistungsdruck, da ohne Tempovorgabe. Gegebenenfalls einen mündlichen oder schriftlichen Tipp vorher abgeben lassen. Die Schüler laufen alleine oder in Gruppen von bis zu vier Schülern mit einer Stoppuhr.	Laufbahn; am besten die 400-m-Rundbahn (oder eine andere Strecke, an der die gelaufene Länge gut abgeleitet werden kann) 6–7 Stoppuhren pro 30 Schüler, ggf. Bild von Marathonläufer/in, ggf. 1 Blatt, ggf. 3–4 Stifte Einzel- oder Gruppenarbeit (bis zu 4 Schüler)
Hauptteil I (40 Minuten)	
Die Schüler schätzen weitere verschiedene Komponenten der Laufleistung ein. Wählen Sie aus den Wahlübungen I–IV aus! (Eine vergleichbare Ideensammlung zum ausdauernden Laufen findet sich bei Zeuner, Hofmann & Lehmann, 1997, S. 30ff.)	
Wahlübung I: Laufdauer unabhängig von der Laufstrecke Minutenschätzläufe (s. Stundenbild 7, Klassenstufe 5/6, S. 43)	Laufbahn, Rasen- oder Kunststoffplatz
Wahlübung II: Laufstrecke in Abhängigkeit vom Lauftempo Am besten in der freien Natur in Schulumgebung oder auf dem Rasen (Maße des FB-Feldes oft 65x100 m), sodass die Streckenlänge nicht gleich ersichtlich ist. Die Schüler laufen eine beliebige Strecke in selbstgewähltem, aber flottem Tempo und mit von Lehrerseite her festgelegter Höchstdauer (z. B. 8–15 min). Die Schüler messen im Anschluss als nachbereitende Hausaufgabe die gelaufene Strecke: Abmessung jeder beliebigen Strecke im Internet, z. B. unter https://www.strecken-messen.de/ (oder, falls Internet im Unterricht vorhanden: Aufgabe für passive Schüler)	Geeignete Laufstrecke in Schulumgebung oder Rasenplatz Stoppuhren, Hütchen

Wahlübung III: Geschwindigkeit ausrechnen (auch als Hallenalternative)
Die Schüler gehen in Kleingruppen (max. 5 Schüler) zusammen und versuchen, auf möglichst kleinem Raum eine maximal lange Laufstrecke abzugrenzen (z. B. ein Stern, eine Krone, ein Achterlauf (s. Grafik). Im Anschluss daran messen sie ihre Laufstrecke, protokollieren ihre Laufstrecke und stellen den Laufweg den anderen vor. Zum Schluss wird der Laufparcours aller Gruppen am Stück mehrmals durchlaufen.

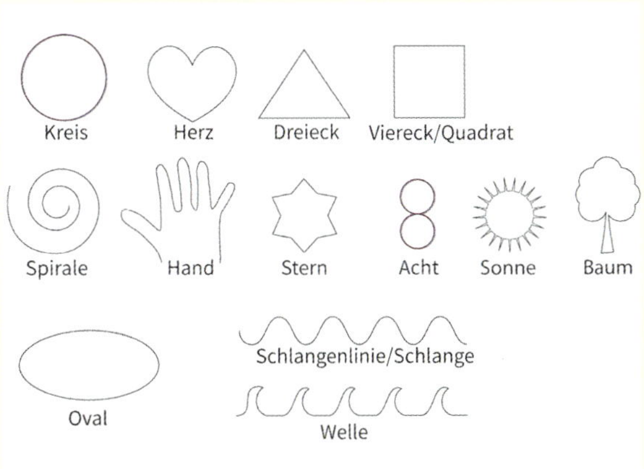

Sporthalle, Rasen- oder Kunststoffplatz; Feldgröße möglichst groß, mindestens jedoch 1 VB-Feld

pro 5 Schüler ca. 10 Markierungsteller, 1 Stoppuhr, 1 Maßband, 1 Blatt, 1 Stift

Gruppenarbeit (maximal 5 Schüler)

Zwischenreflexion: Geschwindigkeit ausrechnen
Strecke abhängig von der Dauer: Geschwindigkeit fächerübergreifend zu Physik[11] und Mathematik die Einheit m/s bzw. km/h thematisieren und ausrechnen lassen.

Parcours der Wahlaufgabe III

Lehrer-Schüler-Gespräch

Optional: Alle im Ziel!
Der Lehrer wettet gegen die Klasse: „Wetten, ihr schafft es nicht, dass in einer Zeit unter x Minuten alle eurer Klasse regelkonform durch den Parcours von Wahlaufgabe III laufen und im Ziel sind!“

Parcours der Wahlaufgabe III

Gruppenarbeit

Wahlübung IV: Eigene Geschwindigkeit überprüfen
Wie schnell laufe ich welche Strecke in welcher Zeit? 400 m oder eine längere Streckenlänge (z. B. 500 m oder 1000 m) in kontrolliertem Tempo laufen, stoppen und anschließend die Geschwindigkeit ausrechnen. Zwei- bis dreimaliges Wiederholen dieser Übung.

Laufbahn; 400-m-Rundbahn

Einzelarbeit

„All out“
In diesem Stundenteil empfiehlt sich ein Auspowern zum Abschluss, da die bisherigen Unterrichtsinhalte eher kognitiv und mit moderatem Tempo waren: Die Schüler laufen in Maximalgeschwindigkeit los, werden mit der Zeit langsamer und brechen irgendwann die Belastung ab. Für die meisten ist das eine hohe Motivation und am Ende stehen alle keuchend auf dem Platz/in der Halle.

Laufbahn; am besten die 400-m-Rundbahn (Hallenalternative: möglichst große Laufrunde mit 4 Hütchen abstecken; Feldgröße mindestens BB-Feldgröße)

Einzelarbeit

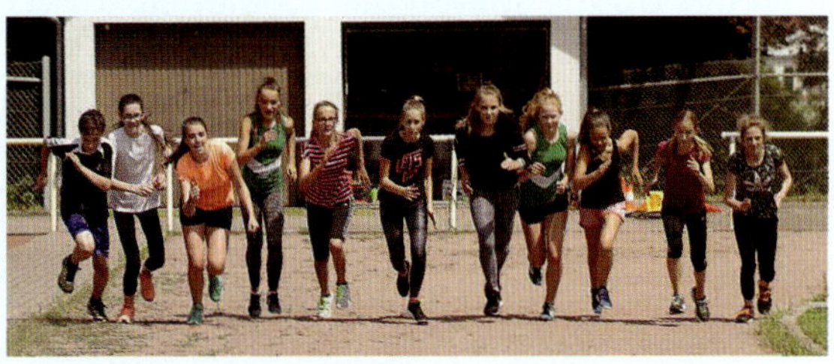

11 In Physik können in dieser Klassenstufe bereits die Geschwindigkeit in ihren Maßeinheiten m/s und km/h unterrichtet worden sein. Auch das Umrechnen von m/s und km/h können die Schüler eventuell schon.

Hauptteil II (20 Minuten)

Medizinball-Mix
Die Schüler gehen paarweise zusammen, stellen sich in Gassenform auf und führen folgende Übungen aus der allgemeinen Wurf- und Stoßschule mit dem Medizinball durch (vgl. May, 2009, S. 18ff. und Eberle, 2007, S. 10ff.):

- Schocken vorwärts
- Schocken rückwärts
- Schocken seitwärts (beide Seiten)
- Überkopfwurf aus dem Stand
- Beidarmiges Stoßen von der Brust aus dem Schlussstand
- Einhändiges Stoßen aus dem Kniestand re und li

Bei jeder Übung sollten die Schüler ca. 10 Wiederholungen absolvieren.

Rasen- oder Kunststoffplatz;
Feldgröße ca. 1 VB-Feld

1 Medizinball (1,5–2 kg) pro Paar

Partnerarbeit

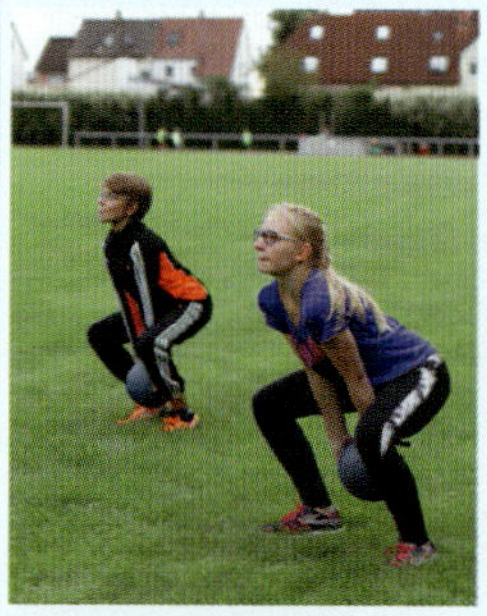
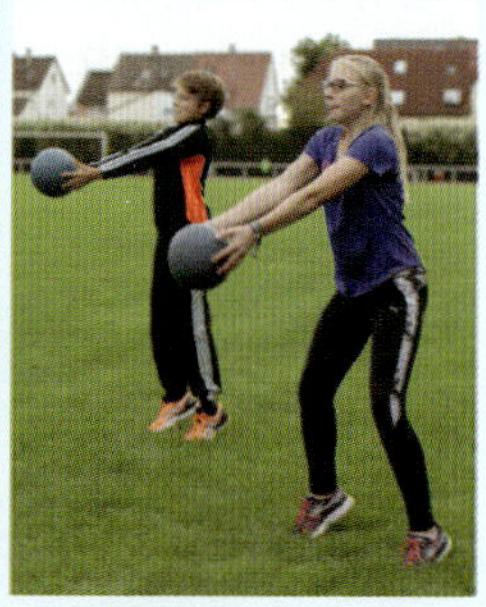

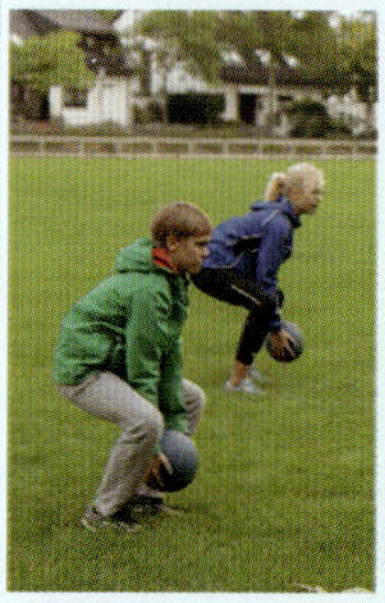
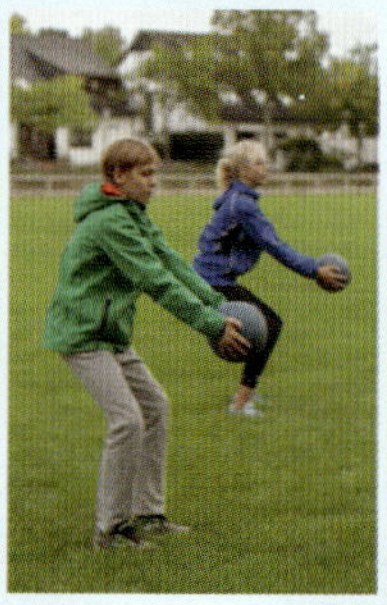
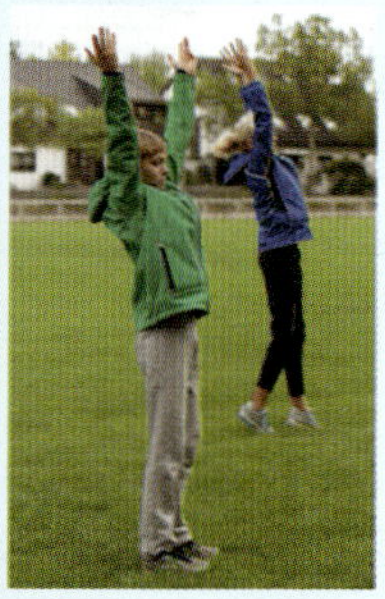

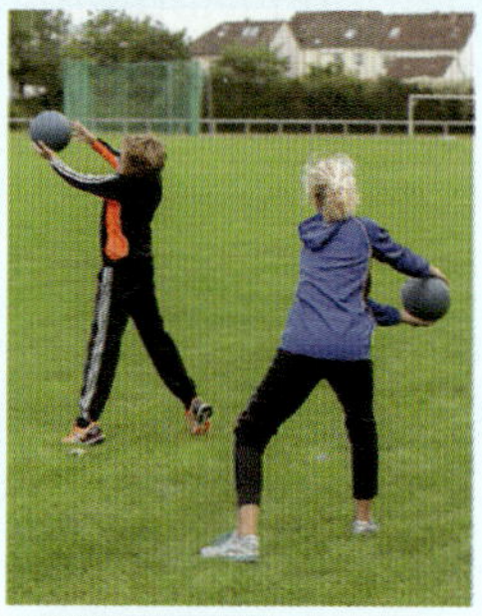
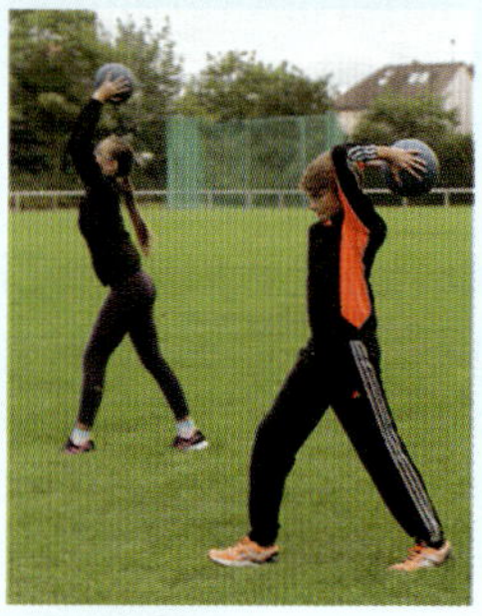

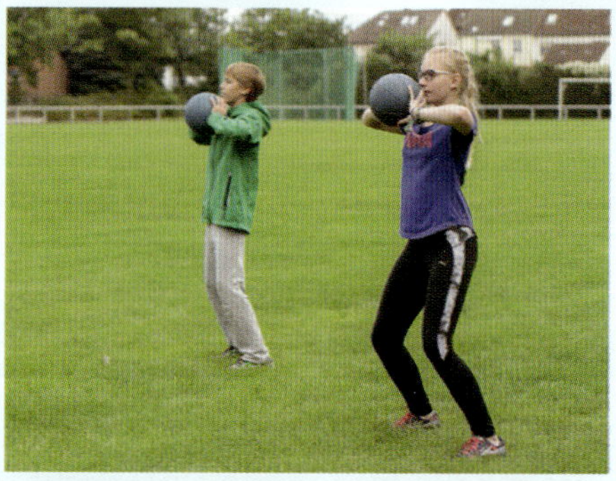

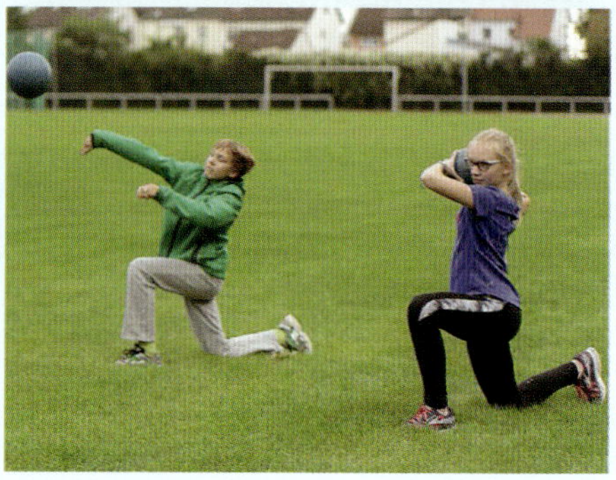

<table>
<tr><td>Reflexion: Vergleich von Werfen und Stoßen
Es werden Unterschiede und Gemeinsamkeiten von Wurf und Stoß besprochen (s. auch Fachliche Hinweise): „Welche Übungen haben das Werfen und welche das Stoßen vorbereitet?“ (Schocken: für beides wichtig, da explosive Bein- und Hüftstreckung geschult wird, Überkopfwurf: Ball- bzw. Speerwerfen, beid- und einarmiges Stoßen: Kugelstoßen).</td><td>Lehrer-Schüler-Gespräch</td></tr>
<tr><td colspan="2">Abschluss (10 Minuten)</td></tr>
<tr><td>Abschlussspiel Ballkette
Die Schüler werden in zwei oder mehr Mannschaften eingeteilt und stehen hintereinander. Auf ein Signal erfolgt die Ballübergabe über Kopf nach hinten, der hinterste Schüler rennt mit dem Ball nach vorne, usw. Welche Mannschaft hat zuerst einen Durchgang geschafft?
Weitere Durchgänge können mit folgenden Aufgaben durchgeführt werden:
• Ballübergabe durch die Beine
• Ballübergabe abwechselnd über Kopf und durch die Beine
• Diagonale Ballübergabe nach Hüftdrehung
• Ball durch die Beine rollen.</td><td>Rasen- oder Kunststoffplatz;
Feldgröße ca. ½-1 VB-Feld

1 Medizinball pro Mannschaft

Gruppenarbeit

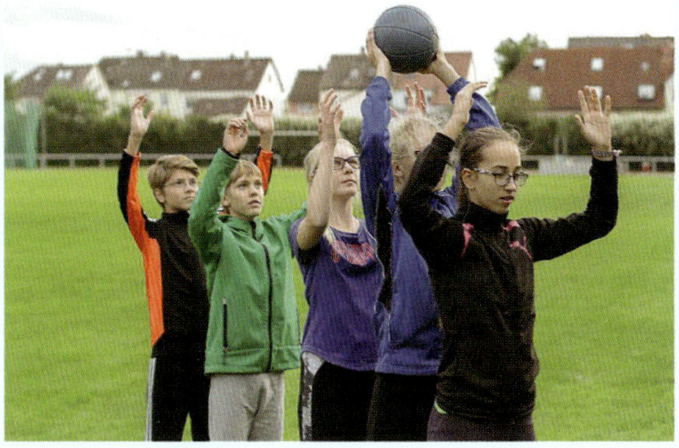</td></tr>
<tr><td>Abschlussreflexion
„Wer kann noch mal den Unterschied zwischen Wurf und Stoß erklären? Messt daheim nach, ob ihr eure Laufstrecke von Wahlaufgabe II richtig geschätzt habt (Hausaufgabe) unter https://www.strecken-messen.de/!“

Ausblick
Das haben wir in der nächsten Stunde vor:
„Wie läuft man in richtiger Technik?“
HA: Youtube-Videos zur Lauftechnik von Profis anschauen.
„Wir bereiten das Kugelstoßen mit dem Medizinball vor.“</td><td>Lehrer-Schüler-Gespräch</td></tr>
</table>

Stundenbild 7: Auch beim Laufen kommt es auf die Technik an! / Stoßen mit dem Medizinball

Zeit	75 Minuten
Niveau	Klassen 7 und 8
Ort	Stadion, ggf. Sporthalle

Hinweise zum Ort
Bis auf den Testlauf über 800 m ist die Stunde gut in der Halle durchführbar.

Ziele und Kompetenzen
Die Schüler können zentrale Merkmale einer ökonomischen Lauftechnik nennen und im Lauf anwenden. Sie können die Stoßbewegung mit dem Medizinball ausführen.

Vorkenntnisse
Erste Erfahrungen mit dem Medizinball sind nicht zwingend notwendig, aber sinnvoll. Gut ist es auch, wenn die Schüler bereits eine Vorstellung von Lauf-ABC-Übungen mitbringen.

Fachliche Hinweise

Das Stoßen mit dem Medizinball eignet sich hervorragend zur Vorbereitung des Kugelstoßens. Der beid- und einhändige Druckwurf stellt die zentrale Vorübung für das Kugelstoßen dar (vgl. Wastl & Wollny, 2012, S. 171), bei dem der richtige Ausstoß (die Hände klappen nach außen weg) geübt werden kann. Weitere Vorteile sind, dass durch das gegenseitige Zustoßen in Gassenform viele Schüler gleichzeitig beschäftigt und auch viele Stöße absolviert werden können.

Praktische Tipps

Briefträgerschule: Farblich sortiertes Kopierpapier eignet sich gut zur Herstellung von „Briefen" und „Briefkästen". Hier gibt es meist mehr als 8 Farben und man kann

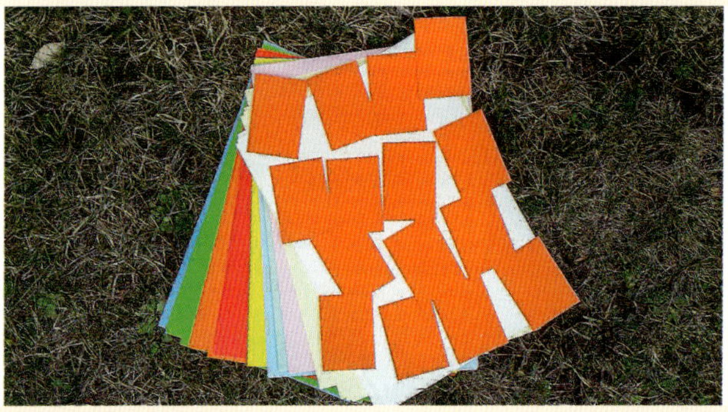

aus einem DIN-A4-Blatt einen „Briefkasten" machen und aus einem zweiten DIN-A4-Blatt in der gleichen Farbe ca. 10 „Briefe" schneiden. So bekommt man leicht nach Farbe zuordenbare „Briefe" und „Briefkästen." Nachhaltig wird der Aufwand durch Laminieren von „Briefen" und „Briefkästen" (laminierte Blanco-„Briefe" und „Briefkästen" können mit Filzstift immer wieder beschrieben und auch für sämtliche andere Unterrichtszwecke verwendet werden, wie z. B. zur Mannschaftseinteilung oder als farbliche Signalkarte).

Technikleitbilder Laufen: Bei den Technikleitbildern für die Lauftechnik sollte man möglichst auf aktuelle Laufvideos zugreifen, wie z. B. ein Video des aktuellen Marathonrekordes.

Höhenorientierung im Stoß: Um eine gute Körperstreckung und hohe Abstoßposition zu schulen, ist es sinnvoll, die Medizinballstöße über eine Schnur als Höhenorientierung ausführen zu lassen. Hochsprungständer können eine Möglichkeit sein, um die Schnur zu spannen. Auch über das Fußballtor kann man gut stoßen. Noch besser sind mobile Fußballtore als Anreiz, in einem passenden Winkel zu stoßen. Diese müssen natürlich gegen Umkippen gesichert sein.

Kampfrichteraufgabe: Die passiven Schüler sind entweder das „Postbüro" oder die „Briefträgeraufseherbehörde". Die Schüler stoppen beim 800-m-Testlauf die Zeit.

Traineraufgabe: Die Schüler geben Ideen für weitere Übungen im Lauf-ABC. Die Schüler betreuen die Läufer beim 800-m-Testlauf.

Literatur

Deutscher Leichtathletik-Verband (Hrsg.). (2014b). *Jugendleichtathletik. Rahmentrainingsplan des Deutschen Leichtathletik-Verbandes für die Lauf- und Gehdisziplinen im Aufbautraining* (Mediathek Leichtathletik). Münster: Philippka.

Deutscher Leichtathletik-Verband (2022, 23. Juli). *Das Leichtathletik-Portal – Videos für die Abiprüfung.* Zugriff am 23. Juli 2022 unter https://www.leichtathletik.de/training/trueathletes-at-home/bildung-wissenschaft/videos-fuer-die-abipruefung

Hücklekemkes, J. (2011). So organisieren Sie ihr Hallentraining – Teil 4. *leichtathletiktraining, 22* (1), 10–15.

Katzenbogner, H. (2011). Variantenreich üben an der Grube und mit der Kugel. *leichtathletiktraining, 22* (7), 28–35.

Wastl, P. & Wollny, R. (2012). *Leichtathletik in Schule und Verein. Ein Praxishandbuch für Lehrer und Trainer.* Schorndorf: Hofmann.

Auf einen Blick

<table>
<tr><th>Phasen</th><th>Organisation, Geräte- und Materialbedarf</th></tr>
<tr><td colspan="2">Einstieg (15 Minuten)</td></tr>
<tr><td>Vorgespräch
Der Lehrer erfragt die Hausaufgabe: „Wie lange war die Laufstrecke der letzten Stunde?“ (…)
„Ob Briefträger wissen, wie lange sie jeden Tag laufen? Heute wollen wir uns jedenfalls zuerst einmal mit einem Spiel in einen Briefträger hineinversetzen und uns im zweiten Teil der Stunde mit Medizinbällen beschäftigen.“</td><td>Lehrer-Schüler-Gespräch</td></tr>
<tr><td>Aufwärmen: „Briefträgerschule“
Da der Hauptteil eher koordinativ determiniert ist, wird hier ein Ausdauerspiel gespielt: Das Spiel „Briefträgerschule“. Hierbei müssen die Schüler eine bestimmte Anzahl an Briefen (Briefumschläge, z. B. auch einfach Spielkarten) in die entsprechenden Briefkästen (z. B. Eimer, Hütchen, kleine Kisten etc.) werfen. Einen hohen Aufforderungscharakter hat es, wenn die Schüler sich selbst Adressen von Berühmtheiten ausdenken dürfen (der Titel des Spiels lautet dann „Briefträger in Hollywood“). Am Schluss wird gefragt: „Wer hat wie viele Briefe eingeworfen?“ – Ehrlich währt am längsten.
Alternative: berühmte Leichtathleten (schwierig!) oder berühmte Olympioniken oder berühmte Sportler (der Titel lautet dann: „Briefträger im Olympischen Dorf“)
Die Laufdauer sollte 10 min nicht unterschreiten.</td><td>Rasen- oder Kunststoffplatz, ggf. Laufbahn; Feldgröße mindestens ½ FB-Feld (Hallenalternative: möglichst 1 Handballfeld oder Erhöhung der Briefzahl)

pro 30 Schüler ca. 60 Briefe, ca. 5 Briefkästen, bunte Blätter für die Beschriftung der Briefkästen

Je nach Klassengröße und Anzahl der Briefe Einzel-/Partner-/Gruppenarbeit; die Partner und Gruppen müssen dann stets gemeinsam laufen

Laufdauer mindestens 10 min,
ggf. auch 2x7–8 min

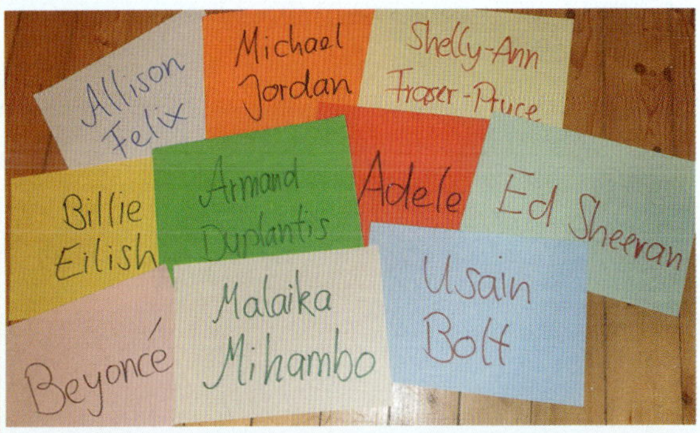
</td></tr>
<tr><td colspan="2">Hauptteil I (20 Minuten)</td></tr>
<tr><td>Problematisierung: Schnellerer Briefträger
Überleitung aus dem Aufwärmen als Problematisierung: „Wie könntet ihr als Briefträger effektiver werden?“ (Ausdauer trainieren, Laufstrecke minimieren, Lauftechnik optimieren) „Um Letzteres geht es heute: Was wisst ihr denn schon über eine gute Lauftechnik?“ (Vorwissen abfragen: Armhaltung, Beinführung, Rumpfstabilität) „Nun machen wir Übungen, um sie zu verbessern.“</td><td>Lehrer-Schüler-Gespräch</td></tr>
</table>

Lauf-ABC
Die Schüler absolvieren folgende Übungen des Lauf-ABC (vgl. Deutscher Leichtathletik-Verband, 2014b, S. 69ff.):

- Fußgelenkarbeit (weitere Fotos s. Stundenbild 1, Klassenstufe 7/8, S. 61)
- Skippings
- Kniebelauf
- Stechschrittprellen/Scherenlauf
- Hopserlauf
- Anfersen

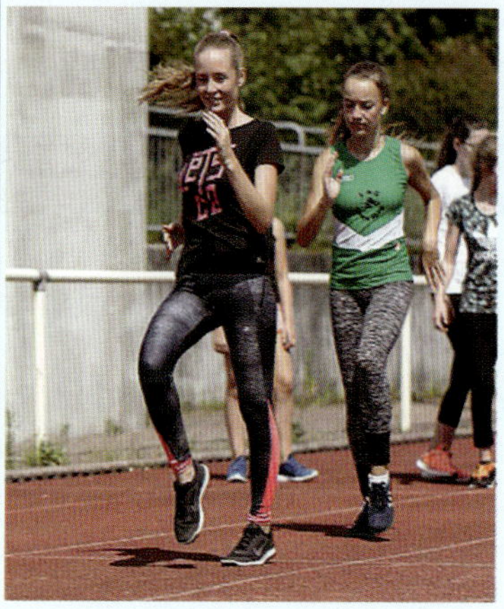

Laufbahn; pro 30 Schüler 2 Bahnen auf einer 50-m-Strecke (Hallenalternative: mindestens 1 VB-Feld)

pro 30 Schüler 4 Hütchen

Einzelarbeit, Schülerdemonstration

Die Lauftechnik beim Laufen selbst anwenden

- Die Lauftechnik beim Laufen selbst anwenden! Die Schüler laufen dazu ca. 100 m in flottem Joggingtempo, gegebenenfalls mehrmals.
- Technikleitbilder zeigen: Z. B. ein Lehrvideo des Deutschen Leichtathletik-Verbandes für die Abiturprüfung mit Zeitlupenbildern der Läuferin Hanna Klein (https://www.youtube.com/watch?v=LlUb8fwM-zE)
- Sind Leichtathleten in der Klasse: Demonstration der Lauftechnik

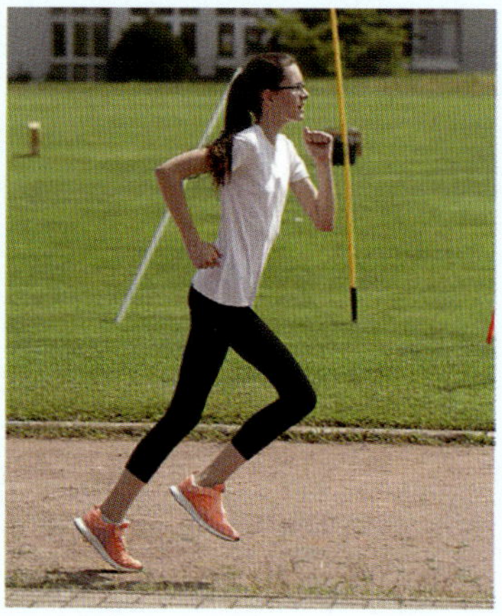

Optional: Anwenden im längeren Lauf
Die Schüler laufen eine bestimmte Strecke, z. B. 400 m, in flottem Joggingtempo und ökonomischer Lauftechnik. Alternativ kommt die erarbeitete Lauftechnik erst beim Testlauf über 800 m am Ende der Stunde zur Anwendung.

Hauptteil II (20 Minuten)	
Problematisierung: Unterschied Wurf/Stoß Die Schüler werden gefragt, ob sie sich noch an den Unterschied zwischen Wurf und Stoß erinnern (s. Fachliche Hinweise Stundenbild 6, Klassenstufe 7/8, S. 85).	Lehrer-Schüler-Gespräch
Stoßen mit dem Medizinball Nach der kurzen Wiederholung finden sich die Schüler paarweise zusammen und stellen sich in Gassenform auf. Folgende Stoßübungen mit dem Medizinball werden als Vorbereitung für das Kugelstoßen ausgeführt (vgl. Hücklekemkes, 2011, S. 13 und Katzenbogner, 2011, S. 33), eventuell kann eine Gummischnur als Höhenorientierung gespannt werden (s. Praktische Tipps):	Rasen- oder Kunststoffplatz 1 Medizinball (1,5–2 kg) pro Paar, ggf. 2 Hochsprungständer und 1 Gummischnur als Höhenorientierung Partnerarbeit
• Frontaler beidhändiger Stoß aus der Schrittstellung	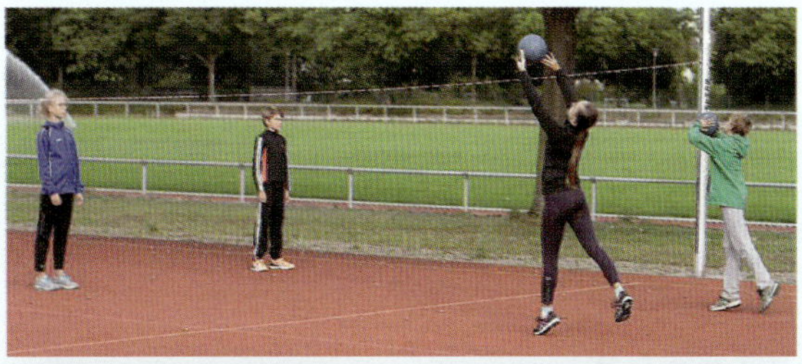
• Frontaler beidhändiger Stoß aus einem Schritt (Rechtshänder machen den Auftaktschritt mit links)	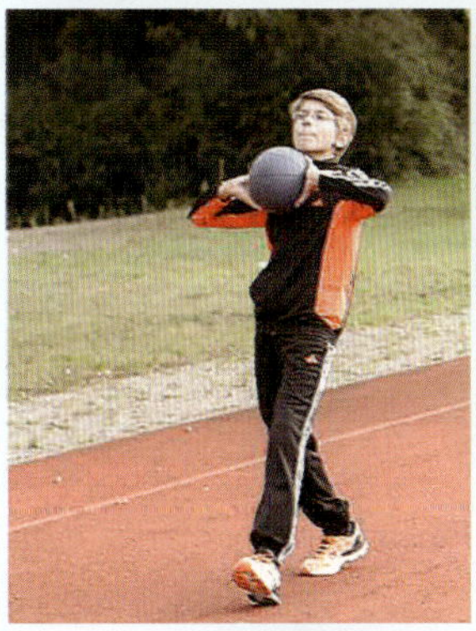 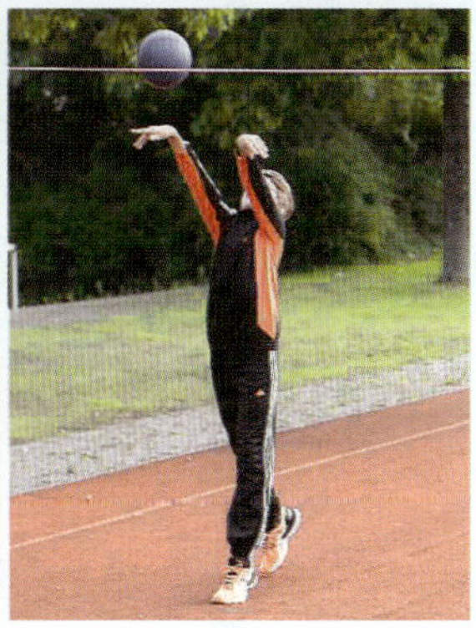
• Frontaler einhändiger Stoß aus der Schrittstellung (beide Hände am Ball, bei Rechtshänder fixiert die linke Hand) • Frontaler einhändiger Stoß aus einem Schritt (beide Hände am Ball, bei Rechtshänder fixiert die linke Hand bis kurz vor dem Stoß)	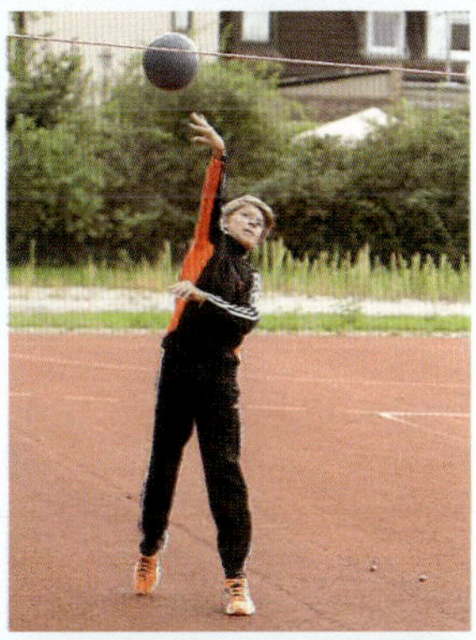
• Standstoß aus der Seitstellung (beide Hände am Ball, bei Rechtshänder fixiert die linke Hand) Bei jeder Übung sollten die Schüler ca. 10 Wiederholungen absolvieren.	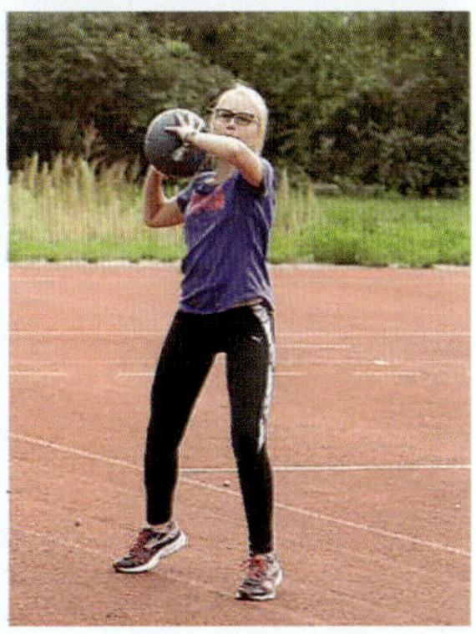

<table>
<tr><th colspan="2">Abschluss (20 Minuten)</th></tr>
<tr><td>Test 800 m
Als spezielle Vorbereitung für den Testlauf machen die Schüler ein bis zwei Steigerungen über 50 m.
Rückbesinnung auf Ziel der Unterrichtseinheit: „Was ist eure Zielzeit?“
Die Schüler absolvieren einen Testlauf über 800 m (Hinweise zur Durchführung s. Stundenbild 10, Klassenstufe 7/8, S. 57). Hierfür werden möglichst viele Stoppuhren verteilt und die passiven Schüler platzieren sich an verschiedenen Stellen der Rundbahn, um Zwischenzeiten durchzugeben. Wenn Sie einen 20- oder 30-min-Lauf als Unterrichtsziel haben, können Sie hier je nach verfügbarer Zeit einen Testlauf über 15, 20 oder 30 min durchführen lassen.</td><td>400-m-Rundbahn

Stoppuhren

Einzelarbeit</td></tr>
<tr><td>Abschlussreflexion
„Habt ihr die erarbeiteten Lauftechniken im Testlauf ein wenig umsetzen können? Habt ihr euch mit den Medizinbällen und dem Stoßen anfreunden können?“

Ausblick
Das haben wir in der nächsten Stunde vor:
„Wir werden zum Stoßen mit der Kugel übergehen und die Anpassungsreaktionen des Körpers auf ein Ausdauertraining kennenlernen.“</td><td>Lehrer-Schüler-Gespräch</td></tr>
</table>

Stundenbild 8: Was ist denn nur mit meinem Körper los? / Ran an die Kugel!

Zeit 80 Minuten
Niveau Klassen 7 und 8
Ort Stadion, ggf. Sporthalle

Hinweise zum Ort
Falls Hallenkugeln vorhanden sind, ist dieses Stundenbild gut in einer Sporthallengröße von ca. eines BB-Feldes möglich.

Ziele und Kompetenzen
In diesem Stundenbild steht die pädagogische Perspektive „Gesundheit fördern" im Vordergrund. Die Schüler können die Anpassungsreaktionen des Körpers an eine Ausdauerbelastung nennen, beschreiben, an sich selbst überprüfen und als normale und notwendige Reaktionen einschätzen. Die Schüler können ihren Puls messen. Die Schüler können in Partnerarbeit ausdauernd laufen. Die Schüler lernen das Gerät „Kugel" kennen. Die Schüler können einen Standstoß in Grobform ausführen.

Vorkenntnisse
Vielfältige Stoßerfahrungen mit dem Medizinball

Fachliche Hinweise

Vor dem Stoßen mit der Kugel gilt es zunächst, sich mit dem Gerät vertraut zu machen. Dies beinhaltet zum einen die Gerätehandhabung und zum anderen sogenannte Gewöhnungsübungen. Die Kugel liegt auf den Fingerwurzeln auf, wird von den Fingern umschlossen und an die Halsbeuge geführt (s. Foto rechts oben und Foto Stundenbild 7, Sekundarstufe II, S. 176). Der Standstoß wird über Stöße aus der Frontalstellung und der seitlichen Ausgangsposition entwickelt (vgl. Deutscher Leichtathletik-Verband, 2014a, S. 124). Aufgrund der meist (noch) fehlenden Kraftvoraussetzungen ist der Standstoß aus der tiefen rückwärtigen Stoßauslage für viele Schüler nur schwer zu bewältigen. Erfahrungsgemäß ist ein Standstoß mit Auftakt aus dem vorherigen Tiefgehen (Vorbeschleunigung) sinnvoller und führt auch rasch zu deutlich besseren Stoßleistungen.

Die akuten Körperreaktionen bei Ausdauerbelastungen reichen von Herzklopfen, Schwitzen über Gesichtsrötung/-blässe, Warmwerden der Haut über Seitenstechen, einem Brennen in der Lunge und Muskelschmerzen bis hin zu Schwächegefühlen und Unwohlsein. Alle diese Reaktionen sollen von den Schülern benannt, als normal und unbedenklich eingeschätzt werden, da sie in der Regel reversibel und natürlich notwendig sind, damit der Körper eine Ausdauerbelastung überhaupt leisten kann.

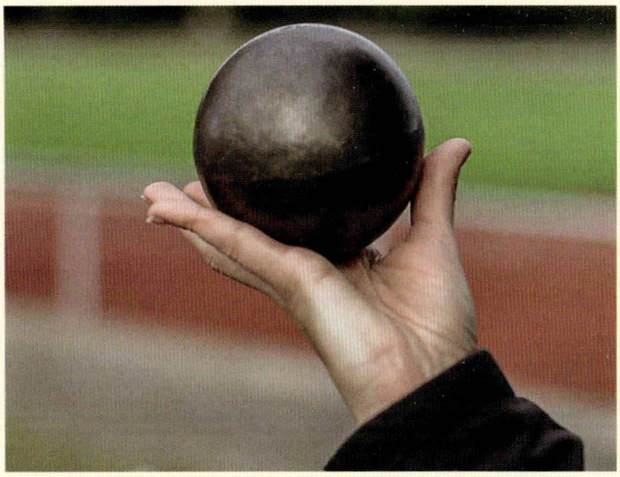

Praktische Tipps

Sicherheit und Stoßhäufigkeit: Zusätzlich zu den üblichen Sicherheitshinweisen beim Werfen (s. Stundenbild 7, Klassenstufe 5/6, S. 41) ist das Gewicht beim Kugelstoßen im Vergleich zu anderen Wurfgeräten schwer. So besteht auch die Gefahr, dass man beim unbeabsichtigten Fallenlassen der Kugel die Füße schwer verletzen kann.

Um möglichst viele Schüler gleichzeitig stoßen zu lassen, bietet es sich an, die vorhandene Kugelstoßanlage quer zu nutzen und mehrere Reihen zu bilden. Alle Schüler stoßen alle Kugeln, anschließend werden alle Kugeln gemeinsam geholt. Wenn bei 30 Schülern alle warten müssen, bis der einzige Kugelstoßring wieder frei ist, dauert es einfach zu lange (s. Stundenbild 10, Klassenstufe 7/8).

Motivation durch Partnerarbeit: Die Bindung an einen Partner beim Ausdauertraining erhöht die Motivation, sich erneut auf eine Runde zu begeben, anstatt die Belastung abzubrechen.

Literatur

Bucher, W., Fähndrich, J. & Murer, K. (2014). *1003 Spiel- und Übungsformen in der Leichtathletik* (Reihe Spiel- und Übungsformen, 11., komplett überarbeitete Auflage). Schorndorf: Hofmann.

Deutscher Leichtathletik-Verband (2014a). *Schülerleichtathletik. Offizieller Rahmentrainingsplan des Deutschen Leichtathletik-Verbandes für das Grundlagentraining* (Mediathek Leichtathletik, 3. Auflage). Münster: Philippka-Sportverlag.

Deutscher Leichtathletik-Verband (2017). *Jugendleichtathletik Grundlagentraining. Rahmentrainingsplan des Deutschen Leichtathletik-Verbandes für die Altersklassen U12 bis U16* (Mediathek Leichtathletik, 1. Auflage). Münster: Philippka.

Imhof-Hänecke, C., Partoll, A. & Wyss, T. (2006). *Tippfit. Bewegung verstehen, erleben, geniessen* (1. Auflage). Bern: Schulverl.

Katzenbogner, H. (2011). Variantenreich üben an der Grube und mit der Kugel. *leichtathletiktraining, 22* (7), 28–35.

Moll, C. (2014). Leichtathletik: Zielgerichtetes und effektives Aufwärmen. *SportPraxis, 55* (9+10), 6–11.

Auf einen Blick

Phasen	Organisation, Geräte- und Materialbedarf
Einstieg (15 Minuten)	
Vorgespräch „Habt ihr schon einmal etwas von einer ‚liegenden Acht' oder vielleicht auch von einer Lemniskate gehört?" („∞" Es ist das mathematische Zeichen für die Unendlichkeit.) „Mit dieser Form beschäftigen wir uns heute auf einem ‚unendlichen Laufzirkel', bevor wir uns weiter ins Stoßen vertiefen."	Lehrer-Schüler-Gespräch
Aufwärmen: Der unendliche Laufzirkel als Laufaufgabe (vgl. Moll, 2014, S. 8) (s. Grafik) Die Schüler laufen in einer Richtung um die liegende ‚∞', ohne sich zu rempeln oder zu überholen. In der Mitte (x) müssen durch Blickkontakt Zusammenstöße verhindert werden. Die Laufrichtung wechseln, auch gegebenenfalls die Bewegungsform ändern, wie z. B. rückwärtslaufen, im Hopserlauf oder Seitgalopp um die ‚∞' herum. Nächste Aufgabe: In der Mitte kreuzt immer ein Schüler von links und einer von rechts. „Schafft ihr das ohne Stau?" In den letzten Runden wird das Tempo erhöht. Schüler, die schneller laufen wollen, dürfen nun überholen. Zum Abschluss erhöhen die Schüler das Tempo bis zur Erschöpfung. 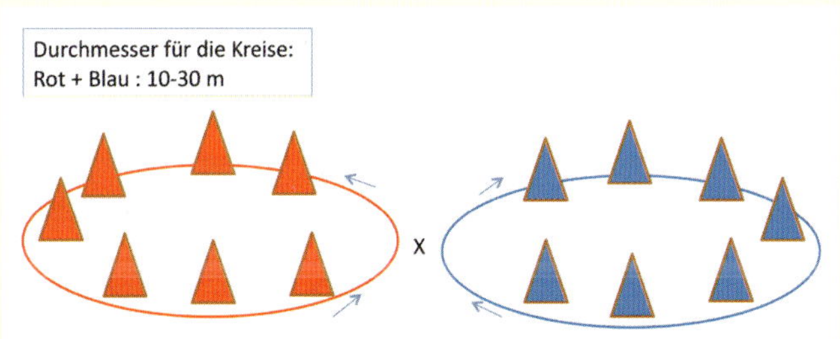 	Rasen- oder Kunststoffplatz; Feldgröße mindestens HB-Feldgröße (Hallenalternative: Feldgröße kann auf ca. BB-Feldgröße reduziert werden) Ca. 15–20 Hütchen in 2 verschiedenen Farben Einzel-, Partner- und Gruppenarbeit Laufdauer ca. 10 min
Hauptteil I (15 Minuten)	
Problematisierung: Körpergefühl beim Laufen Überleiten aus dem Aufwärmen: „Was für Empfindungen/Gefühle hattet ihr, als ihr euch angestrengt habt? Beschreibt mal!" (Herzklopfen, Schwitzen, verstärkte Atmung/Keuchen, leichtes Unbehagen, Ziehen in den Muskeln, Blässe oder Röte im Gesicht oder am Körper ...) „Seid ihr krank?" (Nein, das sind normale und notwendige Anpassungsreaktionen an die Ausdauerbelastung und meistens nach einer kurzen Zeit vorbei). Nach dieser kurzen Pause gibt es weitere Aufgaben als Ausdauertraining.	Lehrer-Schüler-Gespräch

<table>
<tr><td>

Ausdauertraining im unendlichen Laufzirkel
„Wir messen unseren Puls, anschließend gehen wir 6–8 min laufen und messen direkt danach wieder den Puls. Geht dazu mit einem etwa gleichstarken Partner zusammen." Die Partner treffen sich immer in der Mitte und klatschen sich ab.
Nach der Belastung wird der Puls gemessen, anschließend nach 1 min erneut: Thematisieren, dass das Maß der Ausdauerfähigkeit nicht die Höhe der Herzfrequenz, sondern die Höhe des Rückgangs der Herzfrequenz in der Belastungspause bzw. nach der Belastung ist (vgl. Imhof-Hänecke, Partoll, & Wyss, 2006, S. 57).
In einem weiteren Durchgang laufen die Schüler ebenfalls 6–8 min, können ihre Belastung aber durch „Warteschleifen" individuell anpassen (s. Grafik). Wenn Sie auf einen 20-min-Lauf hintrainieren, sollten hier mindestens 10 min gelaufen werden. Optional kann erneut die Pulsmessung durchgeführt werden.

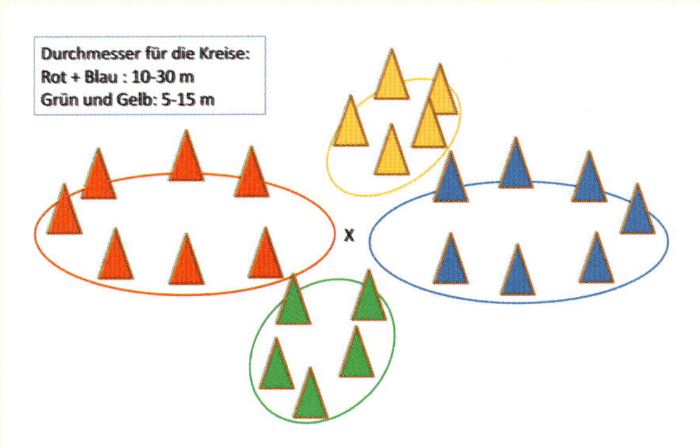

</td><td>

Rasen- oder Kunststoffplatz; Feldgröße mindestens HB-Feldgröße (Hallenalternative: Feldgröße kann auf ca. BB-Feldgröße reduziert werden)

Zusätzlich dazu ca. 10 Hütchen in 2 weiteren Farben

Einzel- und Partnerarbeit, Lehrer-Schüler-Gespräch

Laufdauer in jedem Durchgang jeweils 6–8 min

</td></tr>
<tr><td colspan="2">

Hauptteil II (35 Minuten)

</td></tr>
<tr><td>

Einführung Kugelstoßen
Die Schüler versammeln sich im Halbkreis um den Lehrer. Es werden einige Sicherheitshinweise gegeben und Gewöhnungsübungen mit der Kugel durchgeführt (s. Fachliche Hinweise):

- Kreisen um Hals
- Kreisen um Hüfte
- 8er-Kreisen um Beine

</td><td>

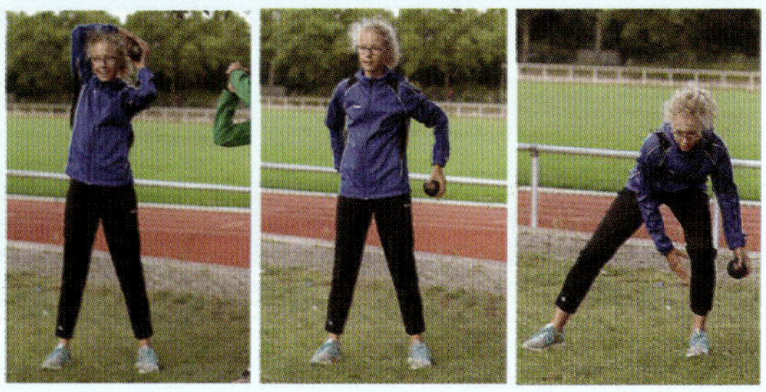

Kugelstoßanlage mit Zubehör (eventuell Besen, um Kugelstoßring auszufegen, ggf. Rechen für Sand)

pro Schüler oder (falls nicht genügend Kugeln zur Verfügung stehen) zu zweit oder zu dritt 1 Kugel

Einzelarbeit

</td></tr>
</table>

Danach erläutert und demonstriert der Lehrer die richtige Haltung der Kugel (s. Fachliche Hinweise), die Schüler probieren diese aus. Als Weiterführung der Medizinballstöße in der vergangenen Stunde werden folgende Übungen mit der Kugel durchgeführt (vgl. Katzenbogner, 2011, S. 34 und Deutscher Leichtathletik-Verband, 2017, S. 206f.): • Frontalstoß aus dem Schlussstand	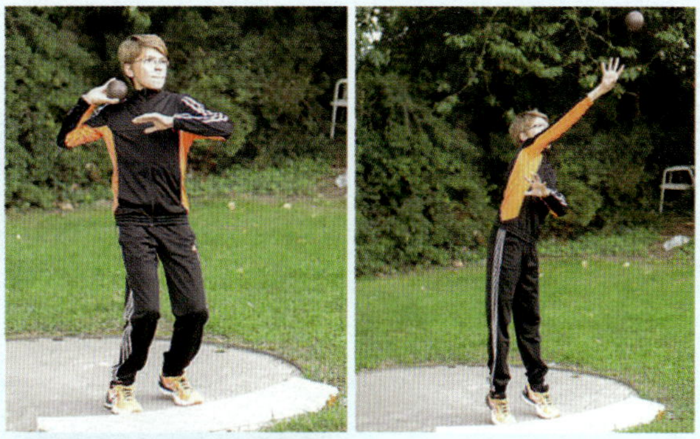
• Frontalstoß aus einem Schritt	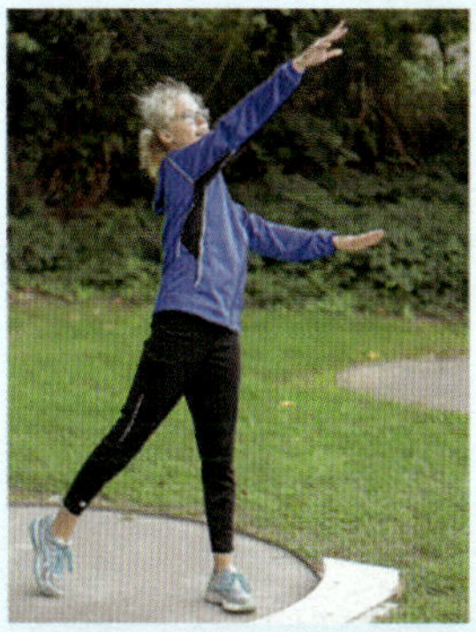
• Stoß aus der seitlichen Stoßauslage (als Hinführung zum Standstoß)	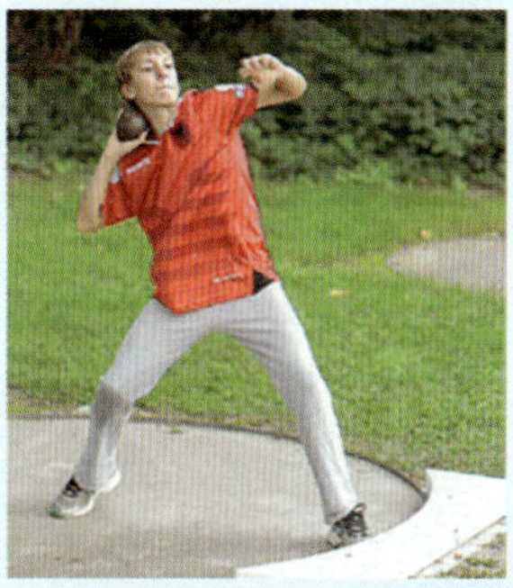
• Standstoß aus der rückwärtigen Stoßauslage (mit Auftakt) (s. Fachliche Hinweise) Die Gegenbewegung flüssig in die Hauptbewegung überführen. Um den Ablauf zu beschleunigen, stoßen erst alle Schüler alle Kugeln und anschließend werden alle Kugeln gemeinsam geholt.	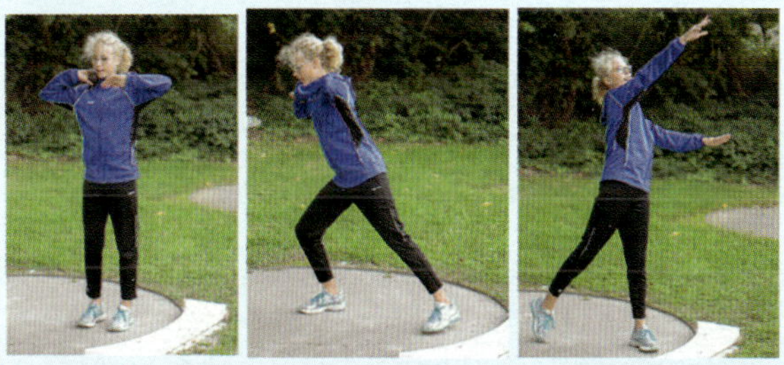
Abschluss (15 Minuten)	
Abschlussspiel: Kugel-Boccia Die Kugel wird von den Schülern in einer vorgegebenen oder in einer selbst gewählten Technik auf ein Ziel gestoßen (vgl. Bucher, Fähndrich & Murer, 2014, S. 24). Wer bzw. welche Mannschaft hat den geringsten Abstand zum Ziel?	Kugelstoßanlage Kugeln, Zielobjekt (z. B. Tennisball) Gruppenarbeit
Abschlussreflexion „Was habt ihr heute Neues über die Reaktionen eures Körpers auf eine Ausdauerbelastung erfahren? Berichtet! Seid ihr gut Freund mit der Kugel geworden?“	Lehrer-Schüler-Gespräch
Ausblick Das haben wir in der nächsten Stunde vor: „Wir werden die Kugelstoßtechnik weiterführen und ein Training für die 800 m absolvieren.“	

Stundenbild 9: Wie bringe ich die Kugel zum Fliegen? / Wie erreiche ich mein Ziel beim Laufen?[12]

Zeit 85 Minuten
Niveau Klassen 7 und 8
Ort Stadion

Hinweise zum Ort
Falls Hallenkugeln vorhanden sind, können das Aufwärmen und der Hauptteil zum Kugelstoßen in der Sporthalle durchgeführt werden.

Ziele und Kompetenzen
Die Schüler können verschiedene Übungen des Lauf-ABC demonstrieren. Sie können einen Stoß aus dem seitlichen oder rückwärtigen Angehen ausführen. Die Schüler können Tempoläufe als Trainingsmaßnahme für den 800-m-Lauf beschreiben und diese durchführen.

Vorkenntnisse
Für das Aufwärmen sind Übungen des Lauf-ABC als Vorkenntnisse gefordert (s. Stundenbild 7, Klassenstufe 7/8, ab S. 90). Die Schüler sollten möglichst den Standstoß im Kugelstoßen beherrschen.

Fachliche Hinweise

Aufbauend auf dem Standstoß können weitere Kugelstoßtechniken, z.B. aus einer Angehbewegung, erlernt werden. Das seitliche Angehen bzw. der Nachstellschritt ist teilweise umstritten, da keine ausreichende Vorspannung durch das Drehen des Rumpfs gegen die Stoßrichtung erzeugt werden kann (vgl. Deutscher Leichtathletik-Verband, 2014a, S. 125f). Für die Schüler kann jedoch trotz der Nachteile dieser Technik das seitliche Angehen/der Nachstellschritt die Zieltechnik sein, wenn die koordinativen oder Kraftvoraussetzungen nicht für ein rückwärtiges Angehen oder Angleiten reichen (vgl. Zeuner, Hofmann & Lehmann, 1997, S. 102). Das seitliche Angehen oder der Nachstellschritt können zudem als Zwischenschritt zum rückwärtigen Angehen hilfreich sein, um die Schüler langsam an die rückwärtige Ausgangsposition zu gewöhnen (vgl. Katzenbogner, 2011, S. 34).

Einige Schüler werden aus dem Stand (mit Auftakt) größere Weiten erzielen als mit dem seitlichen oder rückwärtigen Angehen. Die Zieltechnik für die Notengebung kann daher auch der Standstoß sein. Der Lehrer berät, die Entscheidung sollte jedoch beim Schüler liegen.

Praktische Tipps

Sicherheit und Stoßhäufigkeit: Bei ausreichendem seitlichen Sicherheitsabstand kann die Kugelstoßanlage auch quer zum Stoßen genutzt werden, um viele Schüler gleichzeitig zu beschäftigen (s. Grafik Stundenbild 10, Klassenstufe 7/8, S. 104).

Traineraufgabe: Die Schüler geben Ideen, welche Armbewegungen man zu den Lauf-ABC-Übungen hinzufügen kann. Die Schüler nehmen die Zeiten, kontrollieren die Durchführung und feuern bei den Tempoläufen an.

Literatur

Belz, M. & Frey, G. (2013). *Doppelstunde Leichtathletik. (Klasse 8–10)* (Reihe Doppelstunde Sport, Bd. 9). Schorndorf: Hofmann.

Deutscher Leichtathletik-Verband (2014a). *Schülerleichtathletik. Offizieller Rahmentrainingsplan des Deutschen Leichtathletik-Verbandes für das Grundlagentraining* (Mediathek Leichtathletik, 3. Auflage). Münster: Philippka-Sportverlag.

Katzenbogner, H. (2011). Variantenreich üben an der Grube und mit der Kugel. *leichtathletiktraining, 22* (7), 28–35.

12 In diesem Stundenbild wäre im Laufbereich ein anderer Inhalt denkbar: Falls in Ihrem Bildungsplan des Faches Mathematik der Satz des Pythagoras in Klasse 7/8 bereits unterrichtet wurde, können Sie hier im Laufbereich das Stundenbild 8 der Klassenstufe 9/10 einfügen („Der Pythagoras-Lauf").

Auf einen Blick

Phasen	Organisation, Geräte- und Materialbedarf
Einstieg (15 Minuten)	
Vorgespräch „Heute geht's zielstrebig auf die Noten zu! Im Kugelstoßen und im Laufen." **Aufwärmen: Lauf-ABC in Schlangenlinien** Die Schüler laufen quer über den Platz in Schlangenlinien hintereinander her, max. 10 Schüler pro Schlange. Der Führende macht eine Laufübung vor. Falls bereits Vorkenntnisse zum Lauf-ABC da sind (s. Stundenbild 7, Klassenstufe 7/8, ab S. 90), sollen diese abgerufen werden. Dies dient der Festigung und Übung der bereits erlernten Bewegungen. Um auch die Arme auf die folgenden Belastungen vorzubereiten, werden die vorgeschlagenen Lauf-ABC-Übungen mit Armbewegungen (Armkreisen, ...) kombiniert.	Lehrer-Schüler-Gespräch Rasen- oder Kunststoffplatz; Feldgröße ca. 1 BB-Feld Ggf. 4 Hütchen, um Lauffeld abzustecken Gruppenarbeit (max. 10 Schüler pro Gruppe) Laufdauer mindestens 10 min (pro Schüler also ca. 1 min)
Hauptteil I (40 Minuten)	
Weiterführung Kugelstoßen Nach der Wiederholung des in der vergangenen Stunde erlernten Standstoßes erfolgt darauf aufbauend die Hinführung zur Angehbewegung (vgl. Deutscher Leichtathletik-Verband, 2014a, S. 125f. und Belz & Frey, 2013, S. 146ff.): • Wiederholung Standstoß (mit Auftakt) (s. Stundenbild 8, Klassenstufe 7/8, S. 95 und S. 99) • Stoß aus dem seitlichen Angehen/Nachstellschritttechnik • Stoß aus dem rückwärtigen Angehen (s. Grafik unten und Foto Stundenbild 7, Sekundarstufe II, S. 177) vgl.: Deutscher Leichtathletik-Verband, 2014a, S. 125) 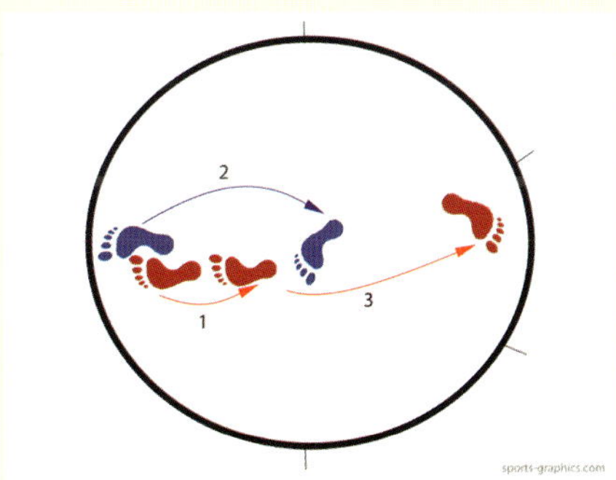 Alle Schüler sollten zumindest alle Techniken ausprobieren. Falls das Stoßen aus dem rückwärtigen Angehen nicht umgesetzt werden kann, nutzen die Schüler die zuvor ausgeführten Techniken (seitliches Angehen/Nachstellschritt oder Standstoß mit Auftakt in die Gegenrichtung.).	Kugelstoßanlage mit Zubehör (eventuell Besen, um Kugelstoßring auszufegen, ggf. Rechen für Sand) Kugeln (3 kg bzw. 4 kg) Einzelarbeit 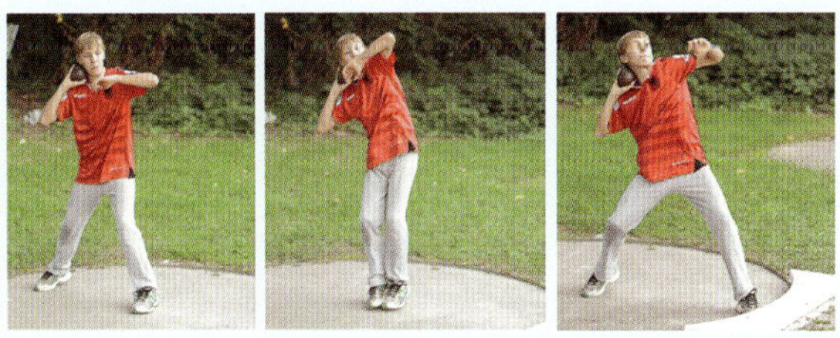

Hauptteil II (20 Minuten)	
Vorgespräch/Problematisierung: **Training der Ausdauer** „Ausdauer ist sehr gut trainierbar! Doch macht es Sinn, einfach immer wieder 800 m zu rennen? Was könnte sinnvoller sein? Vermutet mal!“ **Trainingsläufe für die 800 m** Die Schüler absolvieren 1–2 Steigerungen über 50 m. Denkbare Trainingsprogramme in verschiedenen Ausdauertrainingsmethoden sind: 2x400 m (ca. 5–10 min Pause); 3–4x300 m (ca. 5–8 min Pause); 5–6x200 m (ca. 5 min Pause). Beim 20-min-Lauf sollten es z. B. 2–3x800 m, 5–6x400 m oder 3–4x600 m sein, bei jeweils ca. 5 min Pause. Das Tempo sinkt dann dementsprechend. Entweder Sie als Lehrer wählen aus oder die Schüler haben ein Mitspracherecht.	400-m-Rundbahn Arbeitsblatt 7 Trainingspläne als Beispiel (s. Anhang S. 102), ggf. Zettel und Stift Einzel-/Partner-/Gruppenarbeit Selbstständiges Arbeiten ohne großes Eingreifen des Lehrers
Abschluss (10 Minuten)	
Abschlussreflexion „Berichtet mal von euren Erfahrungen bei den Trainingsläufen! Habt ihr schon einen Favoriten bei den Kugelstoßtechniken? Nennt noch mal die Namen der Techniken!“ **Ausblick** Das haben wir in der nächsten Stunde vor: „Wir machen Noten im Kugelstoßen und im 800-m-Lauf.“	Lehrer-Schüler-Gespräch

Stundenbild 10: Wir sind bereit für die Stoß- und Laufnoten!

Zeit 80 Minuten
Niveau Klassen 7 und 8
Ort Stadion

Ziele und Kompetenzen
In diesem Stundenbild steht die pädagogische Perspektive „Leisten erfahren, verstehen und einschätzen" im Vordergrund. Die Schüler können ihr gewünschtes Renntempo auf 800 m abschätzen und ausrechnen. Sie können eine Stoßleistung mit der Kugel erbringen. Die Schüler können eine Ausdauerleistung erbringen. Sie können mit Lehrerunterstützung die Stoßweite im Kugelstoßen messen und die Zeit beim 800-m-Lauf nehmen.

Vorkenntnisse
Eine Kugelstoßtechnik nach Wahl sollte beherrscht werden.

Fachliche Hinweise

Noten oder noch üben? Wie in allen von uns dargestellten Stundenbildern zur Notenbildung ist es möglich, stattdessen auch noch eine reine Übungsstunde der Disziplinen einzuschieben – je nach Jahresplanung im Schuljahr und Lernstand der Klasse.

Es wird sicher nicht möglich sein, bei größeren Klassen sowohl die Stoß-, als auch die Laufnote in einer Doppelstunde abzunehmen. Hier sind weitere Stunden nötig.

Die wichtigsten Regeln für den 800-m-Lauf lauten: Die Schüler starten nach einem zweiteiligen Kommando aus dem Hochstart an einer Evolvente (geschwungene Linie), um allen die gleiche Kurvenvorgabe zu ermöglichen. Nach dem Start scheren alle – ohne Drängeln – auf die Innenbahn ein. Der Innenraum darf nicht betreten werden. Die Zeit wird genommen, wenn ein Teil des Rumpfes des Schülers die Ziellinie überquert. Der Lehrer ruft bei jedem Schüler, der ins Ziel kommt, die Zeit laut durch. Jeder Schüler merkt sich seine Zeit. Haben Sie passive Schüler, können diese die Zeiten notieren.

Hinweise zum Regelwerk der Leichtathletik finden Sie in „Unsere Idee von der Leichtathletik in der Sekundarstufe I und II" unter der Rubrik „Die Regeln", s. S. 12.

Praktische Tipps

Zwischenreflexionen: Die Rückbesinnung auf den Marathonläufer soll die Schüler mental und motivational auf die Belastung in der heutigen Stunde vorbereiten (ggf. aktuelle Ereignisse mit einbeziehen, z. B. Rekordversuche, Ergebnisse von Meisterschaften).

Kampfrichteraufgabe: Die Schüler helfen bei der Notengebung im Kugelstoßen und beim 800-m-Lauf als Kampfrichter mit.

Traineraufgabe: Die Schüler geben den anderen Schülern bei den Probeversuchen im Kugelstoßen Tipps, was sie besser machen können.

Literatur

Bartlau, C. (2019). *Kipchoge läuft Marathon unter zwei Stunden. Der PR-Coup hinter dem historischen Lauf*, Deutschlandfunk. Zugriff am 28. Juli 2022 unter https://www.deutschlandfunk.de/kipchoge-laeuft-marathon-unter-zwei-stunden-der-pr-coup-100.html

Deutscher Leichtathletik-Verband. (2021, 01. November). *Regelwerk der Leichtathletik*. Zugriff am 29. Juli 2022 unter https://www.leichtathletik.de/service/downloads/regelwerk-der-leichtathletik

Auf einen Blick

Phasen	Organisation, Geräte- und Materialbedarf
Einstieg (15 Minuten)	
Vorgespräch/Problematisierung: Marathonrekorde „Immer wieder gibt es Weltrekordversuche im Marathon: Wer weiß was darüber?“ (...) „Im Jahr 2019 gab es ein großes Projekt, gesponsert von einer Firma, ein ‚künstliches‘ Projekt, aus dem kein echter Rekord hervorgehen konnte. Eliud Kipchoge lief als erster Mensch die Marathonstrecke von 42,195 km unter zwei Stunden, nämlich in 1:59:40,2. Mit was für einem Vorwissen ist dieser Läufer vermutlich an den Start gegangen?“ (...) „Erinnert euch an das gleichmäßige Tempo und das Geschwindigkeitsschätzen: Was ist eure Zielnote? Eure Zielzeit?“	Lehrer-Schüler-Gespräch Notentabellen für Notentransparenz
Aufwärmen: Zwischenzeiten ausrechnen Die Schüler laufen sich mindestens 2 Runden (800 m) im gemütlichen Joggingtempo ein. Währenddessen rechnen sie ihre 100-m-/200-m-/400-m-Zwischenzeiten für die Notengebung aus. Durch diese Übung können die Schüler während des späteren 800-m-Laufs bewusst agieren. Sie sollen sich realistische und nicht utopische Zwischenzeiten ausrechnen, um nicht zu schnell/zu langsam anzugehen. Die realistische Zielzeit ergibt sich durch ihre bereits gelaufene Zeit beim 800-m-Test in Stundenbild 7.	400-m-Rundbahn Einzelarbeit
Hauptteil I (40 Minuten)	
Üben Kugelstoßen oder Note Kugelstoßen Als unmittelbare Vorbereitung für das Kugelstoßen werden die Finger gedehnt (s. Foto Stundenbild 8, Sekundarstufe II, S. 95). Das Einstoßen wird unter Aufsicht des Lehrers quer zur Kugelstoßanlage durchgeführt (s. Grafik), um die Wartezeit zu verkürzen und jedem Schüler möglichst zwei Probeversuche zu ermöglichen. Anschließend stoßen die Schüler nacheinander in ihrer selbst gewählten Technik auf Weite (3 Wertungsdurchgänge). Die Schüler helfen beim Erfassen der Weite mit. 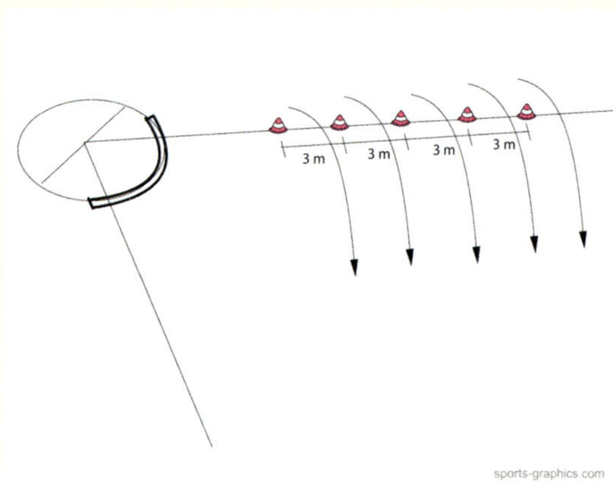 	Kugelstoßanlage mit Zubehör (eventuell Besen, um Kugelstoßring auszufegen, ggf. Rechen für Sand) Kugeln Einzelarbeit

Hauptteil II (20 Minuten)	
Üben 800 m oder Note 800 m Spezielle Vorbereitung: Um das Muskelsystem und das Herzkreislaufsystem zu aktiveren, werden kurz vor dem Lauf 1–2 Steigerungen über 30–40 m durchgeführt. Nach einer kurzen Pause geht es zu den Noten. Erklärung am Start: Eine kurze Ansprache an die Schüler am Start könnte lauten: „Auf mein Kommando ‚Auf die Plätze' geht ihr an die Startlinie. Beim Kommando ‚Los' lauft ihr los. Schert bitte ohne Drängeln auf der Innenbahn ein. Bindet vor dem Lauf noch mal sorgfältig eure Schnürsenkel. Versucht möglichst in gleichmäßigem Tempo zu laufen und nicht zu gehen." Weitere Hinweise zur Durchführung: Den Schülern sollte eine Zwischenzeit bei 400 m gegeben werden, damit sie ihr Renntempo abschätzen können. Wenn möglich, können mithilfe passiver Schüler weitere Zwischenzeiten bei 200/400 m oder auch alle 100 m gegeben werden.	400-m-Rundbahn mindestens 1 Stoppuhr, Namensliste, Schreibunterlage, Stift, Notentabelle, ggf. Hütchen zur Markierung der 100 m, 200 m, 300 m Einzelarbeit
Abschluss (5 Minuten)	
Abschlussreflexion „Was war die Anpassungsreaktion eures Körpers an die Ausdauerbelastung, die ihr am meisten gespürt habt? Wie konntet ihr sie bewältigen? Hat sich euer Körper schon wieder erholt?" Optional: Kritische Reflexion von Spitzenleistungen unter künstlichen und gesponserten Bedingungen. Eliud Kipchoge hatte beispielsweise eine neu geteerte Strecke und 41 Tempomacher zur Verfügung. Optional: Atemübungen Alle Schüler zählen beim Gehen, bei wie vielen Schritten sie ein- und ausatmen. Ein regelmäßiger Rhythmus ist hier vorteilhaft. Ebenso ist ein guter Tipp, dass man einen Schritt mehr aus- als einatmet. Z. B. zwei Schritte einatmen, drei Schritte ausatmen.	Lehrer-Schüler-Gespräch, Einzelarbeit

Klassenstufe 9 und 10

Stundenbild 1: Sprinten und Springen haben gleiche Grundlagen: Eine Stunde zum Sprint- und Sprung-ABC

Zeit 75 Minuten
Niveau Klassen 9 und 10
Ort Stadion oder Sporthalle

Hinweise zum Ort
In der Sporthalle ist eine Verlängerung der Laufwege beim Aufwärmen durch geschicktes Stellen der Hütchen möglich (s. Stundenbild 9, Sekundarstufe II, S. 187).

Ziele und Kompetenzen
Die Schüler können Übungen aus dem Sprint- und Sprung-ABC durchführen. Sie können Vermutungen zur Bewegungsverwandtschaft zwischen der Sprint- und der Sprungbewegung äußern. Die Schüler können einen Sprunglauf in Grobform ausführen.

Vorkenntnisse
Es ist von Vorteil, wenn die Schüler bereits einige Übungen des Sprint- und Sprung-ABC kennen und durchführen können. Es ist eventuell möglich, auf die in Klasse 7 und 8 unterrichteten Inhalte zurückgreifen (s. Stundenbild 1, Klassenstufe 7/8) und dadurch auf einem höheren Niveau zu unterrichten.

Fachliche Hinweise

Durch Übungen des Sprint-ABC können zentrale Merkmale der Sprinttechnik angesteuert werden (vgl. Deutscher Leichtathletik-Verband, 2017, S. 76f.):

- Geradliniger Ballenlauf
- Nahezu vollständige Streckung von Hüft-, Knie- und Fußgelenk beim Abdruck
- Nach dem Abdruck schnelles Anfersen und Vorschwingen des Beins
- Kniehub und Auspendeln des Unterschenkels für einen greifenden Fußaufsatz
- Aufrechter, nur leicht nach vorne geneigter Oberkörper
- Gegengleiche Armarbeit

Das Sprung-ABC bildet die Basis für alle Sprungdisziplinen in der Leichtathletik. Kernelemente der Sprünge sind (vgl. May, 2009, S. 4):

- Hoher Körperschwerpunkt in der Sprungauslage
- Aktive Gestaltung des letzten Schritts und explosiver Absprung
- Stabile Rumpfposition, insbesondere während des Absprungs
- Armbewegung in Lauf- bzw. Sprungrichtung
- Greifender Fußaufsatz auf der ganzen Sohle beim Aufsetzen des Sprungbeins
- Aktiver Einsatz des Schwungbeines und kurzes Fixieren nach dem Absprung in 90° zum Rumpf

Auch wenn sich Sprint und Sprung in wesentlichen Merkmalen (z. B. beim Fußaufsatz) unterscheiden, so besteht doch eine gewisse Bewegungsverwandtschaft (insbesondere vom Sprint zu den Horizontalsprüngen). Der Sprint im Höchsttempo kann als eine Serie von hochfrequenten Sprüngen mit maximalem Abdruck nach vorne und minimalem Abdruck nach oben gesehen werden. So ist es nicht verwunderlich, dass z. B. der flache und weite Hopserlauf sowohl zum Sprint- als auch zum Sprung-ABC zählt. Ebenso stellt der Sprunglauf eine wichtige Schnellkraftübung für den Sprinter dar (vgl. Deutscher Leichtathletik-Verband, 2012, S. 61f.).

Praktische Tipps

Das Startkommando richtig geben: Bei einer Startbewegung, die lediglich aus zwei verschiedenen Positionen besteht, entfällt das Kommando „Fertig". Das Kommando lautet also „Auf die Plätze" – „Los". Das betrifft beispielsweise den Hochstart zu langen oder kurzen Läufen und z. B. auch den Start beim Schwimmen. Das hat den Sinn, dass grundsätzlich jedes Kommando auch eine Handlung erfordert und bei zwei Handlungen (Einnehmen der Startposition und Starten) auch nur zwei Kommandos nötig sind.

Kampfrichteraufgabe: Die Schüler geben das Kommando beim Spiel „Rückwärtsevolution"

Beobachteraufgabe: Die passiven Schüler beobachten alle Schüler beim Sprint- und Sprung-ABC und berichten im Anschluss z. B. darüber, welche Übungen die Schüler auf Anhieb konnten, welche nicht, welche Übungen mehr nach Springen aussahen und welche mehr nach Sprinten etc.

Literatur

Deutscher Leichtathletik-Verband (2017). *Jugendleichtathletik Grundlagentraining. Rahmentrainingsplan des Deutschen Leichtathletik-Verbandes für die Altersklassen U12 bis U16* (Mediathek Leichtathletik, 1. Auflage). Münster: Philippka.

Deutscher Leichtathletik-Verband (2012). *Jugendleichtathletik. Rahmentrainingsplan des Deutschen Leichtathletik-Verbandes für die Sprintdisziplinen im Aufbautraining* (Mediathek Leichtathletik). Münster: Philippka-Sportverlag.

May, R. (2009). Das ABC der Leichtathletik – Teil 2. *leichtathletiktraining, 20* (4), 4–8.

Auf einen Blick

<table>
<tr><th>Phasen</th><th>Organisation, Geräte- und Materialbedarf</th></tr>
<tr><td colspan="2">Einstieg (20 Minuten)</td></tr>
<tr><td>Vorgespräch
„Heute wollen wir das Sprint-ABC und das Sprung-ABC üben und Verknüpfungen zwischen den beiden herstellen."

Aufwärmen: Sprüche zum Springen erpuzzeln
Die Schüler sollen Sprüche, Zitate und Redewendungen zum Springen aus Einzelteilen kombinieren. Sie sammeln mit Partner oder in einer Dreiergruppe in einem Laufspiel möglichst viele Schnipsel ein. (Hallenaufbau s. Stundenbild 9, Sekundarstufe II, S. 187). Legen Sie auch „Nieten" aus, um die Laufdauer zu erhöhen.
AA: „Lauft so lange, bis alle Schnipsel weg sind!" „Jetzt findet den Anfang bzw. das Ende Eures Zitats!" (kurze Besprechung der Bedeutung einiger Zitate, wie z. B. „Nichts ist so erfrischend – wie ein beherzter Sprung über die eigenen Grenzen." Keith Haring)</td><td>Lehrer-Schüler-Gespräch

Kleine Papierschnipsel mit Zitaten (s. Arbeitsblatt 8, s. Anhang S. 219 f.), ca. 6 Hütchen, mehrere Eimer oder andere Behältnisse für die Schnipsel (Hallenalternative: 2 Bänke zum Auslegen der Zitateschnipsel)

Partner-/Gruppenarbeit (max. 3 Schüler)

Laufdauer mindestens 10 min

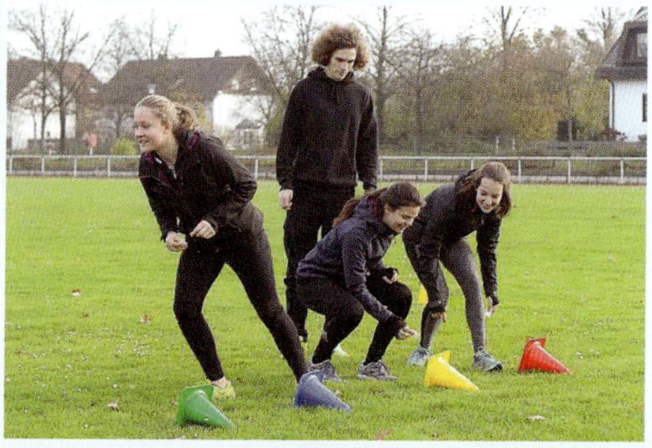</td></tr>
<tr><td colspan="2">Hauptteil (40 Minuten)</td></tr>
<tr><td>Sprint-ABC
Die Schüler führen folgende Übungen des Sprint-ABC durch (s. auch Stundenbild 1, Klassenstufe 7/8, S. 61) (vgl. Deutscher Leichtathletik-Verband, 2012, S. 50ff. und Deutscher Leichtathletik-Verband, 2017, S. 78f.):

• Skippings

• Kniehebelauf</td><td>Laufbahn; pro 5 Schüler 1 Laufbahn mit der Streckenlänge 30–40 m

2 Hütchen

Einzelarbeit

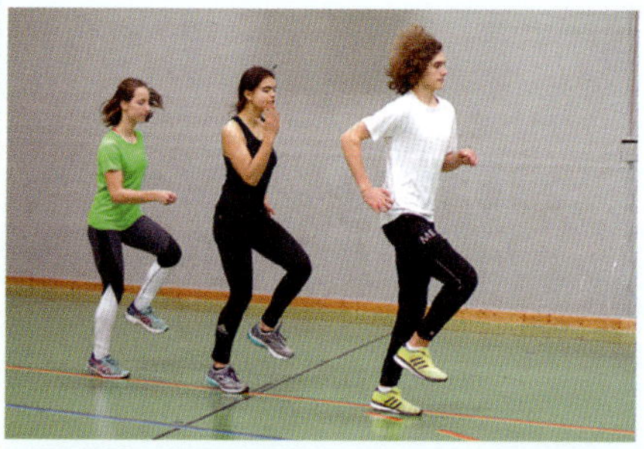
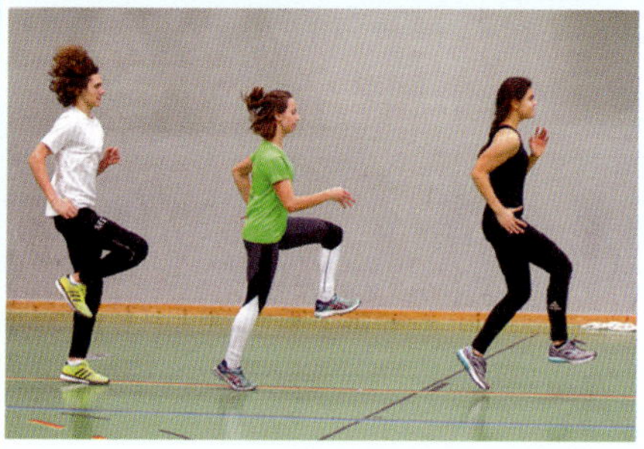</td></tr>
</table>

- Stechschrittprellen/Scherenlauf

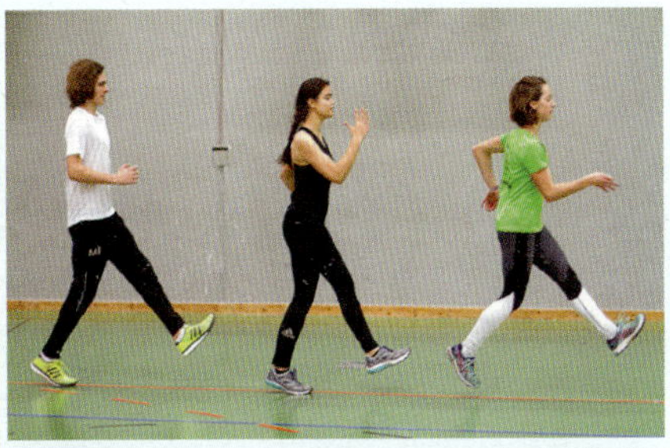

- Unterfersen

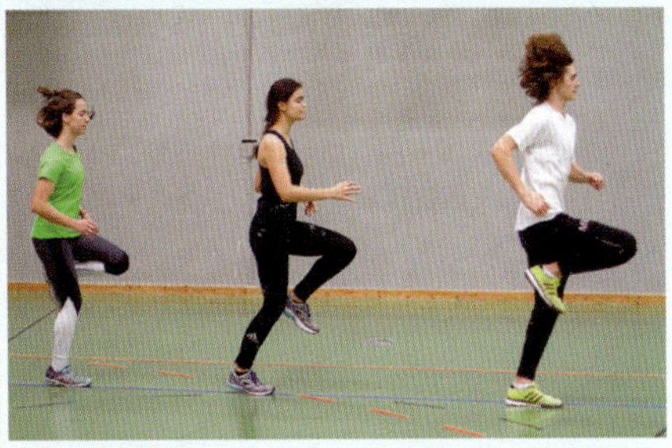

- Storchenlauf

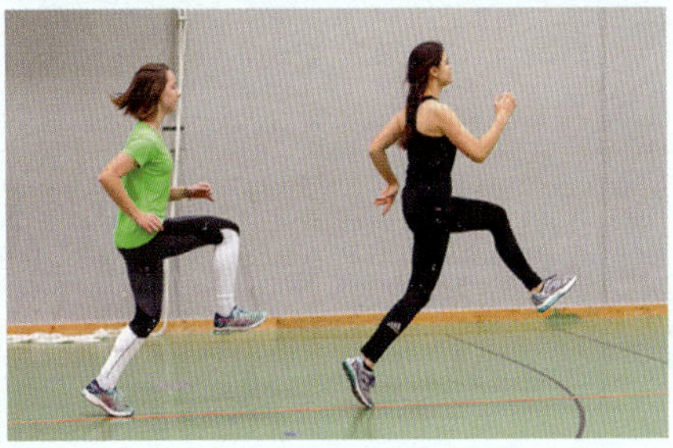

Zwischenreflexion: Merkmale der Sprinttechnik
„Auf welche Technikelemente des Sprints arbeiten die Übungen hin?" (s. Fachliche Hinweise)

Sprung-ABC
Einen guten Übergang markiert der Hopserlauf, der in der Grundform der Bewegung einen Sprung und einen Laufschritt in Abwechslung beinhaltet. Die Schüler absolvieren verschiedene Hopserlauf-Varianten sowie weitere Übungen (vgl. May, 2009, S: 5ff. und Deutscher Leichtathletik-Verband, 2017, S. 145f.):

- Hopserlauf in die Weite und in die Höhe; auch re und li betont

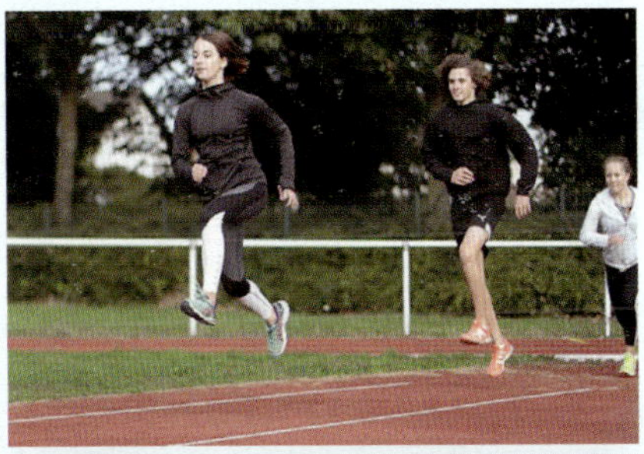

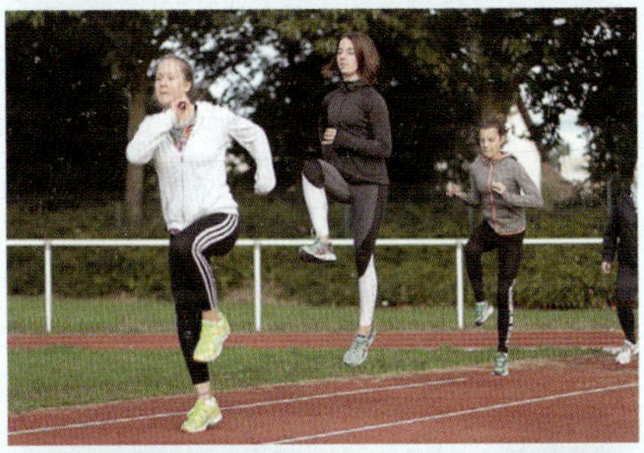

- Fußgelenksprünge beidbeinig

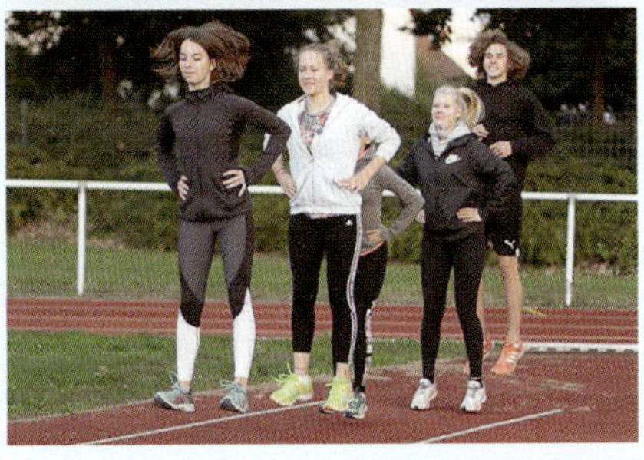

- Anhocksprünge beidbeinig

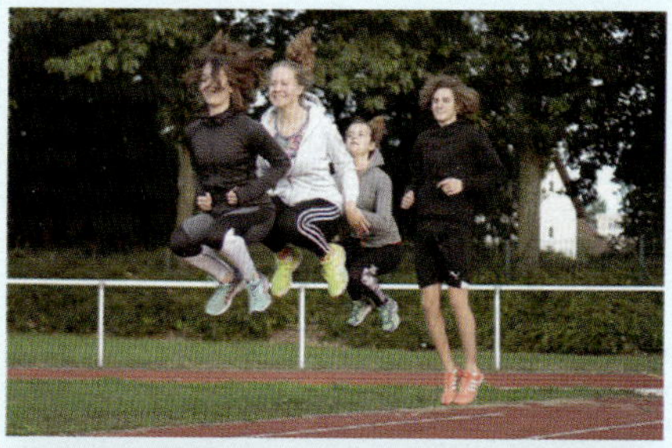

- Wechselsprünge (Doppelhopser/Stephüpfen)

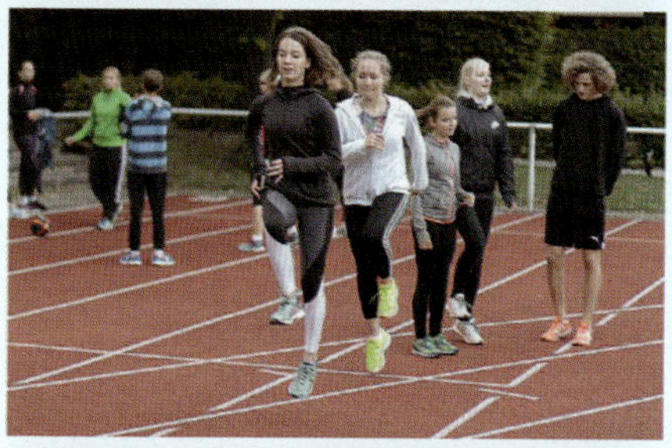

- Seitgalopp

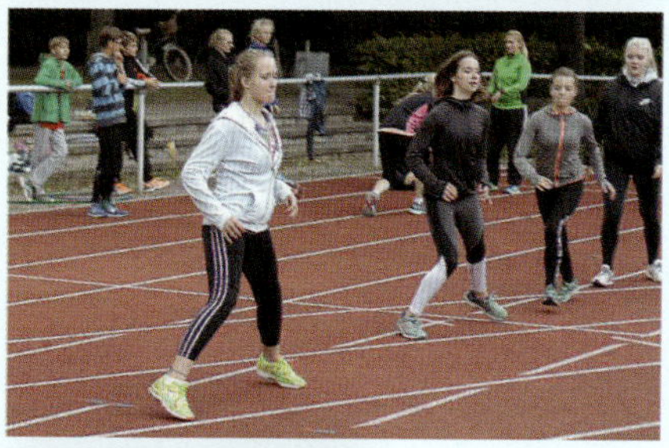

- Sprunglauf

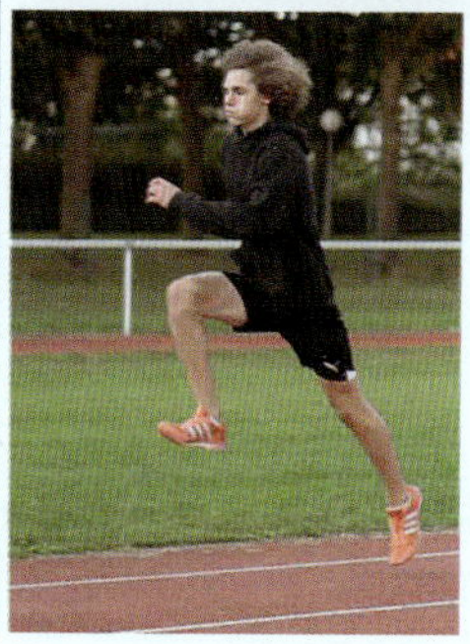

Springen und Laufen im Wechsel
Die Schüler sollen nun ausgewählte Übungen im Wechsel mit 3–5 Laufschritten absolvieren:

- Hopserlauf (weit und hoch) im Wechsel mit Laufen
- Seitgalopp im Wechsel mit Laufen
- Doppelhopser im Wechsel mit Laufen
- Sprunglauf im Wechsel mit Laufen

Tipp für mehr Herausforderung: Immer nur drei Sprünge bzw. drei Laufschritte. Das bringt unser Gehirn, das gerne zwei- oder viermal eine Übung macht, gehörig durcheinander.

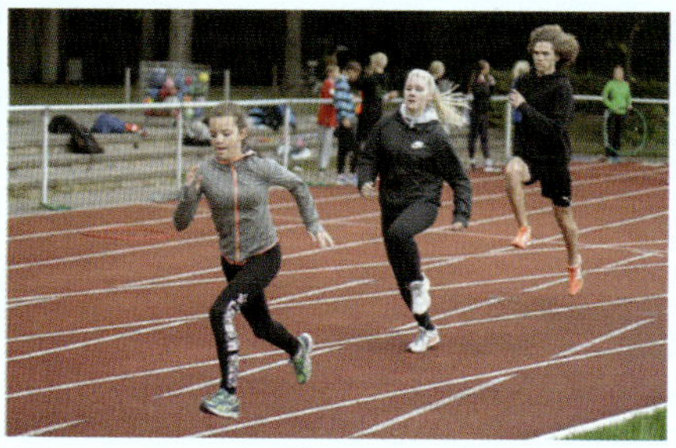

<table>
<tr><td>Zwischenreflexion: Übergang in andere Bewegungsform
„Bei welchen Übungen fällt der Übergang in den Lauf/ Sprint leichter/schwerer?" (beim Hopserlauf in die Weite sowie Sprunglauf leichter als beim Hopserlauf in die Höhe und Doppelhopser) „Warum ist das so? Vermutet mal!" In diesem Zusammenhang wird auf den Unterschied von horizontalen und vertikalen Sprungformen eingegangen und die Bewegungsverwandtschaft zum Sprint besprochen (s. Fachliche Hinweise). Beim Sprunglauf steckt die Verbindung von Sprung und Lauf (bzw. Sprint) bereits im Wort.</td><td></td></tr>
<tr><td colspan="2">Abschluss (15 Minuten)</td></tr>
<tr><td>Abschlussspiel: Die Rückwärtsevolution
Die Schüler starten in einer oder mehreren Startgruppen (je nach Anzahl der Schüler) an einer Startlinie im Hochstart und sprinten auf Kommando (s. Praktische Tipps) ca. 20 m. Der jeweilige Sieger des Laufes muss eine „Evolutionsstufe absteigen" – bekommt also ein Handicap, weil der Start mit „absteigender Evolutionsstufe" immer schwieriger wird. Folgende Evolutionsstufen gibt es:
• Mensch – Hochstart
• Giraffe – Rumpfbeuge
• Fuchs – Kniewaage
• Panda – Grätschwinkelsitz mit Fußfassen
• Schnecke – Kniend den Oberkörper auf den Beinen ablegen und Arme nach hinten legen
• Wurm – flach auf den Bauch legen
Sieger sind alle „Würmer" oder die jeweils „niedrigste" Evolutionsstufe.[13]

Abschlussreflexion
„Mit dieser Stunde haben wir die Grundlage für ein erfolgreiches Sprinten und Weitspringen gelegt. Nennt noch mal die ABC-Übung, die beides verbindet! Wer kann die Bewegungsverwandtschaft zwischen Sprinten und Springen noch mal erläutern?" [Antwort s. fachliche Hinweise]

Ausblick
Das haben wir in der nächsten Stunde vor:
„Wir beschäftigen uns mit dem Tiefstart und vergleichen verschiedene Sprungtechniken im Weitsprung."</td><td>Laufbahn; pro 5 Schüler 1 Bahn von ca. 30 m Streckenlänge

2 Hütchen als Streckenbegrenzung

Einzelarbeit (in Riegen von ca. 5–8 Schülern)

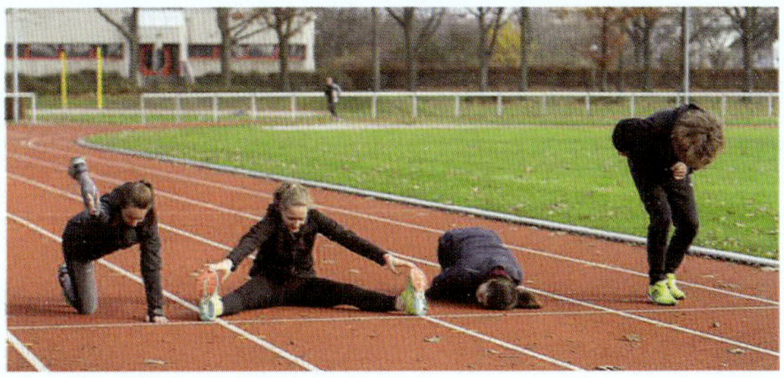

Lehrer-Schüler-Gespräch</td></tr>
</table>

13 Fächerverbindender Unterricht: Stellen Sie einen Bezug zur Biologie her. Kritik an diesem Spiel kann man dahingehend äußern, dass auch ein Wurm im Laufe seiner evolutionären Entwicklung gut angepasst sein kann und es sich daher keinesfalls um eine „niedere" Evolutionsstufe handelt.

Stundenbild 2: Tiefstart... / ...und Höhenflug

Zeit 85 Minuten
Niveau Klassen 9 und 10
Ort Stadion, ggf. Sporthalle

Hinweise zum Ort
Mit Hallenalternativen wie Hallenstartblöcken und dem Aufbau einer Hallenweitsprunganlage ist auch die Durchführung in der Sporthalle möglich; zum Aufbau der Hallenweitsprunganlage zusätzlich Zeit einplanen (s. Stundenbild 4, Klassenstufe 5/6, S. 29 bzw. Stundenbild 3, Klassenstufe 5/6, S. 24).

Ziele und Kompetenzen
Die Schüler können einen Tiefstart korrekt ausführen. Die Schüler können Bewegungserfahrung im Weitsprung sammeln.

Vorkenntnisse
Der grobe Bewegungsablauf eines Tiefstarts und das Kommando sollten den Schülern geläufig sein. Es ist zudem sinnvoll, wenn die Schüler bereits den Schrittweitsprung in Grobform können.

Fachliche Hinweise

Da es sich beim Tiefstart ebenso um eine Technik handelt wie bei anderen Disziplinen, wird dieser auch hier wieder aufgegriffen und geübt (s. Stundenbild 4, Klassenstufe 5/6 und Stundenbild 2, Klassenstufe 7/8, ab S. 64). Gerade im Sprint zeigen sich in diesem Alter deutliche Unterschiede in der Sprintleistung zwischen den Schülern einer Klasse. Diese können durch unterschiedliche Vorgaben und Handicaps (z. B. Startblock mit nur dem vorderen oder hinteren Block ausstatten oder Startlinien je nach Leistungsniveau) berücksichtigt/minimiert werden (vgl. Hücklekemkes, 2016, S. 27ff.).

Die für die Schule sinnvollsten Weitsprungtechniken werden in Stundenbild 1 der Klassenstufe 5/6 (S. 15) vorgestellt. „In der Trainingspraxis werden zur Verlängerung der Flugzeit erhöhte Absprungstellen eingesetzt. Dieses methodische Vorgehen gilt als nicht unproblematisch, da die erhöhte Absprungstelle die Absprungdynamik verfälscht. Das Absprungbein kann nicht im Kniegelenk gestreckt, sondern nur gebeugt aufgesetzt werden. Dies bedeutet eine veränderte reaktive Kraftwirkung, indem der Anfänger die Sprungmuskulatur ‚langsam und tief' und nicht ‚schnell und hoch' amortisiert [...]" (Wastl, 2012, S. 108). Wenn man sich dessen bewusst ist und nur punktuell eine niedrige Absprungerhöhung beim Üben verwendet, können durch die Verlängerung der Flugbahn jedoch die Flug- und Landebewegung trainiert und den Schülern Flugerlebnisse ermöglicht werden (vgl. Deutscher Leichtathletik-Verband, 2015, S. 205). Dadurch wird auch die Bewegungserfahrung der Schüler im Sinne der Mehrperspektivität erweitert.

Praktische Tipps

Handicaps: Durch die Handicaps bei den Starts haben auch schwächere Schüler die Chance „vorne" mitzulaufen. Der Vorsprung, z. B. bei den Starts von unterschiedlichen Startlinien, kann allerdings problematisch für sensible Schüler sein, deshalb ist es empfehlenswert, zumindest die vorderste Position doppelt zu besetzen (vgl. Hücklekemkes, 2016, S. 28.).

Absprungerhöhung: Als Absprunghilfe beim Weitsprung kann eine Gummimatte, ein niedriger Kastendeckel o. Ä. eingesetzt werden. Es sollte jedoch darauf geachtet werden, dass die Absprunghilfe nicht zu hoch ist und dass sie sehr sparsam verwendet wird (s. Fachliche Hinweise).

Traineraufgabe: Die Schüler leiten das Aufwärmen an.

Kampfrichteraufgabe: Die Schüler geben das Startkommando und helfen beim Erfassen der Sprintzeit mit.

Literatur

Deutscher Leichtathletik-Verband (2015). *Jugend-Leichtathletik. Rahmentrainingsplan des Deutschen Leichtathletik-Verbandes für die Mehrkampfdisziplinen im Aufbautraining*. Münster: Philippka.

Hücklekemkes, J. (2016). Schnelligkeitstraining mit heterogenen Gruppen. *leichtathletiktraining, 27* (9+10), 27–31.

Wastl, P. & Wollny, R. (2012). *Leichtathletik in Schule und Verein. Ein Praxishandbuch für Lehrer und Trainer*. Schorndorf: Hofmann.

Auf einen Blick

Phasen	Organisation, Geräte- und Materialbedarf
Einstieg (20 Minuten)	
Vorgespräch „Heute gehen wir tief und fliegen hoch: Im Sinne von Tiefstart für den Sprint und variantenreichem Springen von einer Absprungerhöhung in die Weitsprunggrube. Aber zunächst wollen wir uns wie Sprinter aufwärmen!“ **Aufwärmen: „Wie die Leichtathleten“** Allgemeines Aufwärmen: Die Schüler laufen sich zwei bis drei Runden ein und absolvieren einige Übungen aus dem Bereich der Schwunggymnastik. Spezielles Aufwärmen: Anschließend werden ausgewählte Übungen aus dem Sprint-ABC wiederholt, 2 Steigerungen über ca. 50–60 m und einen Antritt aus dem Dreipunktstart über ca. 20 m absolviert.	Lehrer-Schüler-Gespräch Laufbahn, Rasen- oder Kunststoffplatz Einzelarbeit 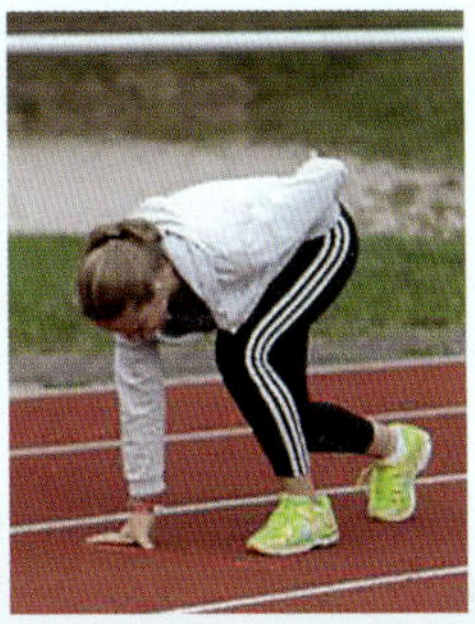
Hauptteil I (25 Minuten)	
Tiefstart Die Schüler begeben sich zu den Startblöcken, stellen die Startblöcke individuell ein (s. Fachliche Hinweise) und führen einen Start auf Kommando durch. Die schnelleren Schüler werden im Folgenden mit Handicaps belegt (vgl. Hücklekemkes, 2016, S. 28f.): • Der Startblock wird um einige Meter nach hinten versetzt, sodass ein Vorsprung für schwächere Sprinter entsteht (s. Praktische Tipps) • Es werden Starts mit nur einem (vorderen oder hinteren) Blockteil am Startblock durchgeführt. Letztere Übung eignet sich auch sehr gut, um den Schülern die Notwendigkeit klar zu machen, sich beim Tiefstart von beiden Blöcken kraftvoll abzudrücken.	Laufbahn; pro 5 Schüler 1 Bahn mit der Streckenlänge von ca. 30–40 m möglichst viele Startblöcke, am besten pro 5 Schüler 1 Startblock (Hallenalternative s. Stundenbild 4 Klassenstufe 5/6) Einzelarbeit (in mehreren Riegen von ca. 5–8 Schülern) 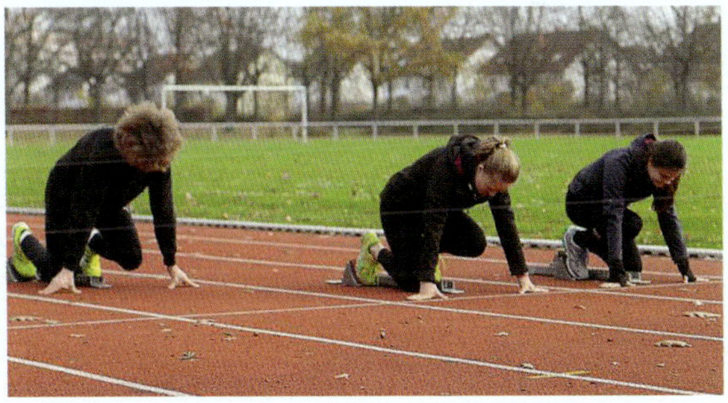

Hauptteil II (20 Minuten)	
Höhenflug: Vergleich der Flugtechniken beim Weitsprung Die Schüler springen aus kurzem Anlauf (5–7 Anlaufschritte) von einer niedrigen Absprungerhöhung (s. Fachliche Hinweise) in die Weitsprunggrube. Dabei sollen die Schüler an bereits in unteren Schulstufen Gelerntes anknüpfen (z. B. schneller Anlauf, einbeiniger Absprung, Schwungbeineinsatz, beidbeinige Landung etc., s. Klassenstufe 5/6, ab S. 20 und ab S. 32), sich gegenseitig beobachten und die unterschiedlichen Sprungtechniken vergleichen. Mögliche Techniken sind: • Hocksprung • Schrittweitsprung • Hangsprung • und eventuell sogar der Laufsprung. Letztere Sprungtechnik kann natürlich nur einbezogen werden, wenn man sprunggewaltige Schüler oder einen fitten Leichtathleten in der Klasse hat.	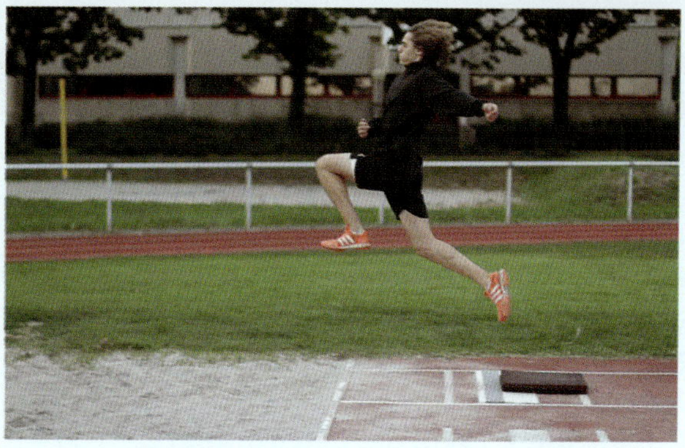 Weitsprunganlage Absprungerhöhung (Gummimatte o. Ä.) Rechen, Hütchen als Ablaufmarkierung Einzelarbeit, Partnerarbeit
Abschluss (20 Minuten)	
Test 100 m Die Schüler absolvieren 1–2 Steigerungen über 50 m, anschließend gegebenenfalls einen Probestart, bevor sie in mehreren Gruppen den Testlauf über 100 m absolvieren. Die Schüler helfen dabei beim Startkommandogeben und Erfassen der Sprintzeit mit. **Abschlussreflexion** „Fühlt ihr euch sicherer im Tiefstart? Welche Sprungtechnik im Weitsprung hat euch am besten gefallen? Nennt noch mal die verschiedenen Techniken!“ **Ausblick** „In der nächsten Stunde werden wir zwei verschiedene Arten, den Sprint zu trainieren, in Partnerarbeit vergleichen. Außerdem wird es ‚frostig‘ beim Weitsprung („Freeze“-Position).“	Laufbahn; 100-m-Strecke Stoppuhren, Startblöcke, Startklappe Einzelarbeit (in mehreren Riegen von 3–5 Schülern) Lehrer-Schüler-Gespräch

Stundenbild 3: Sprint-Vergleich: aus dem Stand vs. „fliegend“ / „Freeze!“

Zeit 85 Minuten
Niveau Klassen 9 und 10
Ort Stadion, ggf. Sporthalle

Hinweise zum Ort
Der Vergleich des Sprints aus dem Stand mit dem „fliegenden“ Sprint lohnt sich nur in einer Sporthalle in HB-Feldgröße; mit dem Aufbau einer Hallenweitsprunganlage kann man auch den Weitsprung in die Halle verlegen, muss allerdings mehr Zeit für den Aufbau einplanen; die Weitsprunglandung kann in der Sporthalle nicht durchgeführt werden, da ansonsten eine große Verletzungsgefahr besteht; Hallenweitsprunganlage s. Stundenbild 3, Klassenstufe 5/6, S. 70.

Ziele und Kompetenzen
In diesem Stundenbild steht die pädagogische Perspektive „kooperieren, wettkämpfen und sich verständigen“ im Vordergrund. Die Schüler können sich beim Sprinten in Partnerarbeit abstimmen. Sie können den Sprint aus dem Stand mit dem „fliegenden“ Sprint vergleichen. Die Schüler können die Absprungposition im Weitsprung-Absprung lange halten/einfrieren („Freeze“). Sie können ihrem Partner Rückmeldung zur Bewegungsausführung geben.

Vorkenntnisse
Gut ist, wenn die Schüler den Sprunglauf in der Grobform beherrschen (s. Stundenbild 1, Klassenstufe 9/10, S. 106).

Fachliche Hinweise

Bei „fliegenden Sprints“ wird nach einer Beschleunigungsstrecke (20 bis max. 30 m im Jugendbereich) versucht, die erlangte Höchstgeschwindigkeit über eine bestimmte Strecke aufrechtzuerhalten. Aufgrund der hohen Intensität ist auf ausreichend Pause zwischen den Sprints zu achten (mindestens eine Minute pro zehn gesprintete Meter; vgl. Deutscher Leichtathletik-Verband, 2012, S. 43). Für die Weitsprungleistung ist die „fliegend“-Leistung entscheidender als die Beschleunigungsleistung (vgl. Deutscher Leichtathletik-Verband, 2017, S. 159).

In dieser Stunde geht es beim Weitsprung um das „Einfrieren“ der Absprungposition, bei der das Sprungbein nach hinten weggestreckt und das Schwungbein nach vorne 90 Grad angewinkelt ist (Oberkörper aufrecht, frontal, Arme gegengleich). Mit dem Begriff „Freeze“ können die meisten Schüler etwas anfangen (vgl. Wastl & Wollny, 2012, S. 107).

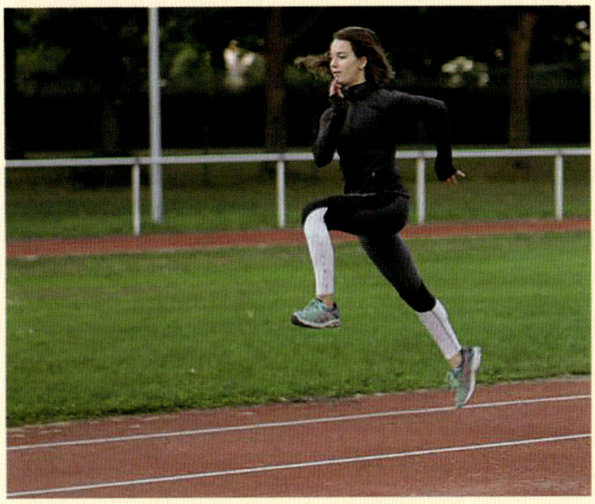

Ausgehend von Sprungläufen (s. Stundenbild 1, Klassenstufe 9/10, S. 110) wird auf den explosiven Absprung am Brett hingearbeitet. Durch Steigesprünge in Serie oder Steigesprung-Reihen über maximal fünf niedrige Hindernisse (bei zu hohen Hindernissen wird das Sprungbein zu früh angezogen!) kann die Absprungposition nochmals verdeutlicht werden. Steigesprünge in die Grube, auch mit Landung, erfolgen zunächst aus einem kurzen Anlauf (vgl. Schrader, 2010, S. 20). Auch wenn die Bewegungsschnelligkeit einen großen Einfluss auf die Weitsprungleistung hat, so muss die Absprungtechnik zunächst aus kurzen bis mittleren Anläufen erarbeitet werden (vgl. Deutscher Leichtathletik-Verband, 2008, S. 134).

Praktische Tipps

Steigesprung-Reihen: Bei den Steigesprung-Reihen über kleine Hindernisse sollten mindestens zwei Bahnen mit unterschiedlichen Abständen angeboten werden. Beim 1er-Rhythmus mit 2 Kontakten zwischen den Hindernissen beträgt der Abstand ca. 3–3,5 m, beim 3er-Rhythmus mit 4 Kontakten ca. 6–6,5 m. Beim 3er-Rhythmus haben die Schüler an den hinteren Hindernissen mehr Geschwindigkeit, deshalb sollte jedes weitere Hindernis zusätzlich mit ca. 30 cm mehr Abstand nach hinten aufgebaut werden.

„Fliegende“ Sprintzeit stoppen: Um möglichst genau die Zeit eines Sprinters im „fliegenden“ Sprint zu stoppen, stellt man eine Person an den Anfang der zu messenden Strecke. Diese Person steht genau auf Höhe der Linie und hält den Unterarm senkrecht. Genau in dem Moment, in dem der Sprinter die Linie mit dem Rumpf passiert, klappt der Unterarm in die Waagrechte. Das ist das Signal für den Stopper, der auf der Ziellinie steht, die Stoppuhr zu starten.

Anlauf ausmessen: Wenn der Weitsprung-Anlauf bereits in dieser Stunde (in Fuß) ausgemessen wird, erleichtert das den Einstieg in die nächste Stunde, bei der es um die Anlaufschulung geht.

Literatur

Deutscher Leichtathletik-Verband (2008). *Jugendleichtathletik. Offizieller Rahmentrainingsplan des Deutschen Leichtathletik-Verbandes für die Sprungdisziplinen im Aufbautraining* (Mediathek Leichtathletik). Münster: Philippka.

Deutscher Leichtathletik-Verband (2012). *Jugendleichtathletik. Rahmentrainingsplan des Deutschen Leichtathletik-Verbandes für die Sprintdisziplinen im Aufbautraining* (Mediathek Leichtathletik). Münster: Philippka-Sportverlag.

Deutscher Leichtathletik-Verband (2017). *Jugendleichtathletik Grundlagentraining. Rahmentrainingsplan des Deutschen Leichtathletik-Verbandes für die Altersklassen U12 bis U16* (Mediathek Leichtathletik, 1. Auflage). Münster: Philippka.

Schrader, A. (2010). Das methodische Übungsnetz für den Weitsprung. *leichtathletiktraining, 21* (2+3), 14–21.

Wastl, P. & Wollny, R. (2012). *Leichtathletik in Schule und Verein. Ein Praxishandbuch für Lehrer und Trainer.* Schorndorf: Hofmann.

Auf einen Blick

<table>
<tr><th>Phasen</th><th>Organisation, Geräte- und Materialbedarf</th></tr>
<tr><td colspan="2">Einstieg (15 Minuten)</td></tr>
<tr><td>Vorgespräch
„Heute geht es vielfach um das Fliegen: Im übertragenen Sinn beim Aufwärmen und im Sprint und tatsächlich beim Fliegen, wo ihr in der Luft ‚einfrieren‘ sollt.“

Aufwärmen: „Der Letzte ‚fliegt‘ vorbei“
Die Schüler laufen in einer Reihe von ca. 5 Schülern hintereinander. Der jeweils letzte Läufer läuft im Slalom um die Mitschüler und setzt sich an die Spitze. Weitere Bewegungsformen wie Hopserlauf, seitliches Überlaufen oder Seitgalopp werden zur Abwechslung eingebaut.
Anschließend wird das Tempo erhöht, indem die Schüler an der Reihe entlang in flottem Joggingtempo nach vorne laufen.</td><td>Lehrer-Schüler-Gespräch

Rasen- oder Kunststoffplatz;
Feldgröße ca. 1 BB-Feld

Hütchen zum Abgrenzen des Lauffeldes

Gruppenarbeit

Laufzeit ca. 10 min

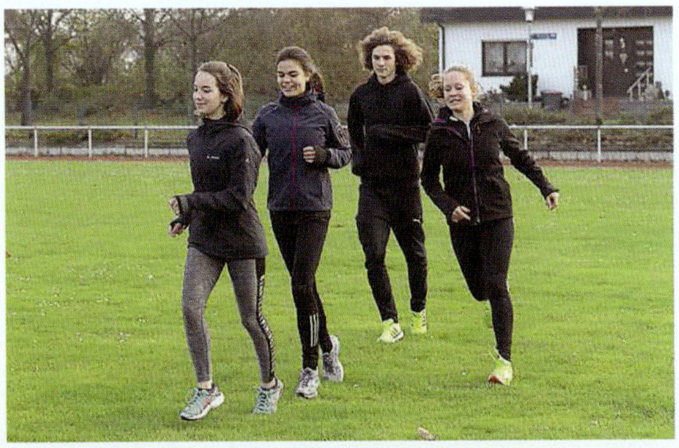</td></tr>
<tr><td colspan="2">Hauptteil I (25 Minuten)</td></tr>
<tr><td>Vorgespräch/Problematisierung: „fliegender“ Sprint
„Auch beim Sprinten kann man ‚fliegen‘! „Habt ihr schon mal von einem ‚fliegenden Sprint‘ gehört?“
(s. Fachliche Hinweise)[14]</td><td>Lehrer-Schüler-Gespräch</td></tr>
</table>

14 An dieser Stelle könnte man die Klasse in zwei Hälften teilen, wenn Sie Ihren Schülern zutrauen, (nach einer Erklärung) die Partnerarbeit zum Sprintvergleich selbstständig zu erarbeiten.

Vergleich der Sprintleistung: 20 m aus dem Stand vs. 20 m „fliegend“

Die Schüler gehen in Paaren zusammen. Die Schüler müssen hierfür nicht gleichschnell sein. Die Aufgabe lautet folgendermaßen: Der eine Schüler läuft 20 m „fliegend“ aus 20 m Anlauf, der andere Schüler stellt sich an den Startpunkt der 20 m „fliegend“. Nun müssen die beiden innerhalb mehrerer Durchgänge herausfinden, wann und von welcher Stelle der aus dem Stand sprintende Schüler starten muss, damit beide gleichzeitig an der Ziellinie ankommen.

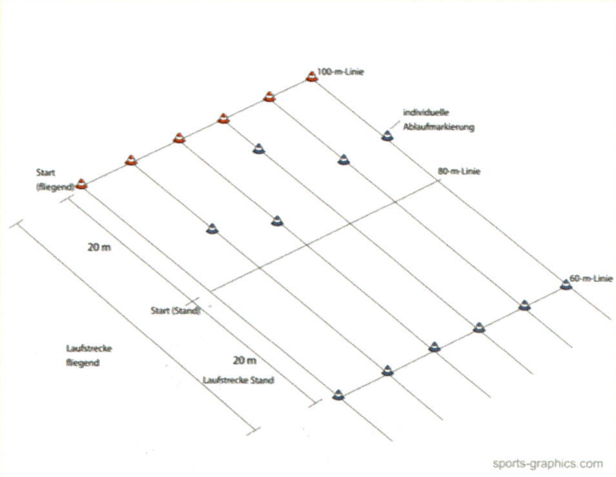

Laufbahn; pro 6 Schüler eine Strecke von ca. 60 m

Pro Bahn 3 Hütchen als Streckenbegrenzung: Startlinie, Ablauflinie, Ziellinie; ggf. weitere Hütchen als Ablaufmarkierung, falls mehrere Schüler auf einer Bahn laufen

Partnerarbeit

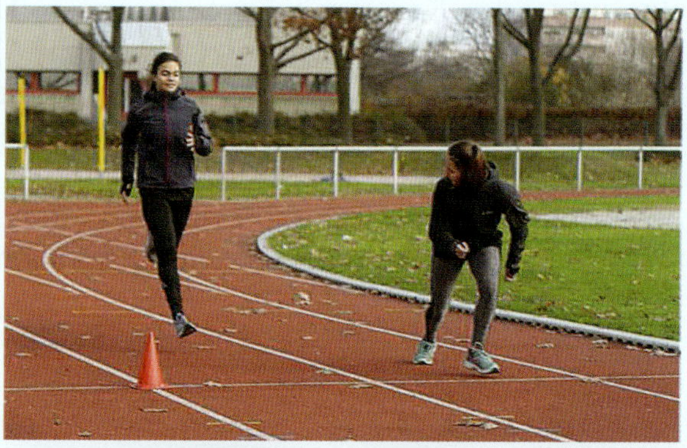

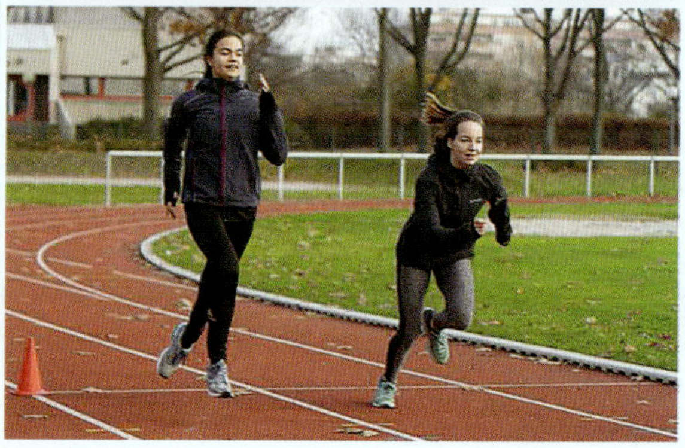

Optional: Zeiten stoppen und vergleichen

„Inwiefern unterscheiden sich die Beschleunigungs- von den fliegend-Leistungen? (s. Praktische Tipps) Bei welchen Schülern sind die Unterschiede groß, bei welchen eher geringer?“

Zusätzlich dazu mehrere Stoppuhren

<table>
<tr><th colspan="2">Hauptteil II (25 Minuten)</th></tr>
<tr><td>Vom Sprunglauf zum Steigesprung
Mittels Sprungläufen (s. Stundenbild 1, Klassenstufe 9/10, S. 110) wird die koordinative Grundlage für die Freeze-Position im späteren Steigesprung eingeübt (s. Fachliche Hinweise). Die Schüler wiederholen zwei bis drei Durchgänge über eine Streckenlänge von ca. 30 m den Sprunglauf.</td><td>Anlaufbahnen der Weitsprunganlage

Hütchen als Ablaufmarkierung

Einzelarbeit (in mehreren Riegen von ca. 8–10 Schülern)</td></tr>
<tr><td>Optional: Steigesprung-Reihen
Zur Rhythmisierung und weiteren Festigung der Freeze-Position eignen sich Steigesprung-Reihen im 1er- bzw. 3er-Rhythmus über kleine Hindernisse (s. Praktische Tipps).</td><td>Zusätzlich dazu kleine Hindernisse, z. B. Schaumstoffblöcke

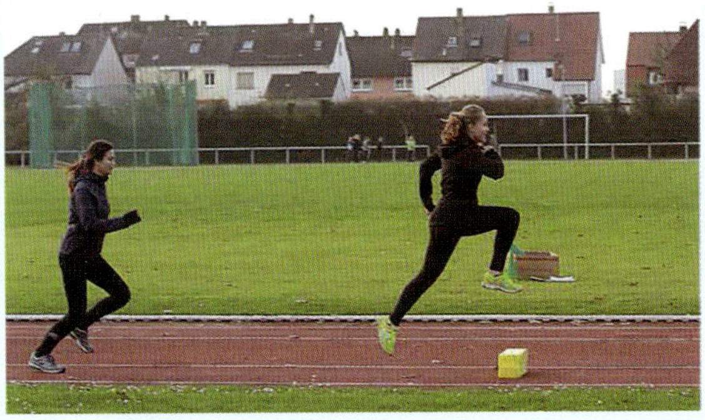</td></tr>
<tr><td>Steigesprung in die Grube
Als Nächstes wird der Steigesprung an der Weitsprunganlage umgesetzt: die Schüler springen aus 5–7 Anlaufschritten in die Grube. Die Landung erfolgt auf dem Schwungbein oder in der Telemark-Position (vgl. Schrader, 2010, S. 20). Sinnvoll ist hier, wenn die Schüler sich paarweise zusammenfinden und gegenseitig Rückmeldung geben (War die Freeze-Position gut zu erkennen?), eventuell können auch Foto- oder Videoaufnahmen angefertigt werden.</td><td>1–3 Weitsprunganlagen

Rechen, Hütchen als Ablaufmarkierung

Einzel- und Partnerarbeit (in 2–3 Riegen von möglichst je 8–10 Schülern)

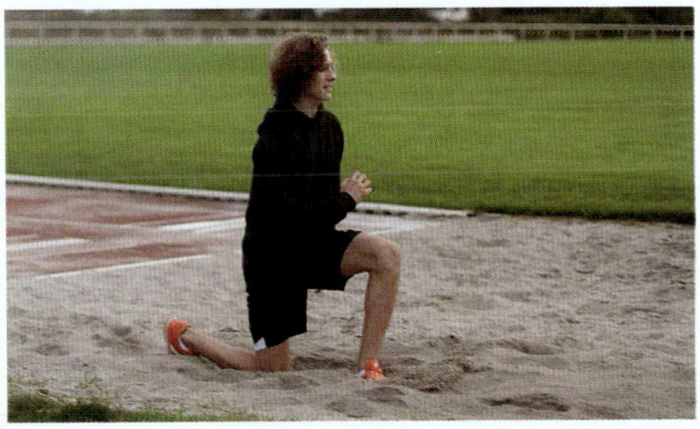</td></tr>
<tr><td>Optional: Übergang zur beidbeinigen Landung
Nachdem die Absprungposition gefestigt wurde, gilt es nun einen Sprung aus zunächst 7 Anlaufschritten mit beidbeiniger Landung in die Grube durchzuführen. Der Fokus liegt dabei aber nach wie vor auf der richtigen Absprungposition.</td><td></td></tr>
</table>

Abschluss (20 Minuten)	
Verlängerung des Anlaufs „Könnt ihr die zuvor erlernten Technikhinweise auch aus einem längeren Anlauf umsetzen?“ Hierfür sollen die Schüler aus verschieden langen Anläufen springen und in Partnerarbeit einen für sich passenden Anlauf festlegen. Dieser wird am Ende in Fuß ausgemessen (s. Praktische Tipps). Die Anlauflänge sollte ca. 12–15 Schritte betragen.	Weitsprunganlage Rechen, Hütchen als Ablaufmarkierung Einzel- und Partnerarbeit
Optional: Weitenmessung Wenn es die Zeit erlaubt, können die Sprünge gemessen oder ein Maßband neben der Grube ausgelegt werden. Dies gibt einen ersten Anhaltspunkt.	Zusätzlich dazu 1 Maßband
Abschlussreflexion „Wie viele Durchgänge habt ihr benötigt, um euch beim Sprintvergleich aufeinander einzustellen? Wie seid ihr dabei vorgegangen? Erklärt! Habt ihr euren individuellen Anlauf beim Weitsprung festgelegt?“	Lehrer-Schüler-Gespräch
Ausblick Das haben wir in der nächsten Stunde vor: „Wir werden euren Anlauf im Weitsprung stabilisieren und dabei gleichzeitig für den Sprint trainieren.“	

Stundenbild 4: Je schneller, desto weiter? / Steckt da etwa Sprint im Weitsprunganlauf?

Zeit	75 Minuten
Niveau	Klassen 9 und 10
Ort	Stadion

Ziele und Kompetenzen

Die Schüler können einen Schrittweitsprung in Grobform durchführen. Sie können das Brett beim Weitsprung-Anlauf treffen.

Vorkenntnisse

Es ist von Vorteil, wenn die Schüler ihre Weitsprung-Anlauflänge kennen.

Fachliche Hinweise

In dieser Altersstufe ist ein längerer Anlauf beim Weitsprung möglich, da das Tempo länger aufrechterhalten werden kann (unsere Empfehlung: 20 bis max. 30 m). Darüber hinaus gilt es nun je nach Bildungsplan oder Schulcurriculum, das Brett zu treffen (im Gegensatz zum Absprung aus der Zone in Klassenstufe 5/6), weshalb die Anlaufgenauigkeit an Bedeutung gewinnt. Sogenannte „Treffläufe“, bei denen ein fiktiver Absprungpunkt überlaufen bzw. an dem ein leichter Take-off in die Weite angedeutet wird, eignen sich nicht nur zur Anlaufschulung im Weitsprung, sondern ebenso als Sprintübung (vgl. Deutscher Leichtathletik-Verband, 2017, S. 159).

Praktische Tipps

Anlaufschulung: Es sollten nicht nur Anlaufkontrollen beim Weitsprung durchgeführt werden, sondern auch noch mindestens zwei komplette Sprünge, da gerade unerfahrene Schüler dazu neigen, ihre Schrittgestaltung zu verändern, sobald abgesprungen werden soll. Es erleichtert die Korrektur, wenn der Lehrer bzw. korrigierende Schüler vor dem Sprung weiß, mit welchem Bein der Schüler abspringen möchte.

Traineraufgabe: Den Schülern rückmelden, ob sie die betreffende Linie beim Aufwärmen bzw. das Brett bei den Treffläufen oder beim Weitsprung getroffen haben.

Literatur

Deutscher Leichtathletik-Verband (2017). *Jugendleichtathletik Grundlagentraining. Rahmentrainingsplan des Deutschen Leichtathletik-Verbandes für die Altersklassen U12 bis U16* (Mediathek Leichtathletik, 1. Auflage). Münster: Philippka.

Schrader, A. (2010). Das methodische Übungsnetz für den Weitsprung. *leichtathletiktraining, 21* (2+3), 14–21.

Auf einen Blick

Phasen	Organisation, Geräte- und Materialbedarf
Einstieg (20 Minuten)	
Vorgespräch „Heute machen wir nur einen Hauptteil in der Stunde, da wir beim Weitsprung sowieso häufig sprinten. Eine Vorübung für den Weitsprung gibt es schon beim Aufwärmen.“	Laufbahn Linien im Stadion (z. B. die Startlinien bei 50 m, 60 m, 75 m, 80 m)
Aufwärmen/Problematisierung: Linientreffen – Brettreffen Die Schüler laufen kurze Distanzen von ca. 10–15 m und lange Distanzen von über 20 m auf eine Linie zu und versuchen, sie mit dem Fuß genau zu treffen (vgl. Schrader, 2010, S. 18). Der Partner beobachtet. Weitere Aufgaben: • „Optimiert eure Trefferwahrscheinlichkeit, indem ihr eure Schritte zählt.“ • „Probiert auch bei höherem Joggingtempo die Linie zu treffen. Wie viele Schritte benötigt ihr jetzt?“ • „Versucht mal, ca. 5 m vor der Linie die Augen zu schließen und blind die Linie zu treffen.“ Wichtig ist hier, dass jeder Schüler ausreichend Bewegungszeit erhält. Deshalb wird auf dem Rückweg gejoggt. Es ist auch möglich, dass ausschließlich der Lehrer und passive Schüler Rückmeldung geben, ob die Linie getroffen wurde. Abschließend absolvieren die Schüler zwei bis drei Rumpfkräftigungsübungen, wie z. B. Unterarmstütz vorlings und rücklings, Seitstütz, jeweils mit Beinabspreizen.	Einzel- und Partnerarbeit Laufzeit mindestens 10–12 min, achten Sie auf genügend Nettolaufzeit! 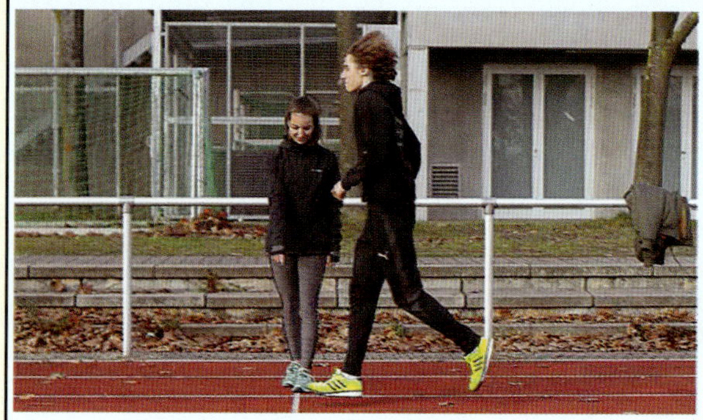
Hauptteil (40 Minuten)	
Als Wiederholung der vergangenen Stunde werden Steigesprünge in die Grube aus max. 7 Anlaufschritten durchgeführt und in diesem Zusammenhang noch einmal die Freeze-Position angesprochen.	Weitsprunganlage Rechen, Hütchen als Ablaufmarkierung
Anlaufschulung Falls die Schüler aus der vergangenen Stunde bereits einen langen Anlauf festgelegt haben, messen sie diesen aus. Daran können sich auch Mitschüler orientieren, die noch nicht über einen individuellen Anlauf verfügen.	Einzel- und Partnerarbeit
Thematisieren der Körperschwerpunktabsenkung An dieser Stelle kann auf die Schrittgestaltung in der Absprungvorbereitung eingegangen werden (s. Stundenbild 2, Sekundarstufe II, S. 156).	Lehrer-Schüler-Gespräch

Im Weitsprunganlauf steckt Sprint Die Schüler absolvieren mit Lehrer- bzw. Partnerkorrektur zunächst sogenannte Treffläufe – nun aber in Sprintgeschwindigkeit (s. Aufwärmen und Fachliche Hinweise). Die Treffläufe sollen folgendermaßen gestaltet werden: Die Schüler laufen in ihrem Anlauftempo (also fast maximal) auf das Brett zu und versuchen, es möglichst genau zu treffen. Dabei sollen sie nicht nach unten auf das Brett schauen und den Absprung nur andeuten. Die Rückmeldung, ob das Brett getroffen wurde, geben der Lehrer oder die passiven Schüler. Anschließend machen sie mindestens zwei komplette Sprünge mit Absprung und beidbeiniger Landung (s. Praktische Tipps).	Einzel- und Partnerarbeit 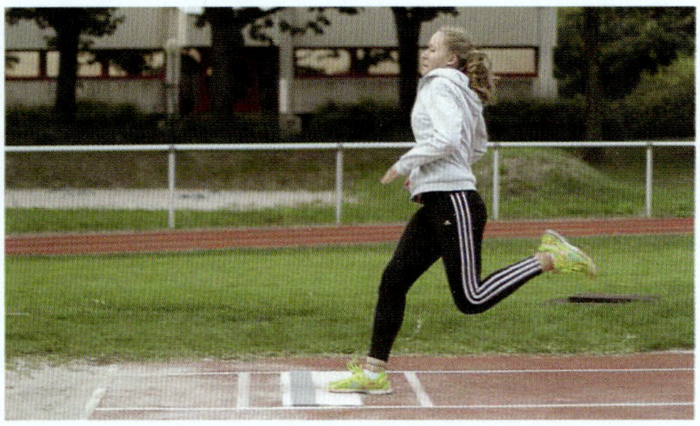
Abschluss (15 Minuten)	
Stundenausklang: Fußkräftigung im Sand Zur Fußkräftigung führen die Schüler folgende Übungen im Sand der Weitsprunganlage durch: • Einbeinstand re und li (auch mit geschlossenen Augen) • Standwaage re und li • Mit Zehen in den Sand „greifen" • Auf dem Fußballen gehen • Auf der Ferse gehen • Auf der Fußinnen- und Fußaußenkante gehen	Sandgrube der Weitsprunganlage Einzelarbeit 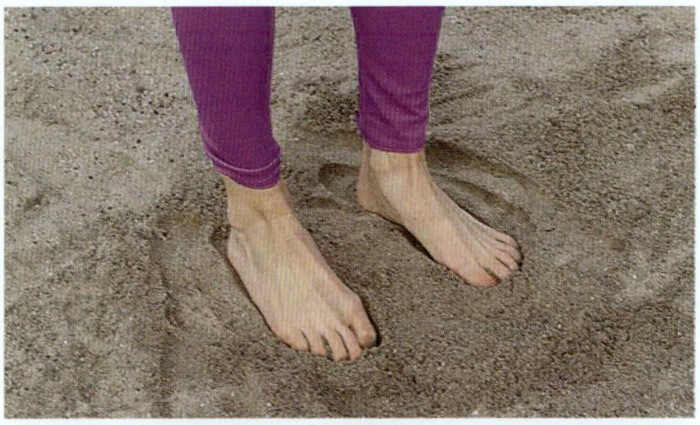 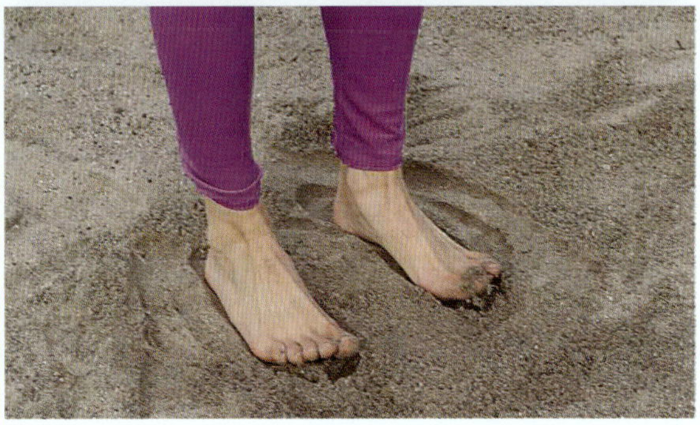
Abschlussreflexion „Nun seid ihr Experten im Weitsprung! Erklärt mal, was man alles wissen muss, um erfolgreich zu springen!" **Ausblick** Das haben wir in der nächsten Stunde vor: „Wir machen Noten im 100-m-Sprint und im Weitsprung."	Lehrer-Schüler-Gespräch

Stundenbild 5: Wir sind bereit für die Sprint- und Sprungnoten!

Zeit 85 Minuten
Niveau Klassen 9 und 10
Ort Stadion

Ziele und Kompetenzen
In diesem Stundenbild steht die pädagogische Perspektive „Leisten erfahren, verstehen und einschätzen" im Vordergrund. Die Schüler können eine Sprintleistung erbringen. Sie können das Startkommando geben. Die Schüler können mit Lehrerunterstützung die Zeit beim Sprintlauf stoppen. Sie können eine Sprungleistung erbringen. Die Schüler können mit Lehrerunterstützung die Sprungweite messen.

Vorkenntnisse
Der Ablauf eines Sprints inklusive Tiefstart sollte bekannt sein. Zudem sollen die Schüler eine Weitsprungtechnik anwenden können.

Fachliche Hinweise

Noten oder noch üben? Wie in allen von uns dargestellten Stundenbildern zur Notenbildung ist es möglich, stattdessen auch noch eine reine Übungsstunde der Disziplinen einzuschieben – je nach Jahresplanung im Schuljahr und Lernstand der Klasse.

Es wird sicher nicht möglich sein, bei größeren Klassen sowohl die Sprint-, als auch die Weitsprungnote in einer Doppelstunde abzunehmen. Hier sind weitere Stunden nötig.

Hinweise zum Regelwerk der Leichtathletik finden Sie in „Unsere Idee von der Leichtathletik in der Sekundarstufe I und II" unter der Rubrik „Die Regeln", s. S. 12.

Praktische Tipps

Kampfrichteraufgabe: Die Schüler helfen bei der Notengebung als Kampfrichter mit.

Traineraufgabe: Die Schüler geben den anderen Schülern bei den Probeversuchen Tipps, was sie besser machen können.

Auf einen Blick

Phasen	Organisation, Geräte- und Materialbedarf
Einstieg (15 Minuten)	
Vorgespräch „Heute gibt's Noten im Sprint und im Weitsprung. Jetzt bereiten wir uns darauf optimal vor!" **Aufwärmen: Schattenlauf und Schattensprung** Die Schüler laufen paarweise hintereinander her. Der vordere Schüler macht eine Bewegung vor, der hintere macht sie wie ein Schatten nach. Nach einiger Zeit erfolgt der Übergang zu Sprung- und Hüpfbewegungen. Thematisieren: „Was bedeutet es, über seinen eigenen Schatten zu springen?" (Sich überwinden, sich zu etwas durchringen etc.) „Sinngemäß könnt ihr heute bei der Notengebung versuchen, ‚über euren eigenen Schatten zu springen'. Also: Was ist euch bislang schwergefallen? Zu was konntet ihr euch noch nicht durchringen?"	Lehrer-Schüler-Gespräch Notentabellen für Notentransparenz Rasen- oder Kunststoffplatz; Feldgröße ca. 1 BB-Feld Ggf. 4 Hütchen, um das Lauffeld zu begrenzen Partnerarbeit Laufzeit mindestens 10 min 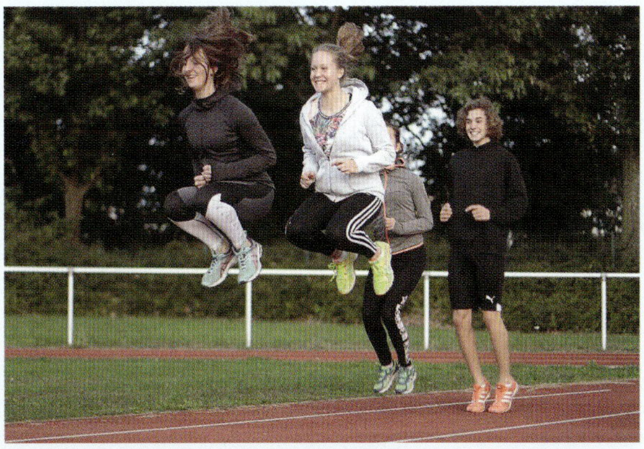
Hauptteil I (30 Minuten)	
Üben 100 m oder Note 100 m Die Schüler werden entsprechend der Anzahl der vorhandenen Bahnen und Startblöcke in mehrere Riegen eingeteilt. Gleichschnelle Schüler starten zusammen. Jeder Schüler absolviert 1–2 Steigerungen über ca. 50–60 m, einen Antritt aus dem Hochstart über ca. 30 m und nach dem individuellen Einstellen des Startblocks einen Probestart über ca. 15 m. Nun treten die Riegen nacheinander an die Startblöcke und absolvieren den 100-m-Sprint aus dem Tiefstart auf Zeit. Die Schüler geben das Startkommando und helfen beim Erfassen der Sprintzeit mit.	100-m-Bahn Stoppuhren, Startblöcke, Startklappe o. Ä. für Kommando Einzelarbeit (in mehreren Riegen)
Hauptteil II (30 Minuten)	
Üben Weitsprung oder Note Weitsprung Am besten wird an der einen Weitsprunganlage geübt und an der anderen die Leistung abgenommen. Manche Schüler benötigen nur einen Probeversuch und können gleich auf Weite springen, andere benötigen zwei Probeversuche und kommen anschließend zur Weitenmessung auf die andere Anlage. Jeder Schüler hat drei Versuche. Die Schüler helfen beim Erfassen der Weite mit.	1–2 Weitsprunganlagen Rechen, 10-m-Maßband, ggf. Hütchen als Ablaufmarkierung, eventuell Gießkanne Einzelarbeit

Abschluss (10 Minuten)	
Abschlussreflexion „Welche Elemente der Weitsprungtechnik konntet ihr gut umsetzen und welche weniger? Wie war die Erfahrung, die 100 m so schnell wie möglich zu laufen? Beschreibt euer Körpergefühl! Konntet ihr ‚über euren eigenen Schatten springen'?"	Lehrer-Schüler-Gespräch

Stundenbild 6: Was zum Teufel ist ein „Fahrtspiel"? / Werfen auf Teufel komm raus!

Zeit 75 Minuten
Niveau Klassenstufe 9 und 10
Ort Stadion oder Sporthalle

Hinweise zum Ort
Dieses Stundenbild ist auch gut in der Sporthalle möglich, man sollte jedoch mindestens die Größe eines BB-Feldes, besser eines HB-Feldes zur Verfügung haben. Wenn in der Halle geworfen wird, stellen sich die Schüler an der kurzen Seite der Halle auf, damit die Wurfdistanz so groß wie möglich ist.
Im Stadion kann man die Bahn gut als Anlauffläche nehmen und von dort aus auf den Rasen werfen.

Ziele und Kompetenzen
In diesem Stundenbild steht die pädagogische Perspektive „Erweiterung der Bewegungserfahrung" im Vordergrund. Die Schüler können in selbstgewählten Intensitätsbereichen ausdauernd laufen und dabei ihre Geschwindigkeit anpassen. Sie können die Ausdauertrainingsmethode Fahrtspiel anhand ihres eigenständig zusammengestellten Trainingsprogramms beschreiben. Die Schüler können mit den zur Verfügung gestellten Wurfgeräten Schlag- und Drehwürfe sowie Stöße absolvieren und die genannten Wurfarten unterscheiden. Sie können mit einem speerähnlichen Gegenstand einen Schlagwurf absolvieren.

Vorkenntnisse
Es ist nicht zwingend nötig, aber sinnvoll, wenn die Schüler bereits vielfältige Wurferfahrungen aus den vorherigen Klassenstufen mitbringen.

Fachliche Hinweise

Das Ziel dieser Unterrichtseinheit bezogen auf den Lauf sind die 800 m. Für Jungen werden im Schulkontext oftmals die 1000 m vorgesehen. Da sich das Training und der Wettkampf der 1000 m nur gering von den 800 m unterscheiden, haben wir in unseren Stundenbildern keine separaten Hinweise für die 1000 m gegeben. Wenn Sie eine 1000-m-Note abnehmen wollen, können Sie eventuell die Laufdauer und die Streckenlängen jeweils leicht anheben.

Wenn Sie sich für den 20- oder 30-min-Lauf entscheiden, müssen Sie die Laufdauer und Streckenlängen deutlicher anheben und ggf. ein Dauerlauftraining in die Hausaufgabe verlagern. Die Zieldisziplin im Wurfbereich ist in dieser Klassenstufe der Speerwurf. Falls Ihre Schule nicht über die nötige Ausstattung verfügt oder Sie sich unsicher sind, ob Ihre Klasse die passenden Voraussetzungen für den Speerwurf mitbringt, können Sie auch das Kugelstoßen aus Klassenstufe 7/8 oder der Sekundarstufe unterrichten, natürlich angepasst an den Entwicklungsstand ihrer 9./10. Klasse.

Ökonomisch oder rhythmisiert unterrichten? Von der Belastungsstruktur der Stunde her wäre es stimmiger, wenn man nach dem Aufwärmen, welches die Ausdauer fordert, einen Hauptteil mit Wurfübungen einschiebt, um im zweiten Hauptteil wiederum die Ausdauer anzusprechen. In dieser Stunde jedoch kann man auch einen fließenden Übergang von Aufwärmen und Ausdauertraining durchführen lassen, da die Inhalte des Wurfprogramms auch mit Vorbelastung gut zu absolvieren sind.

Hinweise zum Unterschied von Wurf und Stoß finden Sie im Stundenbild 6 der Klassenstufe 7/8 (S. 85).

Praktische Tipps

Speerähnliche Wurfgeräte: Als Vorbereitung und unterstützende Übung eignet es sich anstelle des Speers zunächst mit Bällen oder speerähnlichen, länglichen Geräten zu werfen (z. B. Gummistab, Schaumstoffrohre, Hallenspeer, gerolltes Zeitungspapier, Speerwurf-/Nockenbälle, Wurfrakete/„Heuler", Ringtennisringe etc.), ggfs. auch über eine Höhenorientierung (z. B. über das Fußballtor oder eine zwischen zwei Hochsprungständern gespannte Gummischnur bzw. ein gespanntes Flatterband).

Traineraufgabe: Die Schüler entwerfen ein Trainingsprogramm im Sinne eines Fahrtspiels. Die Schüler protokollieren die gelaufenen Fahrtspielvarianten.

Literatur

Bader, R., Chounard, D., Eberle, F., Kromer, R. & Mayer, G. (1998). *Kinderleichtathletik. Band 1 Laufen und Sprinten* (Handreichungen für den Sportunterricht). Stuttgart: Stiftung „Sport in der Schule" Baden-Württemberg.

Bucher, W., Fähndrich, J. & Murer, K. (2014). *1003 Spiel- und Übungsformen in der Leichtathletik* (Reihe Spiel- und Übungsformen, 11., komplett überarbeitete Auflage). Schorndorf: Hofmann.

Hohmann, A., Lames, M. & Letzelter, M. (2010). *Einführung in die Trainingswissenschaft* (5., unveränderte Auflage). Wiebelsheim: Limpert.

Wastl, P. & Wollny, R. (2012). *Leichtathletik in Schule und Verein. Ein Praxishandbuch für Lehrer und Trainer.* Schorndorf: Hofmann.

Auf einen Blick

Phasen	Organisation, Geräte- und Materialbedarf
Einstieg (20 Minuten)	
Vorgespräch/Problematisierung: **Training der Topathleten** Es wird an die Leistung der Weltbesten im Ausdauerlauf, z. B. 800 m oder auch Marathon angeknüpft. Gegebenenfalls können Sie auch ein paar Weltrekorde nennen. „Wie trainieren die Topathleten? Laufen sie alle paar Tage einen Marathon bzw. einen 800-m-Lauf?“ (Nein) „Es gibt viele Ausdauertrainingsmethoden, die in einer sinnvollen Zusammenstellung angewendet werden. Die bekannteste davon ist der Dauerlauf, von dem ihr vielleicht schon einmal gehört habt. Eine spezielle Variante des Dauerlaufs ist das sogenannte ‚Fahrtspiel'. Hierbei wird die Geschwindigkeit spielerisch den Gegebenheiten, z. B. an das Gelände, angepasst und variiert.“ (vgl. Hohmann, Lames & Letzelter, 2010, S. 63f.; s. Stundenbild 1, Klassenstufe 5/6, S. 15).	Lehrer-Schüler-Gespräch
Aufwärmen: Geschwindigkeit schätzen im Viereck Es werden drei verschieden große Laufrunden aufgebaut: klein, mittel und groß. Die Form kann ein Quadrat oder ein Rechteck sein. Jede Runde erhält als Visualisierung eine andere Hütchenfarbe. Die Klasse wird in drei gleichgroße Gruppen aufgeteilt. Jede Gruppe startet auf einer anderen Runde. 1/3 der Schüler auf der inneren, 1/3 der Schüler auf der mittleren und 1/3 der Schüler auf der äußeren Runde. Die Schüler absolvieren nun das Fahrtspiel: Sie laufen 3 Runden auf jeder Rundengröße, die ganze Klasse läuft gemeinsam und kommt gleichzeitig am Ausgangspunkt wieder an. „AA: Ihr sollt nach drei Runden alle gleichzeitig wieder am Starthütchen ankommen!“ Damit ergibt sich, dass die Schüler auf der kleinsten Runde langsam joggen, die auf der mittleren Runde flott joggen und die auf der größten Runde schnell joggen. Nach 3 Runden wird getauscht: Die innere Runde wechselt auf die mittlere Runde, die mittlere Runde auf die äußere und die äußere Runde ganz nach innen, als Erholung. Es wird ein drittes Mal getauscht. Die Rundenzahl wird anschließend gesteigert auf 8–10 Runden pro Durchgang (vgl. Wastl & Wollny, 2012, S. 56; Bader et al., 1998, S. 47).	Rasen- oder Kunststoffplatz; Feldgröße ca. 1 BB-Feld Pro 25–30 Schüler 12 Hütchen in drei verschiedenen Farben, ggf. Stoppuhr Gruppenarbeit Laufzeit mindestens 10–15 min 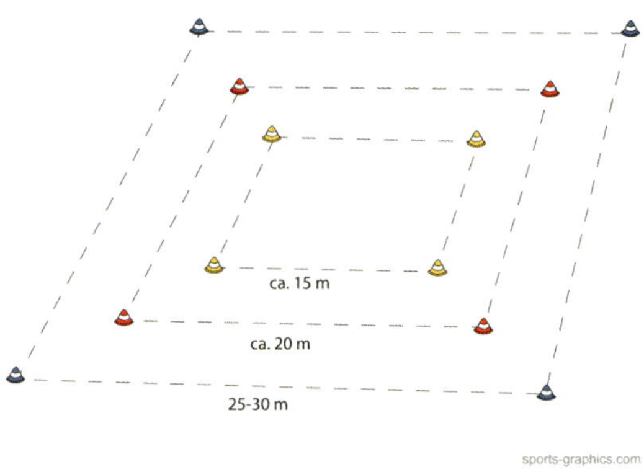
In diesem Zusammenhang wird auf das Ziel der Unterrichtseinheit hingewiesen: Eine Ausdauerleistung erbringen über 800 m (wenn auf längere Strecken trainiert werden soll: öfters mal die Dauer der Übungen verlängern und das Tempo etwas drosseln).	Lehrer-Schüler-Gespräch

Hauptteil I (15 Minuten)	
Was zum Teufel ist ein Fahrtspiel? Fließender Übergang zum Hauptteil. Es findet nun ein Training in der gleichen Organisationsform statt, aber nun individuell in einer bestimmten Dauer: Die Vorgabe lautet, dass mindestens 10 min am Stück gelaufen werden und dabei so häufig wie möglich auf den schnelleren Runden. „Mit welchen Belastungszeichen könnt ihr rechnen und wie geht ihr damit um?“ (s. Stundenbild 8, Klassenstufe 7/8, S. 95). Hierbei ist es denkbar, dass die Schüler in leistungshomogenen Paaren zusammengehen.	Rasen- oder Kunststoffplatz; Feldgröße ca. 1 BB-Feld Pro Paar 1 Blatt und 1 Stift bzw. 1 großes Plakat und mehrere Stifte, Arbeitsblatt 9, s. Anhang S. 221 Einzel-, wahlweise Partnerarbeit
Reflexion Trainingsprogramme „Welche Trainingsprogramme habt ihr euch auferlegt?“ (Visualisieren mit Plakat – Tabelle o. Ä.) „War euer Laufprogramm ein Fahrtspiel?“	Lehrer-Schüler-Gespräch
Hauptteil II (25 Minuten)	
Werfen auf Teufel komm raus Die Schüler werfen mit allen möglichen Wurfgeräten in allen für sie denkbaren Wurfarten. Es werden erst alle vorhandenen Wurfgeräte geworfen und anschließend alle gemeinsam geholt.	Rasen- oder Kunststoffplatz; Feldgröße ca. ½ FB-Feld (Hallenalternative: Feldgröße am besten HB-Feldgröße) Bälle, Schaumstoffrohre, weitere Wurfgeräte nach Möglichkeit (Stäbe, Wurfrakete/ „Heuler“, Mini-/Hallenspeer, etc., s. Praktische Tipps) Einzelarbeit 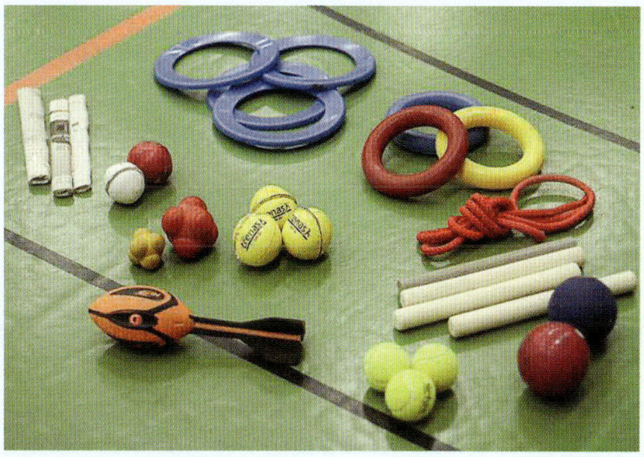
Problematisierung: Werfen in der Leichtathletik „Welche Wurfdisziplinen werden in der Leichtathletik unterschieden?“ (Ballwurf, Speerwurf, Diskuswurf, Hammerwurf und Kugelstoßen). „Inwieweit können diese Disziplinen kategorisiert werden?“ (Schlagwurf, Drehwurf und Stoß, s. auch Körperebenen in Stundenbild 7, Klassenstufe 5/6, S. 44). In diesem Zusammenhang wird der Schlagwurf, um den es in dieser und den folgenden Stunden geht, im Vergleich zum Drehwurf und dem Stoß herausgearbeitet.	Lehrer-Schüler-Gespräch

<table>
<tr><td>Üben des Schlagwurfes
Die Schüler werfen im Schlagwurf mit speerähnlichen Geräten, um die Flugeigenschaften kennenzulernen. Hier sollen sie so viele Durchgänge wie möglich mit dem geübten und ungeübten Wurfarm absolvieren.</td><td>Einzelarbeit
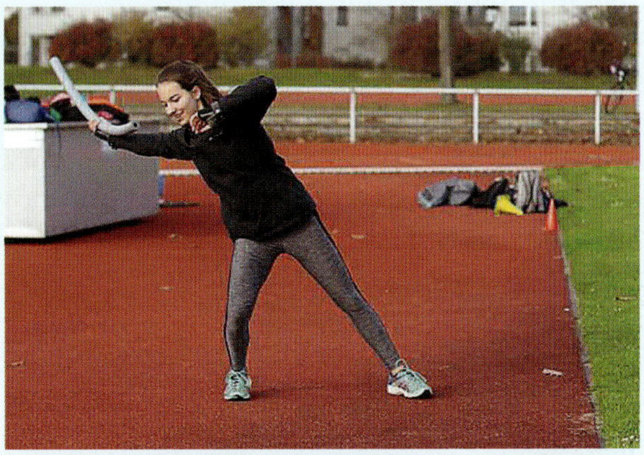
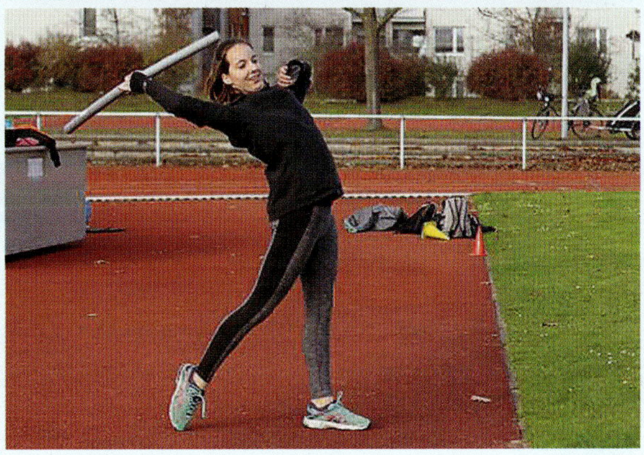</td></tr>
<tr><td>Optional: Herausarbeiten des Zwecks des Anlaufes, der Drehstreckbewegung und der Bogenspannung</td><td>Lehrer-Schüler-Gespräch</td></tr>
<tr><td colspan="2">Abschluss (15 Minuten)</td></tr>
<tr><td>Abschlussspiel „Feld räumen“
Die gefährlichen Wurfgeräte aus Hauptteil II (also harte, schwere und große Wurfgeräte, z. B. Wurfstäbe) werden aussortiert. Die restlichen Wurfgeräte werden auf zwei Mannschaften gleichmäßig aufgeteilt. Eine Mittellinie wird durch Hütchen festgelegt oder – in der Halle – mit Bänken markiert. Bei wurfstarken Klassen empfiehlt sich in der (Hallen-)Mitte ein Korridor, der nicht betreten werden darf. Ziel ist es, alle Wurfgeräte in das Feld der gegnerischen Mannschaft zu werfen. Die Mannschaft, die nach einer vorgegebenen Zeit weniger Wurfgeräte auf ihrer Seite hat, hat gewonnen (vgl. Bucher, Fähndrich & Murer, 2014, S. 171).</td><td>Rasen- oder Kunststoffplatz;
Feldgröße ca. 1 VB-/BB-Feld

Viele Bälle und weitere ungefährliche Wurfgeräte, ca. 8 Hütchen (Hallenalternative: 2–3 Bänke in der Hallenmitte aufstellen)

Gruppenarbeit</td></tr>
<tr><td>Abschlussreflexion
„Wiederholt noch mal die verschiedenen Wurfarten und nennt die Wurfart, die wir für den Speerwurf benötigen! Wer kann noch mal das Fahrtspiel als Ausdauertrainingsmethode erklären?“

Ausblick
Das haben wir in der nächsten Stunde vor:
„Wie kann man seine Ausdauerleistung noch verbessern? (Lauftechnik verbessern). Außerdem wollen wir ins Speerwerfen reinschnuppern.“</td><td>Lehrer-Schüler-Gespräch</td></tr>
</table>

Stundenbild 7: Lauf-ABC: Wir werden zu Experten / Reinschnuppern ins Speerwerfen!

Zeit 85 Minuten
Niveau Klassenstufe 9 und 10
Ort Stadion, ggf. Sporthalle

Hinweise zum Ort
Dieses Stundenbild ist nur schwer in der Sporthalle durchzuführen, da sowohl das Speerwerfen als auch der 800-m-Lauf ausschließlich im Stadion gut möglich sind. Das Lauf-ABC, die Übungen zum Laufstil und das Werfen mit speerähnlichen Hallenwurfgeräten sind Stundenteile, die in eine Sporthalle transferiert werden können.

Ziele und Kompetenzen
Die Schüler können Übungen des Lauf-ABC nennen und durchführen. Sie können in einem ökonomischen Laufstil laufen. Die Schüler können das Gerät „Speer“ im korrekten Griff halten und die Flugeigenschaften beschreiben. Sie können Übungen aus dem Lauf-ABC mit dem Speer durchführen (sogenanntes Speer-ABC). Die Schüler können den Speer aus dem Stand in verschiedenen Varianten werfen.

Vorkenntnisse
Einige Übungen des Sprint- oder Lauf-ABC sollten schon bekannt sein. Vielfältige Wurferfahrungen und der Schlagwurf mit dem Ball bilden die Grundlage für das Werfen mit dem Speer.

Fachliche Hinweise

Der gängigste und von uns empfohlene Griff beim Speerwerfen ist die Griffhaltung mit Daumen und Zeigefinger hinter der Wicklung, damit mit diesem beiden Fingern der Speer bis zuletzt beschleunigt werden kann (vgl. Deutscher Leichtathletik-Verband, 2017, S. 220).

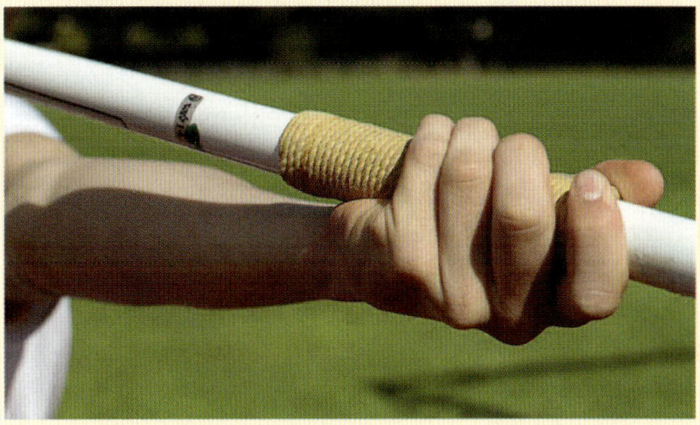

Im Vergleich zum Ballwurf ist es beim Speerwurf schwierig, den langen Speer während des Anlaufs zu kontrollieren. Um die Anlaufgestaltung zu entwickeln und optimieren, eignen sich koordinative Übungen mit dem Speer. Durch das sogenannte „Speer-ABC“ gewöhnen sich die Schüler an das Gerät. Die Übungen werden im Anfängerbereich ohne Abwurf durchgeführt, sodass das Augenmerk auf der Handhabung sowie den grundlegenden Elementen des Speeranlaufs liegt (vgl. May, 2011, S. 16f.). Die Übungen werden mit zurückgeführtem Wurfarm ausgeführt, wobei sich die Speerspitze auf Stirnhöhe befindet.

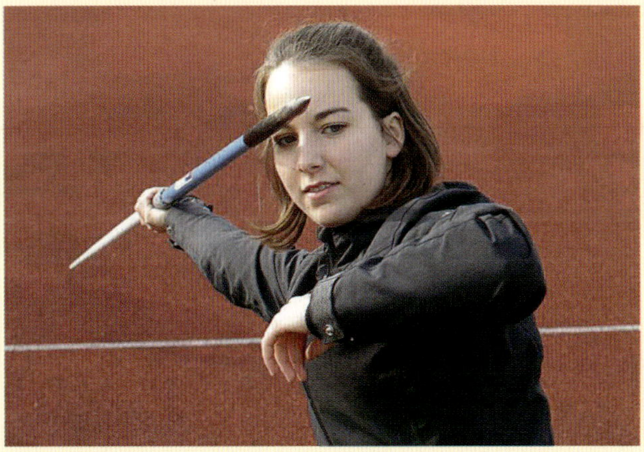

Praktische Tipps

Sicherheit geht vor: Es wird nur geworfen, wenn die Wurffläche auf 180 Grad frei ist. Es wird niemals nach dem Holen des Geräts Richtung Gruppe zurückgeworfen, auch wenn man meint, dass der Abstand groß genug sei. Die Speere werden immer senkrecht getragen, niemals waagrecht. Achten Sie auf genügend Abstand zwischen den Schülern bei sämtlichen Übungen.

Orientierung im Raum: Es ist empfehlenswert, die Speer-ABC-Übungen auf einer Linie durchführen zu lassen, die als Orientierung für die Lauf- und später die Wurfrichtung dient.

Erhöhung der Übungszeit mit dem Speer: In der gesamten Unterrichtseinheit soll vorwiegend mit dem Speer geworfen werden. Wenn nicht genügend Speere vorhanden sind, zusätzlich Bälle oder speerähnliche Wurfgeräte benutzen (s. Stundenbild 6, Klassenstufe 9/10, S. 127) und nach jedem Wurf unter den Schülern die Wurfgeräte tauschen lassen.

Traineraufgabe: Passive Schüler geben beim 800-m-Lauf Zwischenzeiten durch.

Literatur

Deutscher Leichtathletik-Verband (2017). *Jugendleichtathletik Grundlagentraining. Rahmentrainingsplan des Deutschen Leichtathletik-Verbandes für die Altersklassen U12 bis U16* (Mediathek Leichtathletik, 1. Auflage). Münster: Philippka.

Looks, B. (2012). Vom Schlag- zum Speerwurf. *leichtathletiktraining, 23* (2+3), 46–53.

May, R. (2011). Koordination mit dem Speer. *leichtathletiktraining, 22* (11), 16–23.

Auf einen Blick

Phasen	Organisation, Geräte- und Materialbedarf
Einstieg (15 Minuten)	
Vorgespräch/Problematisierung: Schneller im Marathonlauf Es wird an das Gespräch über den Marathon der vergangenen Stunde erinnert: „Wie könnte jemand schneller werden, ohne seine Ausdauer zu trainieren oder die Bedingungen des Laufes zu verändern?“ (Lauftechnik verbessern) „Darum soll es heute zunächst einmal gehen.“	Lehrer-Schüler-Gespräch
Aufwärmen: Laufstilcheck und Übungen des Lauf-ABC Allgemeines Aufwärmen: Die Schüler laufen eine 400-m-Runde in „schönem“ Laufstil und achten dabei bei sich und bei anderen darauf, an welchen Merkmalen sie den „schönen“ Laufstil festmachen. Anschließend wird besprochen: „Was für Merkmale gibt es? Wie könnte man das üben?“ (Lauf-ABC-Übungen durchführen, um Merkmale des Laufens zu verbessern) Spezielles Aufwärmen: Übungen des Lauf-ABC Bei den Schülern wird das Vorwissen der vergangenen Schuljahre oder aus ihrem Vereinstraining abgerufen (s. Stundenbild 1, Klassenstufe 7/8, S. 61). Beispiele für Übungen sind: • Anfersen • Skippings • Kniehebelauf • Kombination der verschiedenen Übungen und jeweils verschiedene Rhythmen Auf dem Rückweg joggen die Schüler.	Laufbahn; pro 5 Schüler 1 Bahn der Streckenlänge 30–40 m; ggf. auch Rasen- oder Kunststoffplatz; Feldgröße ca. BB-Feldgröße Einzelarbeit, Lehrer-Schüler-Gespräch Netto-Laufzeit möglichst mindestens 10 min Hütchen zum Abstecken der Laufstrecke
Hauptteil I (10 Minuten)	
Laufstiltraining Fließender Übergang zum Hauptteil: Die bereits im Lehrer-Schüler-Gespräch erarbeiteten Merkmale einer ökonomischen Lauftechnik werden noch einmal aufgegriffen. Im Folgenden werden vor allem folgende Technikmerkmale umgesetzt (s. Stundenbild 7, Klassenstufe 7/8, S. 91 f.): • Ruhige Armführung • Winkel zwischen Unter- und Oberarm ca. 90 Grad • Flüssige, lockere Beinführung • Stabiler Rumpf, Oberkörper rotiert kaum Die Schüler laufen dazu im flotten Joggingtempo ca. 50 m immer wieder hin und wieder zurück. Einzelne Schüler, die das gut umsetzen können, dürfen den anderen vorführen.	Laufbahn; pro 5 Schüler 1 Bahn der Streckenlänge 40–50 m Lehrer-Schüler-Gespräch, Einzelarbeit, Schülerdemonstration

Hauptteil II (45 Minuten)

Das Speer-ABC

Das Speer-ABC funktioniert wie das Lauf-ABC, nur mit Wurfgerät in der Wurfauslage in der Hand. Bevor es losgeht, gibt der Lehrer einige Sicherheitshinweise (s. Praktische Tipps). Die Speere werden nur auf Ansage des Lehrers geworfen und geholt.
Die Einstiegsfrage lautet: „Weiß jemand, wie man den Speer richtig hält?“ (Wichtige Begriffe wie Spitze, Wicklung, auch die Griffhaltung und Position klären, s. Fachliche Hinweise und Bild rechts).
Um sich an den Speer zu gewöhnen, werden folgende Übungen jeweils seitlich mit dem Speer in Rückhalte/Wurfauslage durchgeführt (vgl. May, 2011, S. 18ff.):

- Fußgelenkarbeit
- Skippings
- Kniehebelauf
- Kreuzschritte im Gehen
- Kreuzschritte im Laufen

Laufbahn; pro 5 Schüler 1 Bahn der Streckenlänge 30–40 m; ggf. auch Rasen- oder Kunststoffplatz; Feldgröße ca. BB-Feldgröße

Speere (falls nicht ausreichend vorhanden, zusätzlich Gymnastikstäbe oder sonstige Stangen für das Speer-ABC nutzen)

Einzelarbeit, Partnerarbeit

Achten Sie auf genügend Sicherheitsabstand und das Einhalten aller besprochenen Sicherheitsregeln

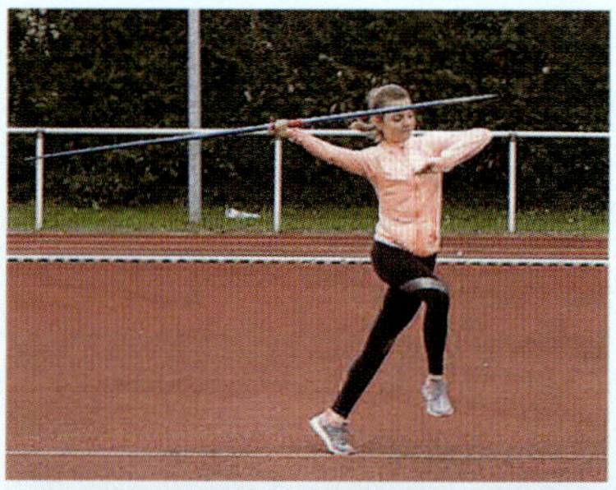

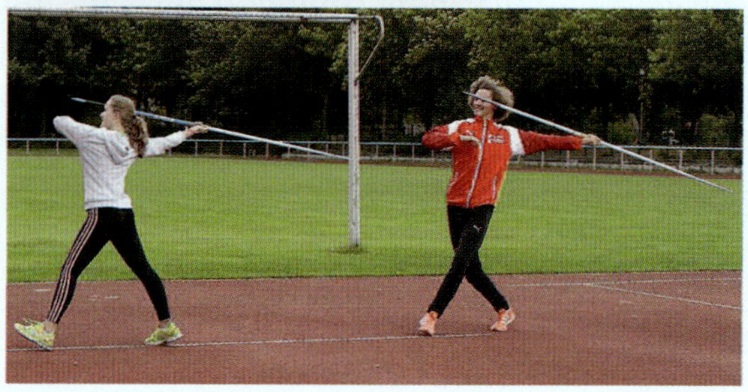

Reinschnuppern ins Speerwerfen

Nun verteilen sich die Schüler mit ausreichendem seitlichen Abstand und werfen den Speer von der Bahn auf den Rasen aus dem Stand bzw. aus einem Schritt (vgl. Looks, 2012, S. 50f.):

- Würfe aus dem frontalen Stand mit über Kopf gebeugtem Wurfarm (sogenannte Steckwürfe)
- Würfe aus der Wurfauslage mit gestrecktem Wurfarm (sogenannte Bogenwürfe)

Rasenplatz; Feldgröße 1 FB-Feld

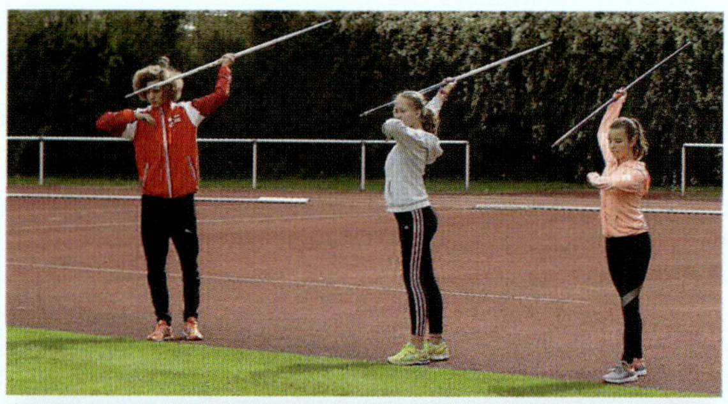

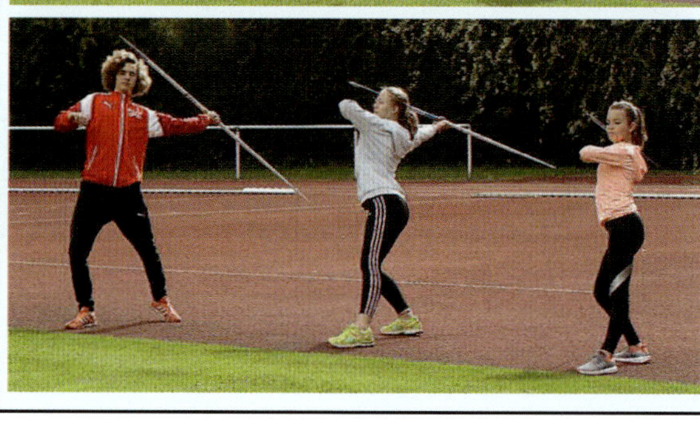

Zwischenreflexion: Bogenspannung
Die eventuell bereits in der vergangenen Stunde angesprochene Bogenspannung kann durch die Schüler erspürt werden, wenn ein Partner hinten am Speer zieht und der Werfer gegen den Zug arbeiten muss.

Lehrer-Schüler-Gespräch

Partnerarbeit

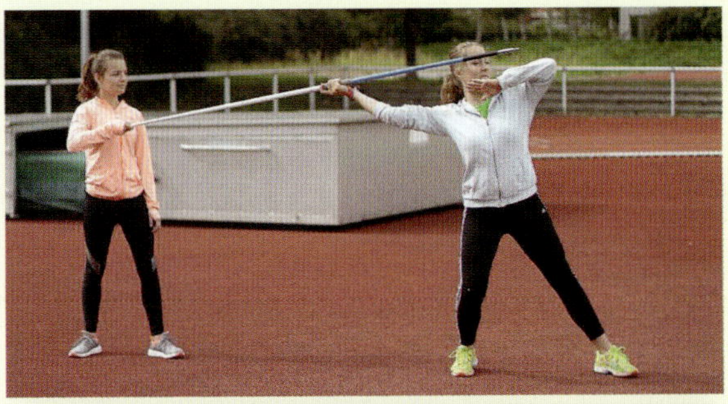

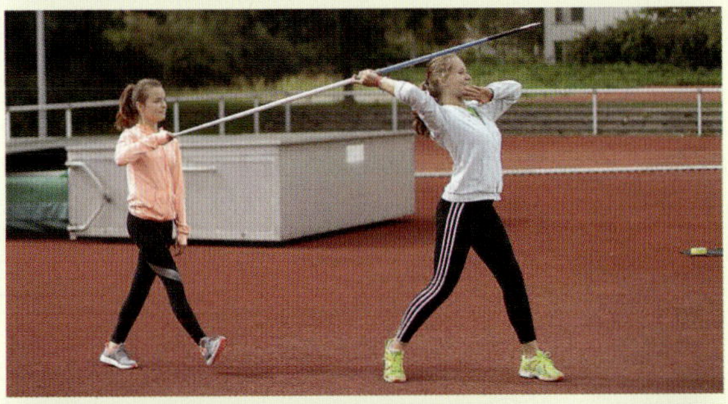

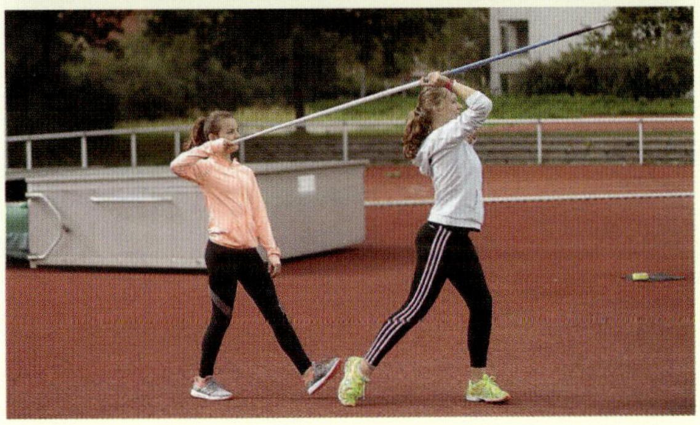

- Wurf aus einem Auftaktschritt

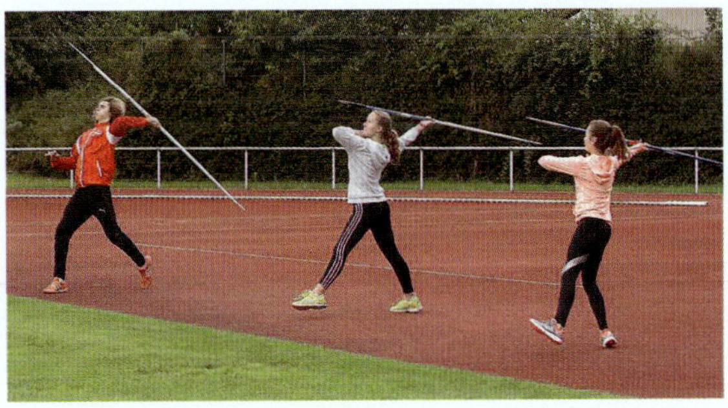

Abschluss (15 Minuten)	
Test 800 m Die Schüler erfahren ihren Leistungsstand über 800 m. Dazu machen sie zuerst 1–2 Steigerungen über 50 m, um das Herz-Kreislauf- und das Muskelsystem zu aktivieren. Anschließend erfolgt der Testlauf über 800 m, bei dem die Schüler versuchen, den eingeübten ökonomischen Laufstil umzusetzen.	400-m-Rundbahn Stoppuhren, ggf. Hütchen als Markierung für die Zwischenzeiten bei 100 m, 200 m, 300 m Einzelarbeit
Abschlussreflexion „Die sogenannten ‚ABC'-Übungen: Seid ihr jetzt Experten? Begründet! Beschreibt mal eure Erfahrungen mit dem Wurfgerät Speer und den Unterschied zu euren bisherigen Wurfgeräten! Seid ihr schon zufrieden mit eurer 800-m-Zeit?"	Lehrer-Schüler-Gespräch
Ausblick Das haben wir in den nächsten Stunden vor: „Wir wollen aus dem Anlauf Speerwerfen und weitere Trainingsmethoden für die Ausdauer kennen lernen."	

Stundenbild 8: Wir setzen den Impuls beim Speerwerfen / Der Pythagoras-Lauf[15]!

Zeit 80 Minuten
Niveau Klassenstufe 9 und 10
Ort Stadion

Hinweise zum Ort
In der Sporthalle ist nur der Hauptteil Wurf mit Bällen oder Hallenspeeren möglich.

Ziele und Kompetenzen
Die Schüler können den Speer im 3er-Rhythmus in Grobform werfen. Sie können ein extensives Intervalltraining als Ausdauertrainingsmethode durchführen.

Vorkenntnisse
Vielfältige Wurferfahrungen sind fast unabdingbar.

Fachliche Hinweise

Der Speerwurf ist aus technischer Sicht eine sehr anspruchsvolle Disziplin. Schlüsselelemente sind der zyklische und azyklische Anlauf mit Speerrückführung, der Impulsschritt, der Stemmschritt und schließlich der Abwurf (vgl. Looks, 2012, S. 47). Um die Technik zu vereinfachen, kann auf den zyklischen Anlaufteil sowie die Speerrückführung verzichtet werden. Die Zieltechnik wird somit bei den meisten Schülern vermutlich der 5er-Rhythmus (eventuell auch der 3er-Rhythmus) mit ausgestrecktem Wurfarm sein. Speerwerfen mit bereits rückgeführtem Wurfarm ist z.B. bei Mehrkämpfern bzw. insbesondere bei Mehrkämpferinnen (teilweise sogar im Spitzenbereich) durchaus verbreitet.

Bei Schlagwürfen (mit dem Ball oder Speer) besteht die Notwendigkeit einer guten Beweglichkeit und Stabilität in Wirbelsäule, Schultern, Ellbogen und Handgelenk (vgl. Deutscher Leichtathletik-Verband, 2017, S. 218). Dem Wurftraining sollten dementsprechend möglichst einige Beweglichkeits- und Kräftigungsübungen vorausgehen.

Praktische Tipps

Impulsschritt über Gasse: Um den Impulsschritt zu verdeutlichen, können flache Markierungen auf dem Boden (z. B. mit Klebeband oder Kreide) angebracht werden. Sind die Markierungen zu hoch, springen die Schüler anstatt den Impulsschritt flach über die „Gasse" auszuführen.

Beobachteraufgabe: Die Schüler protokollieren die Laufwege beim Pythagoras-Lauf und rechnen die Laufstrecke mit Hilfe des Satzes des Pythagoras aus.

Literatur

Deutscher Leichtathletik-Verband (2011). *Jugendleichtathletik. Rahmentrainingsplan des Deutschen Leichtathletik-Verbandes für die Wurfdisziplinen im Aufbautraining* (Mediathek Leichtathletik). Münster: Philippka.

Deutscher Leichtathletik-Verband (2017). *Jugendleichtathletik Grundlagentraining. Rahmentrainingsplan des Deutschen Leichtathletik-Verbandes für die Altersklassen U12 bis U16* (Mediathek Leichtathletik, 1. Auflage). Münster: Philippka.

Hohmann, A., Lames, M. & Letzelter, M. (2010). *Einführung in die Trainingswissenschaft* (5., unveränderte Auflage). Wiebelsheim: Limpert.

Looks, B. (2012). Vom Schlag- zum Speerwurf. *leichtathletiktraining, 23* (2+3), 46–53.

Oltmanns, K. (2008). Das methodische Übungsnetz für die Entwicklung vom Ball- zum Speerwurf. *leichtathletiktraining, 19* (6), 28–33.

15 Der Satz des Pythagoras ist in verschiedenen Bildungsplänen in unterschiedlichen Stufen verortet. Es ist jedoch davon auszugehen, dass er irgendwann zwischen Klasse 7 und 10 unterrichtet wird. Falls in Ihrem Bildungsplan der Satz des Pythagoras bereits in 7/8 vorgesehen ist, können Sie entweder auf das Wissen zurückgreifen oder den Inhalt auch mit dem Stundenbild 9 der Klassenstufe 7/8 tauschen.

Auf einen Blick

Phasen	Organisation, Geräte- und Materialbedarf
Einstieg (15 Minuten)	
Aufwärmen: Ball und Lauf Die Schüler führen Beweglichkeits- und Rumpfkräftigungsübungen im Wechsel mit dem Einlaufen durch („Spannung mitnehmen"). Hierfür liegen 200-g-Bälle bereit, nach jeder Laufrunde (ca. 1 BB-Feldgröße, Grafik dazu s. S. 83) erfolgt eine Übung:	Rasen- oder Kunststoffplatz; Feldgröße ca. BB-Feldgröße 200-g-Bälle, Speere, Hütchen, um die Laufrunde abzustecken Einzelarbeit
• Ball in Bauchlage hinter dem Rücken kreisen lassen und dabei ganz vorne und ganz hinten in die andere Hand übergeben	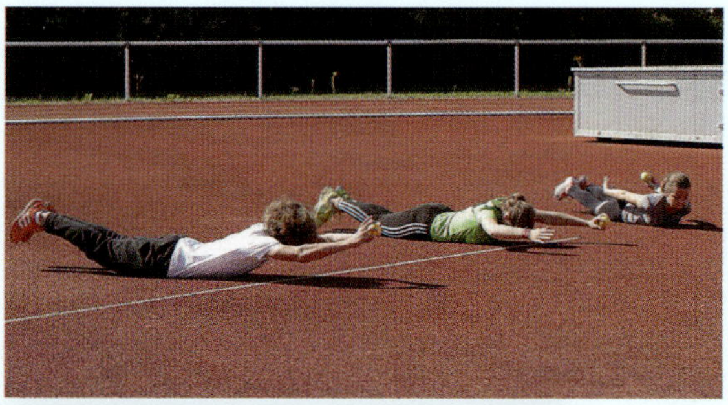
• Ball im Langstütz um Arme als eine 8 rollen	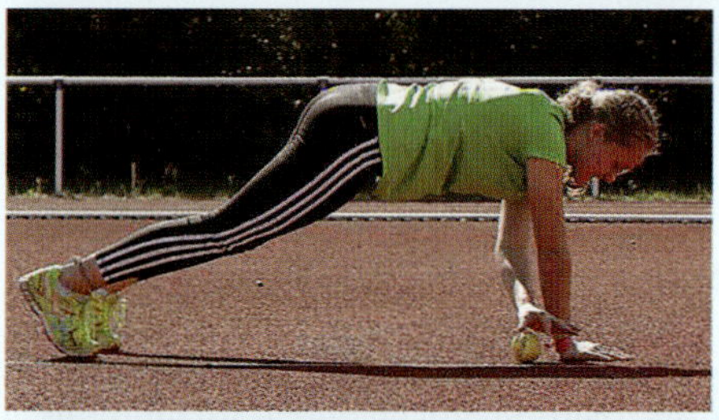
• Ball im Schwebesitz um die Beine kreisen lassen	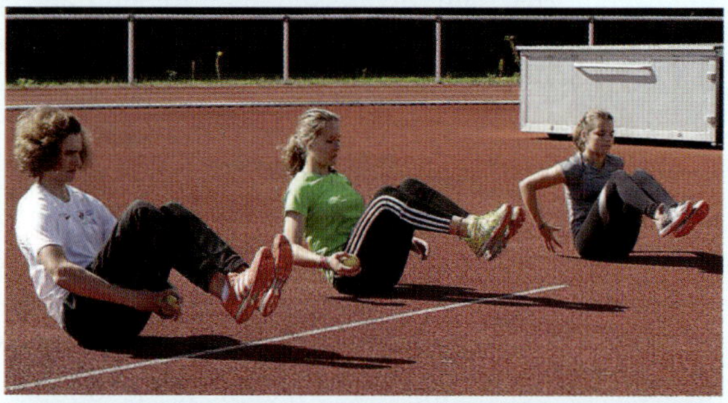
• Ball im Unterarmstütz mit einer Hand in Reichweite vorne ablegen und wieder mit der anderen Hand holen	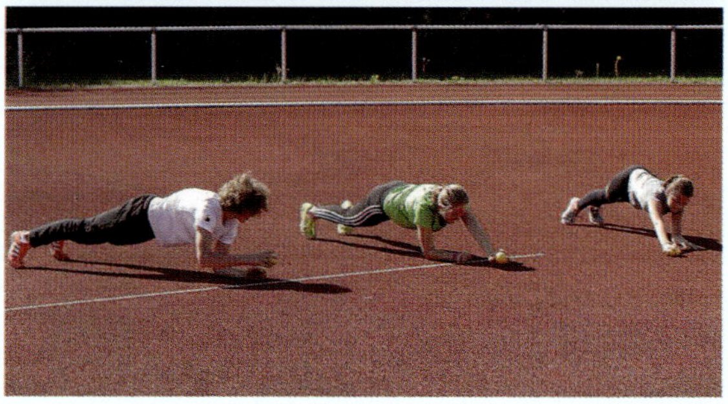
Anschließend wird die Gruppe geteilt, allerdings nur, wenn es einen Nebenplatz für das Speerwerfen gibt: die eine Hälfte erarbeitet selbstständig ein Laufprogramm, die andere geht zum Speerwerfen.	

Hauptteil I (25 Minuten)	
Hinführung zur Speerwurftechnik Die Schüler werden folgendermaßen an das Werfen aus dem 3er-Rhythmus mit dem Speer herangeführt (vgl. Deutscher Leichtathletik-Verband, 2011, S. 148ff.): • Wiederholung der Schrittfolge des 3er-Rhythmus (mit Ball) aus dem Gehen; erst ohne, dann mit Abwurf • 3er-Rhythmus (mit Speer) aus dem Gehen; erst ohne, dann mit Abwurf • 3er-Rhythmus (mit Speer) in Normalgeschwindigkeit mit Abwurf Hilfreich für die Schüler ist die Schrittlängenvorgabe am Boden, z. B. durch eine mit Klebeband oder Kreide markierte Gasse für den Impulsschritt (vgl. Oltmanns, 2008, S. 29), s. Bildserie unten. Bei allen Übungen ist aus Sicherheitsgründen eine enge Führung des Lehrers unerlässlich. 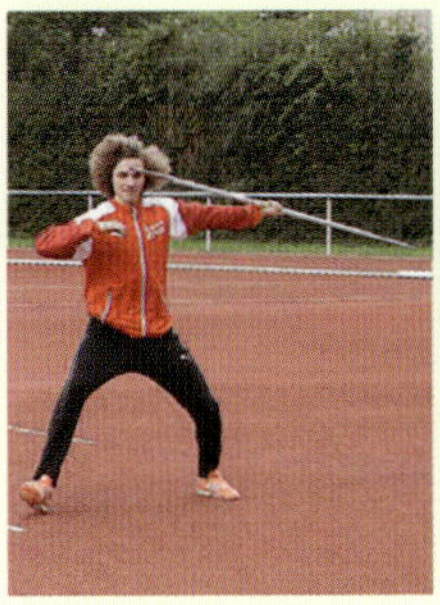 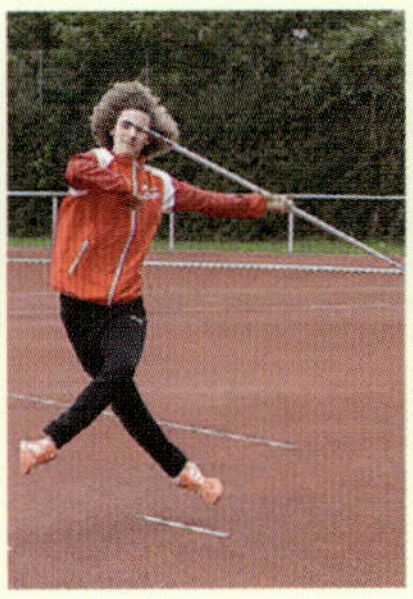 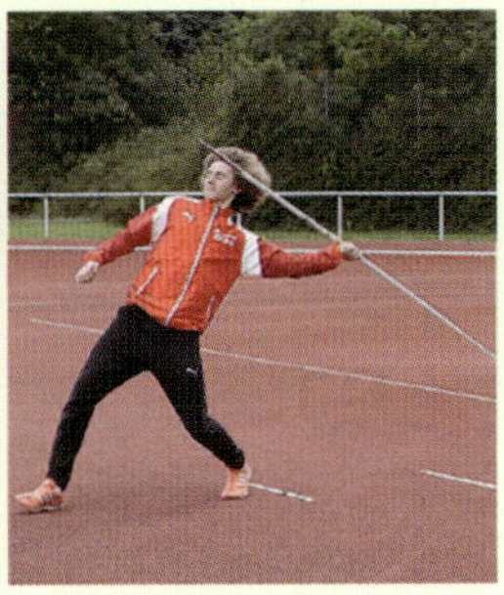	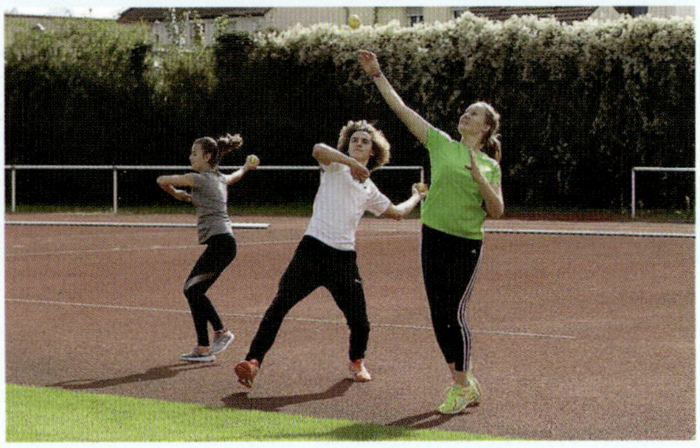 Rasenplatz; Feldgröße mindestens ½ FB-Feld (Sicherheitsabstand zu anderen Klassen) 200-g-Bälle, Speere, Klebeband oder Kreide Einzelarbeit Achten Sie auf genügend Sicherheitsabstand und das Einhalten aller besprochenen Sicherheitsregeln

Hauptteil II (25 Minuten)

Der Pythagoras-Lauf

Die kurze Seite eines Fußball-Feldes hat ca. 65 m und die lange Seite ca. 100 m. Die Diagonale hat folglich – laut des Satzes des Pythagoras – eine Streckenlänge von ca. 120 m.

Die Schüler laufen auf dem Rasenplatz (FB-Feldgröße) auf der Diagonale flotter bzw. im Renntempo und auf der kurzen Seite des Platzes machen sie Trabpause (die Fitteren) oder Gehpause. Hier kann man je nach Leistungsstärke der Klasse ein passendes Laufprogramm zusammenstellen. Für laufstarke Schüler wäre ein Programm von 2 x 4 x die Diagonale (Serienpause ca. 3 min) mit Trab- oder Gehpause der kurzen Seite möglich. Eher untrainierte Klassen sollten mit 2 x 2–3 Diagonalen laufen und auf jeden Fall eine Gehpause an den kurzen Seiten einlegen.

Es ist auch denkbar, dass die Schüler sich selbst ein Laufprogramm zusammenstellen oder während des Laufens an ihre aktuelle Befindlichkeit anpassen.

Rasenplatz (FB-Feldgröße)

Einzelarbeit

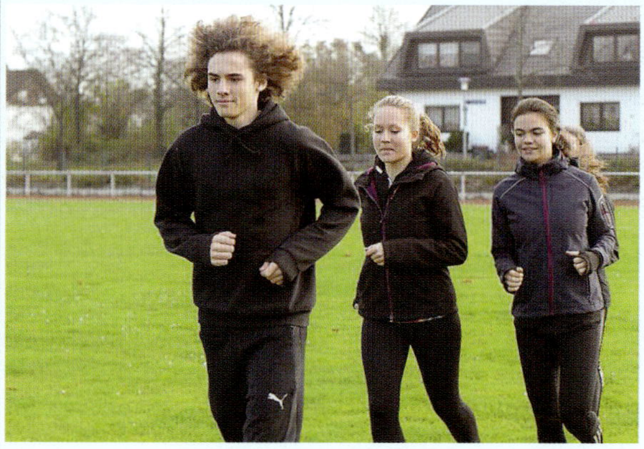

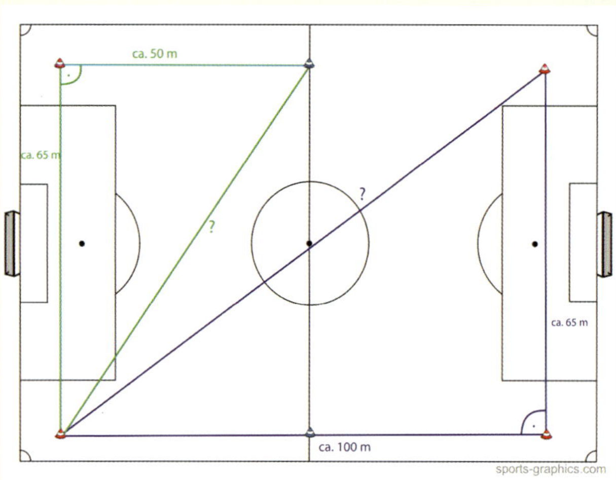

Reflexion Ausdauertrainingsmethode

Diese Trainingsmethode entspricht dem extensiven Intervalltraining, da hier nicht mehr dauernd gelaufen wird wie bei einem Fahrtspiel, sondern jeweils kurze Pausen gemacht werden, die aber nicht der vollständigen Erholung dienen (vgl. Hohmann, Lames & Letzelter, 2012, S. 63f.).

Lehrer-Schüler-Gespräch

<table>
<tr><th colspan="2">Abschluss (15 Minuten)</th></tr>
<tr><td>Abschlussspiel: Speermikado
Alle Speere werden auf einer kleinen Fläche kreuz und quer in den Boden gesteckt. Jeder muss einen Weg durch das Speermikado finden, ohne einen Speer zu berühren. Aus Sicherheitsgründen muss dabei darauf geachtet werden, dass die Speere nicht zu schräg gesteckt werden und die Schüler sich langsam hindurchbewegen.
Falls zu wenige Speere da sind, werden Gymnastikstäbe, Stangentore und Seile hinzugenommen.</td><td>Rasenplatz; Feldgröße ca. 1 Badmintonfeld

Alle Speere (ggf. Gymnastikstäbe, Stangentore, Seile)

Einzel- und Gruppenarbeit

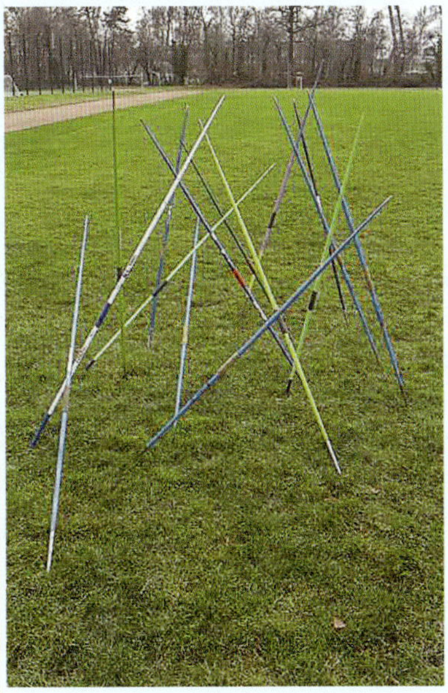</td></tr>
<tr><td>Abschlussreflexion
„Fühlt ihr euch schon sicherer mit dem Speer? War das Ausdauertraining fordernd? Wer kannte den Satz des Pythagoras noch?“

Ausblick
Das haben wir in der nächsten Stunde vor:
„Wir beschäftigen uns mit der Gesundheitswirkung von Ausdauertraining und werden den Speer aus noch längerem Anlauf werfen.“</td><td>Lehrer-Schüler-Gespräch</td></tr>
</table>

Stundenbild 9: Flieg, Speer, flieg! / Lauftempi im Vergleich!

Zeit 85 Minuten
Niveau Klassenstufe 9 und 10
Ort Stadion

Hinweise zum Ort
In der Sporthalle ist nur der Hauptteil Wurf mit Bällen oder Hallenspeeren möglich.

Ziele und Kompetenzen
In diesem Stundenbild steht die pädagogische Perspektive „Gesundheit fördern“ im Vordergrund. Die Schüler können den Speer in Grobform aus dem 5er-Rhythmus werfen. Sie können verschiedene Lauftempi vergleichen und sich beim Laufen aufeinander abstimmen. Die Schüler können über die Gesundheitswirkungen verschiedener Laufprogramme Vermutungen äußern.

Vorkenntnisse
Speerwerfen im Dreierrhythmus sollte gekonnt werden, um zum Fünferrhythmus überzugehen.

Fachliche Hinweise

Die Aufgaben des Lauf-ABC mal nicht geradlinig, sondern im Karree durchzuführen, erhöht die Bewegungserfahrung der Schüler. Die zusätzliche Kopplung mit Armbewegungen trägt ebenfalls dazu bei.

Falls Sie in dieser Stunde Zeit finden, können Sie auch bereits in dieser Klassenstufe die Funktionsphasen einer Bewegung nach Göhner thematisieren (vgl. 2021, S. 166 f.).

Praktische Tipps

Traineraufgabe: Die Schüler schlagen Lauf-ABC-Übungen und passende Armbewegungen dazu vor.

Literatur

Bucher, W., Fähndrich, J. & Murer, K. (2014). *1003 Spiel- und Übungsformen in der Leichtathletik* (Reihe Spiel- und Übungsformen, 11., komplett überarbeitete Auflage). Schorndorf: Hofmann.

Friedmann, K., Göhner, U. & Köhler, T. (2021). *Kursstufe Sport. Theorie für das Leistungsfach* (Gesamtband). Lichtenstein: Promos.

Looks, B. (2012). Vom Schlag- zum Speerwurf. *leichtathletiktraining, 23* (2+3), 46–53.

Oltmanns, K. (2008). Das methodische Übungnetz für die Entwicklung vom Ball- zum Speerwurf. *leichtathletiktraining, 19* (6), 28–33.

Auf einen Blick

<table>
<tr><th>Phasen</th><th>Organisation, Geräte- und Materialbedarf</th></tr>
<tr><td colspan="2">Einstieg (15 Minuten)</td></tr>
<tr><td>Aufwärmen: Speere im Karree
Vier Speere werden in einem Karree in den Boden gesteckt und auf diese Weise eine Laufrunde auf dem Rasen markiert. Wichtig ist, dass die Speere vertikal und nicht schräg in den Boden gesteckt werden und der Rasen trocken ist. Bei Rutschgefahr sollten die Speere durch Stangentore ersetzt werden. Die Schüler laufen in Runden um das Karree, absolvieren dort Lauf-ABC-Übungen mit verschiedenen Armbewegungen (nach jeweils einer Runde erfolgt der Seiten- bzw. Richtungswechsel bei den Armbewegungen):
• Skippings mit Armkreisen rechts und links
• Hopserlauf mit beidseitigem Armkreisen vor- und rückwärts
• Seitgalopp mit gegengleichem Armkreisen, beide Seiten
• Überkreuzläufe mit Armen in Seithalte, beide Seiten
Vor allem die letzte Übung bereitet auf den Bewegungsablauf im Speerwurfanlauf vor. Zwischen den Aufgaben wird jeweils eine Runde nur gejoggt. Wechseln Sie auch mal die Laufrichtung.
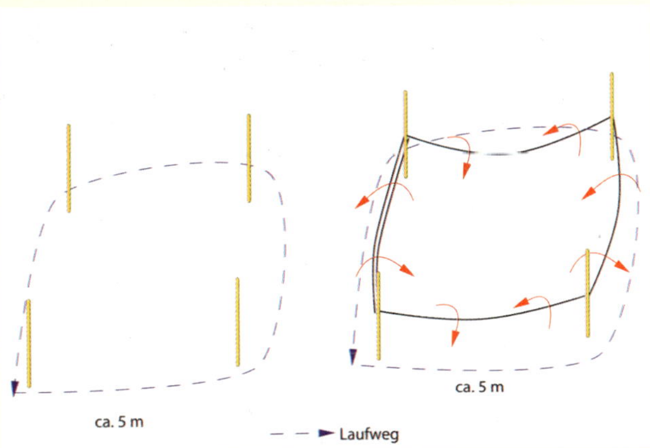
</td><td>Rasenplatz; Feldgröße ca. ½ VB-Feld

4 Speere

Einzelarbeit</td></tr>
<tr><td>Alternative: Seile als Zusatzschwierigkeit
Zwischen den Speeren werden Seile oder Flatterband in einer sehr niedrigen Höhe gespannt (ca. 20–30 cm), also so, dass jeder ohne Probleme gut darüber springen kann. Die Seitenlänge des Karrees sollte hierbei ca. 5 m betragen. Nun bewegen sich die Schüler eine Runde um das Karree in kleinen Sprüngen über das Seil im Wechsel mit einer Runde mit Lauf-ABC-Übungen.</td><td>Zusätzlich dazu ca. 8 Seile oder ca. 25 m Flatterband</td></tr>
</table>

Hauptteil I (40 Minuten)	
Speergymnastik Als spezielle Vorbereitung absolvieren die Schüler einige Beweglichkeits- und Kräftigungsübungen mit dem Speer: • Speer liegt im Nacken auf Schulterachse, drehen nach re und li • Speer horizontal in Vorhalte, darübersteigen ohne den Speer loszulassen	Rasenplatz; Feldgröße mindestens ½ FB-Feld (Sicherheitsabstand zu anderen Klassen) Speere, (Fahrrad-)Reifen für Zielwürfe Einzelarbeit Enge Führung des Lehrers Achten Sie auf genügend Sicherheitsabstand und das Einhalten aller besprochenen Sicherheitsregeln
• Speer waagerecht halten und mit gestreckten Armen nach vorne und hinten führen	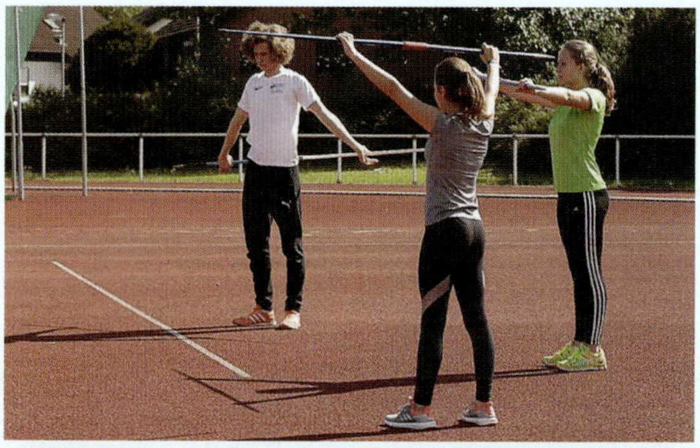
• Dehnen mit Speer	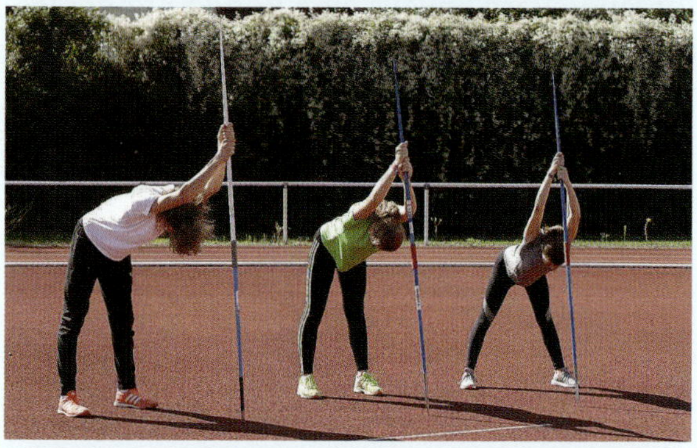
• In Bauchlage den Speer vor und zurück führen	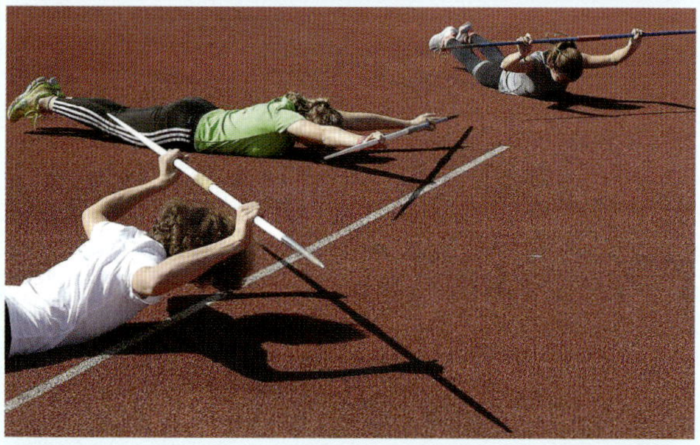
• In Rückenlage den Speer zu den Fußspitzen führen	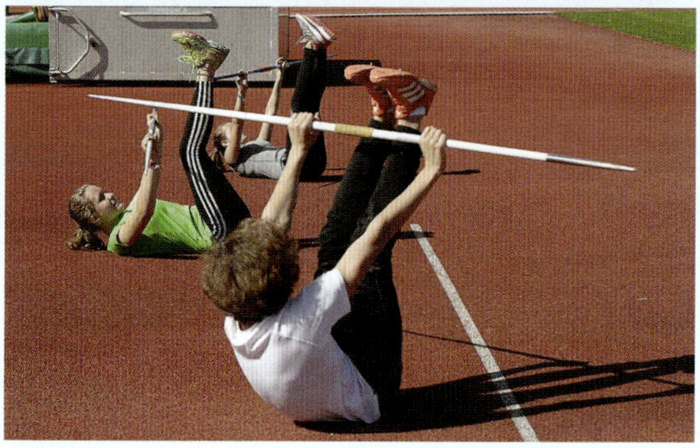

Hauptteil I (40 Minuten)

Zielwürfe
Die Schüler haben die Aufgabe mit einem Wurf aus dem Stand in Reifen zu treffen, die in unterschiedlichen Distanzen auf dem Rasen liegen (vgl. Bucher, Fähndrich, & Murer, 2014, S. 180). Die Zielwürfe können auch als Teamwettbewerb ausgetragen werden. Auch hier werden die Speere nur auf Ansage des Lehrers geworfen und geholt.

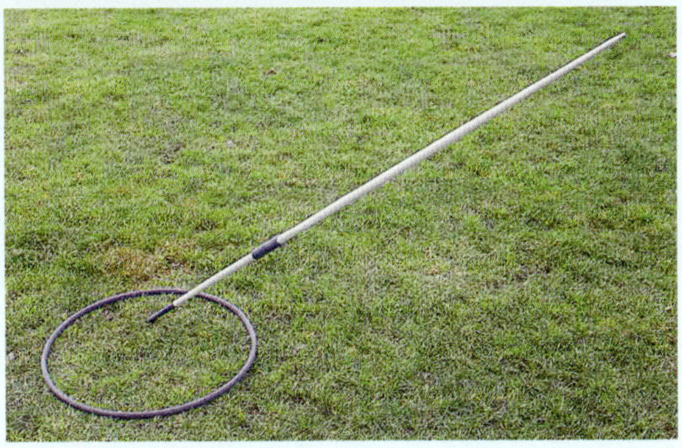

Weiterentwicklung der Speerwurftechnik
Die Schüler werfen von der Bahn auf den Rasen nach der Wiederholung des 3er-Rhythmus aus zwei Schritten mit mehr Anlauf (vgl. Looks, 2012, S. 51 und Oltmanns, 2008, S. 29):

- 3er-Rhythmus in Normalgeschwindigkeit mit Abwurf
- 5er-Rhythmus aus dem Schlussstand mit gestrecktem Wurfarm (für Rechtshänder, Linkshänder umgekehrt), verbalisieren Sie die Schrittfolge: li, re, eins, zwei, drei (die ersten beiden Auftaktschritte aus dem Gehen); erst ohne und dann mit Abwurf
- 5er-Rhythmus mit gestrecktem Wurfarm in Normalgeschwindigkeit mit Abwurf

Hauptteil II (20 Minuten)	
Vorgespräch/Problematisierung: Lauftempo „Welches Lauftempo ist für welche Zwecke geeignet? Was ist gesund? Welches Tempo ist für wen gesund? Äußert Vermutungen!“	Lehrer-Schüler-Gespräch
Lauftempi im Vergleich (s. Grafik) Die Schüler laufen in Paaren zusammen. Sie starten immer an der 50-m-Startlinie der Rundbahn, aber in entgegengesetzter Richtung und treffen sich nach jeweils einer halben Runde auf der anderen Seite des Platzes. Nun gibt es verschiedene Aufgaben: 1. „Jeder läuft genau 200 m und ihr trefft euch gleichzeitig bei der Mitte der Gegengeraden.“ 2. „Der eine läuft 250 m und der andere 150 m und ihr trefft euch ebenfalls gleichzeitig am Ziel.“ 3. Das Gleiche nur mit vertauschten Rollen. 4. „Nun sprecht ihr ab, wer von euch noch fitter ist, und ihr bestimmt einen Punkt auf der Rundbahn, an dem ihr euch gleichzeitig trefft.“ 5. Gegebenenfalls noch ein oder mehrere Durchgänge in gleicher Weise. Die Pause ist immer eine Gehpause quer über den Platz zurück zum Ausgangspunkt. 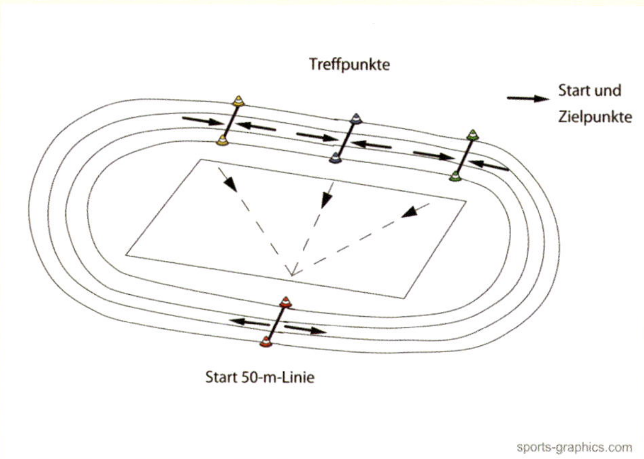 	Rundbahn; 400 m (falls die Rundbahn durch andere Klassen belegt ist, kann man die gleiche Übungsform auf einer verkürzten Runde auf dem Rasenfeld durchführen) Achtung Sicherheit im Gegenverkehr! Die Rundbahn muss frei sein! Partnerarbeit

Abschluss (10 Minuten)	
Abschlussreflexion „Was schätzt ihr? Seid ihr in einem Intensitätsbereich gelaufen, der für euch gesund war? Begründet!“ (...) „Was könnten Anzeichen dafür sein, dass ihr zu intensiv trainiert habt?“ (Ermüdungsanzeichen wirken noch viele Stunden/Tage nach dem Training) „Was könnten Anzeichen dafür sein, dass ihr zu wenig intensiv trainiert habt?“ (Keinerlei/kaum Ermüdungsanzeichen direkt nach der Belastung) (Ermüdungsanzeichen nach Ausdauertraining s. Stundenbild 8, Klassenstufe 7/8, S. 95) **Ausblick** Das haben wir in der nächsten Stunde vor: „Wir machen Noten im Speerwurf und im 800-m-Lauf.“	Lehrer-Schüler-Gespräch

Stundenbild 10: Wir sind bereit für die Wurf- und Laufnoten!

Zeit: 85 Minuten
Niveau: Klassenstufe 9 und 10
Ort: Stadion

Ziele und Kompetenzen:
In diesem Stundenbild steht die pädagogische Perspektive „Leisten erfahren, verstehen und einschätzen" im Vordergrund. Die Schüler können eine Wurfleistung erbringen. Sie können eine Ausdauerleistung erbringen. Die Schüler können mit Lehrerunterstützung die Wurfweite und die Zeit beim Ausdauerlauf messen.

Vorkenntnisse:
Die Schüler können 800 m am Stück laufen. Sie können den Speerwurf in Grobform durchführen.

Fachliche Hinweise

Noten oder noch Üben? Wie in allen von uns dargestellten Stundenbildern zur Notenbildung ist es möglich, stattdessen auch noch eine reine Übungsstunde der Disziplinen einzuschieben – je nach Jahresplanung im Schuljahr und Lernstand der Klasse.

Es wird sicher nicht möglich sein, bei größeren Klassen sowohl die Wurf-, als auch die Laufnote in einer Doppelstunde abzunehmen. Hier sind weitere Stunden nötig.

Hinweise zum Regelwerk der Leichtathletik finden Sie in „Unsere Idee von der Leichtathletik in der Sekundarstufe I und II" unter der Rubrik „Die Regeln", s. S. 12.

Praktische Tipps

Kampfrichteraufgabe: Die Schüler helfen bei der Notengebung als Kampfrichter mit. Sie geben Zwischenzeiten durch und messen die Weite im Speerwerfen (Achtung: Sicherheitshinweise Speerwurf gelten auch für die Kampfrichter!).
Traineraufgabe: Die Schüler geben den anderen Schülern bei den Probeversuchen Tipps, was sie besser machen können.

Literatur

Deutscher Leichtathletik-Verband. (2021, 01. November). *Regelwerk der Leichtathletik*. Zugriff am 29. Juli 2022 unter https://www.leichtathletik.de/service/downloads/regelwerk-der-leichtathletik

Auf einen Blick

Phasen	Organisation, Geräte- und Materialbedarf
Einstieg (15 Minuten)	
Vorgespräch „Heute gibt's Noten im Speerwurf und im 800-m-Lauf. Jetzt bereiten wir uns darauf optimal vor!" **Aufwärmen: Im Speerwald** Alle Speere werden als „Bäume" in den Boden „gepflanzt", sodass eine Art Speerwald entsteht. Aus Sicherheitsgründen muss darauf geachtet werden, dass die Speere vertikal und nicht schräg in den Boden gesteckt werden. Ist der Rasen nass und rutschig, sollten alternativ Stangentore oder Hütchen genutzt werden. Nun wird in diesem Wald gelaufen und es werden verschiedene Übungen aus dem Lauf-ABC absolviert. (Alternative: Falls es nicht genügend Speere gibt, kann man auch mit Stangentoren oder möglichst großen Hütchen ergänzen). 1. kreuz und quer durch den „Wald" joggen 2. Rückwärts- im Wechsel mit Vorwärtslaufen 3. die Schüler nennen nun Übungen des Lauf-ABC, die sie anschließend kreuz und quer durch den „Wald" machen	Lehrer-Schüler-Gespräch Notentabellen für Notentransparenz Rasenplatz; Feldgröße ca. 1 VB-Feld Speere Einzelarbeit 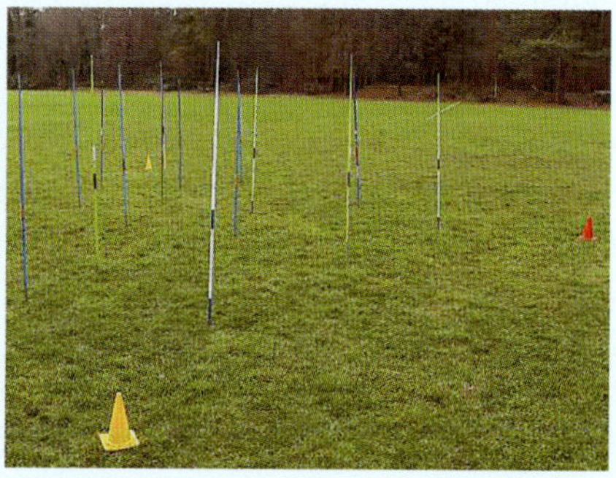
Hauptteil I (40 Minuten)	
Üben Speerwurf oder Note Speerwurf Spezielle Vorbereitung: Es werden einige ausgewählte Übungen der Speergymnastik durchgeführt (s. Stundenbild 9, Klassenstufe 9/10, S. 144). Das Einwerfen wird unter Aufsicht des Lehrers durchgeführt. Jedem Schüler sollten mindestens zwei Probeversuche erlaubt sein. Anschließend werfen die Schüler nacheinander in ihrer selbst gewählten Technik (vermutlich 3er- oder 5er-Rhythmus) dreimal auf Weite. Die Schüler helfen beim Erfassen der Weite mit (Achtung: die Schüler dürfen sich nicht im Wurfsektor befinden und müssen immer zum Werfer schauen).	Rasenplatz; Feldgröße mindestens ½ FB-Feld (Sicherheitsabstand zu anderen Klassen) Speere, ggf. nummerierte Täfelchen, damit am Schluss nur der beste Wurf gemessen werden muss Einzelarbeit Achten Sie auf genügend Sicherheitsabstand und das Einhalten aller besprochenen Sicherheitsregeln

Hauptteil II (20 Minuten)	
Üben 800 m oder Note 800 m Spezielle Vorbereitung: Um das Muskelsystem und das Herzkreislaufsystem zu aktivieren, werden kurz vor dem Lauf 1–2 Steigerungen über 30–40 m durchgeführt. Nach einer kurzen Pause geht es zu den Noten. Erklärung am Start: Eine kurze Ansprache an die Schüler am Start könnte lauten: „Auf mein Kommando ‚Auf die Plätze' geht ihr an die Startlinie. Beim Kommando ‚Los' lauf ihr los. Schert bitte ohne Drängeln auf der Innenbahn ein. Bindet vor dem Lauf noch einmal sorgfältig eure Schnürsenkel. Versucht möglichst in gleichmäßigem Tempo zu laufen und nicht zu gehen." Weitere Hinweise zur Durchführung: Den Schülern sollte eine Zwischenzeit bei 400 m gegeben werden, damit sie ihr Renntempo abschätzen können. Wenn möglich, können mithilfe passiver Schüler weitere Zwischenzeiten bei 200/600 m oder auch alle 100 m gegeben werden.	400-m-Rundbahn mindestens 1 Stoppuhr, Namensliste, Schreibunterlage, Stift, Notentabelle, ggf. Hütchen zur Markierung der 100 m, 200 m, 300 m Einzelarbeit
Abschluss (10 Minuten)	
Abschlussreflexion „Mit welcher Leistung seid ihr zufriedener? Mit dem Speerwurf oder dem 800-m-Lauf?"	Lehrer-Schüler-Gespräch

Sekundarstufe II

Stundenbild 1: Wir entdecken das Geh-ABC und nutzen es für den Sprint... / ...und den Hochsprung!

Zeit 85 Minuten
Niveau Sekundarstufe II
Ort Stadion, ggf. Sporthalle

Hinweise zum Ort
Nur der 100-m-Test muss im Stadion stattfinden.

Ziele und Kompetenzen
In diesem Stundenbild steht die pädagogische Perspektive „Erweiterung der Bewegungserfahrung" im Vordergrund. Die Schüler können das Geh-ABC als Grundlage für das Sprint-, Sprung- und Lauf-ABC begründen. Sie können verschiedene Übungen des Geh-ABC durchführen. Die Schüler können Vorübungen zum Flop und den Flop in Grobform durchführen.

Vorkenntnisse
Die Schüler kennen Sprint-, Lauf-, Sprung- und Geh-ABC-Übungen, gegebenenfalls auch aus anderen Sportarten. Die Schüler beherrschen den Flop in der Grobform oder zumindest den Schersprung.

Fachliche Hinweise

Diese Hochsprungstunde eignet sich besonders für Klassen, die bereits einmal Hochsprung in früheren Schuljahren gemacht haben – als Auffrischung und Vertiefung. Möchten Sie Grundlagen für den Hochsprung legen, greifen Sie auf die Stundenbilder 1–5 der Klassenstufe 7/8 zurück; möchten Sie weiter den Hochsprung in Sekundarstufe II unterrichten, empfiehlt sich z. B. die Herangehensweise von Ebeling und Kastrup, die die biomechanischen Gesetzmäßigkeiten als Ausgangspunkt zur Verbesserung der Hochsprungtechnik heranziehen (vgl. 2017, S. 7ff.).

Wird das Geh-ABC barfuß ausgeführt, dient es zusätzlich der Fußkräftigung.

Der Flop in Grobform zeichnet sich durch folgende Lernziele aus (vgl. Keil, 2012a, S. 32):

- Anlauf: gerader Ablauf und Absprungvorbereitung aus dem Kurvenlauf
- Absprung (s. Bild oben rechts): einbeinig, aus der Kurveninnenlage heraus Fußaufsatz schräg zur Latte (die Fußspitze zeigt in etwa ca. 40° zur Latte hin), Einsatz der Schwungelemente, Umwandlung der Horizontalgeschwindigkeit in Vertikalimpuls, Einleiten der Rotation

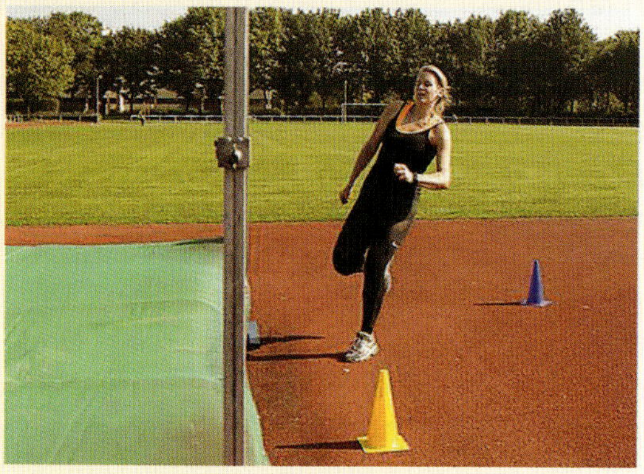

- Flug: rückwärtige Lattenüberquerung in Brückenposition
- Landung: gefahrlose Rückenlandung

In dieser Doppelstunde werden die Schüler informiert, dass sie in Kleingruppen in den darauffolgenden zwei Doppelstunden ein Aufwärmprogramm aus ABC-Übungen zusammenstellen sollen, welches in der 4. Doppelstunde präsentiert wird. Hauptaugenmerk sollte darauf gerichtet sein, dass die Übungen, die jeweils zu Beginn gemacht werden, in einer niedrigen Intensität gehalten werden.

Praktische Tipps

Für diese Stunde kann die Gruppe nach der Übung „sprungbeinbetonte Steigesprünge" geteilt werden: Die eine Gruppe bleibt beim Hochsprung, die andere geht eigenständig zum 100-m-Test. Nach 15 min wird getauscht. Dadurch erhöht sich die Sprunghäufigkeit an der Hochsprunganlage.

Übungen in der Kurve: Die Vorübungen müssen nicht zwingend an der Hochsprunganlage durchgeführt werden. Um beispielsweise viele Schüler gleichzeitig zu beschäftigen, können mehrere Kurven mit Hütchen abgesteckt werden.

Kampfrichteraufgabe: Die Schüler helfen beim Einstellen der Höhe und beim Auflegen der Latte an der Hochsprunganlage und bei der Erfassung der Sprintleistung mit.

Literatur

Deutscher Leichtathletik-Verband (2008). *Jugendleichtathletik. Offizieller Rahmentrainingsplan des Deutschen Leichtathletik-Verbandes für die Sprungdisziplinen im Aufbautraining* (Mediathek Leichtathletik). Münster: Philippka.

Deutscher Leichtathletik-Verband (Hrsg.). (2014b). *Jugendleichtathletik. Rahmentrainingsplan des Deutschen Leichtathletik-Verbandes für die Lauf- und Gehdisziplinen im Aufbautraining* (Mediathek Leichtathletik). Münster: Philippka, S. 269.

Keil, J.-G. (2012a). Wie aus dem Rückwärtssprung ein Flop wird. *leichtathletiktraining, 23* (5), 31–39.

Keil, J.-G. (2012b). Schritt für Schritt in die Höhe. *leichtathletiktraining, 23* (2+3), 37–45.

May, R. (2009). Das ABC der Leichtathletik – Teil 1. *leichtathletiktraining, 20* (1), 4–11.

Auf einen Blick

Phasen	Organisation, Geräte- und Materialbedarf
Einstieg (15 Minuten)	
Vorgespräch „Ob ihr's glaubt oder nicht, wir beschäftigen uns heute ganz viel mit dem Thema ‚Gehen'! – für den Sprint und für den Hochsprung."	Lehrer-Schüler-Gespräch
Aufwärmen: Das Geh-ABC Auch mit Gehen kann man sich aufwärmen. Die Übungen werden auf einer Streckenlänge von ca. 30 m ausgeführt. Auf dem Rückweg wird gejoggt. Die Schüler führen folgende Übungen des Geh-ABC durch (vgl. Deutscher Leichtathletik-Verband, 2014b, S. 180ff. und May, 2009, S. 5ff.): • Gehen auf dem Fußballen • Gehen auf der Ferse • Gehen auf dem Innen- und Außenrist • Kniehebegehen • Betontes Abrollen von der Ferse auf den Ballen	Rasen- oder Kunststoffplatz; Feldgröße ca. 1 BB-Feld Hütchen für Streckenabmessung Einzelarbeit Bewegungszeit mindestens 10 min 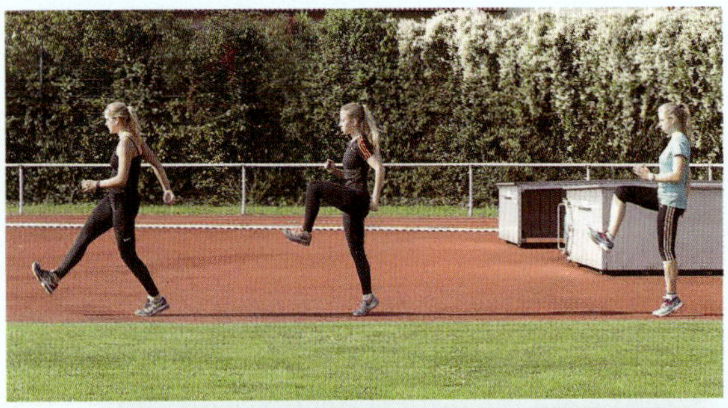 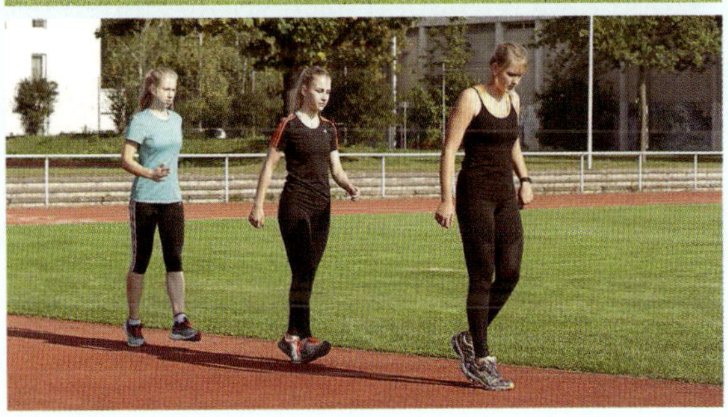
Nun werden die Schüler über ihre Langzeitaufgabe informiert. AA: Aufbauend auf ihrem Vorwissen zu Sprint-, Lauf-, Sprung- und Geh-ABC sollen die Schüler in allen folgenden Stunden in Kleingruppen ein eigenes Aufwärmprogramm entwickeln, das in niedriger Intensität beginnt und in Höchstschwierigkeit gestaltet werden soll. „Wie schwierig könnt ihr es gestalten? Welche Übungen sind zielführend?" Es erfolgt ein fließender Übergang zum ersten Hauptteil.	

Hauptteil I (15 Minuten)	
Das Geh-ABC für den Sprint nutzen Beim Sprinten arbeiten die einzelnen Körperteile in perfekter zeitlicher Abstimmung zusammen. Um die Aufmerksamkeit auf die dabei stattfindenden Prozesse zu richten, wird die Sprintbewegung im Gehen nachempfunden. Dabei wird der Fokus in jedem Durchgang auf unterschiedliche Körperteile gelegt (Streckenlänge ca. 20 m): • Vom Fußballen kräftig abdrücken • das Knie locker nach vorne oben schwingen lassen • das Becken nach vorne schieben • den Bauch (-nabel) nach vorne ziehen lassen • die Brust leicht nach vorne lehnen	Rasen- oder Kunststoffplatz; Feldgröße ca. BB-Feldgröße Hütchen für Streckenabmessung Einzelarbeit 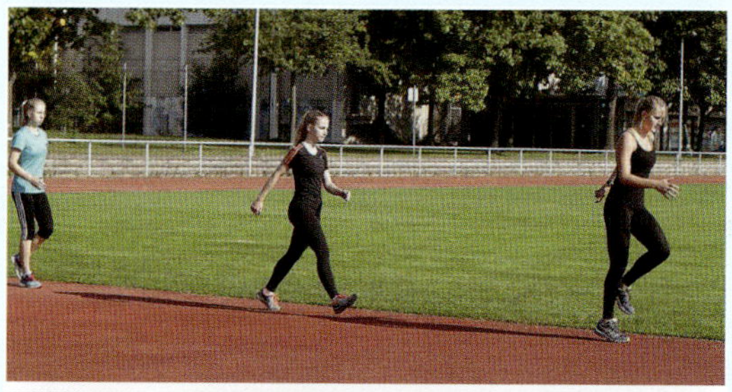 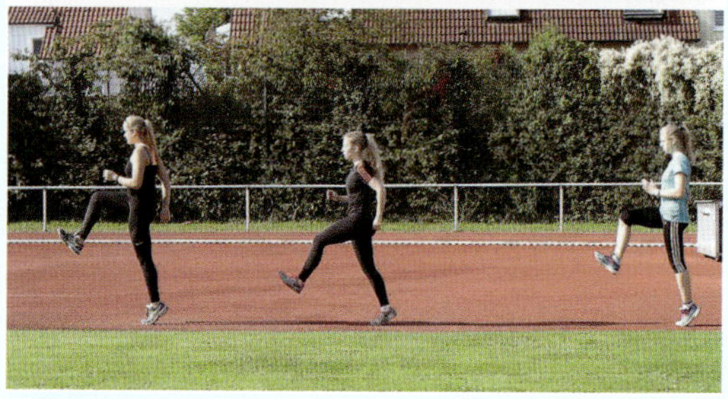 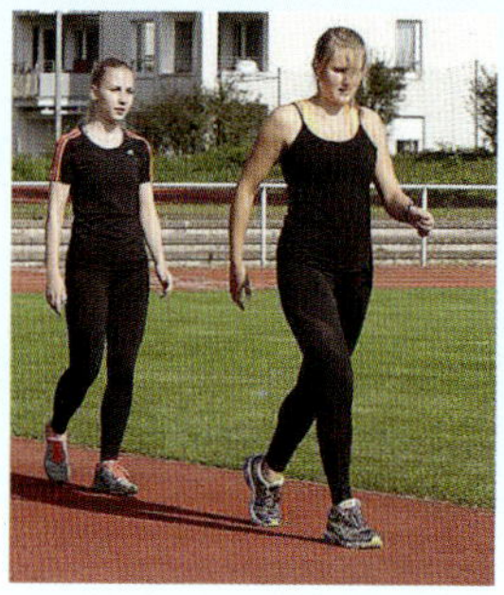
Problematisierung: Beitrag für den Sprint? Wie tragen diese Körperteile jeweils dazu bei, den Körper vorwärts zu bewegen? Hier sollte darauf eingegangen werden, dass durch „Abdrücken“, „Schwingen“, „Ziehen“ und „Vorlehnen“ die Vorwärtsbewegung verstärkt wird. Im Anschluss daran machen die Schüler drei Steigerungen über 50 m, bei denen sie sich immer einen Fokuspunkt für sich heraussuchen (z. B. „Jetzt drücke ich mich kräftig von den Fußballen ab.“ oder „Mein Bauchnabel zieht mich nach vorne.“ oder „Ich lehne meine Brust ganz leicht nach vorne.“ usw.).	Lehrer-Schüler-Gespräch

Hauptteil II (40 Minuten)	
Problematisierung: Das Geh-ABC für den Hochsprung nutzen „Inwieweit passen die Geh-ABC-Übungen für den Hochsprung bzw. wie müssen die Übungen ‚abgeändert' oder ‚erweitert' werden, damit sie passen?" Wichtige Bewegungshinweise sind hier: Großmachen (z. B. Arme nach oben nehmen), Kurveninnenneigung (Übungen im Slalom), Imitationsübungen als Vorbereitung auf die Zieltechnik (Schwungbein sowie Schwungarm nicht geradlinig, sondern schräg und spitz nach oben). Die Schüler führen die Übungen so aus, dass sie auf die typische Hochsprungbewegung hinarbeiten. Um alle genannten Bewegungshinweise nach und nach umsetzen zu können, sollten 3–4 Durchgänge absolviert werden.	Lehrer-Schüler-Gespräch Rasen- oder Kunststoffplatz; Feldgröße ca. BB-Feldgröße Hütchen für Streckenabmessung Einzelarbeit 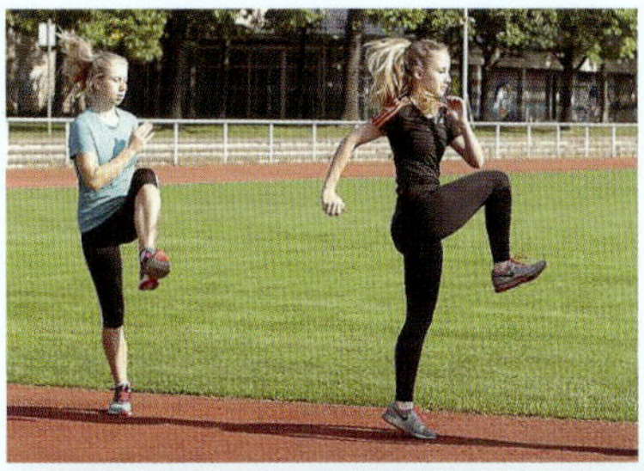 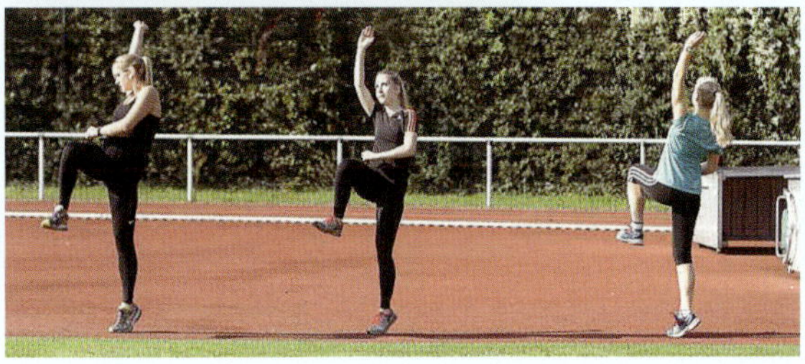
Hochsprung erinnern und üben Die Schüler absolvieren Imitationen im Gehen (eventuell mit einem Stab in Hochhalte um das Großmachen und die Kurveninnenneigung zu spüren) und vorbereitende Sprünge in der Kurve (vgl. Deutscher Leichtathletikverband, 2008, S. 69f.) (s. Praktische Hinweise): • Kniehebegehen • Stechschrittprellen/Scherenlauf	Hochsprunganlage mit Zubehör (Hallenalternative: s. Stundenbild 3, Klassenstufe 7/8, S. 70; in der Halle ist der Aufbau von 2 Anlagen oft möglich) Ca. 10 Hütchen (um Kurve abzustecken), ggf. Gymnastikstäbe 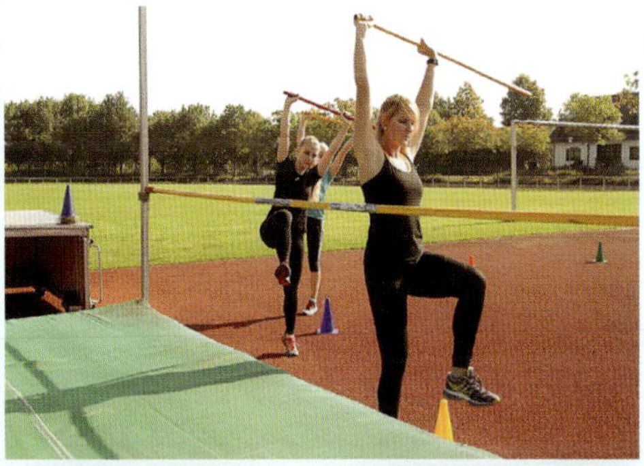 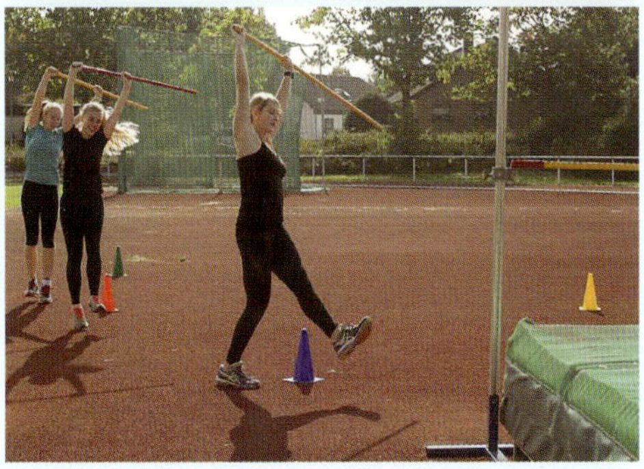

- Kurvenläufe

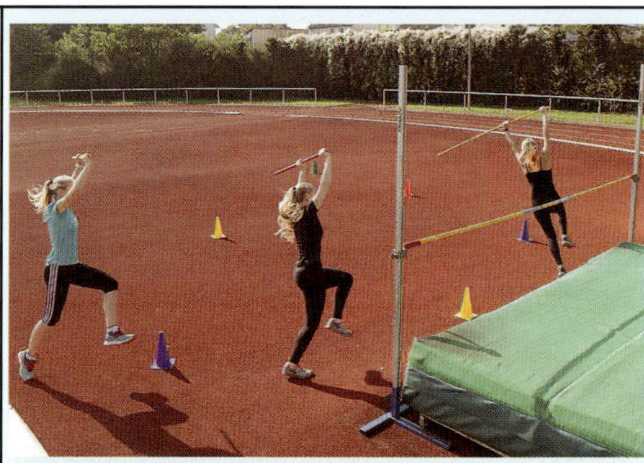

- sprungbeinbetonte Hopsersteigesprünge (Landung auf dem Sprungbein)

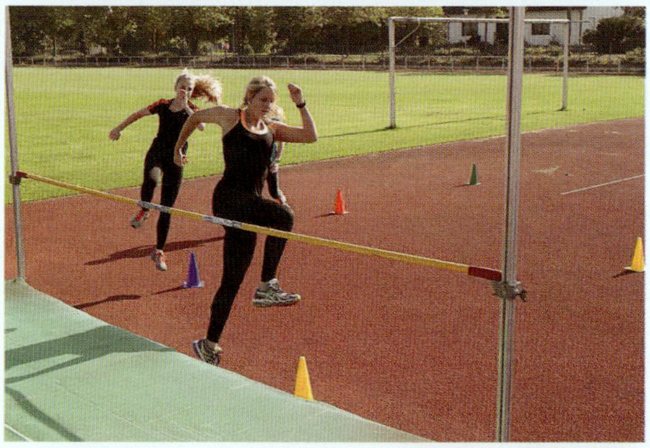

- sprungbeinbetonte Steigesprünge (Landung auf dem Schwungbein)

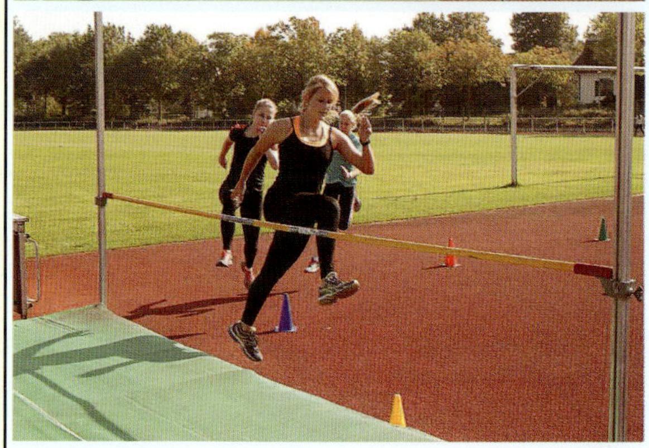

Anschließend erfolgt der Übergang zu Sprüngen aus jeweils 5 Anlaufschritten auf die Matte (vgl. Keil, 2012b, S. 42):

- Steigesprung ohne Latte

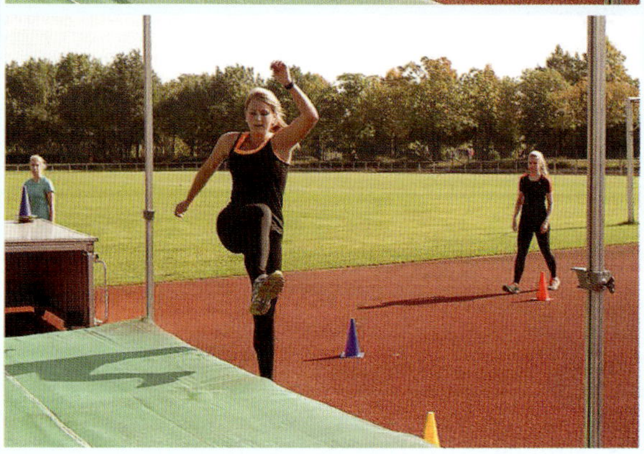

<table>
<tr><td>• Schersprung, erst ohne, dann mit Latte

• Flop über die Latte

Optional: längerer Anlauf
Der Anlauf beim Flop kann auf 7 Schritte verlängert werden.</td><td>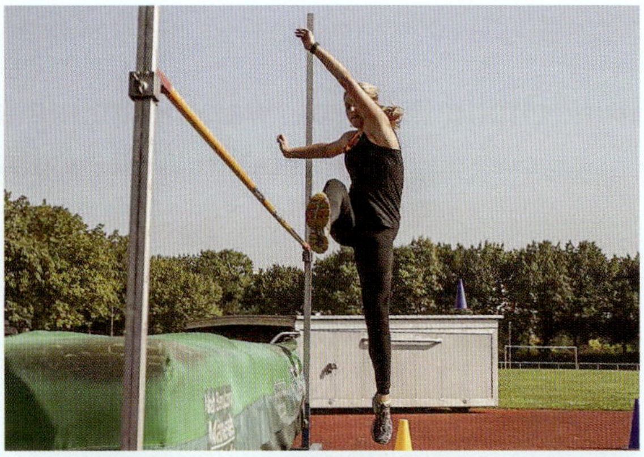
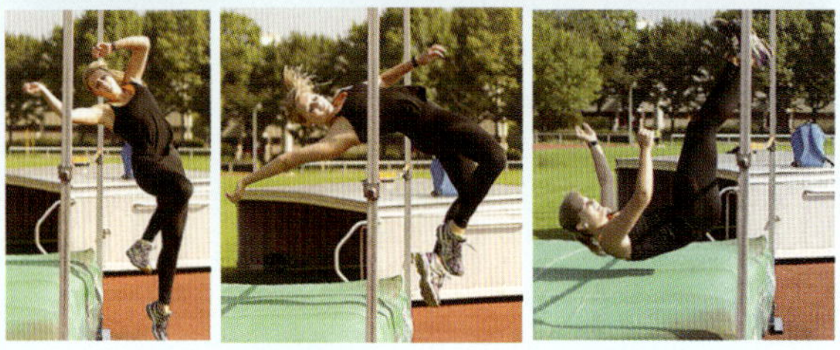

Einzelarbeit</td></tr>
<tr><td colspan="2">Abschluss (15 Minuten)</td></tr>
<tr><td>Test 100 m
Die Schüler werden in Gruppen eingeteilt (abhängig von verfügbaren Startblöcken) und führen nach 1–2 Steigerungen über 60 m und einem Probestart über ca. 15 m einen Testlauf über 100 m durch. Die Schüler helfen bei der Erfassung der Zeit mit.

Optional: Start aus dem Stand
Falls es zu aufwändig ist, die Startblöcke aufzubauen, kann der Sprint-Test auch aus dem Stand absolviert werden.

Abschlussreflexion
„Hättet ihr gedacht, dass es so viele Varianten gibt, zu gehen? Wer hat in seiner eigenen Sportart bereits einmal Übungen zum Gehen gemacht? Berichtet!“

Ausblick
Das haben wir in der nächsten Stunde vor:
„Ihr arbeitet ab der nächsten Stunde an eurem Aufwärmprogramm zu den ‚ABC-Übungen‘! Das Aufwärmen und der Rest der Stunde stehen wieder unter dem Motto ‚Bewegungserfahrungen‘ – aber in einer anderen Herangehensweise!“</td><td>100-m-Bahn

Stoppuhren, Startblöcke, Startklappe o. Ä. für Kommando

Einzelarbeit

Lehrer-Schüler-Gespräch</td></tr>
</table>

Stundenbild 2: Körperwahrnehmung und Bewegungserfahrung beim Sprinten / ... und beim Weitsprung!

Zeit 85 Minuten
Niveau Sekundarstufe II
Ort Stadion, ggf. Sporthalle

Hinweise zum Ort
Bei einer ausreichend großen Sporthalle in mindestens BB-Feldgröße ist dieses Stundenbild auch in der Sporthalle durchführbar; als Hallenvariante können beim Weitsprung sog. Treffläufe durchgeführt werden (s. Stundenbild 4, Klassenstufe 9/10, ab S. 121).

Ziele und Kompetenzen
In diesem Stundenbild stehen die pädagogischen Perspektiven „Erweiterung der Bewegungserfahrung" und „kooperieren, wettkämpfen und sich verständigen" im Vordergrund. Die Schüler können ein Sprint-ABC-Programm zum Aufwärmen entwerfen. Sie können Körper- und Bewegungserfahrung gemeinsam durchführen und als Grundlage für eine gute Sprint- und Weitsprungtechnik beschreiben.

Vorkenntnisse
Die Schüler kennen Übungen des Sprint-ABC. Die Schüler können einen Weitsprung aus einem langen Anlauf in individueller Technik durchführen.

Fachliche Hinweise

Diese Weitsprungstunde eignet sich besonders für Klassen, die bereits einmal Weitsprung in früheren Schuljahren gemacht haben – als Auffrischung und Vertiefung. Möchten Sie Grundlagen für den Weitsprung legen, greifen Sie auf die Stundenbilder 1–5 der Klassenstufe 9/10 zurück.

Die Körperwahrnehmung beim Laufen bzw. beim Sprinten kann durch Zusatzaufgaben geschult werden, wie z. B. durch kurzes Schließen der Augen, das Wählen unterschiedlicher Untergründe oder Körperlängsachsendrehungen bei noch moderatem Tempo. Bei Handicapläufen (z. B. Laufen mit geschlossenen Augen) kann das Potenzial des sozialen Lernens genutzt werden (für die Unterstufe vgl. Haupt et al., 2017b, S. 107).

Die Rumpfposition beim Weitsprunganlauf ist aufrechter als beim Sprint (vgl. Deutscher Leichtathletik-Verband, 2017, S. 159). In der Absprungvorbereitung kommt insbesondere den letzten drei Schritten mit der rhythmischen Schrittgestaltung „kurz – lang – kurz" eine besondere Bedeutung zu. Der etwas längere vorletzte Schritt führt zu einer Körperschwerpunktabsenkung, sodass sich der vertikale Kraftstoß durch einen längeren Beschleunigungsweg vergrößert (vgl. Jonath, Krempel, Haag & Müller, 1995b, S. 100).

Praktische Tipps

Beobachtungsposition beim Weitsprung: Als Beobachtungsposition für den Lehrer bzw. Partner bietet es sich beim Weitsprung an, in einem seitlichen Abstand von 5–10 m zum Brett zu stehen. Der weitere Abstand ermöglicht es, den kompletten Anlauf zu beurteilen, beim näheren Abstand hat man die Absprungvorbereitung inklusive „Brett treffen" im Blick (vgl. Deutscher Leichtathletik-Verband, 2008, S. 139).
Beobachteraufgabe: Die Schüler beobachten die Bewegungen der einzelnen Schüler bei den verschiedenen Bewegungsaufgaben: Wie schaffen die Schüler es, die Bewegungsanweisungen umzusetzen?
Traineraufgabe: Die Schüler geben ihrem Partner Rückmeldung, ob er das Brett getroffen hat.

Literatur

Deutscher Leichtathletik-Verband (2017). *Jugendleichtathletik Grundlagentraining. Rahmentrainingsplan des Deutschen Leichtathletik-Verbandes für die Altersklassen U12 bis U16* (Mediathek Leichtathletik, 1. Auflage). Münster: Philippka.
Deutscher Leichtathletik-Verband (2008). *Jugendleichtathletik. Offizieller Rahmentrainingsplan des Deutschen Leichtathletik-Verbandes für die Sprungdisziplinen im Aufbautraining* (Mediathek Leichtathletik). Münster: Philippka.
Haupt, B., Worth, A. & Zeuner, A. (2017b). Methodische und inhaltliche Orientierungen für den Unterricht im Laufen, Springen, Werfen/Stoßen. *sportunterricht, 66* (4), 106–107.
Jonath, U., Krempel, R., Haag, E. & Müller, H. (1995b). *Leichtathletik 2 Springen*. Reinbek bei Hamburg: Rowohlt-Taschenbuch-Verlag.

Auf einen Blick

Phasen	**Organisation, Geräte- und Materialbedarf**
Einstieg (15 Minuten)	
Vorgespräch „‚Dieser Körper ist dein Haus und darin kennst du dich aus…‘[16], seid ihr ‚Herr in eurem Haus?‘ Habt ihr ein gutes Körpergefühl? Eine gute Körperwahrnehmung? Damit wollen wir uns heute beschäftigen.“	Lehrer-Schüler-Gespräch
Aufwärmen: Arbeit am Sprint-ABC-Programm AA: „Arbeitet weiter an eurem Aufwärmprogramm! Versucht heute Übungen zu (er-)finden, die ungewöhnlich sind oder sich komisch anfühlen!“ Achtet darauf, dass ihr am Anfang langsame, einfache und niedrigintensive Übungen macht (s. Bild).	Rasen- oder Kunststoffplatz; Feldgröße ca. 1 BB-Feld Hütchen für Streckenabmessung Gruppenarbeit 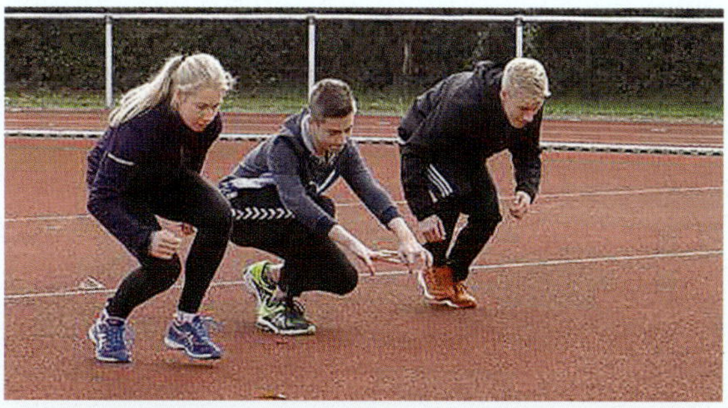
Hauptteil I (25 Minuten)	
Problematisierung: Körpergefühl Wenn sich jemand in vielen Situationen gut und geschickt bewegt, spricht man davon, dass er ein gutes Körpergefühl oder Körperbewusstsein hat. Er fühlt Bewegungen des Körpers oder einzelner Körperteile bewusst und kann sie gut steuern. Um das zu lernen bzw. zu verbessern, absolvieren Sportler viele Übungen, die ungewöhnlich sind oder sich komisch anfühlen.	Lehrer-Schüler-Gespräch
Körperwahrnehmung und Bewegungserfahrung beim Sprinten „Wie könnte man denn das Körpergefühl beim Sprinten schulen?“ (z. B. barfuß sprinten, Augen schließen) (s. Fachliche Hinweise). Die Schüler absolvieren verschiedene Aufgaben zur Körperwahrnehmung beim Sprinten. Dazu laufen sie bei jeder Aufgabe ca. 50 m und haben den Rückweg Gehpause. • „Wir versuchen nun mit geschlossenen Augen (relativ schnell) zu laufen.“ Zu Beginn probieren die Schüler im moderaten Lauftempo aus, wie es ist, für einen Moment die Augen zu schließen. Beim Übergang zu einem schnelleren, submaximalen Tempo wird mit Partnerunterstützung gearbeitet. Der Griff erfolgt um den Schultergürtel der Person mit geschlossenen Augen (s. Bild).	Rasen- oder Kunststoffplatz; Feldgröße ca. 1 BB-Feld 2 Hütchen, um die Strecke abzustecken Partner-/Einzelarbeit 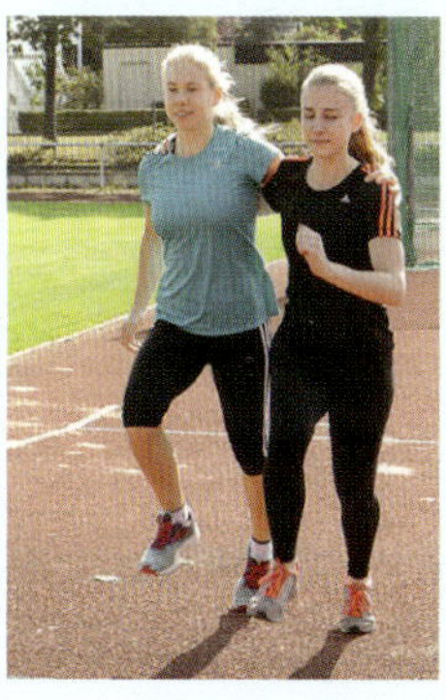

16 Die Fantastischen Vier, 1993b

<table>
<tr><td>Zwischenreflexion: blindes Sprinten
„Wie habt ihr euch gefühlt? Ist es euch schwer gefallen, euch auf die Unterstützung eures Partners einzulassen? Wie schnell konntet ihr laufen/sprinten?“
• Anschließend laufen wir auf verschiedenen Untergründen: Laufbahn, Rasen, Sandplatz, Beton etc.
• Als Letztes versuchen wir beim Laufen bzw. in moderatem Sprinttempo eine 360°-Körperlängsachsendrehungen einzubauen. Natürlich läuft jeder nur so schnell, dass keine Unfälle passieren. Achtet auf genügend Abstand zwischen euch.</td><td>Lehrer-Schüler-Gespräch

Einzelarbeit</td></tr>
<tr><td colspan="2">Hauptteil II (30 Minuten)</td></tr>
<tr><td>Körperwahrnehmung und Bewegungserfahrung beim Weitsprung
Die Schüler gehen nun zur Weitsprunganlage und absolvieren Weitsprünge aus einem individuell gewählten Anlauf.

Zwischenreflexion: Anlaufgestaltung
„Wie wird der Weitsprunganlauf gestaltet?“ (hohes Tempo, Sprintwahrnehmung) „Wie ist die Körperposition im Vergleich zum Sprint?“ (aufrechter)</td><td>Weitsprunganlage

Rechen, Hütchen zur Ablaufmarkierung

Einzelarbeit abwechselnd mit Lehrer-Schüler-Gespräch

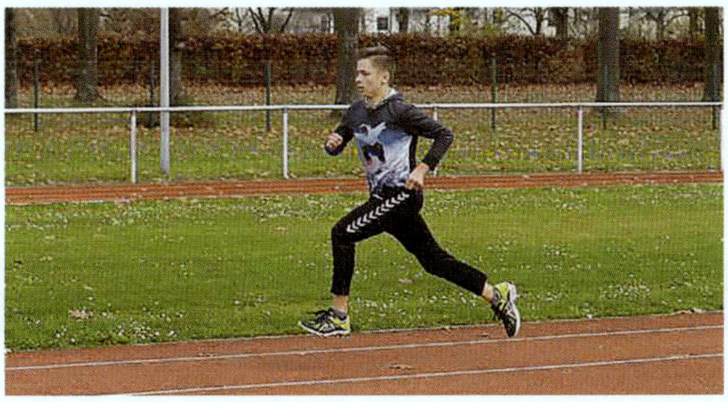</td></tr>
<tr><td>Absprung vom Brett
„Habt ihr das Brett beim Absprung getroffen?“
Die Schüler absolvieren weitere Sprünge und versuchen dabei vom Brett abzuspringen. Ein Partner gibt Rückmeldung (s. Praktische Tipps).</td><td>Partnerarbeit

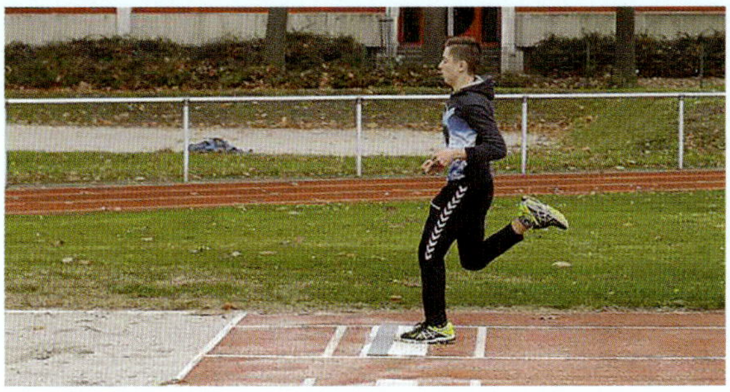</td></tr>
<tr><td>Zwischenreflexion: Absprungvorbereitung
„Wie sehen die letzten Schritte vor dem Absprung aus?“ (kurz – lang – kurz) „Warum?“ (Thematisieren der Körperschwerpunktabsenkung, s. Fachliche Hinweise)
Jeder Schüler führt nochmals zwei Sprünge durch.</td><td>Lehrer-Schüler-Gespräch</td></tr>
</table>

Abschluss (15 Minuten)	
Stundenausklang Fußkräftigung im Sand Auch beim Abschluss wird das Stundenthema „Körperwahrnehmung“ noch mal aufgegriffen! In der Sandgrube werden Übungen zur Kräftigung der Fußmuskulatur durchgeführt (s. Stundenbild 4, Klassenstufe 9/10, S. 123).	Sandgrube der Weitsprunganlage Einzelarbeit
Abschlussreflexion „Eine Stunde zum ‚Fühlen und Wahrnehmen‘. Beschreibt, wie ihr euch bei den verschiedenen Übungen gefühlt habt! Ist das schwer in Worte zu fassen?“	Lehrer-Schüler-Gespräch
Ausblick Das haben wir in der nächsten Stunde vor: „Ihr arbeitet weiter an eurem Aufwärmprogramm zu den ‚ABC-Übungen‘! Außerdem kümmern wir uns um eure Kraft.“	

Stundenbild 3: Sprintkraft ... / ... und Sprungkraft!

Zeit 80 Minuten
Niveau Sekundarstufe II
Ort Stadion oder Sporthalle

Ziele und Kompetenzen
In diesem Stundenbild steht die pädagogische Perspektive „kooperieren, wettkämpfen und sich verständigen" im Vordergrund. Die Schüler können ein Sprint-ABC-Programm zum Aufwärmen entwerfen. Sie können Unterschiede in sportartspezifischen Bewegungsformen nennen. Die Schüler können ein Sprint- und Sprungkrafttraining durchführen. Sie können aus der Sprint- und der Sprungbewegung eine Bewegungsverwandtschaft ableiten.

Vorkenntnisse
Die Schüler kennen Übungen des Sprint-ABC.

Fachliche Hinweise

Die Sprintkraft kann als „die Fähigkeit, hoch und lange zu beschleunigen" definiert werden (Deutscher Leichtathletik-Verband, 2012, S. 58). Zwischen der Sprintkraft und der Sprungkraft besteht eine gewisse Verwandtschaft. Durch ein Sprungkrafttraining werden die an der Sprintbewegung beteiligten Muskelgruppen (Fuß, Knie und Hüfte) angesprochen (vgl. Deutscher Leichtathletik-Verband, 2012, S. 59).

Praktische Tipps

Kraft-Stationen: Aufgrund der sehr hohen Beanspruchung für die Beinmuskulatur beim Stationsbetrieb bietet es sich an, eine Sprint-/Sprungkraftstation jeweils mit einer Rumpfkraftstation abzuwechseln. Die Anzahl der Wiederholungen und die Pausengestaltung müssen Sie dem Leistungsstand ihrer Gruppe anpassen. Eine gewisse Erschöpfung darf nach jeder Station aber zu spüren sein.
Beobachteraufgabe: Die Schüler machen beim Sprint-ABC ein „Sportarten-Quiz": Sie versuchen anhand der beobachteten Bewegungen die Schüler kriteriengeleitet ihren Sportarten zuzuordnen.
Traineraufgabe: Die passiven Schüler geben den Stationswechsel beim Sprint- und Sprungkraftzirkel an.

Literatur

Deutscher Leichtathletik-Verband (2012). *Jugendleichtathletik. Rahmentrainingsplan des Deutschen Leichtathletik-Verbandes für die Sprintdisziplinen im Aufbautraining* (Mediathek Leichtathletik). Münster: Philippka-Sportverlag.

Hücklekemkes, J. (2014b). Besser starten durch gezieltes Sprungkrafttraining – Teil 1. *leichtathletiktraining, 25* (6), 24–31.

Hücklekemkes, J. (2014c). Besser starten durch gezieltes Sprungkrafttraining – Teil 2. *leichtathletiktraining, 25* (7), 34–39.

Auf einen Blick

Phasen	Organisation, Geräte- und Materialbedarf
Einstieg (15 Minuten)	
Vorgespräch „Heute fassen wir das Sprint- und Sprungtraining in einer sehr beanspruchenden Weise zusammen – als spezielles Krafttraining." **Aufwärmen: Arbeit am Sprint-ABC-Programm** „Arbeitet weiter an eurem Sprint-ABC-Programm. Übt die Übungen, damit ihr sie alle gut demonstrieren könnt. Versucht heute schwerpunktmäßig ABC-Übungen aus euren Vereinssportarten einzuarbeiten. Bezieht dabei alle Experten unter euch mit ein!" **Zwischenreflexion: Sportartenspezifika** „Sehen die Übungen leichtathletikgemäß aus? Oder eher wie beim Turnen/Tanzen oder beim Fuß-/Handball aus? Wieso?" (Turnen: Eleganz, Darstellung, Gestaltung, s. Bild linke Sportlerin; FB/HB/BB: niedriger Körperschwerpunkt, um schnell die Richtung wechseln zu können, zusätzlich dazu werden die Arme häufig zur Verteidigung nach oben genommen, s. Bild rechter Sportler)	Lehrer-Schüler-Gespräch Rasen- oder Kunststoffplatz; Feldgröße ca. 1 BB-Feld Hütchen für Streckenabmessung Gruppenarbeit Lehrer-Schüler-Gespräch 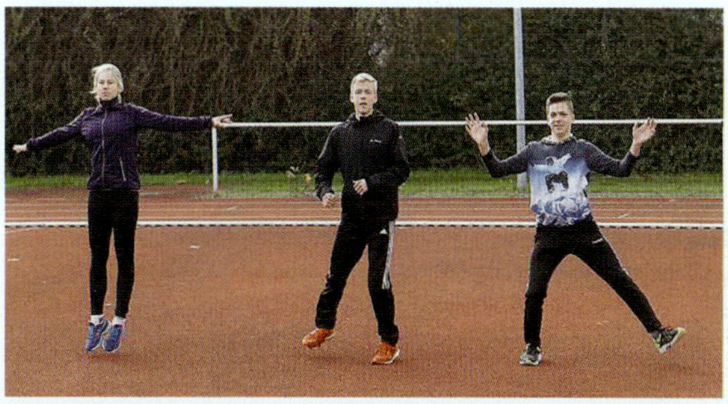
Hauptteil (50 Minuten)	
Problematisierung: konditionelle Fähigkeiten „Welche konditionellen Fähigkeiten gibt es?" (Kraft und Ausdauer, gegebenenfalls Schnelligkeit, welche auch koordinativ geprägt ist)[17]; „Wie könnte man die Kraft für Sprint und Sprung steigern? Äußert Vermutungen!" Es erfolgt die Überleitung zum Sprint- und Sprungkraftzirkel. Es können Schülerideen eingearbeitet werden, falls sie zielführend und ohne großen Aufwand möglich sind.	Lehrer-Schüler-Gespräch

17 Je nach herangezogener wissenschaftlicher Systematik.

Sprint- und Sprungkraftzirkel Die Schüler durchlaufen als Paare verschiedene Stationen, die der Verbesserung der Sprint- bzw. Sprungkraft dienen (vgl. Hücklekemkes, 2014a, S. 26ff. und Hücklekemkes, 2014b, S. 35ff.):	Rasen- oder Kunststoffplatz; Feldgröße ca. 1 BB-Feld Startblock, Hochsprungmatte, Treppenstufen Einzel- und Partnerarbeit
• Fußgelenksprünge oder auch Seilsprünge	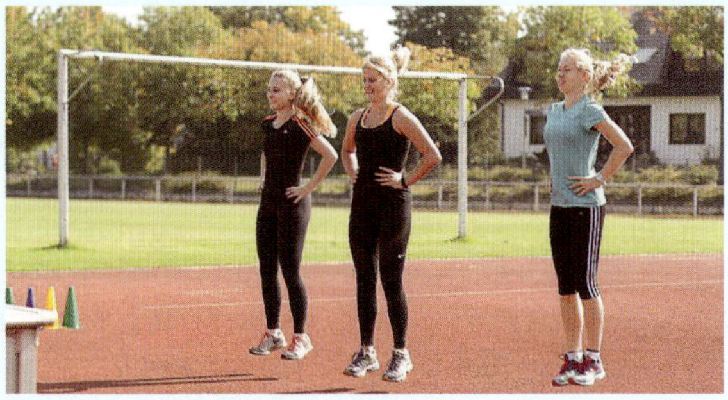
• Startsprung auf Matte (an dieser Station sollte der Lehrer stehen)	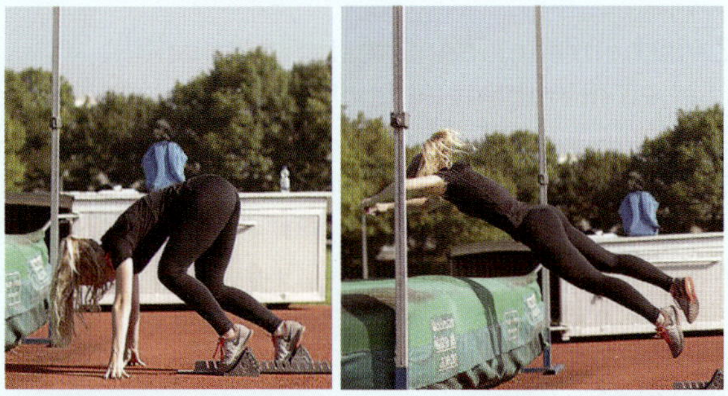
• Burpees (Liegestütze und Hockstrecksprung)	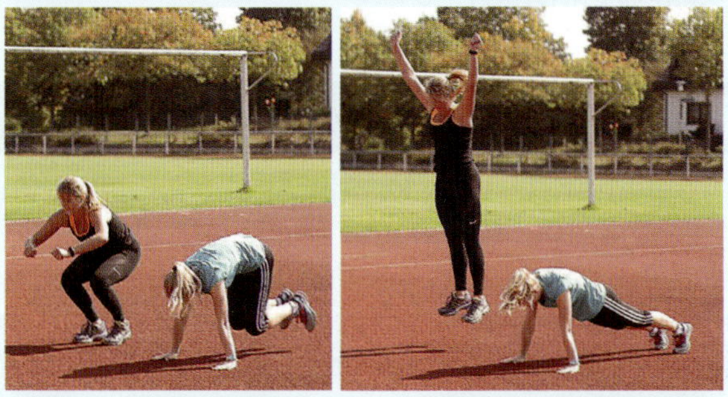
• Schrittwechselsprünge (Treppenstufe, Bank, Kasten etc.)	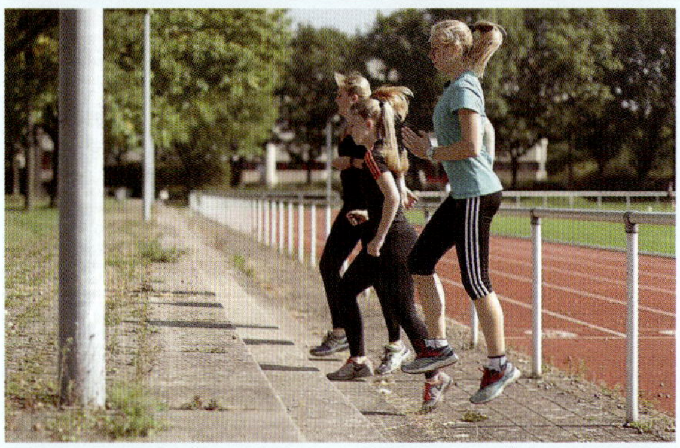
• Strecksprung aus der Schritthocke nach vorne-oben Die Übungen werden jeweils in Abwechslung mit einer Rumpfkraftstation durchgeführt, damit die verschiedenen Muskelgruppen abwechselnd belastet werden. Es eignen sich z. B. Sit-ups, Brustschwimmen in Bauchlage, Käfer, Halten im Unterarm- bzw. Seitstütz (s. Praktische Tipps).	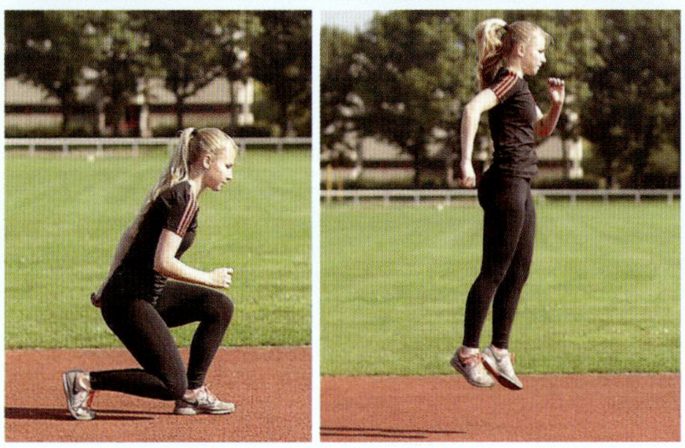

Optional: Skippings bzw. Sprinten mit Partnerwiderstand Die Schüler gehen paarweise zusammen. Ein Schüler macht Skippings bzw. versucht im vom Partner gehaltenen Deuserband wegzusprinten.	feste Gummibänder oder 1 Seil pro 2 Schüler Partnerarbeit 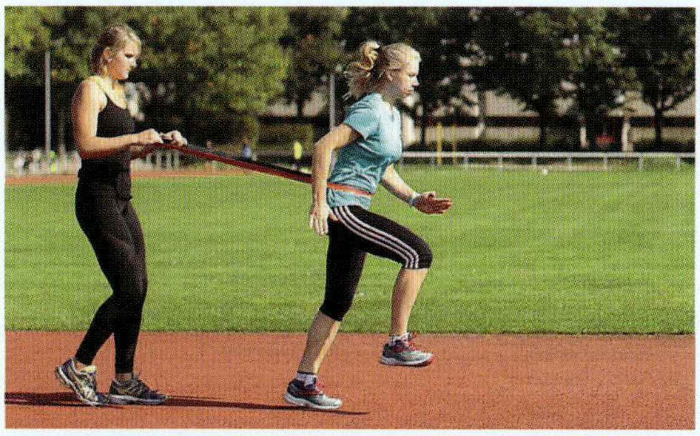
Abschluss (15 Minuten)	
Stundenausklang: Entspannungsmassage mit „Pizzabacken" Die Schüler gehen paarweise zusammen. Einer legt sich auf den Boden. Der andere „bäckt" eine Pizza auf seinem Rücken: Zutaten vermischen, Teig kneten, Teig auswellen, backen, schneiden – essen – anschließend ist Partnerwechsel.	Rasen- oder Kunststoffplatz; Feldgröße ca. ½ VB-Feld Partnerarbeit
Abschlussreflexion „Brennen eure Oberschenkel? Muskelkater ist fast schon vorprogrammiert bei so vielen neuen Übungen! Was ist eigentlich Muskelkater?" (die Ursache ist nicht (!) die Übersäuerung im Muskel durch Laktat, wahrscheinlich Mikrorisse in den Muskelfasern); „Wer hat Tipps zum Muskelkater? Nennt sie!"	Lehrer-Schüler-Gespräch
Ausblick Das haben wir in der nächsten Stunde vor: „Zu Beginn der nächsten Stunde führt jede Gruppe zwei bis drei Übungen aus ihrem Aufwärmprogramm vor. Ansonsten sind wir rhythmisch unterwegs."	

Stundenbild 4: Rhythmus wie ein Drummer! / Mehrfachsprünge sind auch rhythmisch!

Zeit	80 Minuten
Niveau	Sekundarstufe II
Ort	Stadion oder Sporthalle

Hinweise zum Ort
Diese Stunde ist gut in der Sporthalle durchzuführen. Insbesondere das Trommeln geht am besten auf kleinen Turnkästen, für die im Stadion eine Alternative gesucht werden muss. Hier eignen sich die Hochsprungmatte oder auch Treppenstufen.

Ziele und Kompetenzen
In diesem Stundenbild steht die pädagogische Perspektive „Erweiterung der Bewegungserfahrung“ im Vordergrund. Die Schüler können das selbst erstellte Aufwärmprogramm der gesamten Klasse vorstellen. Sie können sich sowohl beim Sprint- als auch beim Mehrfachsprungtraining rhythmisch bewegen.

Vorkenntnisse
Die Schüler haben bereits vielfältige Sprungerfahrungen im Bereich des Sprung-ABC gemacht.

Fachliche Hinweise

Ein Frequenztraining ist nicht nur als Vorbereitung für den Sprint sinnvoll, sondern stellt für zahlreiche weitere leichtathletische Disziplinen einen leistungsbestimmenden Faktor dar (vgl. Hücklekemkes, 2014a, S. 27ff.). Um die Frequenz möglichst maximal zu halten, sind flache Hindernisse nötig.

Der Standdreisprung kann aufgrund des geringen Tempos im Vergleich zum Dreisprung mit Anlauf von den Schülern meist gut gesprungen werden ohne einzuknicken. Die Stabilität hat Vorrang vor der Sprungweite. Die Zielform für die Sekundarstufe II kann daher der Standdreisprung sein. Diese Stunde kann jedoch auch ein möglicher Auftakt für eine Unterrichtseinheit zum Dreisprung sein. Hier empfehlen wir, das Anlauftempo grundsätzlich immer so niedrig zu halten, dass die Sprünge von den Schülern gut abgefangen werden und sie nicht einknicken. Das bedeutet, dass erstmal angegangen oder langsam angetrabt werden soll. Weitere Literatur zum Thema Dreisprung finden Sie für die Schule bei Fittko et al. (vgl. 2011). Um viel über die Grundlagen von Technik und das Training des Dreisprungs zu erfahren, empfehlen wir den offiziellen Rahmentrainingsplan des DLV (vgl. 2008)

Praktische Tipps

Anzahl der Bahnen und Reifenabstände: Es bietet sich bei der Frequenzschulung an, zwei verschiedene Reifenbahnen auszulegen, um den unterschiedlichen Schrittlängen gerecht zu werden.

Literatur

Belz, M. & Frey, G. (2015). *Doppelstunde Leichtathletik. (Klasse 10–12)* (Reihe Doppelstunde Sport, Bd. 12). Schorndorf: Hofmann.

Deutscher Leichtathletik-Verband (2008). *Jugendleichtathletik. Offizieller Rahmentrainingsplan des Deutschen Leichtathletik-Verbandes für die Sprungdisziplinen im Aufbautraining* (Mediathek Leichtathletik). Münster: Philippka.

Fittko, E., Kölsch, J., Monz-Dietz, L., Poppe, M. & Scheer, H. J. (2011). *Leichtathletik – Handreichungen für Schulen der Sekundarstufe 1* (Edition Schulsport, Bd. 16, 1. Auflage). Aachen: Meyer & Meyer.

Hücklekemkes, J. (2014a). Mit Reifensprints die Schrittfrequenz verbessern. *leichtathletiktraining, 25* (5), 27–33.

videomatt48 (2011, 16. Dezember). *Jonathan Edwards Breaks the Triple Jump World Record – YouTube.* Zugriff unter https://www.youtube.com/watch?v=2DIN4Q5yT9M

Auf einen Blick

Phasen	**Organisation, Geräte- und Materialbedarf**
Einstieg (15 Minuten)	
Vorgespräch „Heute geht es in den beiden Hauptteilen der Stunde um verschiedene Rhythmen. Aber zuerst seid ihr dran mit eurer Präsentation!“	Lehrer-Schüler-Gespräch
Aufwärmen: Präsentation der Sprint-ABC-Aufwärmprogramme Auf dem Hinweg wird eine Übung des Sprint-ABC durchgeführt (ca. 20–30 m), auf dem Rückweg wird locker gejoggt. Nach und nach leiten alle Gruppen die erarbeiteten Übungen durch Vormachen und Mitmachen, evtl. auch durch Korrigieren an. Alle Schüler machen alles mit, um ein kontinuierliches Aufwärmen zu ermöglichen. Der Lehrer beobachtet, ergänzt, verstärkt und korrigiert ggf. Für alle Schüler muss immer noch klar sein, dass zunächst mit Übungen in niedriger Intensität begonnen wird und diese erst nach und nach gesteigert werden kann.	Rasen- oder Kunststoffplatz; Feldgröße ca. 1 BB-Feld Hütchen für Streckenabmessung Gruppenarbeit, Schülerdemonstration Bewegungszeit mindestens 10 min
Hauptteil I (25 Minuten)	
Rhythmus wie ein Drummer! Die Schüler absolvieren ein Frequenztraining mit den Händen, Füßen und dem ganzen Körper: hierbei trommeln sie in höchster Frequenz mit den Händen auf einen kleinen Kasten o. Ä. (5 sec), anschließend im Sitzen mit den Füßen auf den Boden (5 sec), durchlaufen ca. 8–10 Reifen ebenfalls in höchster Frequenz (Achtung: trotzdem auf hohen Körperschwerpunkt achten) und sprinten schließlich ca. 15 m frequent weiter. **Optional: Zeit stoppen** Wer durchläuft die Sprintstrecke am schnellsten?	Laufbahn oder Kunststoffplatz Pro 6 Schüler 1 kleiner Kasten oder Tribünensitze oder Bänke oder Hochsprungmatte o. Ä., pro 10 Schüler 8–10 Reifen oder andere flache (!) Hindernisse, Stoppuhr Einzelarbeit 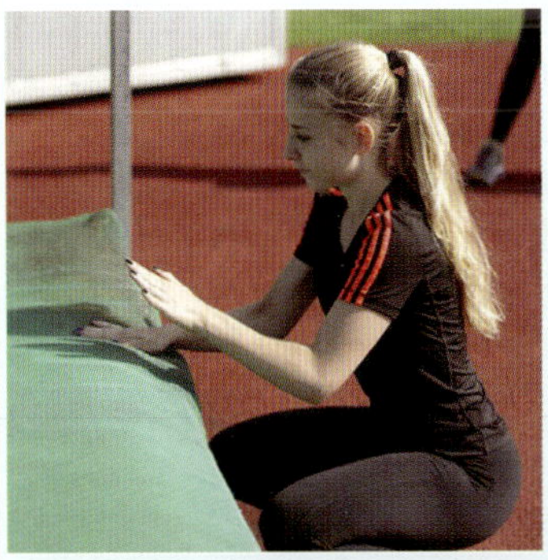 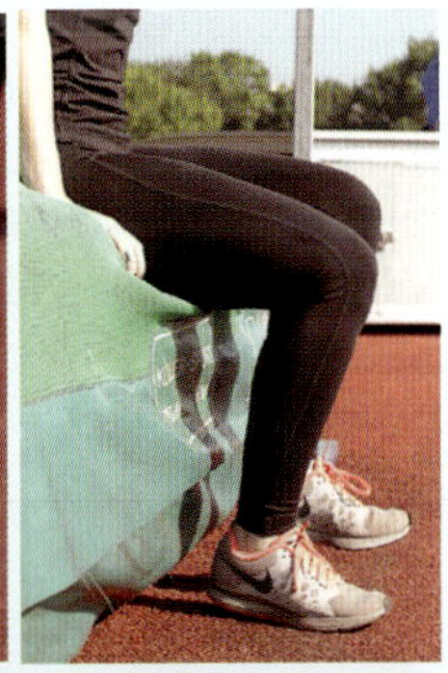 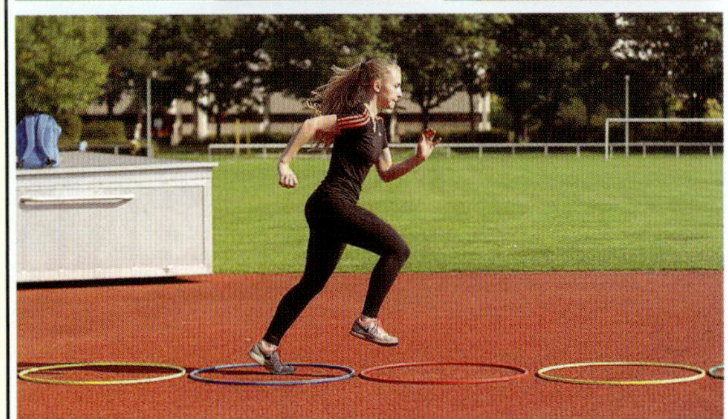

<table>
<tr><th colspan="2">Hauptteil II (30 Minuten)</th></tr>
<tr><td>Mehrfachsprünge sind auch rhythmisch
Als Sprungvorbereitung absolvieren die Schüler verschiedene Sprungserien (auch durch Reifenbahn möglich) mit folgenden Übungen (vgl. Belz & Frey, 2015, S. 143):
• Einbeinsprünge re und li
• Einbeinsprünge re und li mit betontem Heben des Sprungbeinknies auf jeden 2. Sprung
• Einbeinsprünge mit Rhythmuswechsel (re-re-li-li ...)</td><td>Laufbahn; pro 5 Schüler 1 Bahn mit der Streckenlänge ca. 30–40 m

Hütchen als Ablaufmarkierung

Einzelarbeit
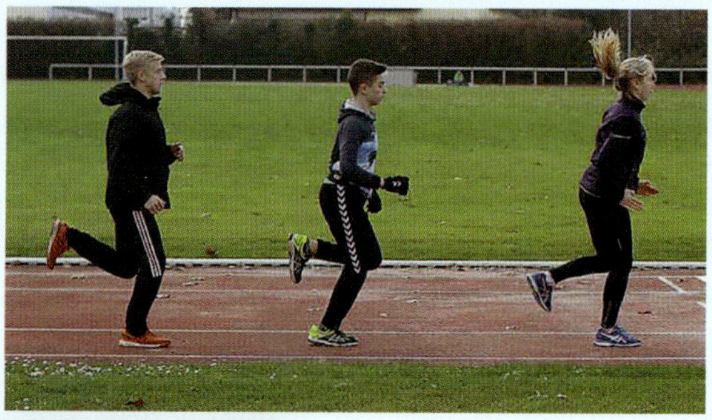
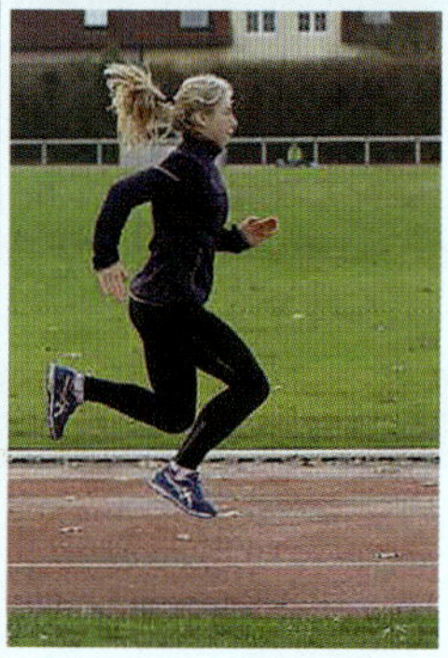</td></tr>
<tr><td>Zwischenreflexion: Wie springen Dreispringer?
„Wenn ihr drei Sprünge zur Verfügung habt, um in die Grube zu springen: welche Möglichkeiten gibt es?“ (re-re-re oder li-li-li / re-li-re oder li-re-li / re-re-li oder li-li-re / re-li-li oder li-li-re) (vgl. Belz & Frey, 2015, S. 144f.). „Was glaubt ihr: Mit welcher Sprungfolge springt man am weitesten?“ (li-re-li oder re-li-re) „Weiß jemand, wie ein Dreispringer springt?“ (re-re-li oder li-li-re) „Das probieren wir jetzt aus – allerdings aus dem Stand!“</td><td>Lehrer-Schüler-Gespräch</td></tr>
</table>

Standdreisprung als mögliche Leistungsmessung
Die Dreisprung-Schrittfolge gilt auch für den Standdreisprung. Die Schüler probieren beide Möglichkeiten aus (re-re-li oder li-li-re), sollen sich dann für eine Schrittfolge entscheiden und gehen in die Übungsphase über (s. Fachliche Hinweise). Insgesamt sollten aber nicht mehr als 10 Durchgänge absolviert werden.

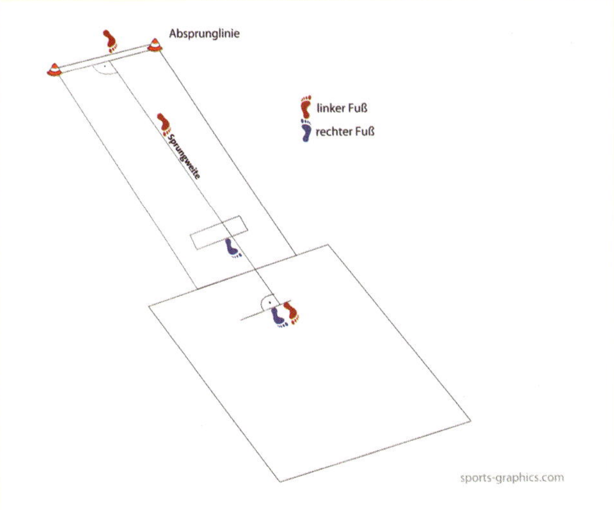

Zusätzlich dazu 1 Maßband

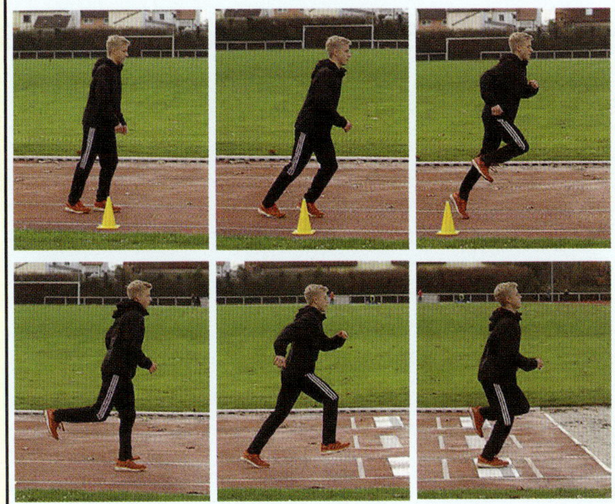

Abschluss (10 Minuten)

Abschlussreflexion
„Mit Rhythmus zum Ziel. Viele Prozesse in der Natur und der Technik unterliegen regelmäßigen Rhythmen. Könnt ihr Beispiele nennen, z. B. aus dem Biologie- oder Technikunterricht?“

Ausblick
Das haben wir in der nächsten Stunde vor:
„Wir machen Noten im 100-m-Sprint und im Standdreisprung.“

Lehrer-Schüler-Gespräch

Stundenbild 5: Wir sind bereit für die Sprint- und Sprungnoten!

Zeit 85 Minuten
Niveau Sekundarstufe II
Ort Stadion

Ziele und Kompetenzen
In diesem Stundenbild steht die pädagogische Perspektive „Leisten erfahren, verstehen und einschätzen" im Vordergrund. Die Schüler können eine Sprintleistung erbringen. Sie können das Startkommando geben. Die Schüler können mit Lehrerunterstützung die Zeit beim Sprintlauf stoppen. Sie können eine Sprungleistung erbringen. Die Schüler können mit Lehrerunterstützung die Sprungweite messen.

Vorkenntnisse
Die Schüler können einen Sprintlauf absolvieren. Sie können den Standdreisprung zumindest in Grobform.

Fachliche Hinweise

Noten oder noch üben? Wie in allen von uns dargestellten Stundenbildern zur Notenbildung ist es möglich, stattdessen auch noch eine reine Übungsstunde der Disziplinen einzuschieben – je nach Jahresplanung im Schuljahr und Lernstand der Klasse.

Es wird sicher nicht möglich sein, bei größeren Klassen sowohl die Sprint-, als auch die Sprungnote in einer Doppelstunde abzunehmen. Hier sind weitere Stunden nötig.

Hinweise zum Regelwerk der Leichtathletik finden Sie in „Unsere Idee von der Leichtathletik in der Sekundarstufe I und II" unter der Rubrik „Die Regeln", s. S. 12.

Praktische Tipps

Aufwärmen: Das asymmetrische Frequenztraining im Rahmen des speziellen Aufwärmens sollte nur zur Aktivierung eingesetzt werden und darf nicht zur Ermüdung führen.

Sprungnote: Alternativ zum Standdreisprung kann auch eine Weitsprungnote abgenommen werden (gegebenenfalls als Schülerwahl).

Leistung der Spitzenathleten: Sehr beeindruckend sind Videos von Jonathan Edwards, dem Weltrekordinhaber im Dreisprung (s. www.youtube.com/watch?v=2DIN4Q5yT9M[18]).

Kampfrichteraufgabe: Die Schüler helfen bei der Notengebung als Kampfrichter mit.

Traineraufgabe: Die passiven Schüler geben den anderen Schülern bei den Probeversuchen Tipps, was sie besser machen können.

Literatur

World Athletics (2022, 31. Juli). *World Records.* Zugriff unter https://www.worldathletics.org/records/by-category/world-records
Hücklekemkes, J. (2014a). Mit Reifensprints die Schrittfrequenz verbessern. *leichtathletiktraining, 25* (5), 27–33.

18 Interessant sind auch die Kommentare auf www.youtube.de zu diesem Video, insbesondere über die Muskelstruktur und in diesem Zusammenhang über Rassismus und Doping. Diese Kommentare können ein Aufhänger sein, die Themen Rassismus und auch Doping mit Ihren Schülern zu diskutieren.

Auf einen Blick

Phasen	Organisation, Geräte- und Materialbedarf
Einstieg (15 Minuten)	
Vorgespräch „Heute gibt's Noten im Sprint und im Standdreisprung. Jetzt bereiten wir uns darauf optimal vor!" **Aufwärmen: Übungen an den Schaumstoffblöcken** Allgemeines Aufwärmen: verschiedene Übungen aus dem Sprint-ABC an der Schaumstoffblockbahn (mindestens 5 min, besser 8–10 min) (s. Stundenbild 4, Klassenstufe 7/8, S. 78 f.) Spezielles Aufwärmen: asymmetrisches Frequenztraining: jeder Schüler absolviert jeweils 2 Läufe mit re und li über die Schaumstoffblockbahn (Abstand: ca. 2,20–3,00 m), indem er mit dem einen Bein am Schaumstoffblock vorbei läuft und mit dem anderen Bein darüber. Dabei werden das Tempo und die Frequenz gesteigert (vgl. Hücklekemkes, 2014, S. 30)	Lehrer-Schüler-Gespräch Notentabellen für Notentransparenz Laufbahn; pro 10–15 Schüler 1 Bahn mit der Streckenlänge von ca. 50 m Pro 10–15 Schüler ca. 10–15 Schaumstoffblöcke Einzelarbeit 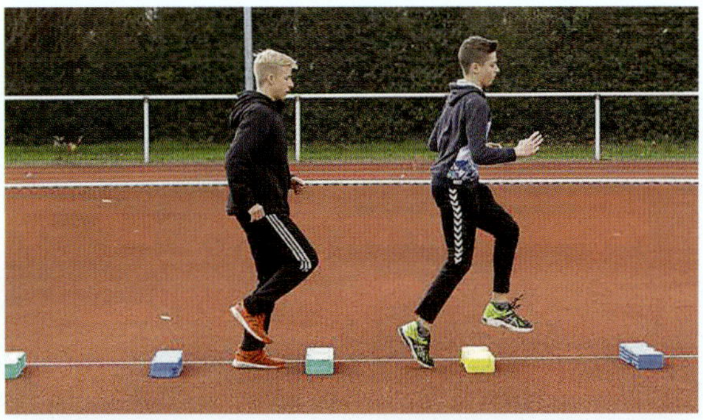 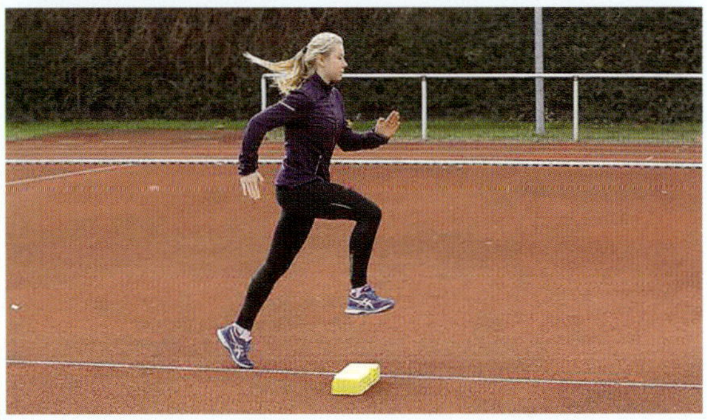
Hauptteil I (30 Minuten)	
Üben 100 m oder Note 100 m Die Schüler werden entsprechend der Anzahl der vorhandenen Bahnen und Startblöcke in mehrere Riegen eingeteilt. Jeder Schüler absolviert nach dem individuellen Einstellen des Startblocks einen Probestart über ca. 20 m. Nun treten die Riegen nacheinander an die Startblöcke und absolvieren den 100-m-Sprint aus dem Tiefstart auf Zeit. Die Schüler helfen beim Erfassen der Sprintzeit mit.	100-m-Bahn Stoppuhren, Startblöcke, Startklappe o. Ä. für Kommando Einzelarbeit

Hauptteil II (30 Minuten)	
Üben Standdreisprung oder Note Standdreisprung Die Schüler machen als spezielles Aufwärmen 3–5 Froschsprünge. Anschließend machen sie einen Probesprung, bevor es an die Weitenmessung geht. Am besten ziehen Sie eine Linie mit Kreide oder kleben eine Linie mit Klebeband als Absprunglinie (s. Grafik Stundenbild 4, Sekundarstufe II, S. 167). Jeder Schüler hat 3 Versuche.	Weitsprunganlage Rechen, Hütchen als Ablaufmarkierung, Maßband, eventuell Gießkanne Einzelarbeit
Abschluss (10 Minuten)	
Abschlussreflexion „Wie lief's? Könnt ihr euch vorstellen, dass der Weltrekord im Dreisprung bei 18,29 m (Männer) bzw. 15,74 m (Frauen) liegt?" (s. Praktische Tipps)	Lehrer-Schüler-Gespräch

Stundenbild 6: Voll krass, wir stoßen ja! / Laufen mit Handicap

Zeit 75 Minuten
Niveau Sekundarstufe II
Ort Stadion oder Sporthalle

Ziele und Kompetenzen
In diesem Stundenbild steht die pädagogische Perspektive „Erweiterung der Bewegungserfahrung“ im Vordergrund. Die Schüler können den Unterschied zwischen Werfen und Stoßen nennen. Sie können verschiedene Übungen mit dem Medizinball durchführen. Die Schüler können Bewegungserfahrung beim Laufen mit Handicap sammeln.

Vorkenntnisse
Es ist von Vorteil, wenn die Schüler die Übungen aus der allgemeinen Wurf- und Stoßschule kennen.

Fachliche Hinweise

Sowohl bei der Wurf- als auch bei der Stoßbewegung wird ein Gegenstand mit der Hand beschleunigt und vom Körper entfernt (s. Stundenbild 6, Klassenstufe 7/8, S. 85). Das Werfen ist für in Relation zur eigenen Kraft leichte Gewichte und das Stoßen für in Relation zur eigenen Kraft schwere Gewichte. Durch das Hinzugeben eines immer schwerer werdenden Wurfgewichts beim Aufwärmspiel werden die Schüler induktiv dazu angeleitet, eine neue Bewegungslösung für ihr Ziel (den Ball beim Parteiball zu passen) zu finden. Dabei geht jeder Schüler irgendwann automatisch zu einer Stoßbewegung über. In der nachfolgenden Reflexionsphase wird das thematisiert. Das Erweitern des Vierecks ermöglich das Überbrücken größerer Strecken: Eine neue Bewegungslösung muss her, da der schwere Gegenstand nicht mehr ohne Weiteres gestoßen/geschockt werden kann (außerdem: Zweck von Anlauf/Auftakt etc.).

Bei den Übungen zum Laufen mit Handicap werden die Schüler durch einfache Bewegungsanweisungen (z. B. „Stell dir vor, du hättest kein Kniegelenk!“) sich ihres eigenen Körpers bewusst und bewegen sich intuitiv koordinativ variabel. Je nach Interesse der Klasse kann auch das soziale Lernen eine Rolle spielen: Wie wäre es denn, wenn ich wirklich eine körperliche Behinderung hätte?

Praktische Tipps

Sicherheit geht vor: Bei den Medizinballübungen ist aus Sicherheitsgründen auf ausreichend seitlichen Abstand zu achten.

Literatur

Belz, M. & Frey, G. (2015). *Doppelstunde Leichtathletik. (Klasse 10–12)* (Reihe Doppelstunde Sport, Bd. 12). Schorndorf: Hofmann.
May, R. (2009). Das ABC der Leichtathletik – Teil 5. *leichtathletiktraining, 20* (12), 18–23.

Auf einen Blick

Phasen	Organisation, Geräte- und Materialbedarf
Einstieg (20 Minuten)	
Vorgespräch „Heute starten wir mit einem Bewegungsrätsel. Wer kommt der Lösung auf die Spur?“	Lehrer-Schüler-Gespräch
Aufwärmen (= Problematisierung): Parteiballspiel mit Wurf und Stoß Allgemeines Aufwärmen (ca. 2 min): Es wird ein Viereck in halber Volleyballfeldgröße (pro 10 Schüler) markiert. Die Schüler passen sich einen Softball oder Gymnastikball zu, umlaufen ein Hütchen und sind wieder bereit zum Passen. Spezielles Aufwärmen: Nach diesem ersten lockeren Aufwärmen wird Parteiball gespielt. Nach und nach tauscht der Lehrer den Soft-/Gymnastikball mit immer schwerer werdenden Bällen aus. Das Spiel bleibt das gleiche. Automatisch werden die Schüler nach und nach (je nach individueller Kraft) in das Stoßen oder das Schocken übergehen. Es geht weiter im Parteiballspiel mit einem 1-, 2- oder 3-kg-Medizinball und der Lehrer vergrößert nach und nach das Viereck: Als Folge werden einige Schüler beim Stoßen einen Auftaktschritt/Anlauf oder Nachstellschritt machen, um mehr Anfangskraft und einen längeren Beschleunigungsweg für die größere Strecke zu bekommen.	Rasen- oder Kunststoffplatz; Feldgröße pro 10 Schüler ca. ½ VB-Feld, ggf. größer Pro 10 Schüler 1 Soft- oder Gymnastikball, Basketball, Medizinbälle in verschiedenen Gewichten (1 kg, 2 kg, 3 kg, ggf. 4 kg), Parteibänder, 4 Hütchen pro 10 Schüler Gruppenarbeit 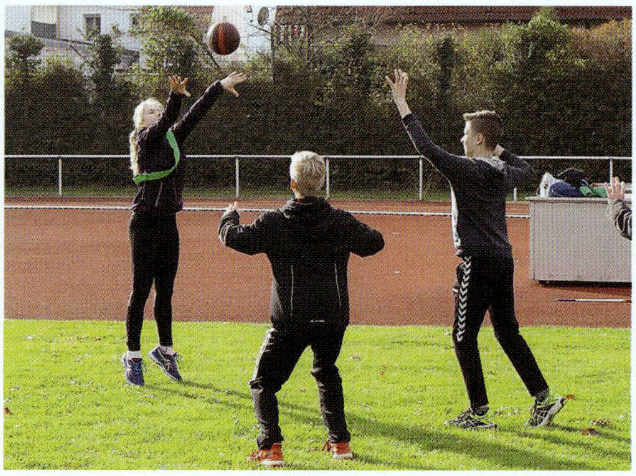
Zwischenreflexion: Unterschied von Wurf und Stoß „Habt ihr beim Spiel nur geworfen oder auch gestoßen? Wann seid ihr zum Stoßen übergegangen?“ (s. fachliche Hinweise) **Optional: Zwischenreflexion zum Zweck eines Anlaufs** „Als das Viereck größer wurde, habt ihr mit dem Ball beim Passen manchmal eine längere Strecke überwinden müssen. Wie habt ihr das geschafft?“	Lehrer-Schüler-Gespräch

Hauptteil I (20 Minuten)

Wurf-/Stoßkrafttraining mit dem Medizinball
Die Schüler absolvieren paarweise Übungen aus der allgemeinen Wurf- und Stoßschule. Je höher das Gewicht des Medizinballs ist, desto mehr kommt die Kräftigungskomponente zum Tragen. Mögliche Übungen sind (vgl. Belz & Frey, 2015, S. 156ff. und May, 2009, S. 18ff.):

- Schocken vw, rw, sw (s. Fotos Stundenbild 6, Klassenstufe 7/8, S. 88)
- Schocken nach oben (Richtung Himmel oder Decke)
- Druckpass aus der Schrittstellung
- Druckpass aus der Kniebeugeposition mit Nachspringen
- Einhändiges Stoßen im Sitz
- Schocken sw im Schwebesitz
- Stoßen aus der Bauchlage
- Stoßen aus der Rückenlage

Insgesamt sollten maximal 100 Würfe/Stöße ausgeführt werden.

Rasen- oder Kunststoffplatz;
Feldgröße ca. 1 VB-Feld

1 Medizinball (2, 3 und ggf. 4 kg) pro Paar

Partnerarbeit

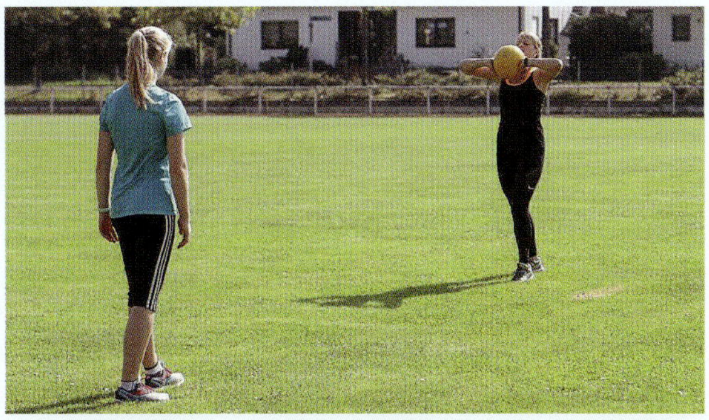

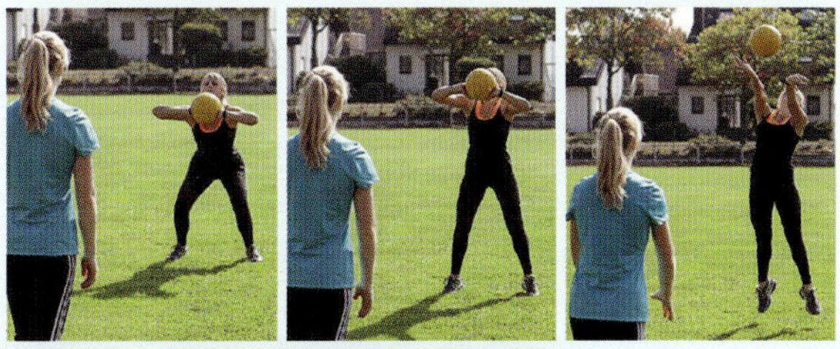

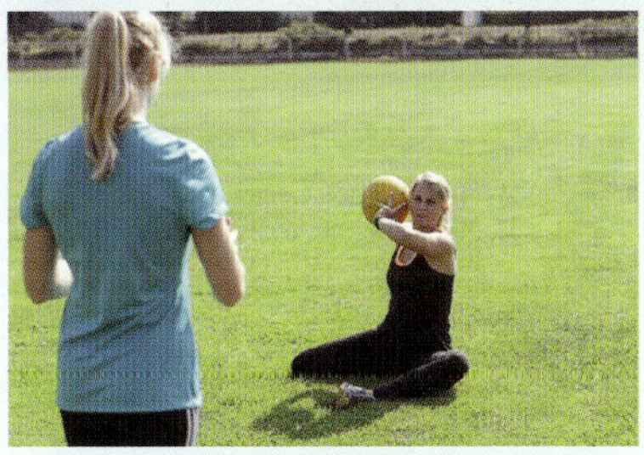

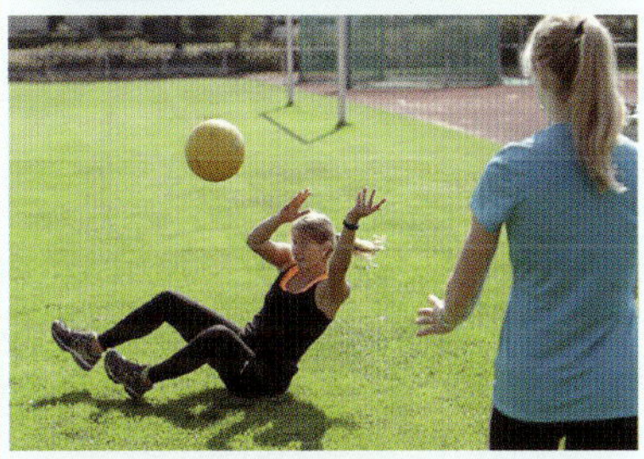

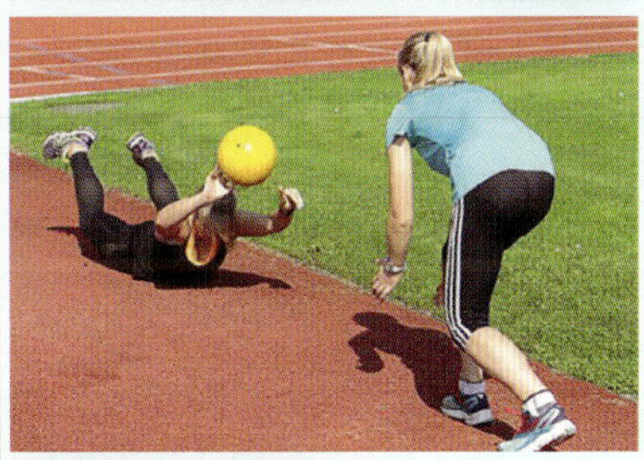

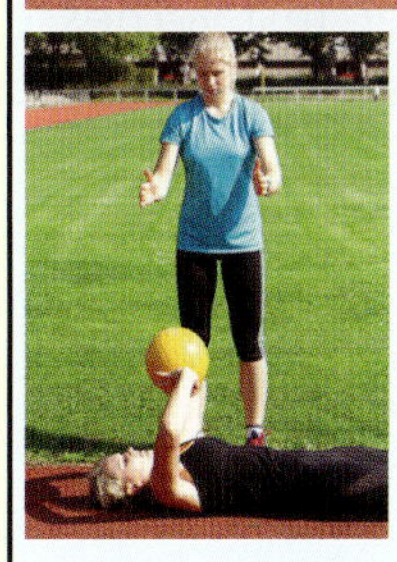

Hauptteil II (15 Minuten)	
Laufen mit Handicap „Probiert mal folgende Bewegungsaufgaben aus! Stellt euch vor, ihr habt kein (bzw. euer jeweiliges Gelenk ist steif) ... Fußgelenk ... Kniegelenk ... Hüftgelenk ... Schultergelenk ... Ellenbogengelenk ... weder Hüft- noch Kniegelenk ... und in einem Bein kein Kniegelenk“	Laufbahn; pro 5 Schüler 1 Bahn mit der Streckenlänge von 30–50 m; alternativ Rasen- oder Kunststoffplatz; Feldgröße ca. 1 BB-Feld 2 Hütchen als Streckenmarkierung Einzelarbeit 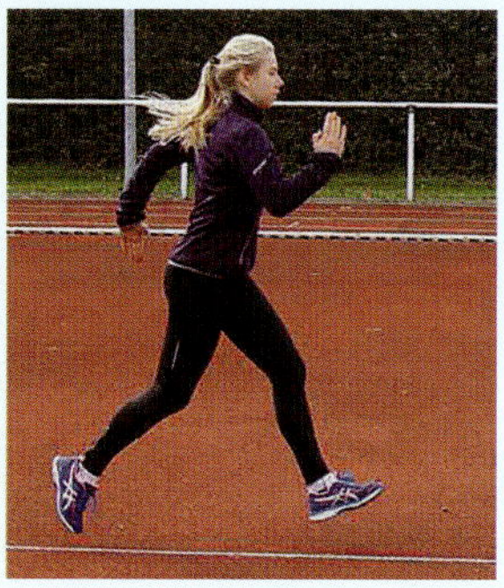
Zwischenreflexion: Körpererfahrung „Wie habt ihr euch gefühlt? War es schwierig, die Bewegungsanweisungen umzusetzen?“	Lehrer-Schüler-Gespräch
Abschluss (20 Minuten)	
Test: Halber oder ganzer Cooper-Test Die Schüler laufen 6 min als halben oder den gesamten Cooper-Test.	400-m-Rundbahn Stoppuhren, 8 Hütchen als Streckenmarkierung alle 50 m Einzelarbeit
Abschlussreflexion „Training für den Cooper-Test ist Ausdauertraining. Um gute Leistungen zu erzielen, solltet ihr zusätzlich zum Sportunterricht mindestens 1x pro Woche einen Dauerlauf von 20–30 min absolvieren oder ein Ausdauertraining in einer anderen Form durchführen: FB-/HB-/BB-Training kann auch Ausdauertraining sein.“ **Ausblick** Das haben wir in der nächsten Stunde vor: „Wir wollen mit verschiedenen Ausdauertrainingsmethoden eure Leistung im Cooper-Test verbessern und wir erarbeiten uns eine optimale Kugelstoßtechnik.“	Lehrer-Schüler-Gespräch

Stundenbild 7: Querbeet durch die Kugelstoßtechniken / Die gewohnte Bahn verlassen

Zeit 80 Minuten
Niveau Sekundarstufe II
Ort Stadion, ggf. Sporthalle

Hinweise zum Ort
Falls Hallenkugeln vorhanden sind, ist der Hauptteil zum Kugelstoßen in der Sporthalle durchführbar; das Tempolaufprogramm muss abgewandelt werden.

Ziele und Kompetenzen
In diesem Stundenbild steht die pädagogische Perspektive „Leisten erfahren, verstehen und einschätzen" im Vordergrund. Die Schüler können verschiedene Kugelstoßtechniken in Grobform ausführen. Die Schüler können in einem Fahrtspiel eine Ausdauerleistung erbringen.

Vorkenntnisse
Vielfältige Stoßerfahrungen mit dem Medizinball sind von Vorteil.

Fachliche Hinweise

Einen Abriss zur Kugelstoß-Historie sowie ausführliche Beschreibungen zu den unterschiedlichen Techniken finden Sie im Rahmentrainingsplan des DLV für das Aufbautraining in den Wurfdisziplinen (vgl. Deutscher Leichtathletik-Verband, 2011, S. 54ff.).
Den Drehstoß sollte man aus Sicherheitsgründen jedoch nicht durchführen lassen.

Praktische Tipps

Sicherheit geht vor: Das Gewicht der Kugeln ist im Vergleich zu anderen Wurfgeräten sehr schwer, deshalb gelten zusätzlich zu den üblichen Sicherheitshinweisen (s. Stundenbilder 6–10 der Klassenstufe 9/10) beim Kugelstoßen weitere Maßnahmen. So besteht auch die Gefahr, dass man beim unbeabsichtigten Fallenlassen der Kugel die Füße schwer verletzen kann.

Sicherheit und Stoßhäufigkeit: Bei ausreichendem seitlichen Sicherheitsabstand kann die Kugelstoßanlage auch quer zum Stoßen genutzt werden, um viele Schüler gleichzeitig zu beschäftigen (s. Grafik Stundenbild 10, Klassenstufe 7/8, S. 104).

Literatur

Deutscher Leichtathletik-Verband (2011). *Jugendleichtathletik. Rahmentrainingsplan des Deutschen Leichtathletik-Verbandes für die Wurfdisziplinen im Aufbautraining* (Mediathek Leichtathletik). Münster: Philippka.

Friedmann, K., Göhner, U. & Köhler, T. (2021). *Kursstufe Sport. Theorie für das Leistungsfach* (Gesamtband). Lichtenstein: Promos.

Auf einen Blick

<table>
<tr><th>Phasen</th><th>Organisation, Geräte- und Materialbedarf</th></tr>
<tr><td colspan="2">Einstieg (15 Minuten)</td></tr>
<tr><td>Vorgespräch/Problematisierung: Kugelstoßtechniken
„Kennt ihr verschiedene Kugelstoßtechniken (z. B. aus dem Fernsehen)?“ (Angleiten, Drehstoßtechnik) „In welcher Technik habt ihr schon mal Kugelstoßen gemacht?“ (Standstoß, Angehen, Angleiten ...)

Aufwärmen: Stopptanz mit antiken olympischen Statuen
Allgemeines Aufwärmen: ca. 5–8 min laufen auf Musik. Dabei wird beim Stopp der Musik vom Lehrer oder einem passiven Schüler eine Leichtathletikdisziplin ausgerufen und alle versuchen möglichst authentisch die Haltung einer antiken olypmischen Statue einzunehmen. Beispiele: Diskuswerfer, Kugelstoßer, Weitspringer, Hochspringer, Sprinter, Marathonläufer. Eventuell können weitere Attribute hinzugefügt werden: ein Marathonläufer kurz vor dem Ziel, der Diskuswerfer zum Siegeswurf ansetzend, ...
Spezielles Aufwärmen: Kräftigungsübungen, wie z. B. Liegestütze, Standwaage, Beine hoch an der Sprossenwand bzw. draußen Klappmesser, Kniebeugen (hier bereits auf Technik achten!)</td><td>Lehrer-Schüler-Gespräch

Rasen- oder Kunststoffplatz;
Feldgröße ca. 1 HB-Feld

Musikanlage

Einzelarbeit</td></tr>
<tr><td colspan="2">Hauptteil I (35 Minuten)</td></tr>
<tr><td>Querbeet durch die Kugelstoßtechniken
Den Schülern wird die richtige Haltetechnik der Kugel auf den Fingerwurzelknochen (s. Stundenbild 8, Klassenstufe 7/8, S. 95) sowie am Hals gezeigt. Anschließend probieren sie verschiedene Kugelstoßtechniken aus (s. Arbeitsblatt 10, S. 222) (vgl. Deutscher Leichtathletik-Verband, 2011, S. 58ff.):
• Standstoß (mit Auftakt) (s. Stundenbild 8, Klassenstufe 7/8)</td><td>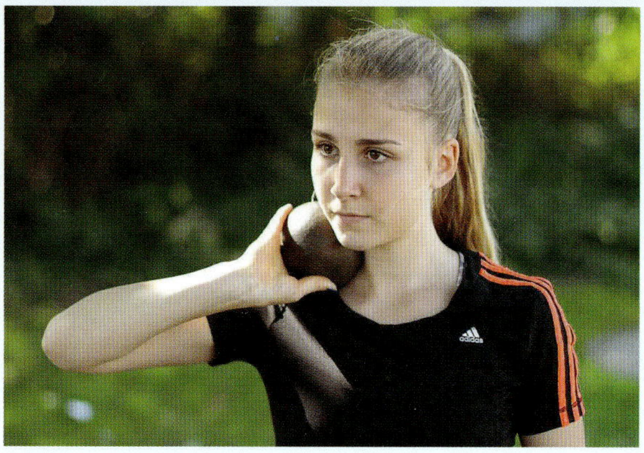

Kugelstoßanlage mit Zubehör (eventuell einen Besen, um Kugelstoßring auszufegen, ggf. einen Rechen für Sand)

Kugeln, möglichst pro Schüler eine Kugel

Arbeitsblatt 10 (s. Anhang S. 222/223)

Einzelarbeit</td></tr>
</table>

<table>
<tr>
<td>

• rückwärtiges Angehen (für den Rechtshänder Setzen li Fuß, re Fuß, li Fuß)

• Wechselschritt (für den Rechtshänder: Abdruck vom li Fuß, Setzen re Fuß, Setzen li Fuß)

• Angleiten (s. Foto Stundenbild 8, Sekundarstufe II, S. 182)

Die Drehstoßtechnik sollte im Vorgespräch angesprochen werden, wird jedoch aus Sicherheitsgründen nicht von den Schülern erprobt.

Zwischenreflexion: Funktionsphasen einer Bewegung
„Was versteht ihr unter dem Begriff ‚Funktion'? (Aufgabe, Wirkweise, Zweck oder Sinn einer Sache) „In der Bewegungslehre gibt es die Funktionsphasen einer Bewegung, also: was ist der Zweck einer Bewegung? Was ist die Hauptfunktionsphase, um Kugelstoßen zu machen – also welche Bewegungen müsst ihr *unbedingt* machen, damit die Kugel fliegt?" (...) „Und welche sind nur zusätzlich nützlich?" (...) (vgl. Göhner, 2021, S. 166 f.)

</td>
<td>

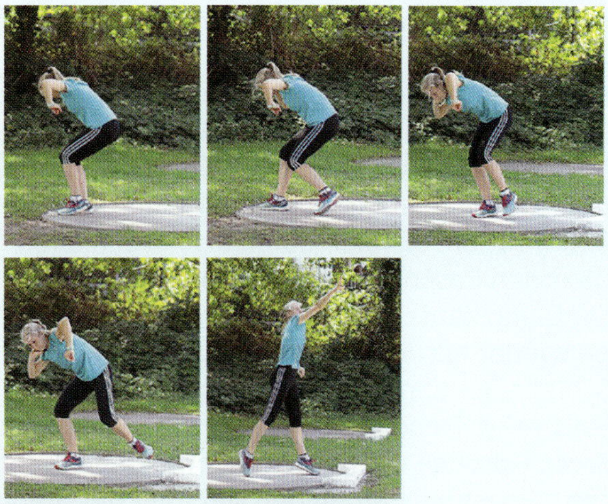

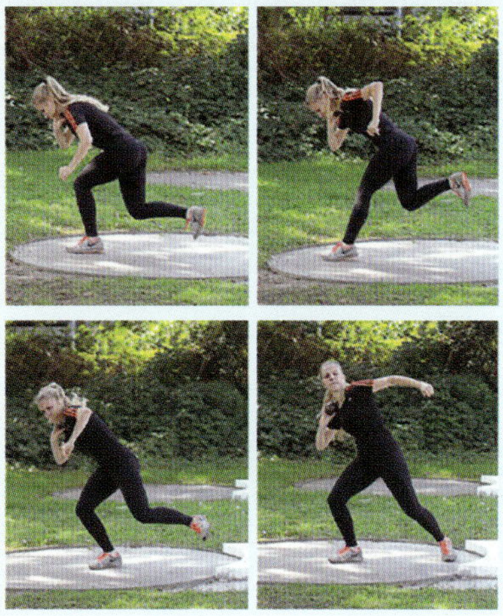

Lehrer-Schüler-Gespräch

</td>
</tr>
<tr>
<td colspan="2">

Hauptteil II (20 Minuten)

</td>
</tr>
<tr>
<td>

Problematisierung: Ausdauertrainingsmethoden
„Wenn man immer nur einen Cooper-Test läuft, verbessert sich die Leistung nicht so stark, als wenn man verschiedene Trainingsmethoden anwendet. Heute probieren wir die Trainingsmethode Fahrtspiel aus."

</td>
<td>

Lehrer-Schüler-Gespräch

</td>
</tr>
</table>

Fahrtspiel: Beim Laufen auch mal die gewohnte Bahn verlassen
Der Rasen ist die Lauffläche für die Tempoarbeit (ca. 60 % der Maximalgeschwindigkeit), auf der Laufbahn ist Ruhepause (als Trab- oder Gehpause). Die Treppen der Tribünen um das Stadion herum geben einen Extrareiz. Die Schüler laufen also in Schleifen quer über den Rasen, verlangsamen ihr Tempo auf der Laufbahn, laufen die Treppen hoch, die nächste Treppe wieder herunter und dann wieder auf die nächste Schleife auf dem Rasen bis zum Ende.
Falls keine Treppen im Stadion sind, können auch Froschsprünge oder Wechselsprünge als zusätzlicher Belastungsreiz an den Geraden des Stadions gesetzt werden. Dies ist auch die Hallenalternative: Die Schüler laufen in langen Schleifen längs durch die Sporthalle und machen an den kurzen Seiten die Kräftigungsübungen. Diese werden in der Halle aufgrund der kürzeren Laufstrecke in einer höheren Wiederholungszahl gemacht.

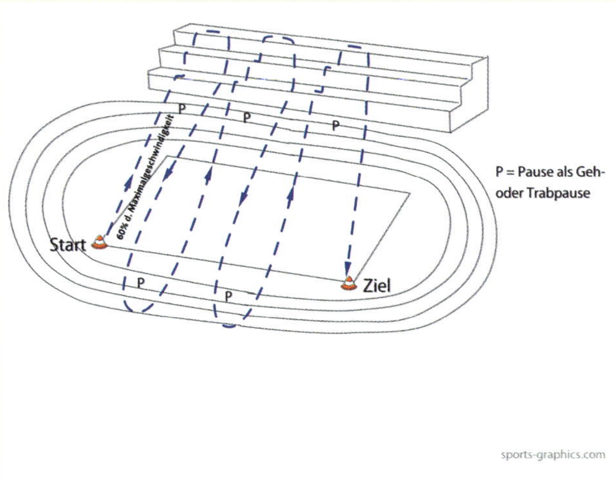

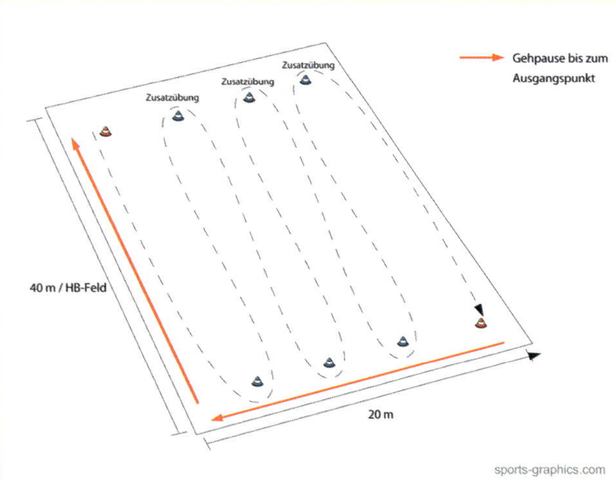

Leichtathletikstadion inklusive Tribüne/Treppen (in der Halle möglichst BB-, besser HB-Feldgröße)

Einzelarbeit

2–3 Serien mit ca. 5 min Gehpause zwischen den beiden Serien, in der Halle 3–5 Serien

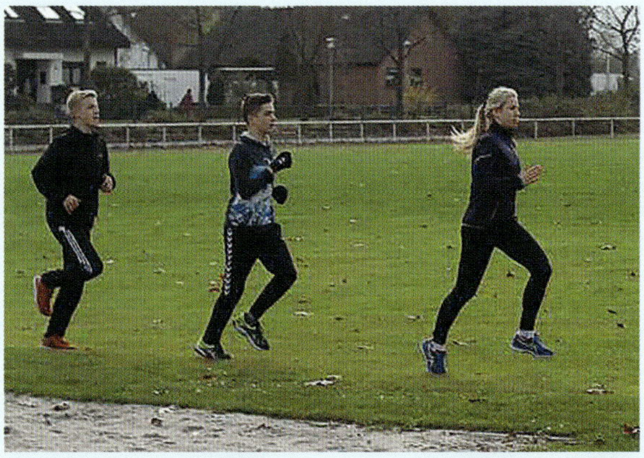

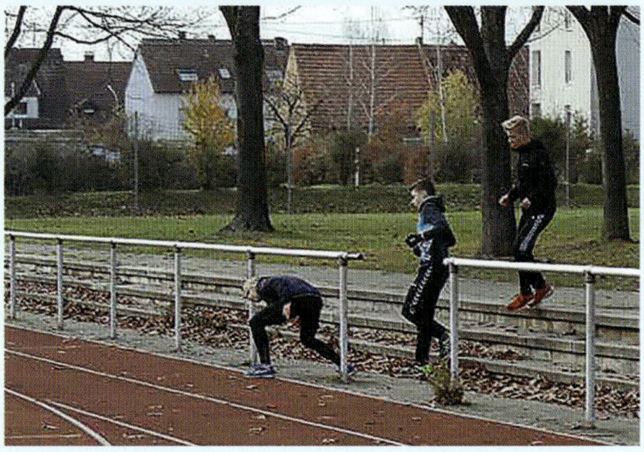

Abschluss (10 Minuten)	
Stundenausklang Die Schüler messen ihren Puls direkt nach der Belastung und nach einer Pause von 3–5 min. Falls noch Zeit ist, können die Schüler auch ihren Puls nach 2–3 min im Sitzen und im Liegen messen und ihren individuellen Pulswert vergleichen.	
Abschlussreflexion „Wer hat sich angestrengt? Wer ist an seine eigene Leistungsgrenze gegangen? Wie fühlt sich das an?“ Es wird kurz die Erholung nach einer Belastung thematisiert und in diesem Zusammenhang das Superkompensationsmodell erwähnt und noch einmal die Trainingsmethode Fahrtspiel erläutert, bei der eine Dauerbelastung vorliegt, die jedoch mit Phasen geringerer Belastung gespickt ist.	Lehrer-Schüler-Gespräch
Ausblick Das haben wir in der nächsten Stunde vor: „Wir haben jetzt in Bezug auf die Vorbereitung auf den Cooper-Test heute die Ausdauertrainingsmethode Fahrtspiel angewendet. Nächste Woche werden wir ein Intervalltraining machen. Außerdem wollen wir uns näher mit der Angleittechnik im Kugelstoßen beschäftigen und für jeden von euch die geeignete Kugelstoßtechnik festlegen.“	

Stundenbild 8: „Meine“ Kugelstoßtechnik / Über Intervalle zum Cooper-Test!

Zeit 80 Minuten
Niveau Sekundarstufe II
Ort Stadion, ggf. Sporthalle

Hinweise zum Ort
Falls Hallenkugeln vorhanden, ist der Hauptteil zum Kugelstoßen gut in der Sporthalle durchführbar; das Laufprogramm wird in der Sporthalle am besten als Minutenlaufprogramm durchgeführt.

Ziele und Kompetenzen
Die Schüler können ihre gewählte Kugelstoßtechnik verbessern. Sie können mit Intervallläufen eine Ausdauerleistung erbringen.

Vorkenntnisse
Die Schüler haben bereits Erfahrungen mit dem Gerät Kugel gesammelt. Sie können mindestens zehn Minuten am Stück ausdauernd laufen.

Fachliche Hinweise

Die Schüler müssen ein Verständnis dafür entwickeln, welche Faktoren eine gute Kugelstoßweite bedingen (entscheidend ist der Beschleunigungsweg). Darauf aufbauend können sie gemäß ihren eigenen körperlichen Voraussetzungen eine für sich optimale Technik auswählen und weiterentwickeln (vgl. Belz & Frey, 2015, S: 163).

Praktische Tipps

Wahl der individuellen Kugelstoßtechnik: Nicht alle Schüler werden sich mit der Angleittechnik wohlfühlen. Wichtig ist, dass die Schüler im Sinne der Bewegungserfahrung alle Techniken ausprobieren und dann die für sich passende Technik auswählen.

Literatur

Belz, M. & Frey, G. (2015). *Doppelstunde Leichtathletik. (Klasse 10–12)* (Reihe Doppelstunde Sport, Bd. 12). Schorndorf: Hofmann.

Auf einen Blick

Phasen	Organisation, Geräte- und Materialbedarf
Einstieg (20 Minuten)	
Aufwärmen: Würfelaufgaben Es gibt 6 verschiedene Kräftigungsaufgaben, die die Rumpfkraft oder speziell die Armkraft trainieren. Jede Würfelzahl wird einer Aufgabe zugeordnet. Die Schüler gehen in Paaren zusammen. Vor dem ersten Würfeln und zwischen jeder Aufgabe wird eine Runde (ca. VB-Feldgröße) gelaufen. Jedes Paar muss alle Aufgaben mindestens 1 x machen. Auf einem Zettel streichen die Schüler die Aufgaben aus. Aufgaben: 1. Nachstellschritte oder Imitation der Angleitbewegung auf einer Strecke von 15 m 2. 5 tiefe Froschsprünge 3. 5 Liegestütze 4. 10 Sit-ups 5. 10 x Brustschwimmen in Bauchlage 6. 5 x Abspreizen des Beines im Seitstütz (beide Seiten) Wenn weniger Zeit zur Verfügung steht: Bei der Zahl 6 müssen keine Aufgabe gemacht und keine Runde gelaufen werden.	Rasen- oder Kunststoffplatz; Feldgröße ca. VB-Feldgröße 6 Hütchen, ca. 10 (Flüster-)Würfel, pro 2 Schüler 1 Arbeitsblatt 11 (s. Anhang S. 224), pro 2 Schüler 1 Stift Partnerarbeit Bewegungszeit mindestens 10–15 min
Hauptteil I (30 Minuten)	
Als spezielle Vorbereitung für das Kugelstoßen werden die Finger gedehnt und die Kugel auf den Boden gestoßen (Vorsicht mit den Füßen). Diese Übung bildet auch den Ausgangspunkt für das Thematisieren des Abstoßwinkels (s. u.)	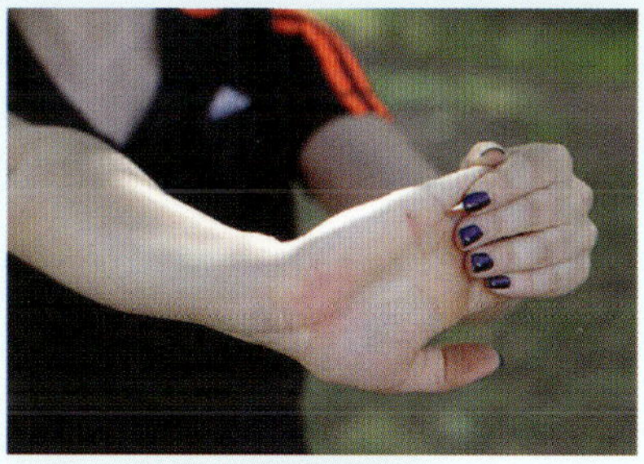 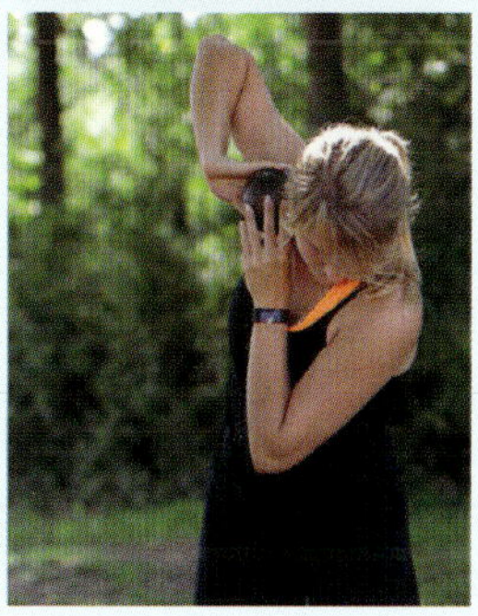
	Kugelstoßanlage mit Zubehör (eventuell Besen, um Kugelstoßring auszufegen, ggf. Rechen für Sand)
Optional: Thematisieren des Abstoßwinkels „Nehmt mal an, ihr stoßt mit dem gleichen Krafteinsatz, aber in verschiedenen Winkeln: In welchem Abstoßwinkel fliegt die Kugel am weitesten?“ Vermutet!	Kugeln Einzel- und Partnerarbeit

Angleittechnik

Die Schüler werden mit folgenden Schritten an das Angleiten hingeführt (vgl. Belz & Frey, 2015, S. 171ff.):

- Angleitbewegung mit Partnerunterstützung durch Handhaltung gegen Partnerwiderstand

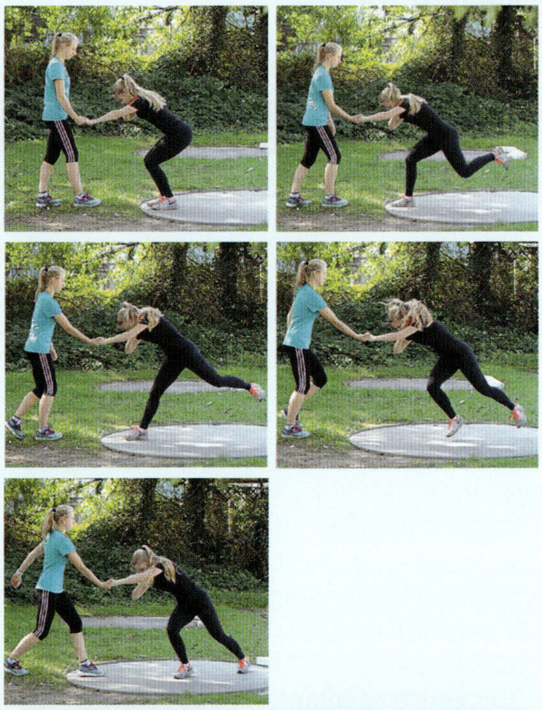

- Stöße aus verkürztem Angleiten (d. h. weniger Raumgewinn)
- Angleiten (für den Rechtshänder: Schwungbewegung li Bein, Abdruck re Fuß, Setzen re Fuß, Setzen li Fuß)

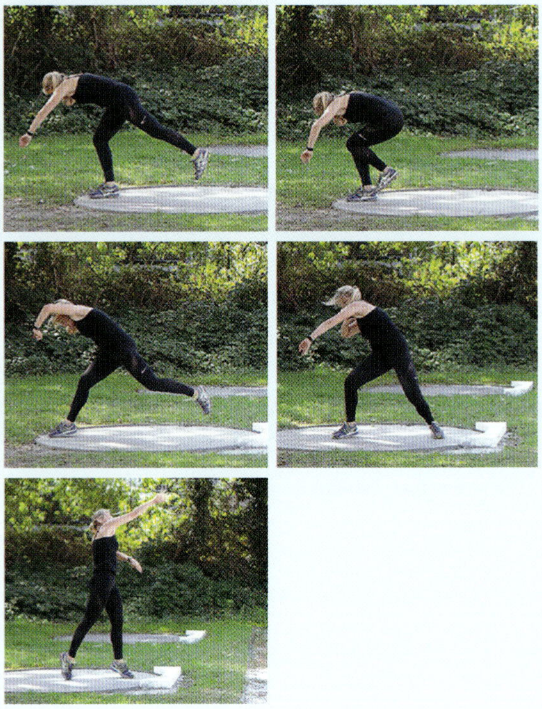

Zwischenreflexion: „Meine" Kugelstoßtechnik

„Hat das Angleiten geklappt oder habt ihr in der vergangenen Stunde eine andere für euch passendere Technik entdeckt?"

Jeder Schüler entscheidet sich für seine „eigene" Technik und übt diese (s. Praktische Tipps).

<table>
<tr><th colspan="2">Hauptteil II (20 Minuten)</th></tr>
<tr><td>Problematisierung: gesundes Laufen – an die Grenzen gehen
„‚Der Vogel fliegt, der Fisch schwimmt, der Mensch sollte eigentlich laufen!‘ (Emil Zatopek) Wieso laufen wir? Wieso laufen wir, wenn es doch so anstrengend ist?“ (Es liegt in unserer Natur) „In gewissem Maß kann es gesund sein, sich beim Laufen anzustrengen. Vermutet mal!“ (Wirkungen von Ausdauertraining auf den Bewegungsapparat und das Herz-Kreislaufsystem, das Immunsystem sowie die Psyche) „Und jetzt: Wie gestalten wir ein wirksames und gesundes Laufprogramm für den Cooper-Test? Welche Methode nehmen wir?“ (Methoden des Ausdauertrainings nennen und beschreiben lassen)</td><td>Lehrer-Schüler-Gespräch</td></tr>
<tr><td>Über Intervalle zum Cooper-Test
Mögliche Laufprogramme zur Vorbereitung auf den Cooper-Test sind:<ul><li>8–10x100 m mit Trab-/Gehpause auf dem Rückweg (also ebenfalls 100 m)</li><li>Intervalle mit Trab-/Gehpause: 5´-3´-5´-3´-Intervalle, wobei je nach Tempogestaltung die längere oder die kürzere Zeit im schnellen Tempo gelaufen werden kann.</li><li>Intervalle mit Trab-/Gehpause 2´-3´-2´-3´-Intervalle, wobei auch hier je nach Tempogestaltung die längere oder die kürzere Zeit im schnellen Tempo gelaufen werden kann.</li><li>Rundenläufe um die 400-m-Rundbahn: z. B. immer fortlaufend 100 m flott laufen – 50/100 m langsam traben – 50/100 m gehen (Tempovariation individuell regeln lassen); das Ganze über 3–4 Runden</li></ul>Hier können eventuell die Schüler selbst in die Verantwortung genommen werden und überlegen, welches Laufprogramm ihnen liegt und auf welches sie am meisten Lust haben.</td><td>400-m-Rundbahn

Stoppuhren

Einzelarbeit</td></tr>
</table>

Abschluss (10 Minuten)	
Stundenausklang: Ausdehnen „Benennt verschiedene Dehnübungen und führt sie vor! Wer kann noch die dazugehörigen Muskelgruppen nennen?“ **Abschlussreflexion** „War euer Laufprogramm gesund für euch? Vermutet mal!“ (...) „Hat es einen guten Trainingseffekt gehabt? Vermutet auch hier!“ (...) „Hierin besteht die Kunst, sich im Training zwar zu belasten und einen Leistungszuwachs zu erreichen, sich aber nicht zu überfordern und im ungesunden Bereich zu trainieren.“ **Ausblick** Das haben wir in der nächsten Stunde vor: „Wir werden Übungen zur Verbesserung eurer Kugelstoßleistung absolvieren. Des Weiteren schauen wir in eine neue „Sportart“ hinein und nutzen deren Trainingsmethoden für unser Ziel: CrossFit.“	Rasen Einzelarbeit, Lehrer-Schüler-Gespräch Lehrer-Schüler-Gespräch

Stundenbild 9: Übungspotpourri Kugelstoßen / CrossFit meets Coopertraining!

Zeit	85 Minuten
Niveau	Sekundarstufe II
Ort	Stadion, ggf. Sporthalle

Hinweise zum Ort
Damit die Stunde in der Halle durchführbar ist, müssen Hallenkugeln vorhanden sein. Für das Laufprogramm sollte die Sporthalle möglichst groß sein – HB- oder BB-Feldgröße –, damit die Laufrunde nicht so oft umlaufen werden muss.

Ziele und Kompetenzen
In diesem Stundenbild steht die pädagogische Perspektive „kooperieren, wettkämpfen und sich verständigen“ im Vordergrund. Die Schüler können mit verschiedenen Übungen ihre Kugelstoßleistung verbessern. Sie können sich gegenseitig beobachten und korrigieren. Die Schüler können mithilfe des CrossFit-Trainings in Gruppenarbeit eine Ausdauerleistung erbringen.

Vorkenntnisse
Die Schüler sollten sich für eine Kugelstoßtechnik entschieden haben.

Fachliche Hinweise

CrossFit ist ein Wettkampfsport und eine beliebte Fitnesstrainingsmethode, die Ausdauer, Kraft, Beweglichkeit und Koordination schult. Hauptmerkmal ist ein intensives konditionelles Training bis zur Erschöpfung. Eventuell kennen einige Schüler bereits den Begriff und die Trainingsmethode.

Praktische Tipps

Höhenorientierung: Als Höhenorientierung kann man bei den Medizinballübungen über das (Hallen-)Fußballtor stoßen lassen. Man kann auch zwischen zwei Hochsprungständern ein Seil spannen.

Falls keine Kugelstoßanlage verfügbar ist, kann diese Stunde auch nur mit Medizinbällen durchgeführt werden.

Literatur

Wikipedia (Hrsg.) (2022, 09. Juli). *CrossFit.* Zugriff am 28. Juli 2022 unter https://de.wikipedia.org/w/index.php?oldid=172763654

Auf einen Blick

Phasen	Organisation, Geräte- und Materialbedarf
Einstieg (20 Minuten)	
Aufwärmen: Im Medizinballwald Allgemeines Aufwärmen: Ca. 10–15 Medizinbälle auf einem abgesteckten Feld verteilen (ungefähr VB-Feldgröße). Die Schüler umlaufen die Bälle mit verschiedenen Aufgaben (vw, rw, Hopserlauf, Seitgalopp). Anschließend umkreisen sie immer einen Ball und laufen dann weiter zum nächsten Ball usw. Zum Schluss überspringen sie die Bälle mit beiden Beinen. Spezielles Aufwärmen: Fangspiel mit Medizinballpause. Nach dieser ersten Erwärmung folgt ein Spiel: Sitzfangen. Bei diesem Spiel darf man nicht gefangen werden, wenn man auf einem Ball sitzt. Der Ball muss jedoch für Schüler in „Not“ sofort freigeräumt werden. Wenn das Spiel zu langsam ist, müssen mehr Bälle auf die Seite gelegt werden. Welches Fängerpaar fängt in 1 min die meisten Mitschüler?	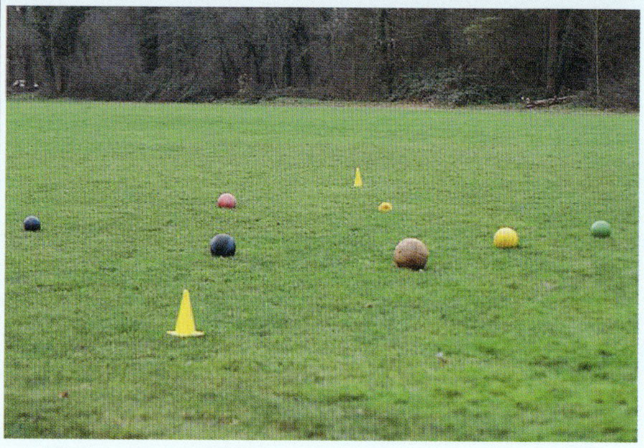 Rasen- oder Kunststoffplatz; Feldgröße ca. VB-Feldgröße 10–15 Medizinbälle, 4 Hütchen, um das Feld abzustecken Einzel-, anschließend Gruppenarbeit
Hauptteil I (30 Minuten)	
Problematisierung: Lehrerkorrektur – Schülerkorrektur Der Lehrer kann nicht überall sein und alles korrigieren. „Geht also zu zweit durch alle Stationen und unterstützt euch gegenseitig: der eine trainiert, der andere beobachtet und korrigiert, anschließend Wechsel!“ Übungspotpourri Kugelstoßen Alle Schüler durchlaufen in Partnerarbeit alle Stationen nacheinander: • Medizinballstöße über ein Seil als Höhenorientierung (Materialhilfe) • Technikleitbild auslegen oder Film zeigen (Hilfe durch Technikleitbild) • Partnerkorrektur beim Stoßen an der Kugelstoßanlage (Partnerhilfe) • Medizinballübungen zum Kraftaufbau (s. Stundenbild 6, Sekundarstufe II) • Standwaage re und li (eventuell auf instabilem Untergrund), Position möglichst lange halten • Kugelschocken vw und rw Falls keine Kugelstoßanlage verfügbar ist, kann als letzte Station auch Medizinballschocken durchgeführt werden.	Lehrer-Schüler-Gespräch Kugelstoßanlage mit Zubehör (eventuell Besen, um Kugelstoßring auszufegen, ggf. Rechen für Sand) Rasen- oder Kunststoffplatz; Feldgröße ca. 1 HB-Feld Kugeln, Medizinbälle, Hochsprungständer, Seile, Schaumstoffblock o. Ä. als instabiler Untergrund, Blatt mit Technikleitbild oder ggf. Film Partnerarbeit 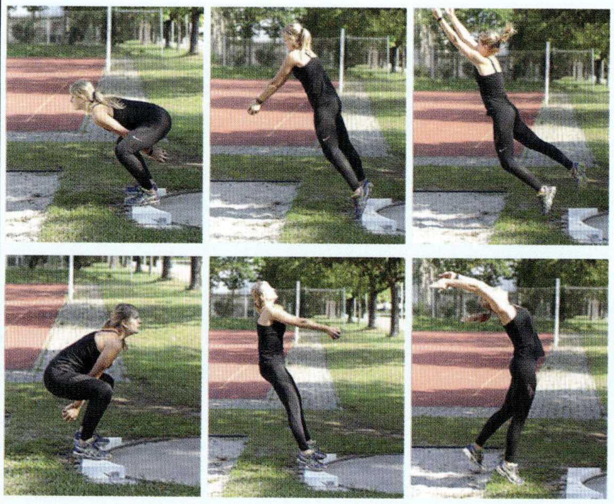

Hauptteil II (20 Minuten)

CrossFit meets Coopertraining
Diese Trainingsmethode ist dem Charakter nach am ehesten ein Fahrtspiel. Es wechseln hier jedoch Läufe (400 m) mit Krafttrainingsübungen ab, und zwar folgendermaßen: Es finden sich dazu immer drei Schüler mit ähnlicher Leistungsstärke zusammen, sie machen zusammen die Übungen und laufen auch zusammen. Zusätzliche Pflicht, nicht aufzugeben kann ein Deuserband/Seil geben, an dem sich alle immer festhalten müssen. Vor jedem 400-m-Lauf werden Kräftigungsübungen gemacht, wie z. B. Burpees, Kniebeugen, Sit-ups, Liegestütze.
Das Programm kann z. B. lauten: 400 m laufen – 20 Sit-ups – 400 m laufen – 15 Liegestütze – 400 m laufen – 10 Burpees – 400 m laufen
Um homogene Gruppen zu bekommen, kann man sich an dem absolvierten ½ Cooper-Test aus Stunde 6 orientieren.
In der Halle muss die Laufstrecke durch geschickte Laufwege verlängert werden. Es empfiehlt sich auch, dass die Laufstrecke zweimal durchlaufen wird, bevor wieder eine Krafttrainingsübung kommt.

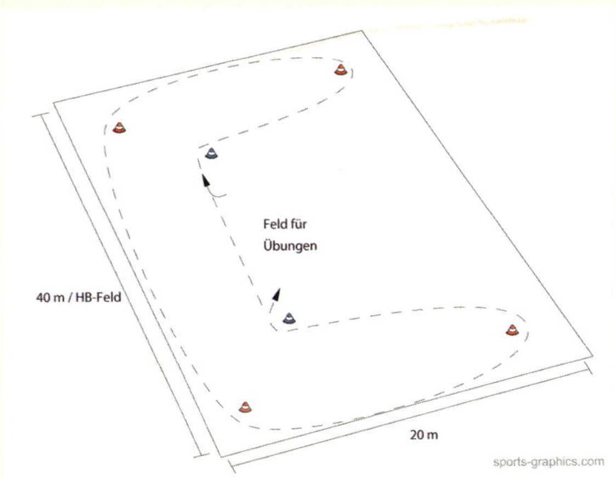

400-m-Rundbahn, zusätzlich dazu Rasen- oder Kunststoffplatz; Feldgröße ca. 1 VB-Feld

Pro 3 Schüler 1 Deuserband oder 1 Seil

Gruppenarbeit

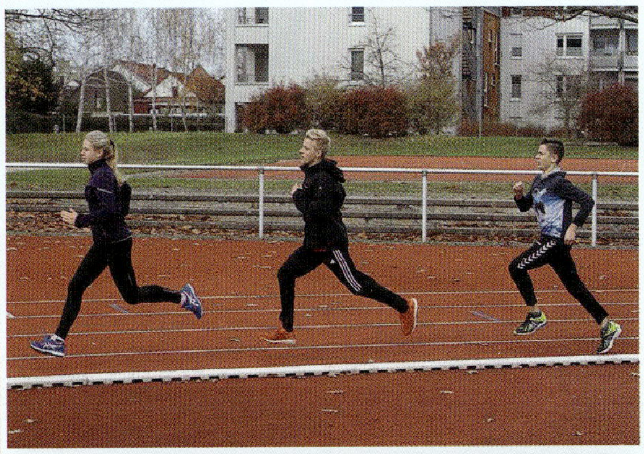

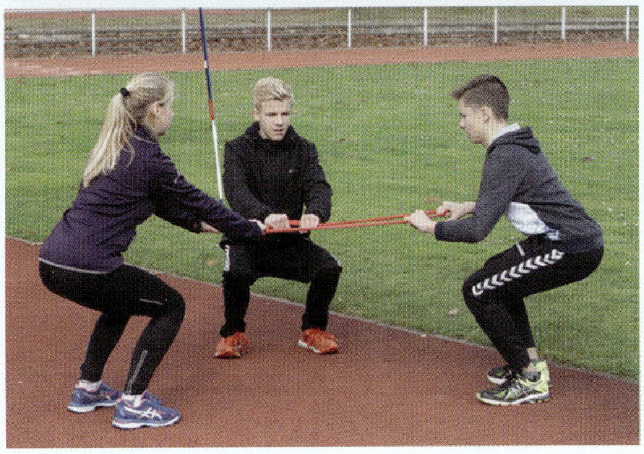

Abschluss (15 Minuten)

Stundenausklang: Medizinballbalancieren
Die Schüler gehen zu dritt zusammen und nehmen sich einen Medizinball. Zwei halten den Dritten, der versucht, auf dem Medizinball zu balancieren. Je nach Geschicklichkeit können die Schüler auch nur mit einer Partnerstütze oder sogar ohne Partnerstütze auf dem Medizinball balancieren.

Rasen- oder Kunststoffplatz; Feldgröße ca. 1 VB-Feld

Pro 3 Schüler 1 Medizinball

Gruppenarbeit

Abschlussreflexion
„Was macht eine Sportart aus? Ist CrossFit eine Sportart? Begründet, was dafür spricht und was dagegen!"

Lehrer-Schüler-Gespräch

Ausblick
Das haben wir in der nächsten Stunde vor:
„Wir machen Noten im Kugelstoßen und im Cooper-Test."

Stundenbild 10: Wir sind bereit für die Stoß- und Laufnoten!

Zeit 85 Minuten
Niveau Sekundarstufe II
Ort Stadion

Ziele und Kompetenzen
In diesem Stundenbild steht die pädagogische Perspektive „Leisten erfahren, verstehen und einschätzen" im Vordergrund. Die Schüler können eine Stoß- und eine Ausdauerleistung erbringen. Die Schüler können mit Lehrerunterstützung die Stoßweite und die Laufstrecke messen.

Vorkenntnisse
Eine Kugelstoßtechnik nach Wahl sollte beherrscht werden. Die Schüler sollten möglichst 12 Minuten am Stück laufen können.

Fachliche Hinweise

Noten oder noch üben? Wie in allen von uns dargestellten Stundenbildern zur Notenbildung ist es möglich, stattdessen auch noch eine reine Übungsstunde der Disziplinen einzuschieben – je nach Jahresplanung im Schuljahr und Lernstand der Klasse.

Es wird sicher nicht möglich sein, bei größeren Klassen sowohl die Stoß-, als auch die Laufnote in einer Doppelstunde abzunehmen. Hier sind weitere Stunden nötig.

Hinweise zum Regelwerk der Leichtathletik finden Sie in „Unsere Idee von der Leichtathletik in der Sekundarstufe I und II" unter der Rubrik „Die Regeln", s. S. 12.

Die Sportpsychologie als Teilbereich der Sportwissenschaft kann als Theorie-Praxis-Verknüpfung aufgegriffen werden.

Praktische Tipps

Kampfrichteraufgabe: Die passiven Schüler helfen bei der Notengebung als Kampfrichter mit.

Traineraufgabe: Die passiven Schüler geben den anderen Schülern bei den Probeversuchen Tipps, was sie besser machen können.

Auf einen Blick

<table>
<tr><th>Phasen</th><th>Organisation, Geräte- und Materialbedarf</th></tr>
<tr><td colspan="2">Einstieg (15 Minuten)</td></tr>
<tr><td>Vorgespräch
„Heute gibt's Noten im Kugelstoßen und im Cooper-Test. Jetzt bereiten wir uns darauf – auch psychisch – optimal vor!“

Aufwärmen: Wir erpuzzeln uns Motivation
Die Schüler erpuzzeln sich verschiedene Sprüche zur Motivation für ihren Cooperlauf. Dabei werden die Zitate in 2 Teile geteilt und im Anschluss an das Aufwärmen von den Schülern zusammengesetzt (z. B. „Wer kämpft, kann verlieren, wer nicht kämpft, hat schon verloren.“ Bertolt Brecht). Pro Runde (ca. VB-Feld-Größe) dürfen sich die Schüler nur ein Puzzleteil nehmen (s. Foto Stundenbild 1, Klassenstufe 9/10, S. 142). Mischen Sie auch Nieten unter, um die Laufdauer zu erhöhen.
In der Halle muss die Laufstrecke durch geschicktes Stellen der Hütchen verlängert werden (s. Grafik Stundenbild 9, Sekundarstufe II, S. 187).

Problematisierung: Sportpsychologie
Die Sportpsychologie als Teildisziplin der Sportwissenschaft wird thematisiert: Bei gleicher Vorbereitung, Konstitution und gleichen Bedingungen wird immer der Sportler erfolgreicher sein, der eine bessere psychische Einstellung hat (Stichworte: besser ist grundsätzlich Hoffnung auf Erfolg statt Angst vor Misserfolg).</td><td>Lehrer-Schüler-Gespräch

Notentabellen für Notentransparenz

Rasen- oder Kunststoffplatz;
Feldgröße ca. 1 HB-Feld

Motivationssprüche (geteilt in 2–4 Teile, Arbeitsblatt 12, s. S. 225/226), 4 Hütchen, um Feld abzustecken, Eimer oder andere Behältnisse für die Sprüche (in der Halle: Bänke zum Auslegen der Sprüche)

Partner-/Gruppenarbeit

Laufdauer mindestens 10 min

Lehrer-Schüler-Gespräch</td></tr>
<tr><td colspan="2">Hauptteil I (40 Minuten)</td></tr>
<tr><td>Üben Kugelstoßen oder Note Kugelstoßen
Um die betreffenden Muskelgruppen für den Stoß zu aktivieren, helfen 2–3 Hockstrecksprünge und 1–2 explosive Liegestütze.
Je nach Zieltechnik werden Imitationsübungen durchgeführt. Darauf folgt das Einstoßen (1–2 Probeversuche) unter der Aufsicht des Lehrers.
Anschließend stoßen die Schüler nacheinander in ihrer selbst gewählten Technik auf Weite (3 Wertungsdurchgänge). Die Schüler helfen beim Erfassen der Weite mit.</td><td>Kugelstoßanlage mit Zubehör (eventuell Besen, um Kugelstoßring auszufegen, ggf. Rechen für Sand)

Kugeln, Maßband

Einzelarbeit</td></tr>
</table>

Hauptteil II (20 Minuten)	
Üben Cooper-Test oder Note Cooper-Test Die Schüler absolvieren den Cooper-Test. Dabei starten sie alle im Ziel, laufen 12 min möglichst ohne Unterbrechung und bekommen jede Minute die noch verbleibende Zeit angesagt. Der Lehrer und passive Schüler erfassen die gelaufenen Runden. Nach 12 min müssen alle Schüler an Ort und Stelle stehenbleiben und die gelaufene Streckenlänge wird erfasst (weitere Hinweise zur Durchführung s. Stundenbild 10, Klassenstufe 5/6, S. 57).	400-m-Rundbahn Stoppuhren, 8 Hütchen zur Markierung alle 50 m, Namensliste zum Notieren der Rundenzahlen Einzelarbeit
Abschluss (10 Minuten)	
Abschlussreflexion „Seid ihr zufrieden mit euren Leistungen? Seid ihr an eure Grenzen gegangen? Wart ihr motiviert?“	Lehrer-Schüler-Gespräch

Exkurs Stundenbild Staffellauf – gemeinsam schneller sein!

Zeit 75 Minuten
Niveau Sekundarstufe I und II
Ort Stadion, ggf. Sporthalle

Hinweise zum Ort
Das Aufwärmen und einige Übungen des Hauptteils sind auch in einer Sporthalle möglich; nutzen Sie die Diagonale der Halle für die Steigerungen mit Staffelstab, um eine möglichst lange Strecke zu bekommen.

Ziele und Kompetenzen
In diesem Stundenbild steht die pädagogische Perspektive „kooperieren, wettkämpfen und sich verständigen" im Vordergrund. Die Schüler können beim Staffellaufen zusammenarbeiten. Die Schüler können einen Staffelstab im Laufen und Sprinten übergeben.

Vorkenntnisse
keine

Fachliche Hinweise

Nutzen Sie den einzigen echten Mannschaftswettbewerb der Leichtathletik als Anlass zur Kommunikation unter den Schülern. Die Schüler sprechen sich zwischen den Durchgängen der einzelnen Übungen/Wettbewerbe untereinander ab und überlegen dabei, wie sie als Mannschaft gut bzw. besser agieren können.

Der Staffelstab sollte stets die kürzeste Strecke zurücklegen: Das bedeutet, dass der Staffelstab vom ankommenden Schüler geradlinig nach vorne geführt und von oben in die Hand des ablaufenden Schülers übergeben wird (sog. Schub-Druck-Wechsel), wobei die Arme des übergebenden und des annehmenden Schülers bei der Stabübergabe möglichst eine waagrechte Linie bilden sollten (vgl. Deutscher-Leichtathletik-Verband, 2017, S. 92f.). Außerdem ist wichtig, dass der Staffelstab immer in der Mitte der jeweiligen Laufbahn transportiert wird. Das gelingt, wenn der ankommende Schüler auf der linken Hälfte der Bahn läuft und in der rechten Hand den Staffelstab hat und der annehmende Schüler auf der rechten Hälfte der Bahn läuft und in die linke Hand den Stab bekommt. Für den nächsten Wechsel gilt das natürlich umgekehrt.[19]

Die besondere Herausforderung und somit auch ein Unsicherheitsfaktor ist die „fliegende" Stabübergabe. Der annehmende Läufer darf schon loslaufen, bevor er den Staffelstab annimmt, sodass möglichst wenig Geschwindigkeit beim Wechsel verloren geht (vgl. Deutscher Leichtathletik-Verband, 2012, S. 190). Der annehmende Läufer startet, sobald der ankommende Läufer eine (ca. 20 Fuß von der Ablaufposition entfernte) Markierung passiert hat. Nach dem Loslaufen wird nicht mehr nach hinten geschaut, sondern der Arm wird zur Stabannahme nur auf Zuruf eines zuvor vereinbarten Signals („Hepp" oder „Holz") des übergebenden Läufers ausgestreckt.

Altersabhängig werden verschiedene Streckenlängen im Staffellauf unterschieden:

- 4x50-m-Staffellauf (bis U12)
- 4x75-m-Staffellauf (U14)
- 4x100-m-Staffellauf (ab U16)

Bei der 4x50-m-Staffel gibt es keinen Wechselraum, sondern es wird lediglich der Beginn der 50-m-Teilstrecke markiert, ab der der annehmende Läufer losläuft (vgl. https://www.leichtathletik.de/service/downloads/regelwerk-der-leichtathletik). Bei der 4x75-m- und 4x100-m-Staffel ist ein Wechselraum von 30 m vorgegeben, innerhalb dessen der Stab überreicht werden muss (vgl. https://www.leichtathletik.de/service/downloads/regelwerk-der-leichtathletik).

19 Erst bei längeren Rundenstaffeln wie etwa 4x400 m oder 3x800 m ist es empfehlenswert, den Staffelstab in die andere Hand zu wechseln

Praktische Tipps

Das wichtigste am Staffellauf, nämlich, dass der Staffelstab so schnell wie möglich und gleichermaßen sicher ins Ziel kommt, können Sie mit den Schülern induktiv herleiten, indem Sie beim Aufwärmen eine Bewegungsaufgabe stellen: „Der Stab soll so zügig und sicher wie möglich übergeben werden. Wie könnt ihr das Problem lösen?“ Lassen Sie den Schülern hier ruhig einige Minuten Zeit zum Besprechen und Ausprobieren.

Über verschiedene weitere Vorübungen (Staffelstabübergabe während Steigerungen und Staffelstabübergabe bei der Pendelstaffel) werden die Schüler auf die Staffelstabübergabe bei einer klassischen Rundenstaffel vorbereitet. Die Pendelstaffel mit der Übergabe von hinten bereitet direkt auf den Staffelwechsel bei der Rundenstaffel vor, da der ablaufende Schüler intuitiv schon ein paar Meter anläuft, bevor der ankommende Schüler da ist.

Achten Sie in dieser Stunde auf ausreichend Erholungspausen zwischen den Läufen und machen Sie zum Abschluss ein Spiel ohne Sprinten/Laufen, damit die Schüler nicht überlastet werden.

Traineraufgabe: Die Schüler beraten ihre Mitschüler, wie der Staffelstab am schnellsten das Ziel erreichen kann.

Kampfrichteraufgabe: Die Schüler schauen, ob innerhalb des Wechselraums gewechselt wurde.

Literatur

Deutscher Leichtathletik-Verband. (2021, 01. November). *Regelwerk der Leichtathletik*. Zugriff am 29. Juli 2022 unter https://www.leichtathletik.de/service/downloads/regelwerk-der-leichtathletik

Deutscher Leichtathletik-Verband (2017). *Jugendleichtathletik Grundlagentraining. Rahmentrainingsplan des Deutschen Leichtathletik-Verbandes für die Altersklassen U12 bis U16* (Mediathek Leichtathletik, 1. Auflage). Münster: Philippka.

Deutscher Leichtathletik-Verband (2012). *Jugendleichtathletik. Rahmentrainingsplan des Deutschen Leichtathletik-Verbandes für die Sprintdisziplinen im Aufbautraining* (Mediathek Leichtathletik). Münster: Philippka-Sportverlag.

Jonath, U., Krempel, R., Haag, E. & Müller, H. (1995a). *Leichtathletik 1 Laufen*. Reinbek bei Hamburg: Rowohlt-Taschenbuch-Verl.

Auf einen Blick

<table>
<tr><th>Phasen</th><th>Organisation, Geräte- und Materialbedarf</th></tr>
<tr><td colspan="2">Einstieg (15 Minuten)</td></tr>
<tr><td>Aufwärmen (=Problematisierung)
Die Staffelstabübergabe wird induktiv hergeleitet, indem die Schüler in Vierergruppen in einer Schlange hintereinander herlaufen und die Aufgabe bekommen, den Staffelstab möglichst zügig vom letzten Schüler bis zum vordersten Schüler weiterzugeben. Hier werden die Schüler verschiedene Lösungsmöglichkeiten entwickeln. Die Schüler beraten sich, wie die Staffelübergabe am besten funktionieren kann. Die Beratung unter den Schülern findet natürlich joggend statt, um ein kontinuierliches Aufwärmen zu gewährleisten.
Jeder Schüler soll einmal jede Position eingenommen und mit jeder Hand gewechselt haben. Stellen Sie geeignete Lösungen heraus: Der Staffelstab wird mit möglichst waagrechter Armhaltung übergeben (s. Fachliche Hinweise). Es soll darauf geachtet werden, dass man versetzt läuft und der Staffelstab immer von einer rechten in eine linke Hand wandert, anschließend von links nach rechts usw. Nur auf diese Weise kann der Staffelstab die kürzeste Strecke zurücklegen, ist also am schnellsten im Ziel.
Zur Rückenkräftigung legen sich alle Schüler in einem großen Kreis auf den Bauch. Wenn die Arme nach vorne ausgestreckt sind, sollten die Schüler sich gerade noch an den Händen berühren können. Alle vorhandenen Staffelstäbe wandern von Schüler zu Schüler, Arme und Beine sind vom Boden abgehoben. Zur Bauchkräftigung drehen sich die Schüler auf den Rücken und geben die Staffelstäbe in Sit-up-Haltung weiter.</td><td>Rasen- oder Kunststoffplatz;
Feldgröße ca. 1 BB-Feld

Pro 2 Schüler 1 Staffelstab (Alternativ auch zusammengerollte Zeitung oder Wurfstäbe oder abgesägte Kunststoffrohre oder Besenstiele aus dem Baumarkt)

Gruppenarbeit, Lehrer-Schüler-Gespräch, Schülerdemonstration

Laufdauer ca. 10 min

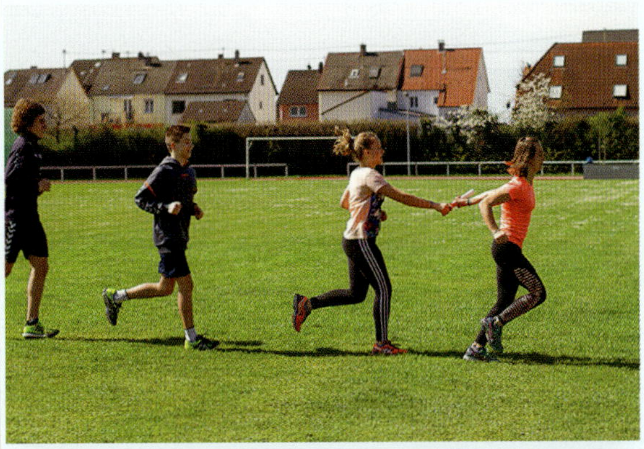
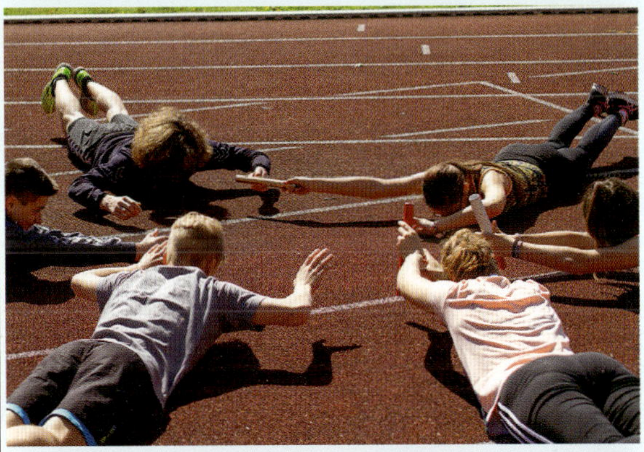
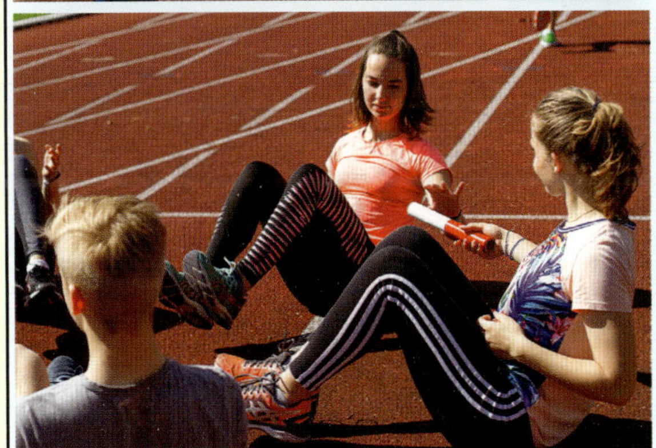</td></tr>
</table>

Hauptteil (45 Minuten)	
Steigerungen mit Staffelstabübergabe Die Schüler laufen in der gleichen Formation wie beim Aufwärmen, allerdings nur in Paaren zusammen, das ist einfacher! Jetzt sollen sie während des Laufens kontinuierlich ihr Tempo steigern und den Staffelstab bei immer höheren Geschwindigkeiten übergeben. Um sich bei dieser Übung gut aufeinander abstimmen zu können, benötigen die Schüler mehrere Durchgänge und dazwischen Zeit zur Beratung. Die Wiederholungszahl der Steigerungen darf daher etwas höher sein (ca. fünf Steigerungen).	Laufbahn; pro 8 Schüler eine Bahn von ca. 60 bis 80 m Länge Pro 4 Schüler 1 Staffelstab Partnerarbeit 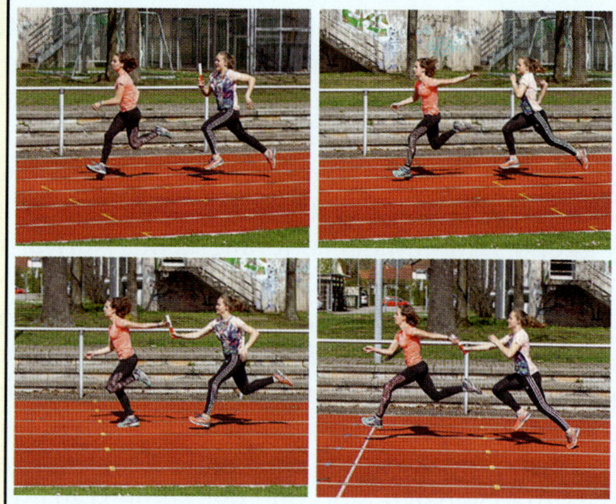
Zwischenreflexion Staffelstabübergabe „Welche Merkmale machen einen guten Staffelwechsel aus?“ (gute Kommunikation/genaue Absprachen, sichere Stabübergabe, Staffelstab soll den kürzesten Weg nehmen)	Lehrer-Schüler-Gespräch
Pendelstaffel mit Staffelstabübergabe von hinten Die Schüler laufen eine Pendelstaffel über ca. 30 m. Dazu gehen je zwei der Vierergruppen des Aufwärmens zusammen. Im Gegensatz zur herkömmlichen Pendelstaffel umrundet der ankommende Schüler alle wartenden Schüler und übergibt von hinten den Stab an den nächsten (s. Grafik). Hinter dem letzten wartenden Schüler wird ein Hütchen oder eine Stangentorstange hingestellt, das den Umlauf markiert (vgl. Jonath, Krempel, Haag & Müller, 1995a, S. 264). 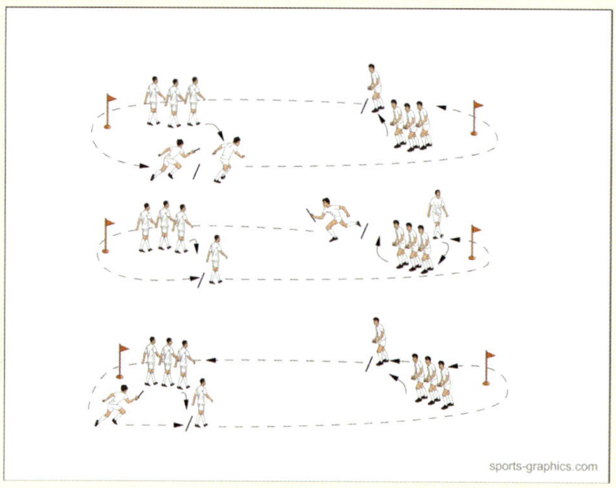	Laufbahn; ca. 50 m Pro 8 Schüler 1 Staffelstab und 4 Hütchen Gruppenarbeit

Zwischenreflexion „fliegender“ Stabwechsel
Aus diesem Spiel kann man herleiten, dass der startende Schüler bereits (in noch lockerem Tempo) loslaufen kann („fliegende“ Stabübergabe), da die Schüler das meist intuitiv machen. Beobachten Sie einige Durchgänge der Pendelstaffel und stellen dann den Schülern die Frage: „Wieso sind einige von euch bereits vor der Stabübergabe losgelaufen? Wolltet ihr vor dem ankommenden Läufer davonlaufen? Was könnte hierfür der Grund sein?“ (der Staffelstab soll immer höchste Geschwindigkeit haben und nicht abgebremst werden) „Deshalb wechselt man beim Staffellauf mit einem ‚fliegenden‘ Wechsel. Das bedeutet, dass ihr genau wissen müsst, wann der ablaufende Schüler loslaufen muss. Das wollen wir jetzt noch mal ohne Wettbewerb üben, bevor wir einen richtigen Staffelwettbewerb machen.“

Lehrer-Schüler-Gespräch

Staffelstabübergabe bei der Rundenstaffel
Als nächstes erfolgt also die Vorbereitung des klassischen Wechsels auf der Rundbahn. Dazu begeben sich die Schüler auf die Rundbahn zur Ablaufposition. Es wird festgelegt, wann der ankommende Läufer losläuft. Hier empfehlen sich 20 Fuß als ersten Richtwert. Stellen Sie am besten ein Hütchen oder einen Markierungsteller hin. Wird im Anschluss eine 4x75-m- oder 4x100-m-Staffel gelaufen, wird zusätzlich der Wechselraum besprochen und markiert (s. Fachliche Hinweise). Die Schüler üben so oft, bis jeder möglichst zweimal den Stab übergeben und zweimal angenommen hat.

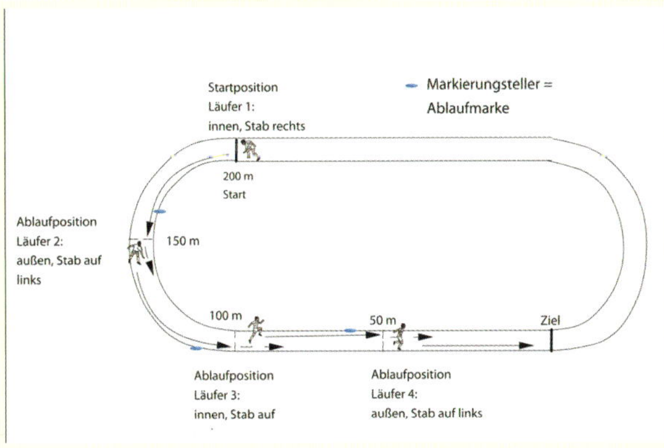

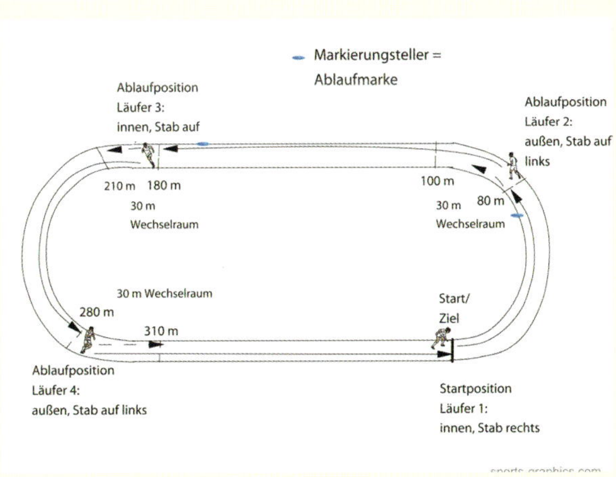

Gruppenarbeit

Laufbahn; pro 8 Schüler eine Bahn von ca. 60 bis 80 m Länge

Pro 8 Schüler 1 Staffelstab (ggf. mehr), pro Bahn 1 Hütchen/Markierungsteller

Partnerarbeit

Weitere Hütchen/Markierungsteller zum Abstecken des Wechselraumendes

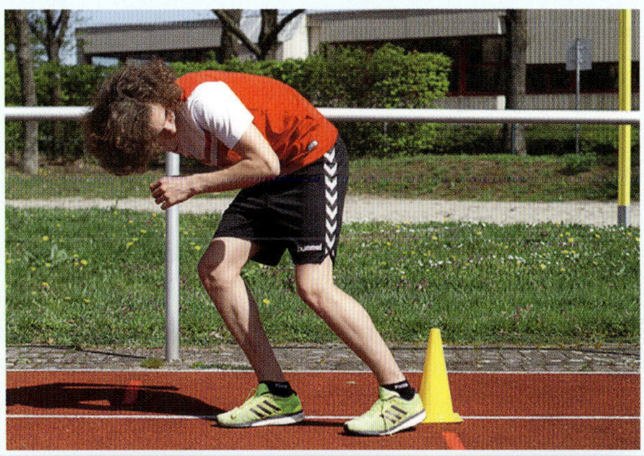

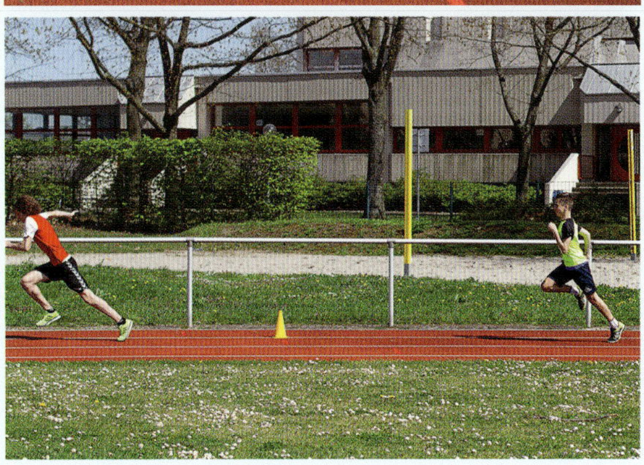

Wettkampf Staffellauf Anschließend laufen die Schüler in Vierergruppen einen kleinen Staffellauf als Wettkampf gegeneinander. Hier bietet sich in fast allen Klassenstufen der 4x50-m-Lauf an. Gerne können Sie mit ihren älteren Schülern auch 4x75 m oder 4x100 m laufen, müssen aber die Gesamtbelastung der Doppelstunde im Blick haben. Optional können die Rundenstaffeln auch aus dem Startblock gelaufen werden.	Rundbahn; alle Bahnen, Länge je nach gewählter Staffellauflänge Pro 4 Schüler 1 Staffelstab und 3 Hütchen/ Markierungsteller, ggf. Startblöcke Gruppenarbeit
Abschluss (15 Minuten)	
Abschlussspiel „Wo ist der Staffelstab?" In Anlehnung an das bekannte Kindergeburtstagsspiel „Taler, Taler, du musst wandern ..." wird das Abschlussspiel gespielt. Die Schüler stellen sich in einen engen Kreis, sodass zwischen ihnen keine Lücke bleibt, jeder legt die Hände auf seinen eigenen Rücken. Ein freiwilliger Schüler geht in die Mitte. Der Staffelstab soll nun hinter dem Rücken der im Kreis stehenden Schüler kreisen. Der innenstehende Schüler muss raten, in wessen Hand sich gerade der Staffelstab befindet. Hat er es erraten, muss der Schüler, der den Stab gerade in der Hand hatte, in den Kreis. Ist das Spiel zu schwierig für den ratenden Schüler, kann man mehrere Staffelstäbe ins Spiel geben oder mehrere ratende Schüler in den Kreis stellen oder den Abstand zwischen den Schülern im Kreis ein wenig vergrößern.	Rasen- oder Kunststoffplatz; Feldgröße ca. ½ VB-Feld 1 Staffelstab, ggf. mehrere Staffelstäbe Gruppenarbeit
Abschlussreflexion „Hat die Kommunikation der jeweiligen Partner bzw. innerhalb der Gruppe funktioniert?"	Lehrer-Schüler-Gespräch

Exkurs Stundenbild Hürden: Vom rhythmischen Überlaufen von Hindernissen zum Hürdensprint

Zeit	75 Minuten
Niveau	Sekundarstufe I und II
Ort	Stadion oder Sporthalle

Hinweise zum Ort
Hindernisse und/oder Hürden müssen vorhanden sein; bei viel Wind eignen sich Schaumstoffblöcke und Bananenkartons nicht als Hürdenersatz.

Ziele und Kompetenzen
Die Schüler können kleine Hindernisse rhythmisch überlaufen. Sie können die Hürdenüberquerungstechnik in der Grobform durchführen.

Vorkenntnisse
keine

Fachliche Hinweise

Beim Hürdensprint handelt es sich aufgrund der zu überwindenden Hürden um einen Zwangssprint. Dabei werden „zyklische und azyklische, Schnelligkeits- und Technik-, komplexe koordinative und konditionelle Elemente" vereint (Deutscher Leichtathletik-Verband, 2017, S. 98). Dementsprechend hat die Rhythmusschulung als Vorstufe bzw. ein Hürdentraining positive Effekte auf sämtliche leichtathletische Disziplinen (insbesondere auf die Sprünge).

Grundsätzlich sollte auf ein schnelles und rhythmisches Überlaufen der Hürden geachtet werden (vgl. Zeuner, Hofmann & Lehmann, 1997, S. 41). Dafür sind die im Wettkampf üblichen Hürdenhöhen, die bei 76 cm beginnen, für fast alle Schüler zu hoch (vgl. ebd.). Suchen Sie sich Alternativen (s. Praktische Tipps).

Für ältere Klassenstufen kann es durchaus eine wertvolle Erfahrung und herausfordernd sein, Übungshürden bzw. „richtige" Hürden zu überlaufen. Hierbei kommt der Beweglichkeit (insbesondere im Hüftgelenk) sowie der Schulung des Schwung- und Nachziehbeins eine besondere Rolle zu. Die Hürdengymnastik (z. B. Hürdensitz) und das Hürden-ABC bereiten die Schüler hierauf vor. Dementsprechend muss jedoch mehr Zeit eingeplant werden.

Eine gute Hinführung zum Hürdensprint bieten auch Bader et al. (vgl. 1998, S. 26ff.). Sie entwickeln den Hürdensprint vom „Pfützentreten" aus, was zum schnellen Bodenfassen nach der Hürde führt, und bauen ihre Hürden unter anderem mit Turnmatten.

Praktische Tipps

Materialfrage: Wenn genügend Schaumstoffblöcke vorhanden sind, können durch Aufeinanderstapeln kleine Hindernisse gebaut werden. Alternativ stellen Bananenkartons billige und sinnvolle Hindernisse dar, die flach oder aufgestellt (quer oder hochkant) genutzt werden können. Aus Karton und einem Schaumstoffrohr kann man auch niedrige Hürden selbst bauen (vgl. Ritschel, 2004, S. 11ff.).

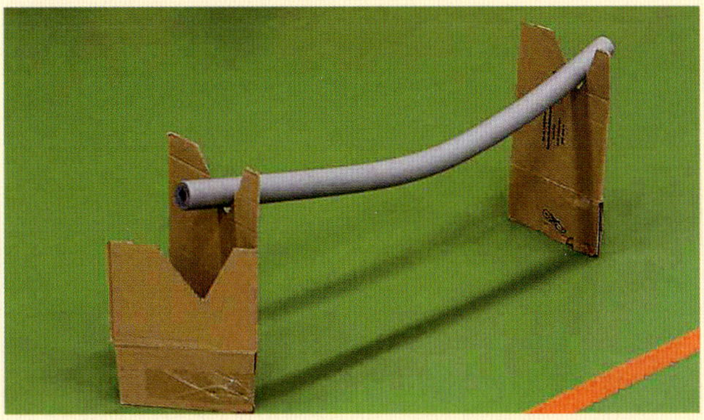

Leistungsstärke der Klasse: Die Hindernis-/Hürdenhöhe ebenso wie die Abstände müssen an das Leistungsniveau der Klasse angepasst werden. Im Zweifelsfall lieber etwas niedriger als zu hoch, damit die jeweilige Übung keine Sprung-, sondern eine Sprintübung wird.

Traineraufgabe: Die Schüler zählen die Schritte ihrer Mitschüler zwischen den Hindernissen/Hürden.

Kampfrichteraufgabe: Die Schüler helfen beim Aufstellen der Hindernisse/Hürden.

Literatur

Bader, R., Chounard, D., Eberle, F., Kromer, R. & Mayer, G. (1998). *Kinderleichtathletik. Band 1 Laufen und Sprinten* (Handreichungen für den Sportunterricht). Stuttgart: Stiftung „Sport in der Schule" Baden-Württemberg.

Deutscher Leichtathletik-Verband (2017). *Jugendleichtathletik Grundlagentraining. Rahmentrainingsplan des Deutschen Leichtathletik-Verbandes für die Altersklassen U12 bis U16* (Mediathek Leichtathletik, 1. Auflage). Münster: Philippka.

Ritschel, W. (2004). Eigenkreation Mini-Hürde. Die traditionelle Minihürde, ein sinnvolles aber leider auch teures Trainingsgerät. *leichtathletiktraining: die Lehre der Leichtathletik, 15* (3), 11–15.

Wastl, P. & Wollny, R. (2012). *Leichtathletik in Schule und Verein. Ein Praxishandbuch für Lehrer und Trainer.* Schorndorf: Hofmann.

Zeuner, A., Hofmann, S. & Lehmann, F. (1997). *Schulmethodik Leichtathletik. Sportiv Leichtathletik* (1. Auflage). Stuttgart: Klett.

Auf einen Blick

Phasen	Organisation, Geräte- und Materialbedarf
Einstieg (25 Minuten)	
Aufwärmen Die Schaumstoffblöcke werden kreuz und quer auf einem Feld etwa so groß wie ein VB-Feld aufgestellt. Die Schüler umlaufen, umhüpfen und überlaufen die Schaumstoffblöcke vorwärts und rückwärts. Anschließend werden einige Übungen zur Rumpfkräftigung durchgeführt: Die Schüler gehen zu zweit an einen Schaumstoffblock und nehmen die Liegestützposition ein. Sie versuchen innerhalb von 30 sec/1 min – je nach Leistungsstärke – möglichst oft abwechselnd mit den Händen auf den Schaumstoffblock zu klopfen. Anschließend umrunden sie den Schaumstoffblock im Spinnengang (= Bank rücklings) 3–5-mal.	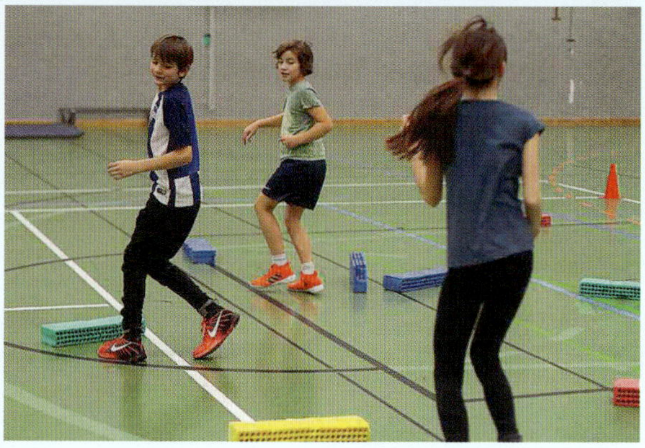 Rasen- oder Kunststoffplatz; Feldgröße ca. VB-Feldgröße Pro 10 Schüler ca. 10 Schaumstoffblöcke Bei mehr als 15 Schülern zwei Schaumstoffblockbahnen aufbauen Einzelarbeit, Partnerarbeit
Nun werden die Schaumstoffblöcke aufgestellt (s. mittleres Bild re). Die Schüler übersprinten die Schaumstoffblöcke in hoher Frequenz.	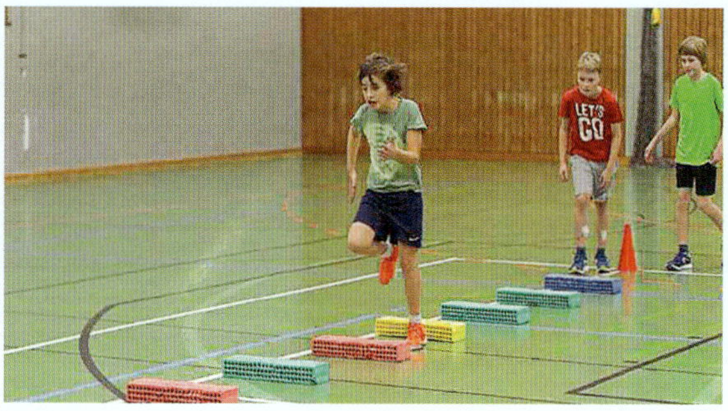
Problematisierung: Rhythmusunterschiede Anschließend wird auf jeden vierten Schaumstoffblock ein weiterer aufgebaut und erneut durchgesprintet. Picken Sie sich zwei Schüler heraus: Einen, bei dem man deutlich einen Rhythmusunterschied hört sobald das höhere Hindernis überquert wird, und einen, bei dem man keinen oder kaum einen Rhythmusunterschied hört, egal, wie hoch das Hindernis ist. Lassen Sie beide demonstrieren. Fragen Sie die anderen Schüler: „Was hört ihr, wenn die beiden durch die Schaumstoffblockbahn sprinten?“ (Verschiedene Rhythmen) „Und genau darum geht es beim Hürdensprint: in gleichmäßigen Rhythmen Hindernisse übersprinten.“ Direkt im Anschluss probieren alle Schüler die zwei verschiedenen Rhythmen aus.	Lehrer-Schüler-Gespräch 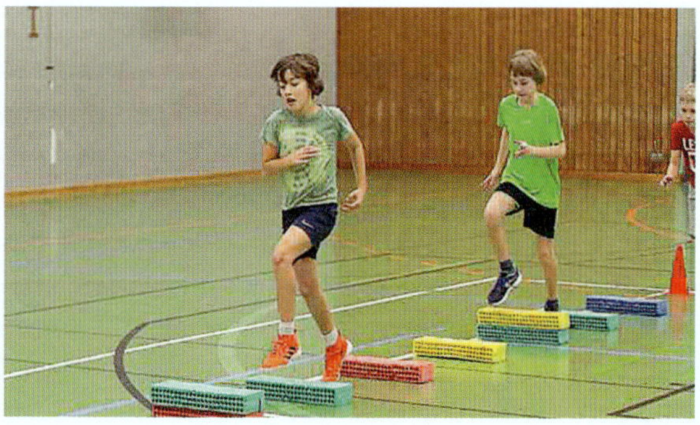

Hauptteil (35 Minuten)

Rhythmusschulung über Hindernisse
Das Ziel ist es, mit möglichst frequenten und druckvollen Schritten die Hindernisse so flüssig wie möglich zu übersprinten. Dazu müssen die Hindernisse höher (s. Praktische Tipps) und die Abstände weiter werden. Die Schüler sprinten in verschiedenen Rhythmen durch eine Bananenkartonbahn:

- 1er-Rhythmus, d. h. 2 Kontakte (Abstand ca. 3 m), beide Seiten
- 3er-Rhythmus, d. h. 4 Kontakte (Abstand ca. 6 m: jeden 2. Karton herausnehmen und hinten anbauen), beide Seiten

Bewegungsanweisungen können hier z. B. lauten: „Lauft so, als ob keine Hindernisse dastehen würden!“ „Lauft wie ein Sprinter bis zur Ziellinie!“ (vgl. Zeuner, Hofmann & Lehmann, 1997, S. 42)

Laufbahn; pro 10 Schüler 1 Bahn von ca. 40 m Streckenlänge

Pro 10 Schüler ca. 6 Bananenkartons oder Mini-Hürden, ggf. auch Schaumstoffblöcke, die gestapelt oder mit Steckern verbunden werden, pro 10 Schüler 1 Hütchen als Ablaufmarkierung

Einzelarbeit

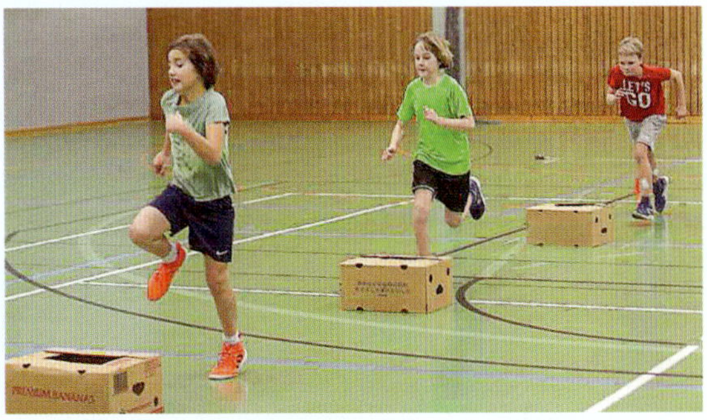

Optional (ab Klassenstufe 9/10): Weiterentwicklung vom rhythmischen Übersprinten von Hindernissen zum Hürdensprint (s. Fachliche Hinweise)
Die Schüler absolvieren folgende Übungen aus der Hürdengymnastik (vgl. Deutscher Leichtathletik-Verband, 2017, S. 100):

- Grätschsitz

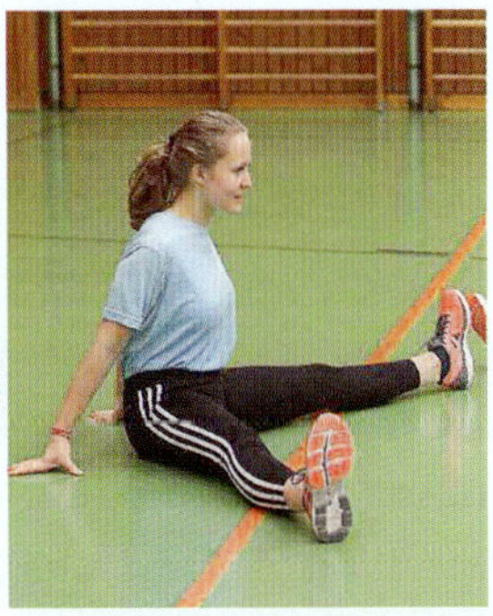

- Hürdensitz; auch mit diagonaler Armbewegung

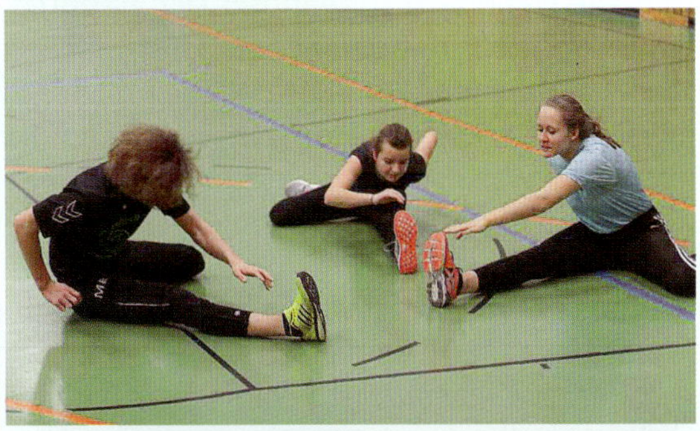

- Dehnen der Oberschenkelrückseite

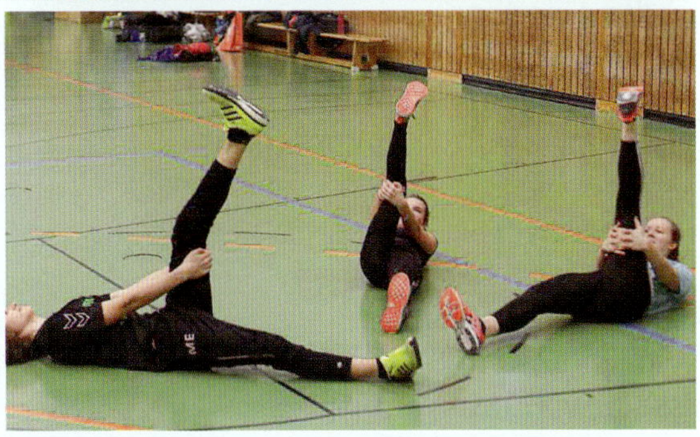

Anschließend erfolgt der Übergang zu ausgewählten Übungen des Hürden-ABC:

- Übergehen mit 1 Kontakt zwischen den Hürden
- Seitliches Übersteigen mit 2 Kontakten zwischen den Hürden
- Übergehen mit 2 Kontakten zwischen den Hürden, anschließend in schnellerem Tempo auf Rhythmus

Pro 10 Schüler ca. 5 Hürden (76 cm hoch)

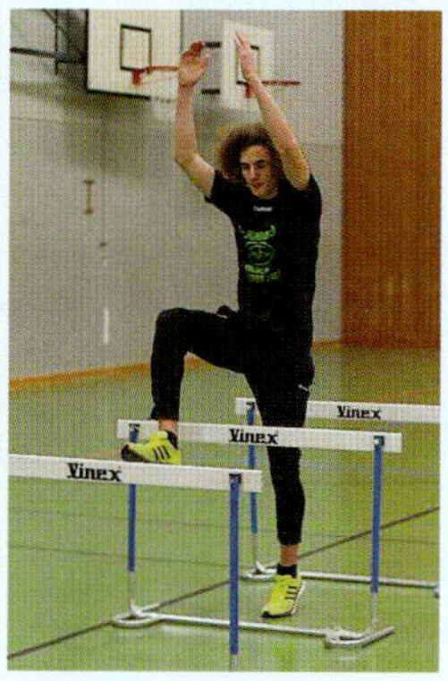

Um den Schülern die Nachziehbeinbewegung zu verdeutlichen, kann diese in Partnerarbeit an einer Hürde geschult werden.

Partnerarbeit

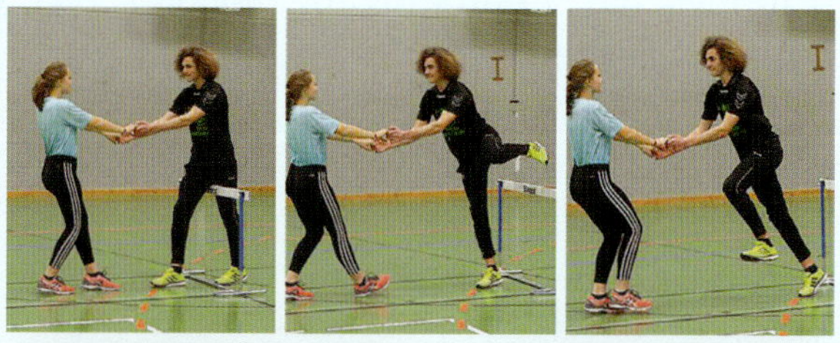

Anschließend übersprinten die Schüler die Hürden im 3er-Rhythmus.

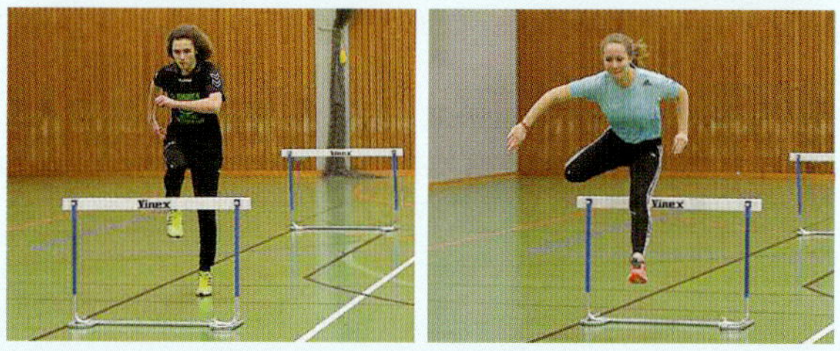

Abschluss (15 Minuten)

Abschlussspiel: Verwandlung leichtgemacht
Der Fänger bekommt ein oder zwei Schaumstoffblöcke in die Hand und verwandelt sich dadurch in ein Tier. Er kann nur mit den Schaumstoffblöcken andere Schüler abschlagen und hat daher je nach gewähltem Tier ein größeres oder kleineres Handicap. Mögliche Tiere sind:

- Ameise: zwei Schaumstoffblöcke als Fühler auf der Stirn
- Pfau: ein Schaumstoffblock als Pfauenschwanz am Gesäß
- Adler: zwei Schaumstoffblöcke als lange Flügel in den Händen
- Huhn: zwei Schaumstoffblöcke als kurze Flügel mit eingezogenen Armen
- Einhorn: ein Schaumstoffblock als Horn auf der Stirn
- Stier: zwei Schaumstoffblöcke am Kopf

Abschlussreflexion
„Wie lief's? Konntet ihr rhythmisch über die Hindernisse bzw. Hürden sprinten?"

Rasen- oder Kunststoffplatz;
Feldgröße ca. 1 VB-Feld

2 Schaumstoffblöcke oder Schaumstoffrohre

Gruppenarbeit

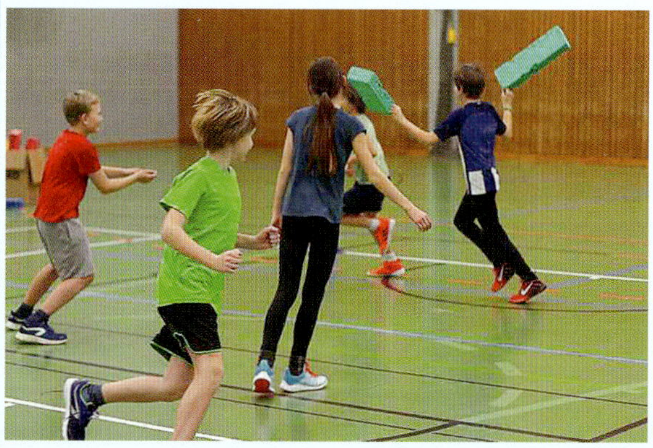

Exkurs Stundenbild sportmotorische Tests in der Leichtathletik: Wie fit bin ich in der Leichtathletik?

Zeit 85 Minuten
Niveau Sekundarstufe I und II
Ort Sporthalle oder Stadion

Hinweise zum Ort
Das Aufwärmprogramm muss im Freien abgewandelt werden; statt den Bänken dienen breite Treppenstufen oder ein mit Seilen gelegter Korridor als Stellplatz für die Aufgaben.

Ziele und Kompetenzen
Die Schüler können einen sportmotorischen Test nach Anleitung durchführen (Wahlaufgabe I). Sie können einen sportmotorischen Test entwickeln (Wahlaufgabe II). Die Schüler können einen sportmotorischen Test als Testleiter betreuen.

Vorkenntnisse
Es ist sinnvoll, wenn die Schüler die Handhabung von Maßband und Stoppuhr bereits kennen.

Fachliche Hinweise

Sportmotorische Tests sind einfache und leicht durchzuführende Bewegungsaufgaben, die das Niveau der Leistungsfähigkeit in einem bestimmten sportlichen Fähigkeitsbereich überprüfen (vgl. Bös, Schlenker, Büsch, Lämmle, Müller, Oberger, Seidel & Tittlbach, 2009, S. 14). Diese Aufgaben sind im Idealfall voraussetzungsfrei, damit sie auch von Anfängern ohne Probleme durchgeführt werden können (vgl. ebd., S. 17).

Die Testaufgaben des Deutschen Motorik-Tests 6–18 (DMT) finden sich in einer Kurzbeschreibung auf folgender Homepage: https://www.sport.kit.edu/dmt/index.php

Ausführlichere Informationen, wie z. B. Normwerte oder Hintergrundinformationen zu sportmotorischen Tests (s. u. Literatur). In der Zeitschrift sportunterricht wird das Thema sportmotorische Tests im Allgemeinen und der DMT im Speziellen in einem Themenheft besprochen (s. u. Literatur)

Eine andere Herangehensweise an sportmotorische Tests bieten die Motorischen Basisqualifikationen MOBAQ (vgl. z. B. Herrmann, 2016, S. 333–337). Hier werden Bewegungsfertigkeiten getestet, die für die kulturelle Teilhabe am gesellschaftlichen Phänomen Sport wichtig sind.

Willimczik (2015a; 2015b) hat das Thema sportmotorische Tests für den Unterricht in Praxis und Theorie aufbereitet. Es zieht hierbei den Basketballwurf als Inhalt heran (s. u. Literatur).

Neumaier (1983) liefert bereits 1983 wertvolle Hinweise zum Einsatz sportmotorischer Tests im Sportunterricht.

Praktische Tipps

Belastungsgefüge in diesem Stundenbild: In diesem Stundenbild soll das Aufwärmen länger dauern und gegen Ende hin, vor der Problematisierung, auch intensiver sein, da im Rest des Stundenbilds eher kognitiv gearbeitet wird.

Trainer-/Kampfrichteraufgabe: Die Schüler fungieren als Testleiter.

Literatur

Bös, K., Schlenker, L., Büsch, D., Lämmle, L., Müller, H., Oberger, J. Seidel, I. & Tittlbach, S. (2009). *Deutscher Motorik-Test 6 – 18. (DMT 6 – 18)* (Schriften der Deutschen Vereinigung für Sportwissenschaft, Bd. 186). Erarbeitet vom ad-hoc-Ausschuss „Motorische Tests für Kinder und Jugendliche" der Deutschen Vereinigung für Sportwissenschaft (dvs). Hamburg: Czwalina.

Bös, K., Schlenker, L., Büsch, D., Lämmle, L., Müller, H., Oberger, J. et al. (2016). *Deutscher Motorik-Test 6 – 18. (DMT 6 – 18)* (Schriften der Deutschen Vereinigung für Sportwissenschaft, Band 186, 2. Auflage). Erarbeitet vom ad-hoc-Ausschuss „Motorische Tests für Kinder und Jugendliche" der Deutschen Vereinigung für Sportwissenschaft (dvs). Hamburg: Czwalina.

Deutscher Sportlehrer-Verband (Hrsg.). (2012) Motorische Tests im Sportunterricht [Themenheft]. *sportunterricht, 61* (8). Schorndorf: Hofmann.

Herrmann, C. (2016). Erfassung motorischer Basiskompetenzen in der fünften Jahrgangsstufe. *sportunterricht, 65* (11), 333–337.

Karlsruher Institut für Technologie. (2022, 14. Februar). *DMT – Deutscher Motorik-Test 6–18*, Dominik Böttger. Zugriff am 28. Juli 2022 unter https://www.sport.kit.edu/dmt/index.php

Neumaier, August (1983): *Sportmotorische Tests in Unterricht und Training. Grundlagen der Entwicklung, Auswahl und Anwendung motorischer Testverfahren im Sport.* Schorndorf: Hofmann (Beiträge zur Lehre und Forschung im Sport, 86).

Willimczik, K. (2015a). „Wenn uns unser Alltagswissen trügt". Eine Unterrichtseinheit zur Wissenschaftspropädeutik. *Lehrhilfen für den Sportunterricht, 64* (9), 14–16.

Willimczik, K. (2015b). Wissenschaftspropädeutik als Pflichtaufgabe im Sportunterricht – Anregungen zur unterrichtlichen Umsetzung. *sportunterricht, 64* (9), 264–270.

Auf einen Blick

<table>
<tr><th>Phasen</th><th>Organisation, Geräte- und Materialbedarf</th></tr>
<tr><td colspan="2">Einstieg (20 Minuten)</td></tr>
<tr><td>
Aufwärmen
3 Bänke (bei >20 Schülern 4 Bänke) werden in der Halle aufgestellt. Die Schüler bewegen sich um die und an den Bänken. Hierzu laufen sie zunächst in Schlangenlinien um die Bänke herum. Anschließend stellen sie sich in zwei Reihen auf, laufen wiederum in Schlangenlinien um die Bänke. Dabei treffen sie sich immer in der Mitte. Beim Treffpunkt gibt es nun verschiedene Aufgaben:
<ul>
<li>Sich mit einer Hand abklatschen</li>
<li>Sich im Sprung mit beiden Händen abklatschen</li>
<li>Einhaken und einmal gemeinsam drehen</li>
<li>Schülerideen zum Abklatschen/Begrüßen, z. B. Faustgruß</li>
</ul>
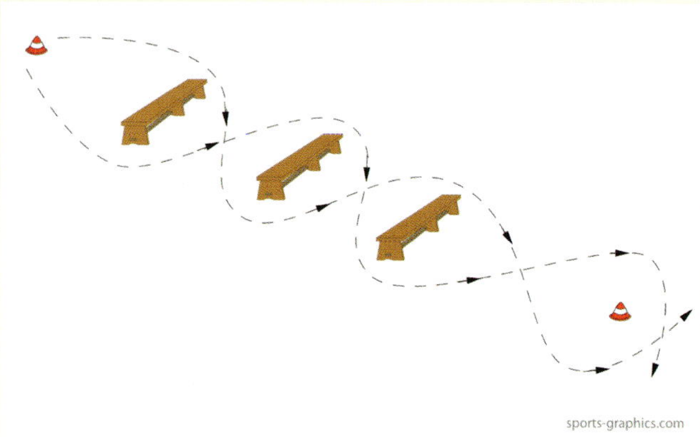

Die Bewegungen zum Abklatschen müssen kurz sein, damit kein Stau entsteht.
Anschließend absolvieren die Schüler Kräftigungsübungen an den Bänken. Hier eignen sich
<ul>
<li>Sit-ups mit den Beinen auf der Bank</li>
<li>Liegestütze mit den Händen oder Füßen auf der Bank</li>
<li>Ganzkörperspannung/Planking mit den Händen oder Füßen auf der Bank</li>
<li>Dips</li>
<li>Seitstütz mit dem Ellbogen oder der Hand auf der Bank</li>
<li>Steigesprünge (einen Fuß auf der Bank aufsetzen und bis in die Ganzkörperstreckung nach oben abdrücken)</li>
</ul>
Am Ende des Aufwärmens werden 2 Bänke (bei >20 Schülern 3 Bänke) nebeneinandergestellt.
</td><td>
Sporthalle (Größe: mindestens VB-Feld), 3–4 Bänke

Einzelarbeit/Partnerarbeit/Gruppenarbeit

Bewegungszeit mindestens 15 min

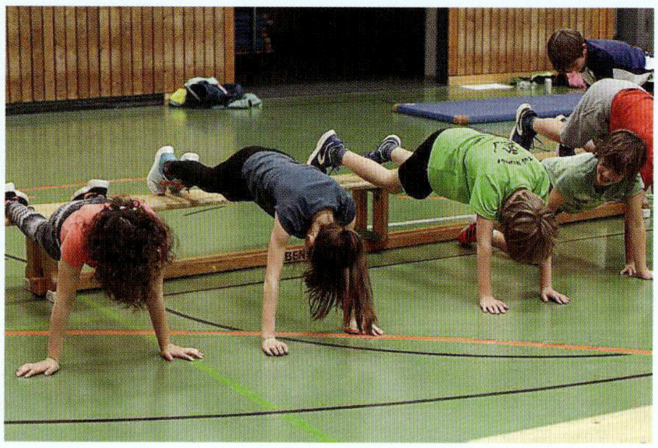
</td></tr>
</table>

<table>
<tr><td>Problematisierung: Wie ordnen wir uns?
Hinleitendes koordinatives und sozial ansprechendes Spiel: Alle Schüler befinden sich auf der Bank und sollen sich ohne Heruntertreten nach Mädchen/Junge, Geburtsdatum, Körpergröße etc. sortieren.
Anschließend sortieren sie sich nach Rumpfbeugentiefe in drei Kategorien (unter Fußsohlenniveau, Fußsohlenniveau, über Fußsohlenniveau): Wer kommt wie tief?
Frage an die Schüler: „Wie könnte man euch noch genauer einteilen? (Rumpfbeugentiefe in cm messen) „Wie könnte man das tun?“ (Test) „Genau das ist der Sinn und Zweck eines Tests z. B. im Gesundheits- oder Leistungssport: Man möchte eine Diagnose, eine Einordnung des Leistungsstandes haben. Heute dürft ihr selbst Testaufgaben kennen lernen, diese ausprobieren und im zweiten Hauptteil als Testleiter arbeiten.“</td><td>Lehrer-Schüler-Gespräch
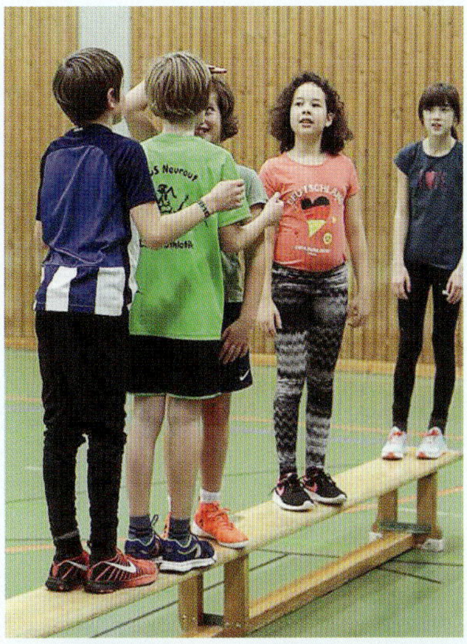
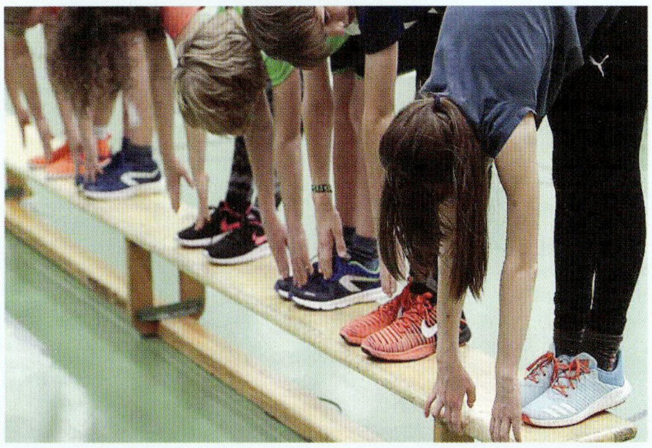</td></tr>
<tr><td colspan="2">Hauptteil I (20 Minuten)</td></tr>
<tr><td>Erarbeitung der Testaufgaben
Die Schüler gehen zu dritt oder maximal zu viert zusammen.

Wahlaufgabe I (weniger anspruchsvolle Aufgabe):
„Arbeitet euch zu dritt in eine Testaufgabe ein (z. B. die Aufgaben des DMT), seid nach 10 min in der Lage dazu, sie mit euren Mitschülern als Testleiter durchzuführen.“
Z. B. die Testaufgaben des DMT:

• 20-m-Sprint</td><td>Testmaterial, wie z. B. Maßbänder, Maßstäbe, Stoppuhren, Klebeband, Medizinbälle, Turnmatten, kleine Turnkästen, Papier, Stifte, falls vorhanden: Lichtschranke, Kraftmessplatte, Handkraftmessgerät

Partner-/Gruppenarbeit

Für die Wahlaufgabe I: Testanleitungen, empfohlen wird hier der DMT
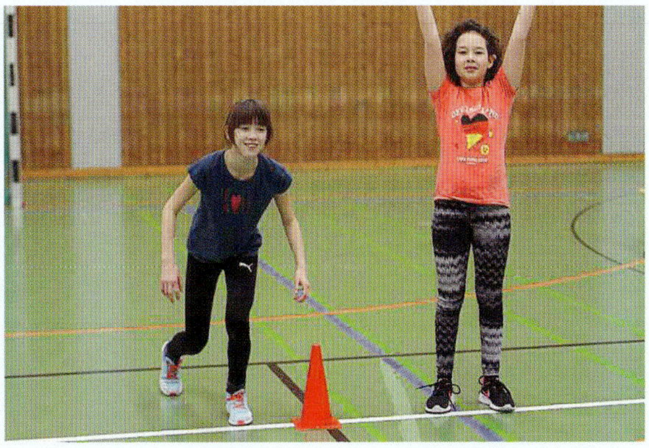</td></tr>
</table>

- Balancieren rw
- Seitliches Hin- und Herspringen

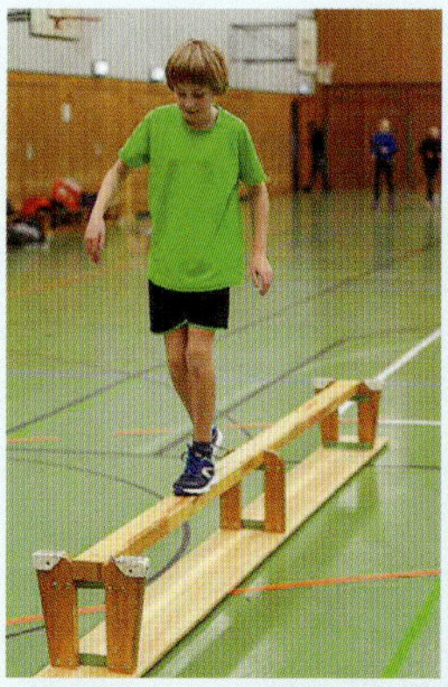
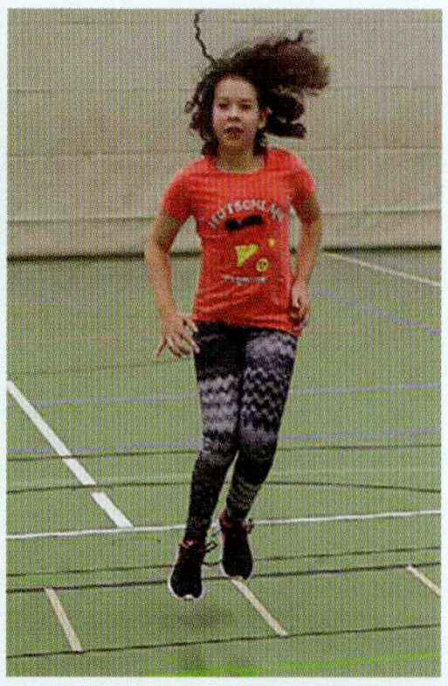

- Sit-ups

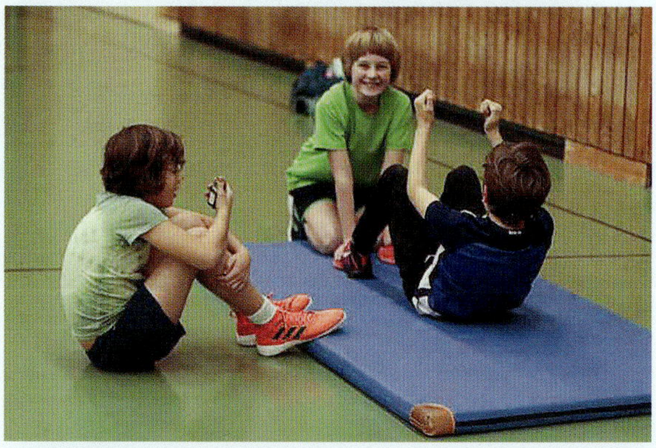

- Liegestütz

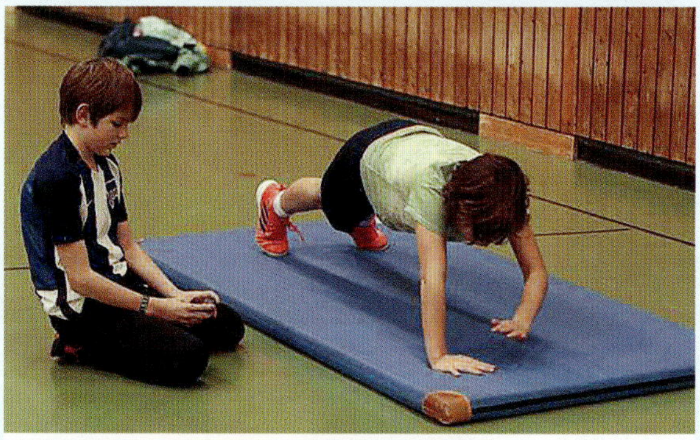

- Standweitsprung

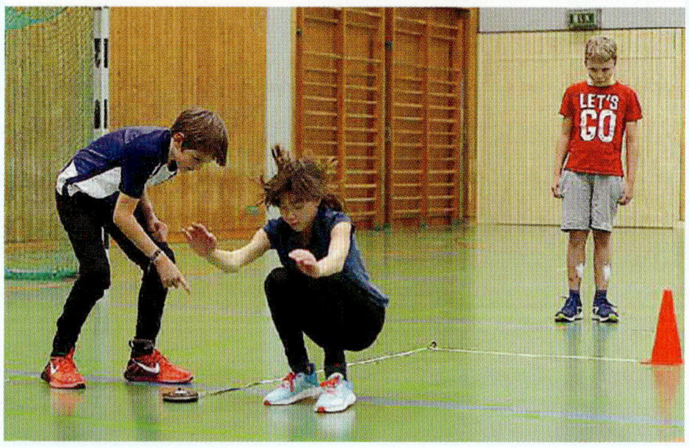

- Rumpfbeuge

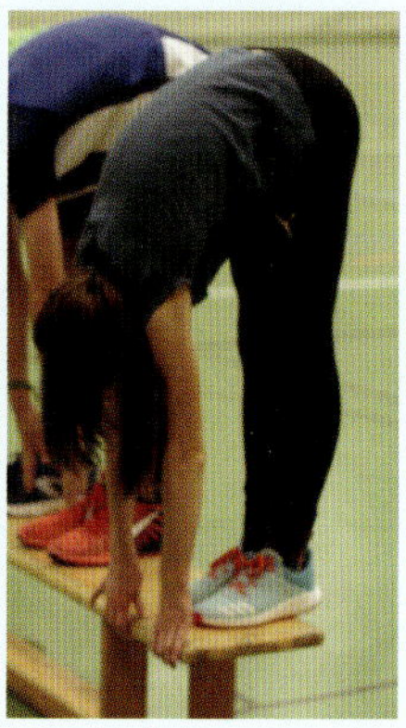

• 6-min-Lauf	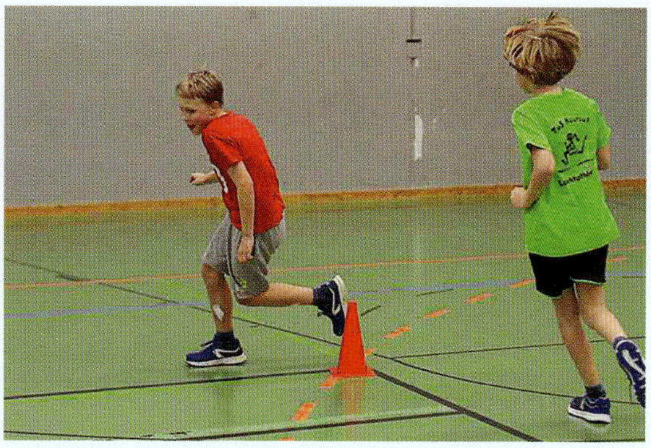
Wahlaufgabe II (anspruchsvollere Aufgabe): „Du bist Sportmediziner/Talentscout und musst Kinder, die zu dir kommen, beurteilen, ob sie geeignet sind zum ... (viele Beispiele aus Sportarten). Entwerfe eine geeignete Testaufgabe! Du hast weder Zeit noch Geld noch Platz, um die Sportart/Disziplin selbst durchzuführen!“	Für die Wahlaufgabe II: Hilfekärtchen (Arbeitsblatt 13, s. Anhang S. 227)
Hauptteil II (30 Minuten)	
Durchführung der Testaufgaben „Führt den Test, in den ihr euch eingearbeitet (Wahlaufgabe I) oder den ihr entworfen (Wahlaufgabe II) habt, mit euren Mitschülern durch und protokolliert die Leistung.“ Hier sollte nicht jeder jede Testaufgabe durchführen, sondern jeder soll mindestens einmal Testleiter und einmal Testperson sein.	Testmaterialien, Testprotokolle, ggf. Klemmbretter, s. o., ggf. Auswertungstabellen Partner-/Gruppenarbeit
Abschluss (15 Minuten)	
Stundenausklang: Schüler-gegen-Lehrer-Wette Der Lehrer wettet, dass die Schüler zusammen eine bestimmte Sprungweite im Standweitsprung nicht erreichen. Dazu springen die Schüler am ausgelegten Maßband, und zwar jeder jeweils einen Sprung von dem Punkt aus, wo der vorherige Schüler gelandet ist. Tipp: Wenn Sie selbst fit im Springen sind, wetten Sie, dass Sie alleine mit der gleichen Anzahl der Sprünge wie Schüler in der Klasse sind, weiter kommen, als wenn jeder Schüler einen Sprung macht. Oder sind Sie fitter in Liegestützen, Sit-ups oder Rumpfbeugen und können eine Wette riskieren?	Maßband Gruppenarbeit
Alternativ: Abschlussspiel nach Schülerwahl	Lehrer-Schüler-Gespräch
Abschlussreflexion Zum Abschluss wird die Validität von Testaufgaben thematisiert: „Wie könnte man überprüfen, ob die Testaufgabe eine korrekte Aussage darüber treffen kann, dass die Person auch in der Zielsportart gut ist? Also: Wenn jemand im Standweitsprung gut ist, kann er dann auch gut weitspringen?“	

Exkurs Stundenbild Leichtathletik mit großen Gruppen bei wenig Platz

Zeit: 75 Minuten
Niveau: Sekundarstufe I und II
Ort: Sporthalle

Hinweise zum Ort
Die Durchführung dieses Stundenbilds (ohne Hochsprung an die Hallenwand) ist auch im Stadion, auf einem Rasen oder auf einem Kunststoffplatz möglich.

Ziele und Kompetenzen
In diesem Stundenbild steht die pädagogische Perspektive „Erweiterung der Bewegungserfahrung" im Vordergrund. Die Schüler können verschiedene ABC-Übungen durchführen. Die Schüler können sich im Sprint miteinander messen. Die Schüler können weit und hoch springen.

Vorkenntnisse
keine

Fachliche Hinweise

Im Schulalltag gibt es immer wieder Situationen, in denen ein Lehrer große Schülergruppen unterrichten muss. Die Zusammenlegung von Sportklassen bei Personalausfall ist ein gängiges Verfahren, um Unterrichtsausfall zu vermeiden. Damit es in solchen Stunden weniger ein Beschäftigen, sondern vielmehr ein Unterrichten wird, haben wir dieses Stundenbild entworfen.

Leichtathletik muss nicht heißen, dass ein großer Materialaufwand betrieben wird und immer nur ein Schüler an der Reihe ist, während die anderen warten. Auch ohne Material und mit vielen Schülern bei wenig Platz können Sie den Schülern leichtathletische Bewegungserfahrung und eine möglichst hohe Bewegungszeit ermöglichen.

Bei den Sprints können sie gut differenzieren, indem durch Vor- und Endläufe leistungshomogene Untergruppen gebildet werden. Auch Hoffnungsläufe, wie etwa beim Kanu-, Ruderrennsport oder bei Kampfsportarten üblich, erhöhen die Bewegungszeit und die Motivation aller Schüler. Falls Jungen und Mädchen zusammen unterrichtet werden, lassen Sie auch einen Mädchen-Endlauf durchführen. Falls verschiedene Jahrgänge unterrichtet werden, können Sie auch jahrgangsspezifische Endläufe durchführen lassen.

Bei den „Animal Moves" handelt es sich um Mobilisations- und Kräftigungsübungen, die optimal auf die notwendige Körperspannung für Sprint und Sprung vorbereiten. Für die Schüler werden also die vielleicht lästigen und auch bereits bekannten Übungen in ein thematisches Motto eingebettet, was die Motivation erhöhen kann.

Die Überbewertung des Sieges bzw. des Siegers kann als ein Problem des (Leistungs-)Sports gesehen werden (vgl. Lenk, 2004). In diesem Zusammenhang kann man mit den Schülern diskutieren, ob man diese sogenannte Singulärsiegorientierung vermindern sollte, oder ob sie dem Sport immanent und somit gerechtfertigt ist.

Praktische Tipps

Das Kommando für den Hochstart lautet: „Auf die Plätze – Los!" Diese zwei Handlungen (1. Startposition Hochstart einnehmen und 2. starten) erfordern lediglich zwei Signale. Das „Fertig" entfällt, da die Handlung „Fertigposition einnehmen" nicht nötig ist. Achten Sie auf ein nicht berechenbares Kommando, sonst spekulieren die Schüler auf das Startsignal. Warten Sie nach dem „Auf die Plätze" manchmal kürzer und manchmal länger, vielleicht auch manchmal extra lange, um zu verdeutlichen, dass nicht vor oder mit dem Startsignal losgerannt wird, sondern erst nach dem Wahrnehmen des Startsignals.

Bei den abschließenden Läufen die Diagonale der Halle als längst mögliche gerade Strecke nutzen.

Beobachtungsaufgabe: Die Schüler beobachten und beschreiben, wie ihre Mitschüler die Lauf-ABC-Übungen umsetzen. Sie äußern Ideen für weitere Übungen.

Kampfrichteraufgabe: Die Schüler beobachten, welche Schüler als erstes, bestenfalls auch als zweites oder drittes ins Ziel kommen. Die Schüler geben – nach einer Einweisung – das Startkommando.

Literatur

Deutscher Leichtathletik-Verband. (2021, 01. November). *Regelwerk der Leichtathletik*. Zugriff am 29. Juli 2022 unter https://www.leichtathletik.de/service/downloads/regelwerk-der-leichtathletik.

Kinalzyk, T. (2020, 09. Juni). *Animal Moves für Kraft & Beweglichkeit! 7 Übungen für deine Functional Training Einheit (deutsch)*. Zugriff am 29. Juli 2022 unter https://www.youtube.com/watch?v=Qam9z_QI7dk.

Lenk, H. (2004). Wettkampf-Fairness, assoziative Moral und strukturelle Dilemma- Situationen. In C. Pawlenka (Hrsg.), *Sportethik. Regeln – Fairneß – Doping* (Ethica, Band 7, S. 119–132). Paderborn: Mentis.

Pawlenka, C. (Hrsg.). (2004). *Sportethik. Regeln – Fairneß – Doping* (Ethica, Band 7). Paderborn: Mentis.

Auf einen Blick

Phasen	Organisation, Geräte- und Materialbedarf
Einstieg (20 Minuten)	
Aufwärmen Die Schüler stellen sich alle an der kurzen Seite der Halle auf und wechseln in verschiedenen Bewegungsformen die Seite. Dabei bilden die Schüler keine Gruppen oder Reihen, sondern laufen im Pulk. Die Schüler sollen aber aufeinander achten, damit niemand stolpert oder angerempelt wird.	Sporthalle, Rasen oder Kunststoffplatz, Feldgröße ca. 1 BB-Feld (oder bis zur Größe eines HB-Feldes) Einzelarbeit Netto-Laufdauer möglichst 10 min
Zunächst wird die gleiche Übung auf dem Hin- und Rückweg gemacht: • Joggen • Rückwärtslaufen • Hopserlauf (s. Bild, S. 109) • Scherenlauf/Stechschrittprellen (s. Bild, S. 208) • Anfersen • Kniehebelauf (s. Bild, S. 208) • Schuhplattlerhüpfen (s. Bilderserie rechts).	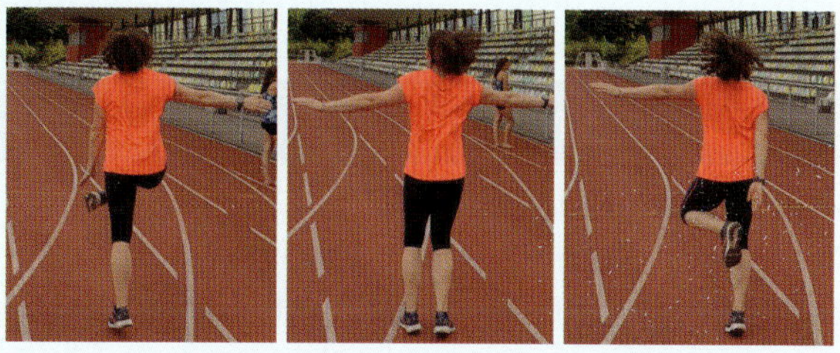
Bei den folgenden Übungen wird auf dem Hinweg die eine Seite und auf dem Rückweg die andere Seite gemacht: • Sidesteps/Überkreuzlaufen • Seitgalopp (s. Bild, S. 110) • Seitlicher Hopserlauf (schwierig, ggf. erst ab Sekundarstufe II)	
Tierisch Kraft trainieren mit „Animal Moves“ Zum Abschluss des Aufwärmens führen die Schüler sogenannte „Animal Moves“ durch. Mögliche Übungen sind: • Raupe (aus der Rumpfbeugeposition mit den Händen so weit wie möglich nach vorne wandern und mit den Füßen aufschließen, die Kniegelenke bleiben dabei immer gestreckt)	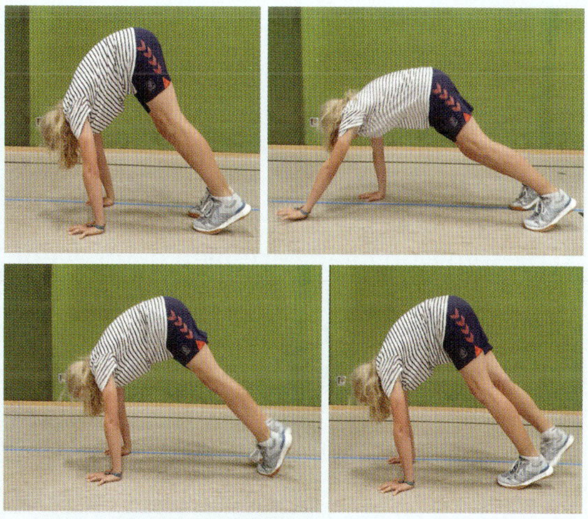
• Krabbe (sich im Rückstütz nach vorne bewegen, Hüfte möglichst hoch halten)	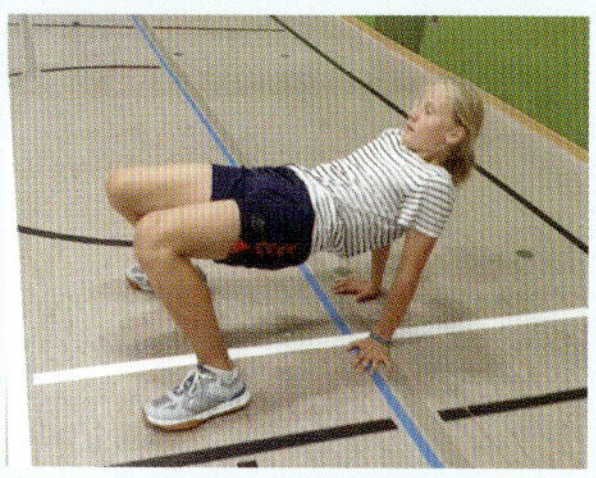

• Salamander (aus dem Langstütz abwechselnd das rechte und linke Bein anwinkeln und nach vorne bewegen, mit dem ganzen Körper möglichst flach am Boden bleiben) • Frosch (aus der tiefen Hockposition nach vorne springen) • Bär (sich in der Bankposition diagonal mit Händen und Füßen vorwärts bewegen, die Knie berühren dabei nicht den Boden) • Affe (aus der Hockposition seitlich springen). Eine große Auswahl inkl. Videos findet sich im Internet (z. B. unter https://www.youtube.com/watch?v=Qam9z_QI7dk).	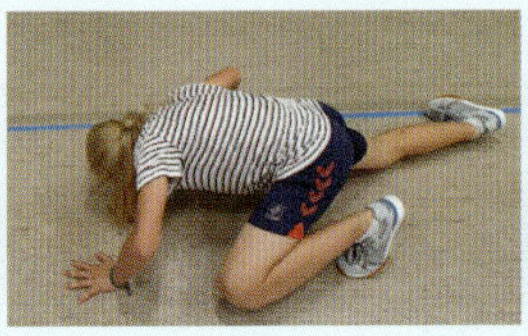 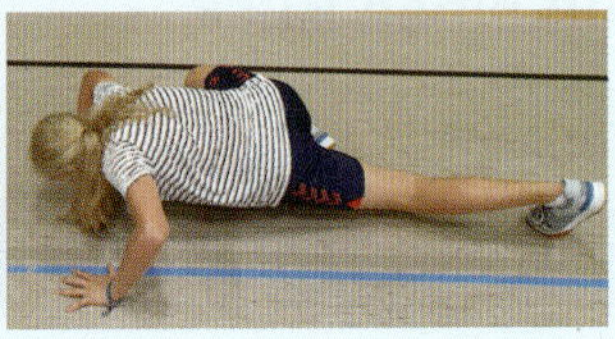
Hauptteil I (20 Minuten)	
Kurze, maximale Sprints Markieren Sie eine Sprintstrecke von ca. 15 m mit Hütchen. Der Auslauf nach dem Ziel sollte möglichst lang sein (10–15 m), am besten bis zum Ende der Halle. Die Schüler stellen sich in 5–7 Reihen an der kurzen Seite der Halle auf. Die vorderste Reihe sprintet auf Kommando aus dem Hochstart bis zur Ziellinie. Das Kommando lautet „Auf die Plätze – Los!“ (s. praktische Tipps). Im Ziel steht der Lehrer oder auch die passiven Schüler, um den Zieleinlauf zu beobachten. Dann ist die zweite Reihe dran usw. Jeder Schüler sprintet mindestens einmal, besser zweimal. Die Schüler gehen am Rand der Halle zurück, um die darauffolgend sprintenden Schüler nicht zu beeinträchtigen.	Sporthalle, Rasen oder Kunststoffplatz, Feldgröße ca. 1 BB-Feld oder größer (auch möglich: Größe eines VB-Feldes, dann aber dringend auf genügend Auslauf nach der Ziellinie achten) Ca. 5 Hütchen zur Markierung der Ziellinie Einzelarbeit
Wir veranstalten eine unterrichtsinterne Meisterschaft Nachdem alle Schüler einmal oder zweimal gesprintet sind, werden im folgenden Durchgang aus jedem Lauf die Sieger bestimmt, möglichst auch die Zweit- und Drittplatzierten. Je mehr passive Schüler diese Kampfrichteraufgabe übernehmen, desto eher gelingt das zuverlässig. Nach diesem Durchgang erfolgen dann eventuell noch einmal 2–3 Hoffnungsläufe, deren Sieger, Zweit- und Drittplatzierten sich ebenfalls für den entsprechenden Endlauf qualifizieren. Abschließend kommen die Endläufe aller Dritt-, Zweit- und Erstplatzierten. Wer erlangt die Meisterschaft, wer wird zweiter, dritter, vierter usw.? Wer wird Mädchensiegerin? Wer wird Jahrgangsschnellster?	Einzel- und Gruppenarbeit

Optional: Meisterschaftsstimmung Bei den Endläufen können Sie eine Meisterschaftsstimmung kreieren, indem Sie das „Publikum" an die lange Seite der Halle platzieren und die Endlaufteilnehmer ansprechend ankündigen: „Auf Bahn 1 sehen Sie den roten Blitz, er besticht durch seine unglaublich schnelle Reaktionszeit! Auf Bahn 2 steht der direkte Herausforderer, der blaue Riese! Wie er wirft sich keiner ins Ziel! Auf Bahn 3 die rasende Rakete! Sie beschleunigt unvergleichlich, eine echte Favoritin auf den Sieg ...!" Vielleicht gibt es auch einen sprachgewandten Schüler, der diese Aufgabe übernehmen möchte?	Lehrer- oder Schülervortrag
Zwischenreflexion „Singulärsiegorientierung" „Wie findet ihr es, dass es im Sport häufig darauf ankommt, wer der Sieger ist? Wer interessiert sich denn für den Vierten oder Fünften einer Meisterschaft, obwohl derjenige meist auch keine viel schlechtere Leistung erbracht hat? Wir haben jetzt doch auch mitgefiebert, wer wohl gewinnen wird! War das nun verwerflich und unsozial? Oder ist es nötig, damit der Sport spannend und attraktiv bleibt? Äußert eure Meinung dazu!"	Lehrer-Schüler-Gespräch
Hauptteil II (20 Minuten)	
Bahnensprünge Nach einer kurzen Pause geht es um die leichtathletischen Sprünge. Um auf hohe Wiederholungszahlen zu kommen und um keine Gerätschaften aufbauen zu müssen, werden Bahnensprünge durchgeführt. Dazu teilen Sie die Schüler in mehrere Gruppen von ca. 8 Schülern ein und teilen jeder Gruppe eine ca. 15 m lange Bahn zu, deren Anfang und Ende Sie mit einem Hütchen markieren. Auf dem Hinweg absolvieren die Schüler eine Übung, auf dem Rückweg gehen sie gemütlich zurück. • Einbeinsprünge mit re (s. Bild, S. 166) • Einbeinsprünge mit li • Pferdchensprünge mit re • Pferdchensprünge mit li • Steigesprünge (wie Pferdchensprünge, diese aber so hoch und weit wie möglich, s. Bild. S. 119)	Sporthalle, Rasen oder Kunststoffplatz, Feldgröße ca. 1 BB-Feld oder größer Pro ca. 8 Schüler 2 Hütchen zur Markierung der Länge der Sprungbahnen Einzelarbeit

Als nächstes werden die Schüler in Kleingruppen von 3-5 Schülern eingeteilt. Die Gruppen verteilen sich gleichmäßig in der ganzen Halle. Jede Gruppe bestimmt für sich eine Linie, die als Absprunglinie dient. Die verschiedenen Sprünge werden zum Schonen des Bewegungsapparates alle mit beidbeiniger Landung ausgeführt. Alle Sprünge können die Schüler auch als Wettbewerb durchführen. • Standweitsprung: Jeder Schüler springt beidbeinig 3–5-mal • Einbeiniger Standweitsprung: Jeder Schüler springt mit jedem Bein 3-mal • Weitsprung mit drei Schritten Angehen oder Anlaufen	Sporthalle, Rasen oder Kunststoffplatz, Feldgröße ca. 1 BB-Feld oder größer Einzel-, Partner- oder Gruppenarbeit 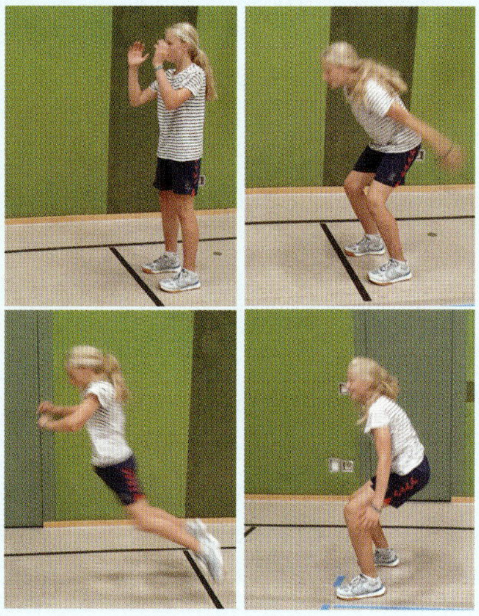 Oder siehe Bild S. 204.
Optional: Hochsprung an die Hallenwand Die Schüler verteilen sich für die nächste Sequenz gleichmäßig mit möglichst großem Abstand zur nächsten Gruppe an der Hallenwand. Jetzt sollen sie durch einbeiniges Abspringen so hoch wie möglich mit der wandnahen Hand an die Wand reichen. Aber Achtung: Intuitiv werden die meisten Schüler dazu tendieren, beidbeinig abzuspringen. Lassen Sie deshalb die Schüler am besten leicht schräg zur Wand angehen. Das Absprungbein ist das von der Wand entfernte Bein. Damit wird auf den Schersprung/Flop für den Hochsprung hingearbeitet.	Sporthalle, Feldgröße ca. 1 BB-Feld oder größer Einzel-, Partner- oder Gruppenarbeit 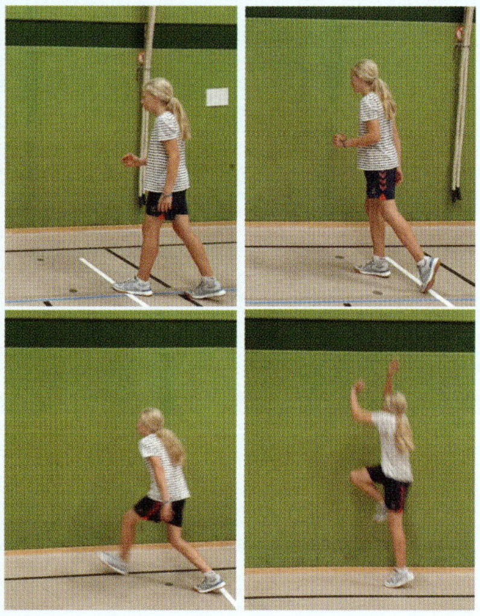

Abschluss (15 Minuten)	
Tempoläufe Die Schüler laufen in einem größtmöglichen Viereck im lockeren Joggingtempo um die Halle herum. Das Viereck ist mit Hütchen markiert. Die Diagonale wird schneller gelaufen. Dabei müssen Sie festlegen, welche der beiden Diagonalen die Schnelllaufstrecke ist, da es sonst zu Kollisionen kommt.	Sporthalle, Rasen oder Kunststoffplatz, Feldgröße ca. 1 BB-Feld oder bis zur Größe eines Handballfeldes 4 Hütchen
Variante 1: Festes Gefüge von ganzen Runden und Diagonalen, z. B. nach 2 ganzen Runden soll 1 schnelle Diagonale gelaufen werden. **Variante 2:** jeder Schüler entscheidet selbst, wie viele ganze Runden er locker joggt und wie viele flotte Diagonalen er dazwischen einstreut.	Einzelarbeit (in Riegen von ca. 5–8 Schülern)
Abschlussreflexion „Entscheidet euch: ‚Ja, ich fand es gut, dass wir heute geschaut haben, wer gewinnt' oder ‚Nein, ich fand es nicht gut, dass wir heute danach geschaut haben, wer gewinnt.'" Es erfolgt eine Abstimmung. Falls noch Zeit ist, können Sie die Ja- und Nein-Stimmen von einzelnen Schülern begründen lassen.	Lehrer-Schüler-Gespräch

Arbeitsblatt 1: Würfellauf

1	**2**	**3**	**4**	**5**	**6**
7	**8**	**9**	**10**	**11**	**12**
13	**14**	**15**	**16**	**17**	**18**
19	**20**	**21**	**22**	**23**	**24**
25	**26**	**27**	**28**	**29**	**30**
31	**32**	**33**	**34**	**35**	**36**
37	**38**	**39**	**40**	**41**	**42**
43	**44**	**45**	**46**	**47**	**48**
49	**50**	**51**	**52**	**53**	**54**
55	**56**	**57**	**58**	**59**	**60**
61	**62**	**63**	**64**	**65**	**66**

Ideensammlung für den Figurenlauf

Suche dir eine der Figuren aus diesem Blatt aus. Laufe sie möglichst genau, sodass deine Mitschüler die Figur erraten können!

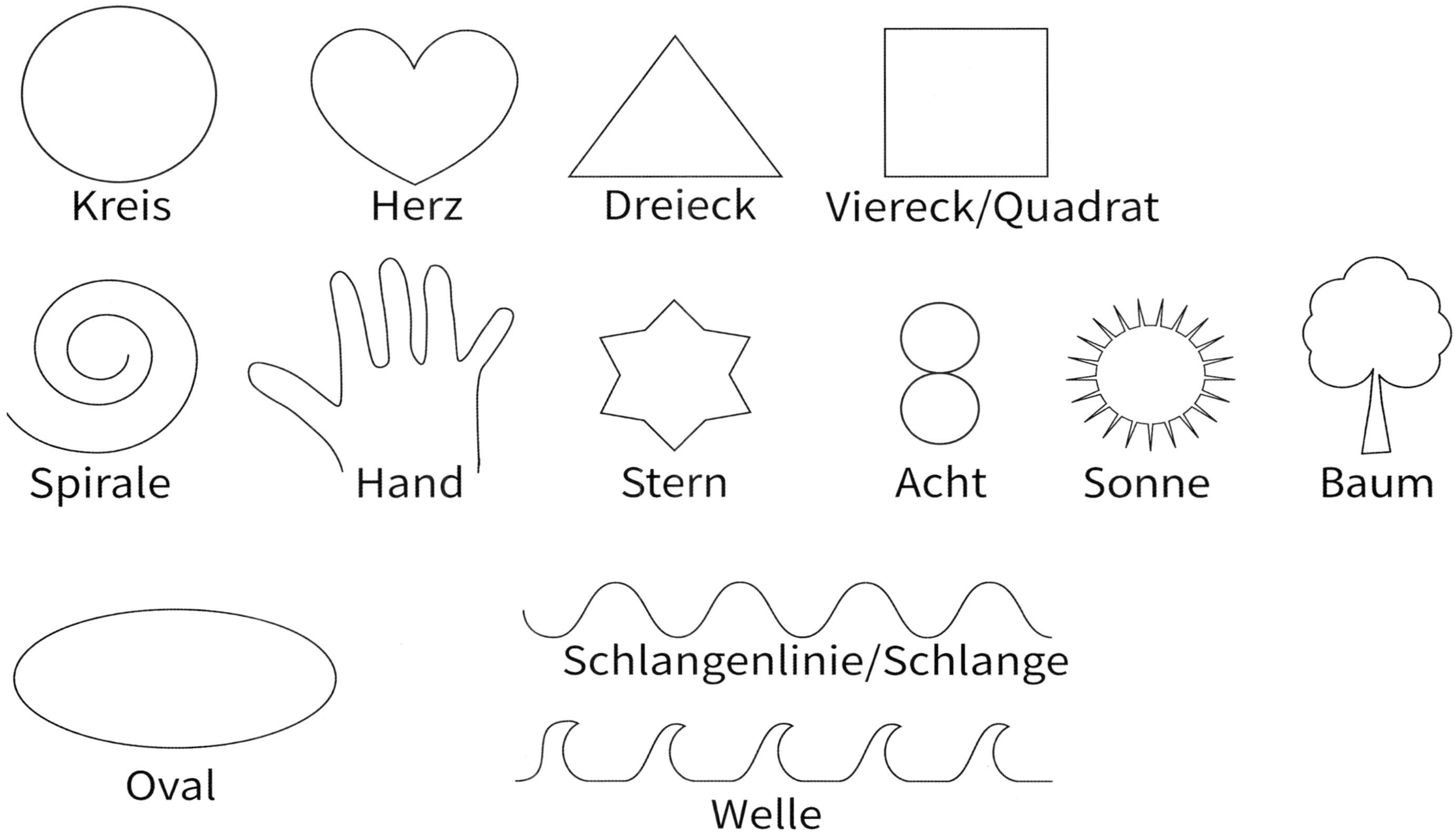

Ideensammlung für das Sprint-ABC

Auf diesem Blatt findest du Vorschläge für Übungen des Sprint-ABC.

Skippings

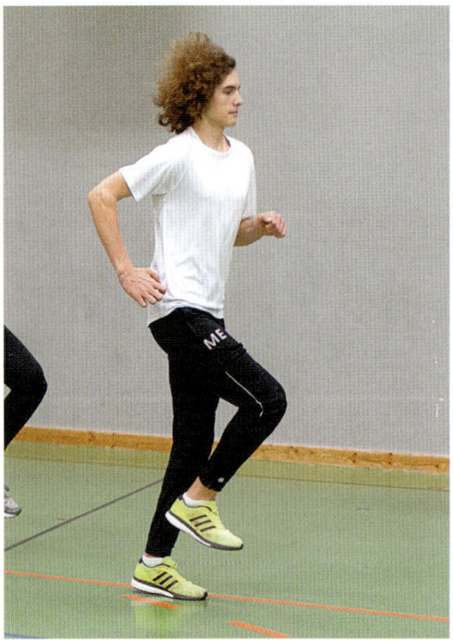

Kniehebelauf

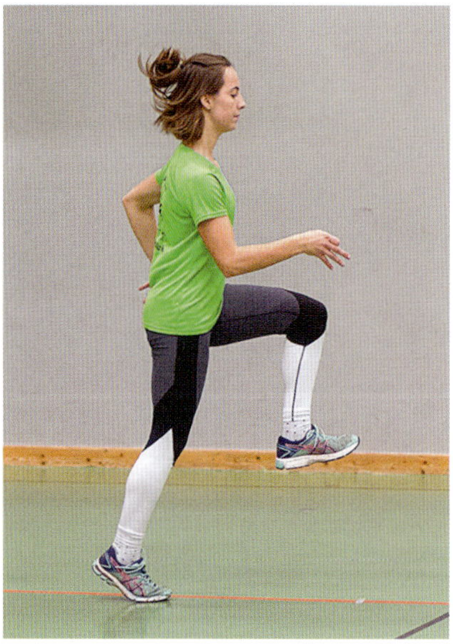

Stechschrittprellen/Scherenlauf

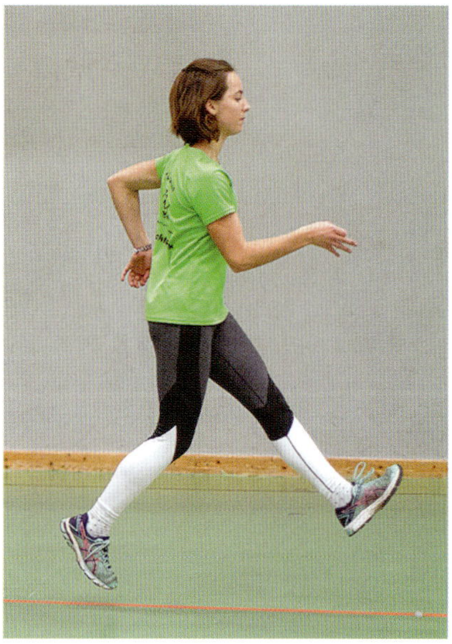

Unterfersen

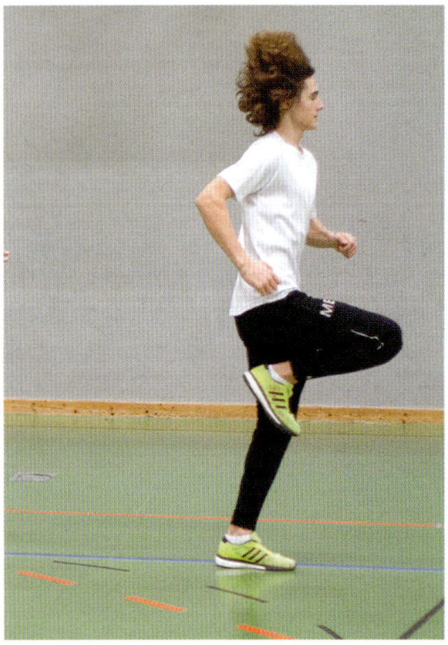

Storchenlauf

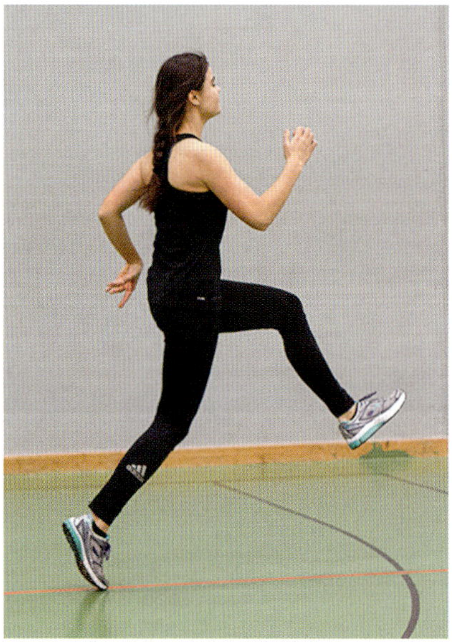

weiter Hopserlauf

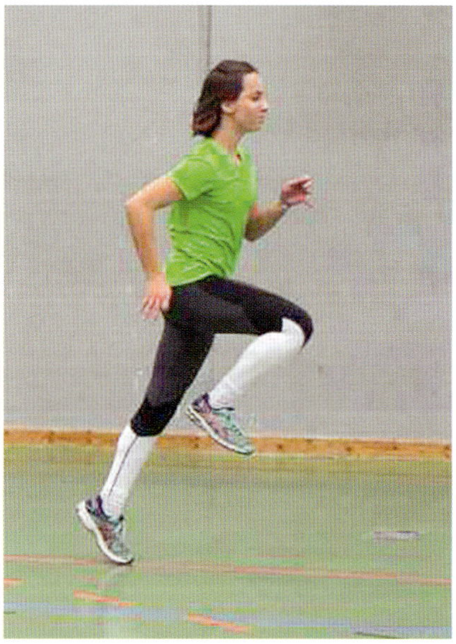

Starttechnik im Partnercheck

Betrachte zunächst die Technikbilder von der „Auf-die-Plätze“-Position und der „Fertig“-Position. In welchen Winkeln stehen die Körperteile zueinander?

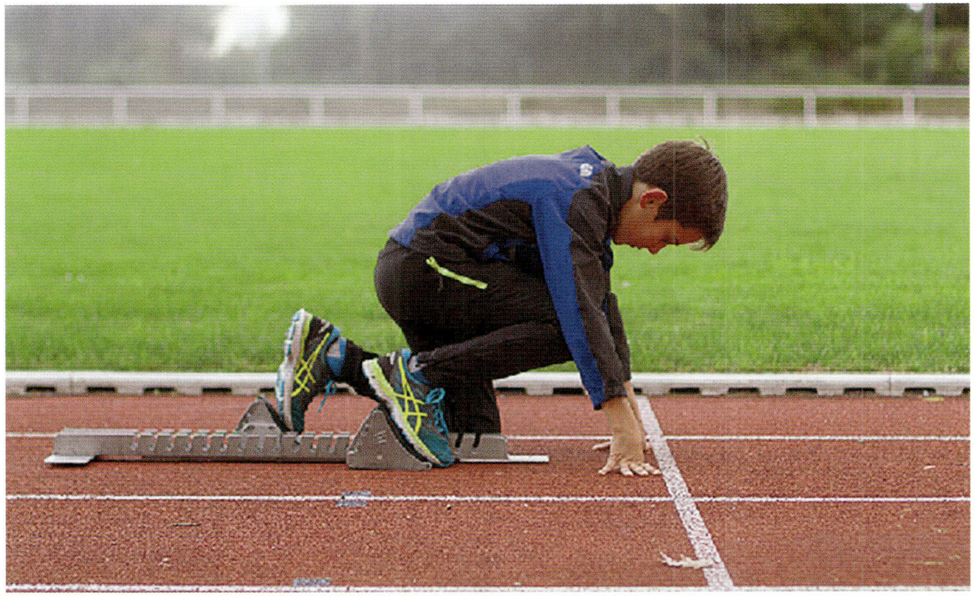

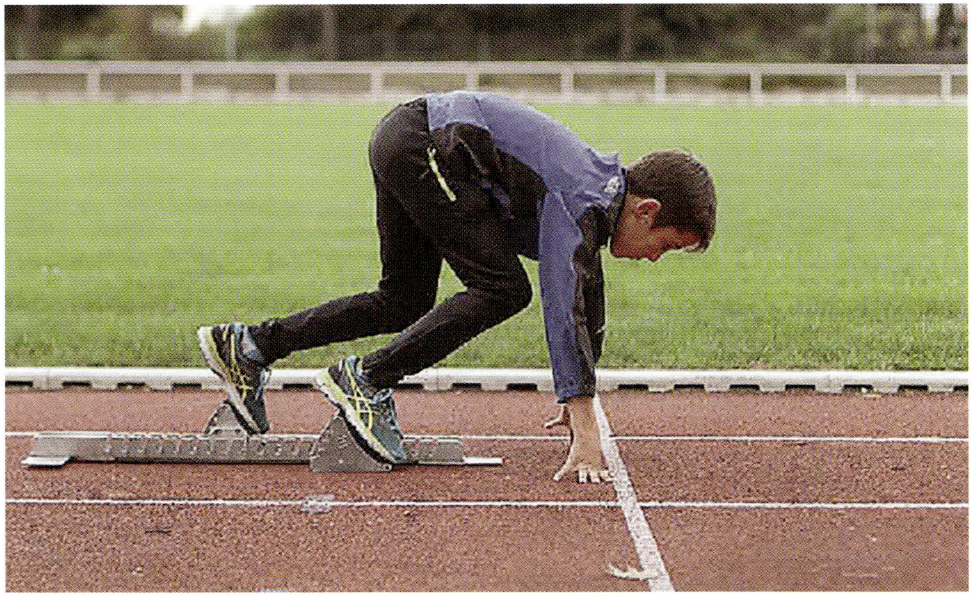

Betrachte nun ganz genau deinen Partner, und zwar ebenfalls in der „Auf-die-Plätze“- und in der „Fertig“-Position!

Vergleiche anschließend die Bilder mit deinem Partner und gebe ihm Ratschläge, was er verändern kann! Denke dabei daran, dass eventuell die Startblöcke nach vorne oder nach hinten verschoben werden müssen.

Trainingsplan für das Sprinttraining

Ihr bekommt Stoppuhren und einen Trainingsplan. Nun sollt ihr folgendes Programm durchführen:

Mache zur Vorbereitung 3–4 Übungen des Sprint-ABCs (z. B. Skippings, Kniehebelauf, Unterfersen, etc.).
Laufe 2 Steigerungen über ca. 50 m, aber noch nicht in voller Höchstgeschwindigkeit!
Die Sprint-Pyramide: Sprinte 20 m – 30 m – 40 m – 30 m – 20 m mit einer jeweiligen Pause von 3 min nach den 20 m, 5 min nach den 30 m und 7 min nach den 40 m. Stoppe dabei deine Zeiten und trage sie unten in der Pyramide ein!

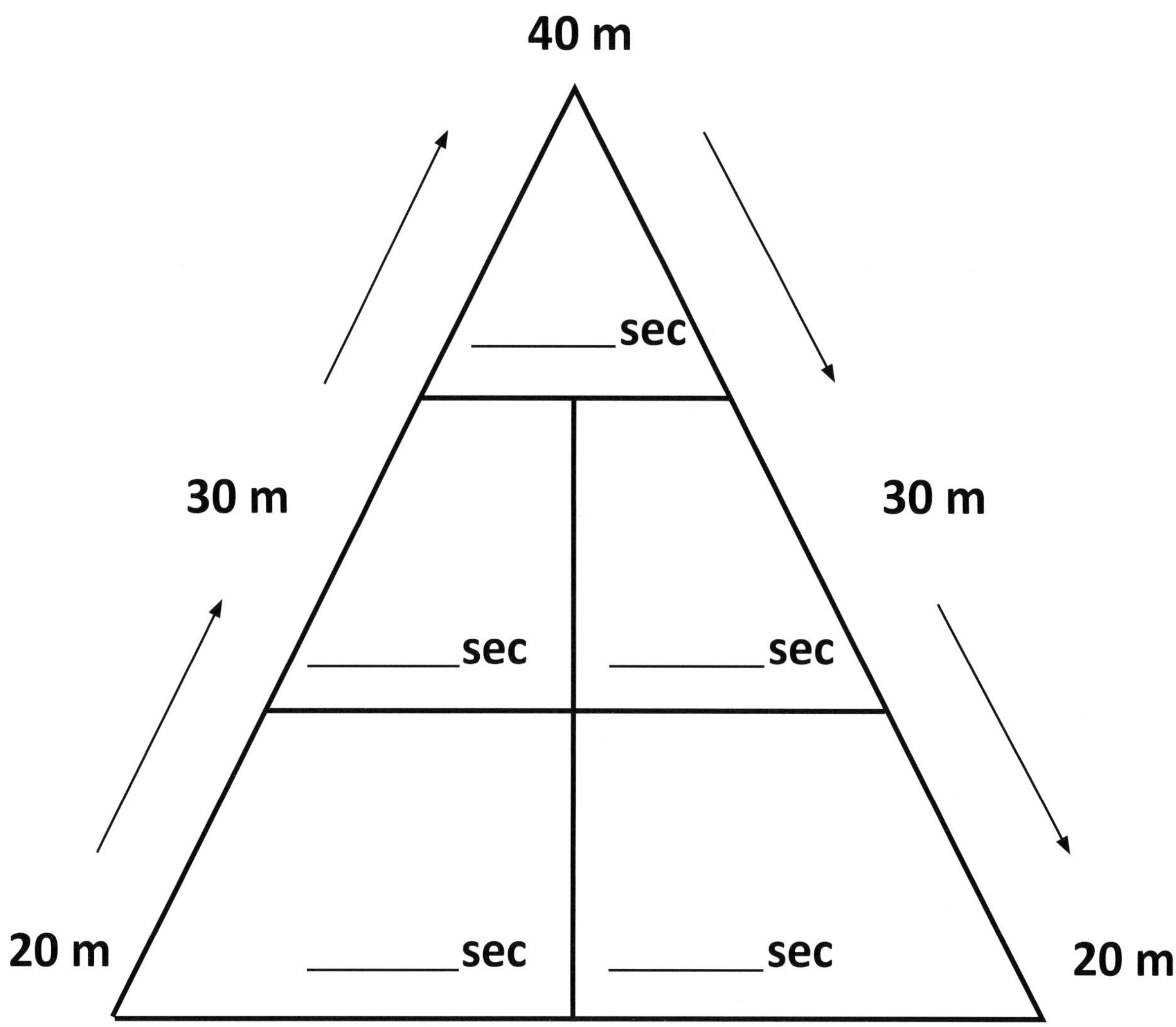

Hochsprung-Protokoll

Klasse/Kurs: ____________________ Datum: _________ O = gültig X = ungültig – = ausgelassen o.g.V. = ohne gültigen Versuch

Name / Höhe	1,00 m															Leistung

Arbeitsblatt 7: Trainingsplan für eine 800-m-Läuferin

Trainingsplan für eine 800-m-Läuferin

Aktuelle Bestzeit: 2:20 min; angestrebte Bestzeit: 2:12 min

Montag	Dienstag	Mittwoch	Donnerstag	Freitag	Samstag	Sonntag
– Lauf-ABC – 4 x 30 m Sprint (Pause: 3 min) – 8 x 80 m (Pause 2 min)	– 8 x 200 m (Pause: 2 min) – Beweglichkeitstraining	– 10 km Dauerlauf – Allgemeines Krafttraining	– Lauf-ABC – 120 m / 100 m / 80 m (Pause 10 min)	Frei	6 x 300 m (Pause 2 min)	– 10 km Dauerlauf – 4–6 Steigerungsläufe

Quelle: Deutscher Leichtathletik-Verband (2014). *Jugendleichtathletik. Rahmentrainingsplan des Deutschen Leichtathletik-Verbandes für die Lauf- und Gehdisziplinen im Aufbautraining.* Münster: Philippka.

Aufgabe: Welche dieser Trainingsinhalte passt am ehesten für unseren Sportunterricht? Begründe!
Tipp: Was ist am ehesten zielführend für den 800-m-Lauf?

Nachdem du deine Vermutungen geäußert hast, darfst du umblättern und die Vorschläge für Trainingsläufe anschauen!

Arbeitsblatt hier knicken

Vorschläge für Trainingsläufe:

Variante 1: 2x400 m (ca. 5–10 min Pause)
Variante 2: 3–4x300 m (ca. 5–8 min Pause)
Variante 3: 5–6x200 m (ca. 5 min Pause).

Entscheide dich für ein Trainingsprogramm, laufe es, stoppe und notiere die gelaufenen Zeiten!

Lauf Nr.	Streckenlänge	Gelaufene Zeit
1		
2		
3		
4		
5		
6		

Arbeitsblatt 8: Zitate

Zitate:

✂ ....

Es geht nicht darum, wie hoch du *springen* kannst,

✂ ....

sondern, wie hoch du glaubst, dass du *springen* kannst.

Julia Engelmann

✂ ....

Bedeutendes erreicht

✂ ....

der Mensch nur im *Sprung.*

Luc de Clapiers, Marquis de Vauvenargues

✂ ....

Wer den *Sprung* ins kalte Wasser wagt,

✂ ....

taucht ein ins Meer der Möglichkeiten.

Sprichwort

✂ ....

Nichts ist so erfrischend wie ein

✂ ....

beherzter *Sprung* über die eigenen Grenzen.

Keith Haring

✂ ....

Die Vergangenheit sollte ein

✂ ....

*Sprung*brett sein, nicht ein Sofa.

Harold Macmillan

✂ ....

Man kann fast alles in kleinen, wohlüberlegten Schritten erreichen.
Aber manchmal braucht man den Mut,

✂ ....

einen großen *Sprung* zu wagen. Einen Abgrund überquert man nicht mit zwei kleinen Schritten.

David Lloyd George

✂ ....

In der Liebe wie im Geschäft, in der Wissenschaft wie beim Weit*sprung* muss man glauben,

✂ ....

ehe man gewinnen und erreichen kann, und wie sollte das nicht vom Leben im Ganzen gelten!

Robert Musil

✂ ....

Der *Sprung* über den

✂ ....

eigenen Schatten.

Sprichwort

✂ ....

Die Natur macht

✂ ....

keine *Sprünge.*

Carl von Linné, Philosophia botanica

✂ ....

Arbeitsblatt 8: Zitate

Immer auf dem *Sprung* sein, bedeutet Leben.

✂ ....

Von Sicherheit und Tod eingewiegt werden, bedeutet Tod.

Oscar Wilde

✂ ....

Man weicht zurück,

✂ ....

um besser zu *springen.*

Sprichwort aus Frankreich.

✂ ....

Schnelle *Sprünge*

✂ ....

geraten selten.

Deutsches Sprichwort

✂ ....

Wer einen guten *Sprung* tun

✂ ....

will, geht erst rückwärts.

Deutsches Sprichwort

✂ ....

Worüber man nicht *springen* kann, darunter

✂ ....

muss man wegkriechen.

Sprichwort

✂ ....

Weitere Redewendungen aus dem Alltag

Wenn Sie folgende Redewendungen mit einer ausreichenden Zahl an Nieten auslegen, können Sie sich das Puzzeln und damit Zeit sparen.

Auf einen *Sprung* vorbeikommen

Das ist gehupft wie *gesprungen.*

Ursprung

Den *Sprung* wagen

Ein *Sprung* ins kalte Wasser

Ein *Sprung* ins Ungewisse

Einen Freuden*sprung* machen

Vor*sprung* haben

Es ist ja nur einen Katzen*sprung* entfernt.

Das ist ein großer *Sprung* vorwärts.

Quellen:

www.sprucharchiv.com
www.gutzitiert.de
www.phrasen.com

Arbeitsblatt 9: Fahrtspielprotokoll

Fahrtspielprotokoll

Protokolliere das von dir/euch gelaufene Fahrtspielprogramm!

➔ Wie viele Runden hast du/habt ihr auf welcher Viereckgröße absolviert?

Trage für eine innere Runde ein I, für eine mittlere Runde ein M und eine äußere Runde ein A ein (z. B. I-I-M-M-M-A-I-A-I-M-M)!

Name(n)	Gelaufene Runden

Die Kugelstoßtechniken im Überblick

Standstoß mit Auftaktbewegung

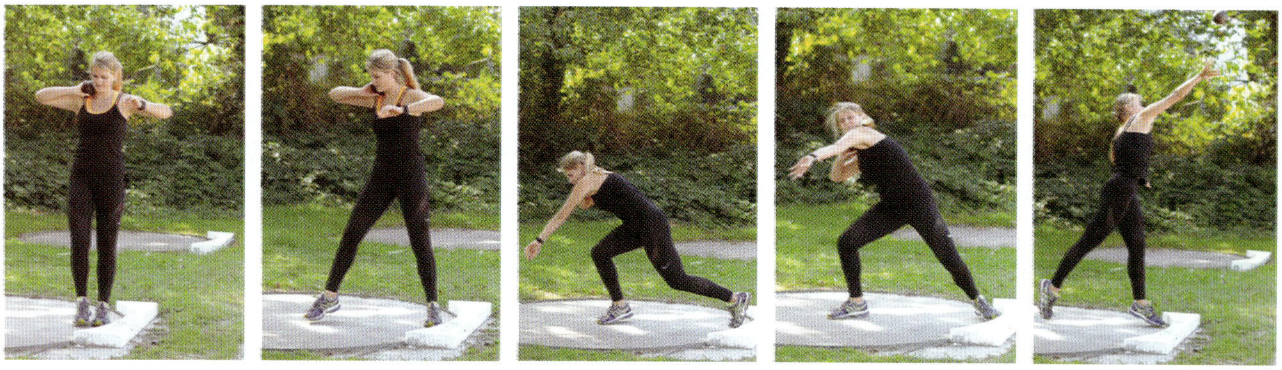

rückwärtiges Angehen

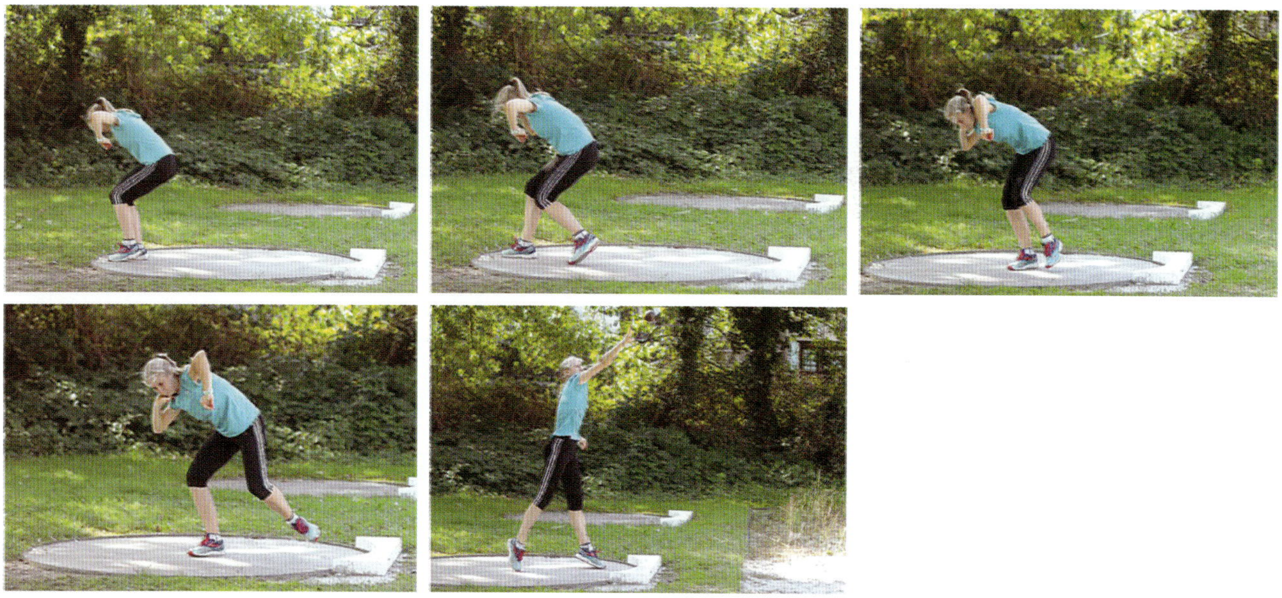

Wechselschritt

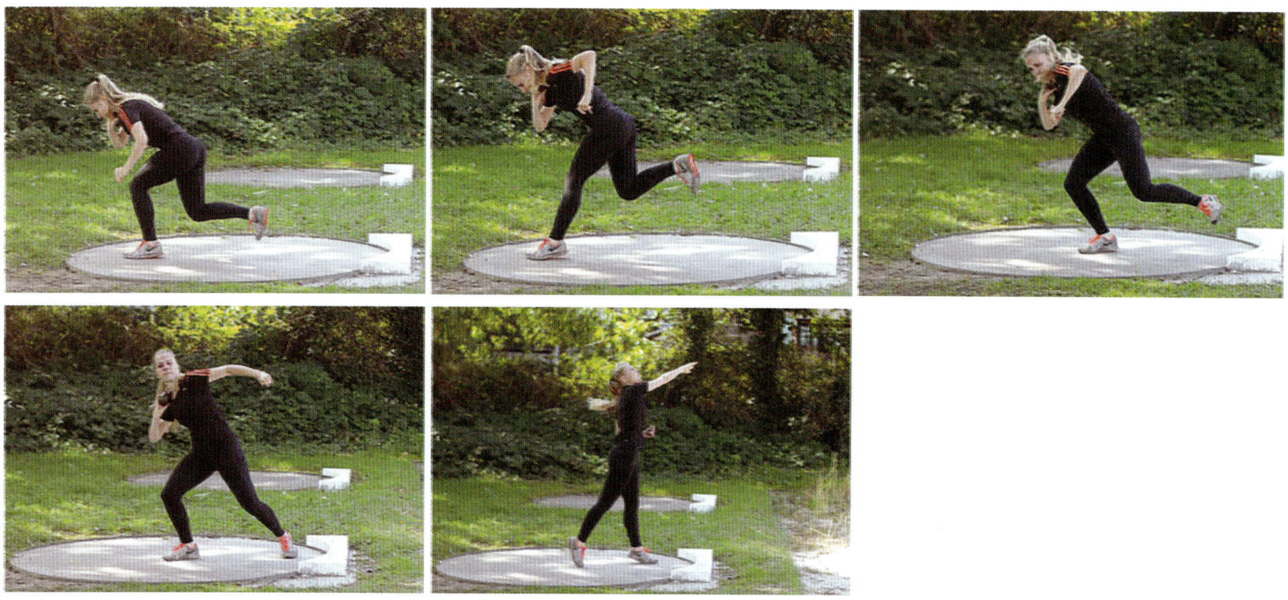

Arbeitsblatt 10: Kugelstoßtechniken im Überblick

Angleiten

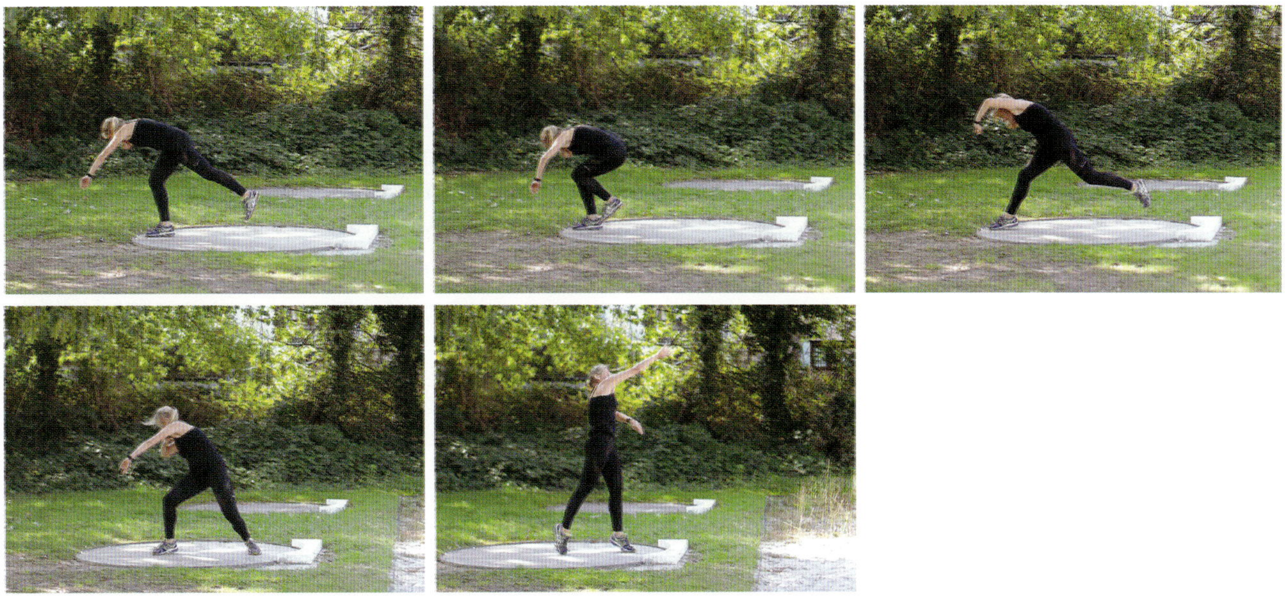

Aufgaben:

1. Probiere alle gezeigten Techniken aus!
2. Miss dabei jeweils die Weite und notiere!
3. Übe anschließend die Technik, bei der du am weitesten gekommen bist!

Kugelstoßtechnik	**Weite in m**
Standstoß mit Auftaktbewegung	
rückwärtiges Angehen	
Wechselschritt	
Angleiten	

Arbeitsblatt 11: Würfelaufgaben für das Aufwärmen

Würfelaufgaben für das Aufwärmen

Namen: ___________________________

Es gibt 6 verschiedene Kräftigungsaufgaben, die die Beinkraft, Rumpfkraft oder speziell die Armkraft trainieren. Jede Würfelzahl wird einer Aufgabe zugeordnet. Geht in Paaren zusammen. Vor dem ersten Würfeln und zwischen jeder Aufgabe wird eine Runde um alle vier Hütchen gelaufen. Jedes Paar muss alle Aufgaben mindestens 1x machen. Hakt die Aufgaben ab, die ihr schon gemacht habt!

Würfelzahl	Aufgabe	Erledigt
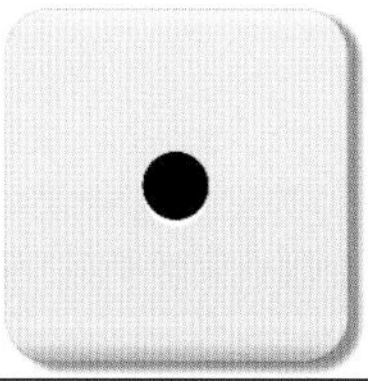	Nachstellschritte oder Imitation der Angleitbewegung auf einer Strecke von 15 m	
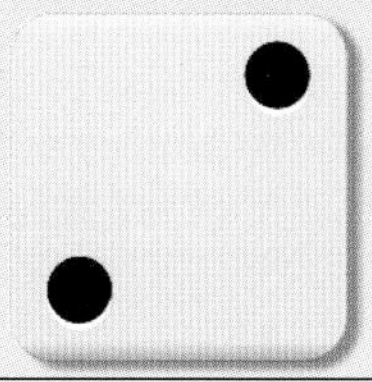	5 tiefe Froschsprünge	
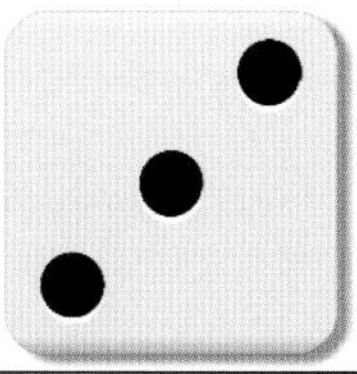	5 Liegestützen	
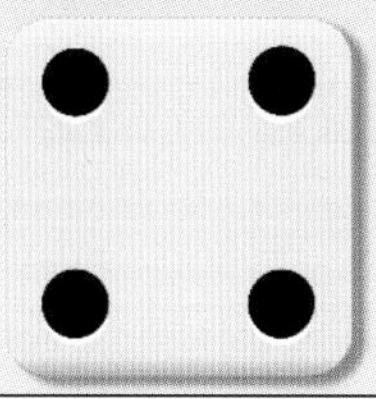	10 Sit-ups	
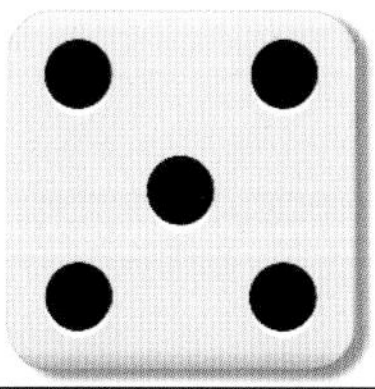	10x Brustschwimmen in Bauchlage	
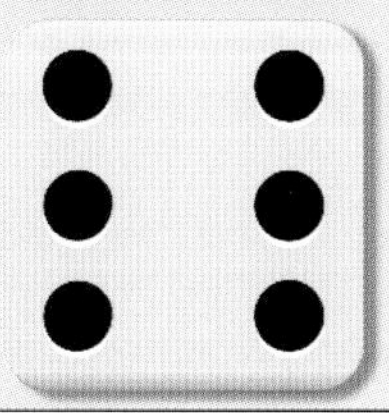	5x Abspreizen des Beines im Seitstütz (beide Seiten)	

Arbeitsblatt 12: Motivationssprüche

Motivationssprüche:

✂ ....

Zum Laufen benötigt man Ausdauer,

✂ ....

Charakter, Stolz,

✂ ....

physische Stärke und mentale Härte.

✂ ....

Das Training für ein Rennen ist

✂ ....

wie eine Metapher für das Leben. Es zeigt dir wozu du fähig bist.

✂ ....

Nur wer riskiert, zu weit zu gehen,

✂ ....

kann überhaupt herausfinden, wie weit er gehen kann.

✂ ....

Anfangs ist es nicht einfach zu verstehen, dass man nicht gegen andere,

✂ ....

sondern nur gegen sich selbst läuft.

✂ ....

Niemand weiß,

✂ ....

wo seine Grenzen liegen, solange er es nicht versucht hat.

✂ ....

Der Schmerz vergeht,

✂ ....

der Stolz bleibt.

✂ ....

Was du glaubst schaffen zu können,

✂ ....

das schaffst du auch.

✂ ....

Disziplin ist nur die Wahl zwischen dem, was du jetzt willst

✂ ....

und dem, was du am meisten willst.

✂ ....

Dein Körper kann alles! Es ist nur dein Gehirn,

✂ ....

das du überzeugen musst.

✂ ....

Wenn du alles gibst,

✂ ....

kannst du dir nichts vorwerfen

Dirk Nowitzki

✂ ....

Arbeitsblatt 12: Motivationssprüche

Man muss das Unmögliche versuchen,

✂ ....

um das Mögliche zu erreichen.

Hermann Hesse

✂ ....

Glaube, dass du kannst und

✂ ....

du bist schon halb dort.

Greg Plitt

✂ ....

Wer kämpft,

✂ ....

kann verlieren,

✂ ....

wer nicht kämpft,

✂ ....

hat schon verloren.

Bertolt Brecht

✂ ....

Ich sage Dir nicht, dass es leicht wird.

✂ ....

Ich sage Dir, dass es sich lohnen wird.

Art Williams

✂ ....

Der Mut stellt

✂ ....

sich die Wege kürzer vor.

Johann Wolfgang von Goethe

✂ ....

Quellen:
https://www.runnersworld.de/gesundheit/die-besten-motivationsprueche.361024.htm#1
http://shapyn.de/fitness-motivation/motivationsprueche-sport-zitate/
http://www.derjogger.de/motivationsprueche-zitate-sport-ausdauer-laufen/

Arbeitsblatt 13: Hilfekärtchen

Hilfekärtchen zum Entwerfen eines sportmotorischen Tests

1. Hilfekärtchen

Überlegt euch, welche Komponenten für die jeweilige Sportart/Disziplin leistungsentscheidend sind! Was müssen die Athleten können, um erfolgreich zu sein?

2. Hilfekärtchen

Sind eher konditionelle Faktoren (z. B. Ausdauer, Kraft, Schnelligkeit) wichtig oder eher koordinative Faktoren (z. B., dass die Bewegungen präzise ausgeführt werden oder unter Zeitdruck gelingen)?

3. Hilfekärtchen

Könnte man die Sportart/Disziplin in verschiedene Abschnitte gliedern? Gibt es Handlungen, die sich ähneln, oder gibt es in der Sportart/ Disziplin sich häufig wiederholende Sequenzen?

4. Hilfekärtchen

Könnte man die Zeitdauer, die Streckenlänge oder die Personenzahl reduzieren, um einen geeigneten Test zu bekommen? Oder muss man die verschiedenen Handlungen der Sportart/Disziplin voneinander trennen?

5. Hilfekärtchen

Hier ein Beispiel für einen typischen sportmotorischen Test: Sprinter laufen als sportmotorischen Test häufig die 30 m „fliegend“ (20 m Anlauf und anschließend 30 m in Höchstgeschwindigkeit).

6. Hilfekärtchen

Orientiere dich entweder an den Fähigkeiten Ausdauer (aerob/anaerob), Kraft (Maximalkraft, Schnellkraft, Kraftausdauer), Schnelligkeit (Reaktionsschnelligkeit, Aktionsschnelligkeit), Beweglichkeit oder an den Techniken der Sportart (Welche Sprünge, welche Würfe sind wichtig?). Isoliere die Fähigkeiten bzw. isoliere und vereinfache die Techniken!

Leichtathletik

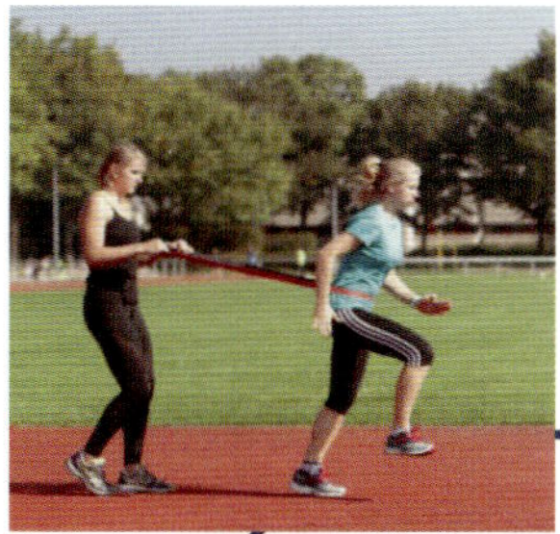
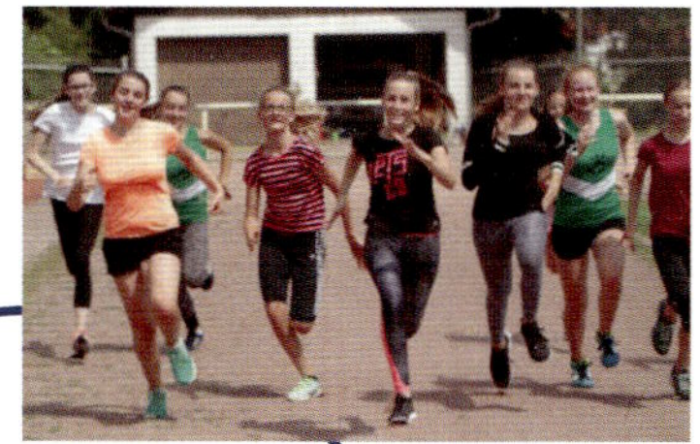
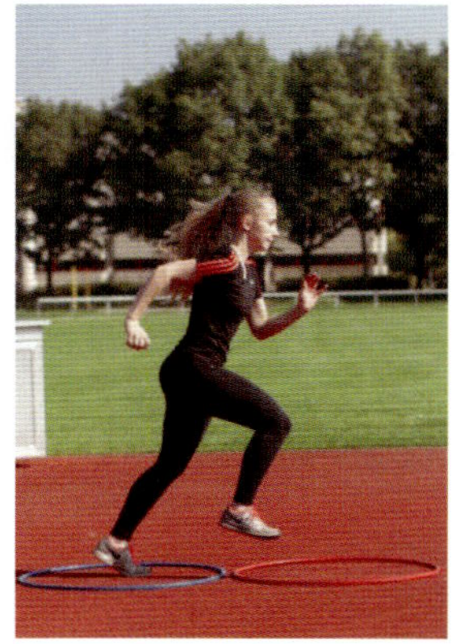

Zweck:
Freizeitsport,
Wettkampfsport,
Mittel zum Zweck,
…

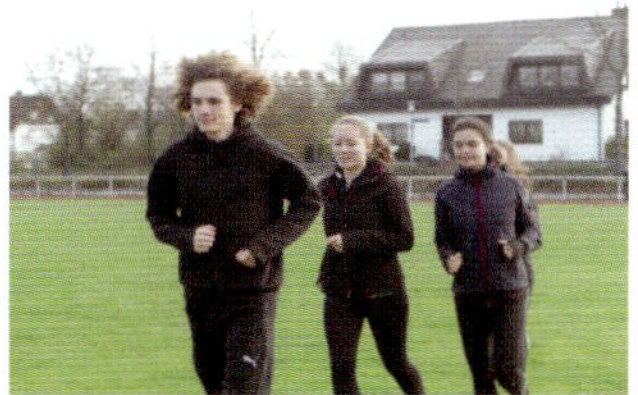

Institutionen:
Schulen, Vereine,
Verbände,
Universität,
Wirtschaft , …

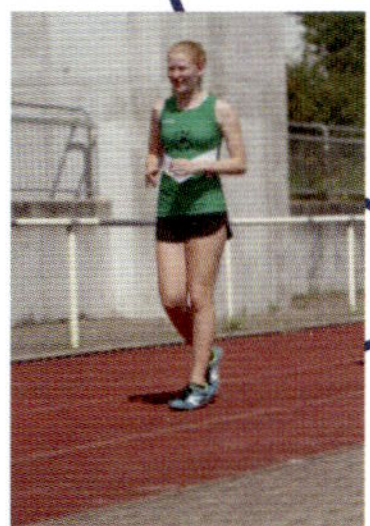

Sportartstruktur:
Multisportart,
Individualsportart,
konditionell-
koordinative
Sportart, …

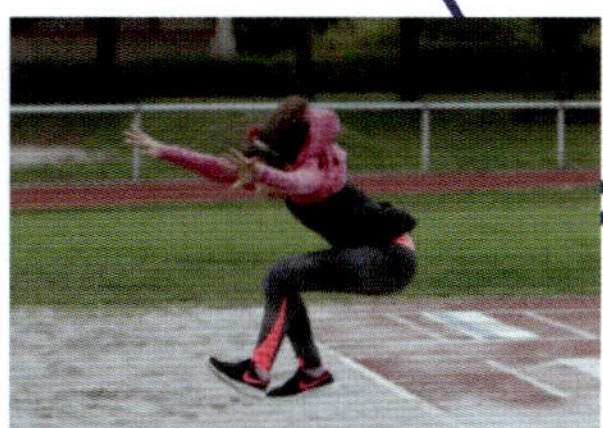
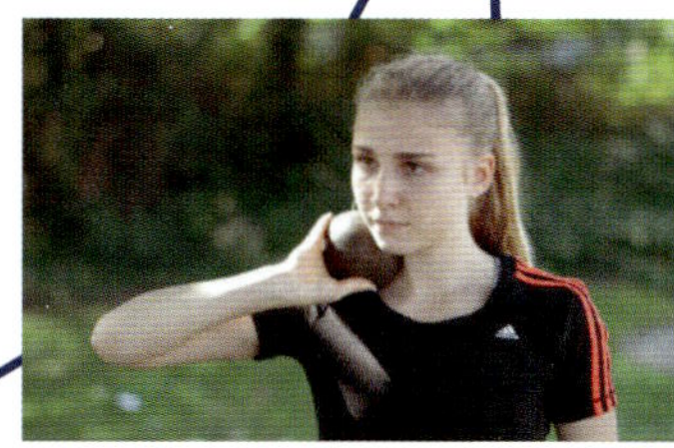

Altersspanne:
…
Kinder U8-
Senioren W/M85
…

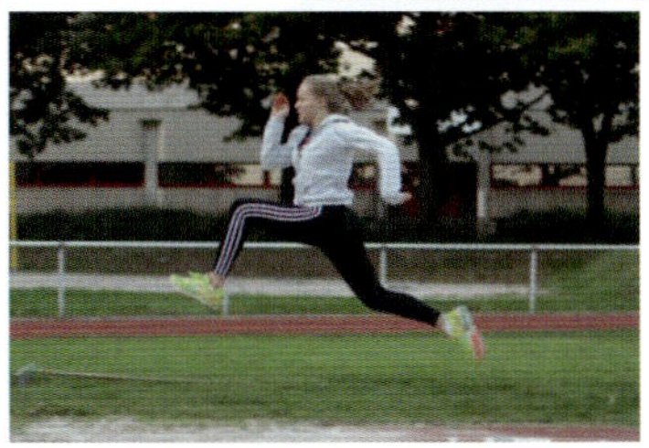
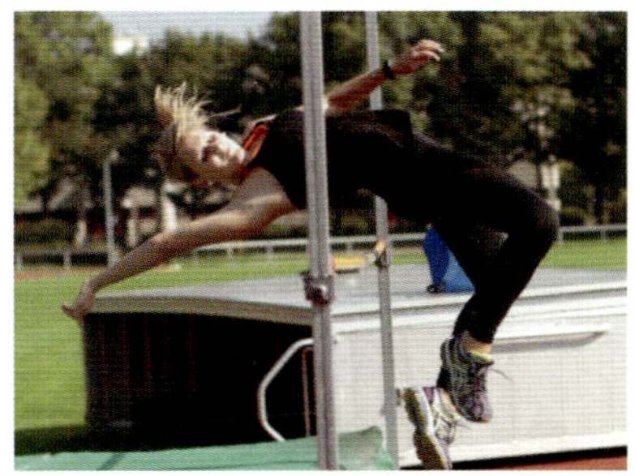

Arbeitsblatt 15

Wie halte ich mich über die Ferien fit für die Leichtathletik?

Alle Übungen sind ohne Sportanlagen daheim, auf Feld, Wiese oder im Wald oder auch auf einem Kinderspielplatz möglich.

1. Allgemeine Rumpfkräftigung: Z. B. Sit-ups, Liegestütze, Klimmzüge, „Schwimmen" in Bauchlage, Seitstütz (auch mit Beinabspreizen) und andere Rumpfkräftigungsübungen, die wir gemacht haben.
2. Sprint: Sprint-ABC, Steigerungen, kurze Sprints
3. Sprung: Sprung-ABC, Froschsprünge, Einbeinsprünge, Kniebeugen, kleine Weit- und Hochsprünge mit Landung auf den Füßen, z. B. die Äste eines Baumes erreichen, über einen Baumstamm oder einen kleinen Bach springen
4. Wurf/Stoß: Anlaufschulung, Impulsschritte in Serie bzw. Angleiten/Nachstellschritte in Serie, Lauf-ABC in Wurfauslage (vgl. Bilder S. 134), Wurf- und Stoßimitationen
5. Lauf: Lauf-ABC, Dauerläufe

Wenn du deine momentane sportliche Form behalten willst, trainiere ca. 2x pro Woche!

Wie halte ich mich über die Ferien fit für die Leichtathletik?

Alle Übungen sind ohne Sportanlagen daheim, auf Feld, Wiese oder im Wald oder auch auf einem Kinderspielplatz möglich.

1. Allgemeine Rumpfkräftigung: Z. B. Sit-ups, Liegestütze, Klimmzüge, „Schwimmen" in Bauchlage, Seitstütz (auch mit Beinabspreizen) und andere Rumpfkräftigungsübungen, die wir gemacht haben.
2. Sprint: Sprint-ABC, Steigerungen, kurze Sprints
3. Sprung: Sprung-ABC, Froschsprünge, Einbeinsprünge, Kniebeugen, kleine Weit- und Hochsprünge mit Landung auf den Füßen, z. B. die Äste eines Baumes erreichen, über einen Baumstamm oder einen kleinen Bach springen
4. Wurf/Stoß: Anlaufschulung, Impulsschritte in Serie bzw. Angleiten/Nachstellschritte in Serie, Lauf-ABC in Wurfauslage (vgl. Bilder S. 134), Wurf- und Stoßimitationen
5. Lauf: Lauf-ABC, Dauerläufe

Wenn du deine momentane sportliche Form behalten willst, trainiere ca. 2x pro Woche!

Arbeitsblätter

Die Arbeitsblätter finden Sie online sowohl mit Fotos als auch mit für das Kopieren geeigneten Grafiken!

Arbeitsblätter mit Fotos

Arbeitsblätter mit Grafiken

Literaturverzeichnis

Abelmann Consulting GmbH (2022, 18. Juli). *Wanderstrecken und Laufstrecken messen - strecken-messen.de*. Zugriff am 18. Juli 2022 unter https://www.strecken-messen.de/

Bader, R., Chounard, D., Eberle, F., Kromer, R. & Mayer, G. (1998). *Kinderleichtathletik. Band 1 Laufen und Sprinten* (Handreichungen für den Sportunterricht). Stuttgart: Stiftung „Sport in der Schule“ Baden-Württemberg.

Bader, R., Chounard, D., Eberle, F., Kromer, R. & Mayer, G. (2001). *Kinderleichtathletik. Band 2 Springen und Werfen* (Handreichungen für den Sportunterricht). Stuttgart: Stiftung „Sport in der Schule“ Baden-Württemberg.

Bartlau, C. (2019). *Kipchoge läuft Marathon unter zwei Stunden. Der PR-Coup hinter dem historischen Lauf*, Deutschlandfunk. Zugriff am 28. Juli 2022 unter https://www.deutschlandfunk.de/kipchoge-laeuft-marathon-unter-zwei-stunden-der-pr-coup-100.html

Bauersfeld, K.-H. & Schröter, G. (2016). *Grundlagen der Leichtathletik. Das Standardwerk für Ausbildung und Praxis* (6., aktualisierte Auflage). Berlin: Sportverlag.

Bechheim, Y. (2011). *Leichtathletik für Kinder. Spielerische Übungsformen zum Laufen, Springen und Werfen* (Praxisbücher Sport, 2. Auflage). Wiebelsheim: Limpert.

Belz, M. & Frey, G. (2013). *Doppelstunde Leichtathletik. (Klasse 8–10)* (Reihe Doppelstunde Sport, Band 9). Schorndorf: Hofmann.

Belz, M. & Frey, G. (2015). *Doppelstunde Leichtathletik. (Klasse 10–12)* (Reihe Doppelstunde Sport, Band 12). Schorndorf: Hofmann.

Bodden, N. (2002). Wie kann man den COOPER-Test schulnotenbezogen erfassen? *sportunterricht, 51* (9), 279–282.

Bös, K., Schlenker, L., Büsch, D., Lämmle, L., Müller, H., Oberger, J. et al. (2009). *Deutscher Motorik-Test 6 – 18. (DMT 6 – 18)* (Schriften der Deutschen Vereinigung für Sportwissenschaft, Band 186). Erarbeitet vom ad-hoc-Ausschuss „Motorische Tests für Kinder und Jugendliche“ der Deutschen Vereinigung für Sportwissenschaft (dvs). Hamburg: Czwalina.

Bös, K., Schlenker, L., Büsch, D., Lämmle, L., Müller, H., Oberger, J. et al. (2016). *Deutscher Motorik-Test 6 – 18. (DMT 6 – 18)* (Schriften der Deutschen Vereinigung für Sportwissenschaft, Band 186, 2. Auflage). Erarbeitet vom ad-hoc-Ausschuss „Motorische Tests für Kinder und Jugendliche“ der Deutschen Vereinigung für Sportwissenschaft (dvs). Hamburg: Czwalina.

Brandl-Bredenbeck, H. P. & Schulz, N. (2016). Zum Auftrag des Schulsports – eine Nachlese. *sportunterricht, 65* (3), 83–85.

Brehm, W. (2003). Gesundheitssport. In P. Röthig & R. Prohl (Hrsg.), *Sportwissenschaftliches Lexikon* (Beiträge zur Lehre und Forschung im Sport, 49/50, 7., völlig neu bearb. Aufl., S. 224–226). Schorndorf: Hofmann.

Bucher, W., Fähndrich, J. & Murer, K. (2014). *1003 Spiel- und Übungsformen in der Leichtathletik* (Reihe Spiel- und Übungsformen, 11., komplett überarbeitete Auflage). Schorndorf: Hofmann.

Deutscher Leichtathletik-Verband (2008). *Jugendleichtathletik. Offizieller Rahmentrainingsplan des Deutschen Leichtathletik-Verbandes für die Sprungdisziplinen im Aufbautraining* (Mediathek Leichtathletik). Münster: Philippka.

Deutscher Leichtathletik-Verband (2010a). *Jugend-Leichtathletik Basics. Rahmentrainingsplan des Deutschen Leichtathletik-Verbandes für die disziplinübergreifenden Grundlagen im Aufbautraining* (Mediathek Leichtathletik). Münster: Philippka.

Deutscher Leichtathletik-Verband (2010b). *Kinderleichtathletik. Spielerisch und motivierend üben in Schule und Verein* (4. Auflage). Münster: Philippka.

Deutscher Leichtathletik-Verband (2011). *Jugendleichtathletik. Rahmentrainingsplan des Deutschen Leichtathletik-Verbandes für die Wurfdisziplinen im Aufbautraining* (Mediathek Leichtathletik). Münster: Philippka.

Deutscher Leichtathletik-Verband (2012). *Jugendleichtathletik. Rahmentrainingsplan des Deutschen Leichtathletik-Verbandes für die Sprintdisziplinen im Aufbautraining* (Mediathek Leichtathletik). Münster: Philippka.

Deutscher Leichtathletik-Verband (2013). *Wettkampfsystem Kinderleichtathletik*. Darmstadt: Deutscher Leichtathletik-Verband.

Deutscher Leichtathletik-Verband (Hrsg.) (2014a). *Schülerleichtathletik. Offizieller Rahmentrainingsplan des Deutschen Leichtathletik-Verbandes für das Grundlagentraining* (Mediathek Leichtathletik, 3. Auflage). Münster: Philippka.

Deutscher Leichtathletik-Verband (Hrsg.) (2014b). *Jugendleichtathletik. Rahmentrainingsplan des Deutschen Leichtathletik-Verbandes für die Lauf- und Gehdisziplinen im Aufbautraining* (Mediathek Leichtathletik). Münster: Philippka.

Deutscher Leichtathletik-Verband (2015). *Jugend-Leichtathletik. Rahmentrainingsplan des Deutschen Leichtathletik-Verbandes für die Mehrkampfdisziplinen im Aufbautraining*. Münster: Philippka.

Deutscher Leichtathletik-Verband (2017, 26. Dezember). *Arbeitsmaterialien und Broschüren*. Zugriff unter https://www.leichtathletik.de/service/wettkampforganisation/arbeitsmaterialien-und-broschueren/

Deutscher Leichtathletik-Verband (2017, 5. Dezember). *Deutsche Leichtathletik-Ordnung*. Zugriff unter https://www.leichtathletik.de/fileadmin/user_upload/12_Service/Wettkampforganisation/01_Bestimmungen_Satzung_Vordrucke/DLV-Satzungen_Ordn/DLO_2017_15.02.pdf

Deutscher Leichtathletik-Verband (2017). *Jugendleichtathletik Grundlagentraining. Rahmentrainingsplan des Deutschen Leichtathletik-Verbandes für die Altersklassen U12 bis U16* (Mediathek Leichtathletik, 1. Auflage). Münster: Philippka.

Deutscher Leichtathletik-Verband (2017, 20. Dezember). *Training*. Zugriff unter https://www.leichtathletik.de/training/

Deutscher Leichtathletik-Verband (Hrsg.). (2019). *Grundwissen Kampfrichter in der Leichtathletik. Materialien zur Kampfrichterausbildung.*

Deutscher Leichtathletik-Verband. (2021, 01. November). *Regelwerk der Leichtathletik*. Zugriff am 29. Juli 2022 unter https://www.leichtathletik.de/service/downloads/regelwerk-der-leichtathletik

Deutscher Leichtathletik-Verband (2022, 23. Juli). *Das Leichtathletik-Portal – Videos für die Abiprüfung*. Zugriff am 23. Juli 2022 unter https://www.leichtathletik.de/training/trueathletes-at-home/bildung-wissenschaft/videos-fuer-die-abipruefung

Deutscher Sportlehrer-Verband (Hrsg.) (2012) Motorische Tests im Sportunterricht [Themenheft]. *sportunterricht, 61* (8). Schorndorf: Hofmann.

Deutscher Sportlehrer-Verband (Hrsg.). (2021) Passive Schüler*innen im Sportunterricht [Themenheft]. *sportunterricht, 70* (12). Schorndorf: Hofmann.

Deutscher Sportlehrer-Verband (Hrsg.). (2022) Üben - Üben - Üben [Themenheft]. *sportunterricht, 71* (6). Schorndorf: Hofmann.

Die Fantastischen Vier (Komponist). (1993a). *Die 4. Dimension* [CD]: Sony Music Entertainment.

Die Fantastischen Vier (Komponist). (1993b) Tag am Meer. In *Die 4. Dimension* [CD]: Sony Music Entertainment.

Dornbusch, R. & Liedtke, C. (2015). *Leichtathletik Laufen kompetenzorientiert. Kompakte Unterrichtsreihen Klasse 5–10*. Berlin: Verlag an der Ruhr.

Dreier, J. (2017). Erfolgreich Schlagwerfen lernen. *leichtathletiktraining, 28* (6), 12–18.

Ebeling, L. & Kastrup, V. (2017). Leistung im Hochsprung optimieren und dokumentieren. Biomechanische Gesetzmäßigkeiten als Ausgangspunkt zur Verbesserung der Hochsprungtechnik. *Lehrhilfen für den Sportunterricht, 66* (4), 7–13.

Eberle, F. (2007). Werfen mit dem Medizinball. *leichtathletiktraining, 18* (4), 10–15.

Fittko, E., Kölsch, J., Monz-Dietz, L., Poppe, M. & Scheer, H. J. (2011). *Leichtathletik – Handreichungen für Schulen der Sekundarstufe 1* (Edition Schulsport, Bd. 16, 1. Auflage). Aachen: Meyer & Meyer.

Fröhlich, N. (2017). Wir trainieren Ausdauer – und keiner merkt es! *leichtathletiktraining, 28* (11), 26–33.

Fröhner, G. & Wagner, K. (2006). Sicherung der Belastbarkeit im langfristigen Leistungsaufbau. *Zeitschrift für Angewandte Trainingswissenschaft, 13* (2), 107–126.

Friedmann, K., Göhner, U. & Köhler, T. (2021). *Kursstufe Sport. Theorie für das Leistungsfach* (Gesamtband). Lichtenstein: Promos.

Haag, H. & Mess, F. (Hrsg.). (2010). *Einführung in das Studium der Sportwissenschaft. Berufsfeld-, Studienfach- und Wissenschaftsorientierung* (Grundlagen zum Studium der Sportwissenschaft : 1, 3. Auflage). Schorndorf: Hofmann.

Hakus, U. (2006). Aus den Blöcken in den Sprintschritt. *leichtathletiktraining, 17* (1), 30–37.

Haupt, B. (2017a). (In die Weite) Springen und Werfen in Klasse 5 bzw. 6. Möglichkeiten kompetenzorientierten Unterrichtens. *sportunterricht, 66* (4), 113–119.

Haupt, B. (2017b). Planung und Gestaltung eines Unterrichtsvorhabens „Weitspringen" in Klasse 6. *Lehrhilfen für den Sportunterricht, 66* (4), 1–6.

Haupt, B., Worth, A. & Zeuner, A. (2017a). Bewegungsfeld „Laufen, Springen, Werfen/Stoßen" in den Klassen 5 bis 10 – Einführung in das Themenheft. *sportunterricht, 66* (4), 98–99.

Haupt, B., Worth, A. & Zeuner, A. (2017b). Methodische und inhaltliche Orientierungen für den Unterricht im Laufen, Springen, Werfen/Stoßen. *sportunterricht, 66* (4), 106–107.

Heinicke, W. & Hütcher, R.H. (2016). Schlag- und Drehwurf stufenweise entwickeln – Teil 1. *leichtathletiktraining, 27* (2+3), 64–71.

Herrmann, C. (2016). Erfassung motorischer Basiskompetenzen in der fünften Jahrgangsstufe. *sportunterricht, 65* (11), 333–337.

Hessisches Kultusministerium (2017, 30. Dezember). *Bildungsstandards, Kerncurricula und Lehrpläne | Hessisches Kultusministerium*. Zugriff unter https://kultusministerium.hessen.de/schulsystem/bildungsstandards-kerncurricula-und-lehrplaene-0

Hohmann, A., Lames, M. & Letzelter, M. (2010). *Einführung in die Trainingswissenschaft* (5., unveränderte Auflage). Wiebelsheim: Limpert.

Hommel, H. (2007). Sprinttechnik beobachten und analysieren. *leichtathletiktraining, 18* (2+3), 62–71.

Hücklekemkes, J. (2010). Bloß keine Strafrunde! *leichtathletiktraining, 21* (4), 17–21.

Hücklekemkes, J. (2011). So organisieren Sie Ihr Hallentraining – Teil 4. *leichtathletiktraining, 22* (1), 10–15.

Hücklekemkes, J. (2014a). Mit Reifensprints die Schrittfrequenz verbessern. *leichtathletiktraining, 25* (5), 27–33.

Hücklekemkes, J. (2014b). Besser starten durch gezieltes Sprungkrafttraining – Teil 1. *leichtathletiktraining, 25* (6), 24–31.

Hücklekemkes, J. (2014c). Besser starten durch gezieltes Sprungkrafttraining – Teil 2. *leichtathletiktraining, 25* (7), 34–39.
Hücklekemkes, J. (2016). Schnelligkeitstraining mit heterogenen Gruppen. *leichtathletiktraining, 27* (9+10), 27–31.
Hunt, S. (2022, 23. Juli). *Six degrees of jumping – Stefan Holm.* Zugriff unter https://www.youtube.com/watch?v=4NPVpl9zUpl
Imhof-Hänecke, C., Partoll, A. & Wyss, T. (2006). *Tippfit. Bewegung verstehen, erleben, geniessen* (1. Auflage). Bern: Schulverl.
International Association of Athletics Federations (2015, 2. Januar). *World Records I iaaf.org,* International Association of Athletics Federations. Zugriff unter http://www.iaaf.org/records/by-category/world-records
Jonath, U., Krempel, R., Haag, E. & Müller, H. (1995a). *Leichtathletik 1 Laufen.* Reinbek bei Hamburg: Rowohlt-Taschenbuch-Verl.
Jonath, U., Krempel, R., Haag, E. & Müller, H. (1995b). *Leichtathletik 2 Springen.* Reinbek bei Hamburg: Rowohlt-Taschenbuch-Verl.
Jonath, U., Krempel, R., Haag, E. & Müller, H. (1995c). *Leichtathletik 3 Werfen und Mehrkampf.* Reinbek bei Hamburg: Rowohlt-Taschenbuch-Verl.
Karlsruher Institut für Technologie. (2022, 14. Februar). *DMT – Deutscher Motorik-Test 6–18*, Dominik Böttger. Zugriff am 28. Juli 2022 unter https://www.sport.kit.edu/dmt/index.php
Katzenbogner, H. & Medler, M. (2001a). *Spielleichtathletik. Teil 1: Laufen und Werfen* (Anregungen für den praktischen Sportunterricht, Bd. 13, 7. Auflage). Flensburg: Sportbuch-Verlag Medler.
Katzenbogner, H. & Medler, M. (2001b). *Spielleichtathletik. Teil 2: Springen und Wettkämpfen* (Anregungen für den praktischen Sportunterricht, Bd. 14, 7. Auflage). Flensburg: Sportbuch-Verlag Medler.
Katzenbogner, H. (2007). Lernen und Üben des Schrittweitsprungs. *leichtathletiktraining, 18* (9+10), 14–21.
Katzenbogner, H. (2008). Aus dem Block und über Hürden. *leichtathletiktraining, 19* (8), 20–27.
Katzenbogner, H. (2011). Variantenreich üben an der Grube und mit der Kugel. *leichtathletiktraining, 22* (7), 28–35.
Katzenbogner, H. (2014). Mit kleinen Staffeln schneller werden –Teil 1. *leichtathletiktraining, 25* (1), 11–19.
Keil, J.-G. (2012a). Wie aus dem Rückwärtssprung ein Flop wird. *leichtathletiktraining, 23* (5), 31–39.
Keil, J.-G. (2012b). Schritt für Schritt in die Höhe. *leichtathletiktraining, 23* (2+3), 37–45.
Keil, J.-G. & Killing, W. (2014). Vom Hocksprung zum Speedflop – Teil 1. *leichtathletiktraining, 25* (6), 10–17
Körner, P. (2016). Ein großer Fang: Fang- und Laufspiele für jedermann. *leichtathletiktraining, 27* (9+10), 14–19.
Kurz, D. (2000). Die pädagogische Grundlegung des Schulsports in Nordrhein-Westfalen. In Landesinstitut für Schule und Weiterbildung (Hrsg.), *Erziehender Schulsport. Pädagogische Grundlagen der Curriculumrevision in Nordrhein-Westfalen* (S. 9–55). Bönen: Kettler.
Kurz, D. (1993). Sinn, Folgen und Zwecke. Zur Instrumentalisierungsdebatte im Sport. *Sportwissenschaft, 23,* 410–415.
Kurz, D. (2008). Der Auftrag des Schulsports. *sportunterricht, 57* (7), 211–218. Zugriff am 26. November 2017.
Kurz, D. (2008, Mai). *Der Auftrag des Schulsports. Vortrag bei der Jahrestagung der dvs-Sektion Sportpädagogik und dem DSLV Bundeskongress.* gekürzte Version, Köln. Zugriff am 26. November 2017.
Landesinstitut für Schule und Medien Berlin-Brandenburg (2017, 30. Dezember). *Rahmenlehrpläne Online Berlin-Brandenburg.* Zugriff unter http://bildungsserver.berlin-brandenburg.de/rlp-online/startseite/
Landesinstitut für Schule und Weiterbildung (Hrsg.) (2000). *Erziehender Schulsport. Pädagogische Grundlagen der Curriculumrevision in Nordrhein-Westfalen.* Bönen: Kettler.
Lang, H. (2017). Was man bei Staffeln (unbedingt) vermeiden sollte. *Lehrhilfen für den Sportunterricht, 66* (4), 15.
Lenk, H. (2004). Wettkampf-Fairness, assoziative Moral und strukturelle Dilemma- Situationen. In C. Pawlenka (Hrsg.), *Sportethik. Regeln – Fairneß – Doping* (Ethica, Band 7, S. 119-132). Paderborn: Mentis.
Liedtke, C. & Dornbusch, R. (2015a). *Leichtathletik Springen kompetenzorientiert. Kompakte Unterrichtsreihen Klasse 5 – 10* (Sekundarstufe I, 1. Auflage). Berlin: Cornelsen.
Liedtke, C. & Dornbusch, R. (2015b). *Leichtathletik Werfen kompetenzorientiert. Kompakte Unterrichtsreihen Klasse 5 – 10* (Sekundarstufe I, 1. Auflage). Berlin: Cornelsen.
Looks, B. (2012). Vom Schlag- zum Speerwurf. *leichtathletiktraining, 23* (2+3), 46–53.
Lütgeharm, R. (2016). Weniger warten, mehr bewegen! *leichtathletiktraining*, 27 (5), 17–23.
May, R. (2009). Das ABC der Leichtathletik – Teil 1. *leichtathletiktraining, 20* (1), 4–11.
May, R. (2009). Das ABC der Leichtathletik – Teil 2. *leichtathletiktraining, 20* (4), 4–8.
May, R. (2009). Das ABC der Leichtathletik – Teil 5. *leichtathletiktraining, 20* (12), 18–23.
May, R. (2011). Koordination mit dem Speer. *leichtathletiktraining, 22* (11), 16–23.
Ministerium für Familie Kinder Jugend Kultur und Sport des Landes Nordrhein-Westfalen (Hrsg.). (2014). *Motorischer Test 2 für die NRW-Sportschulen.* Düsseldorf: jva druck + medien.
Ministerium für Kultus, Jugend und Sport Baden-Württemberg (2004). *Bildungsplan 2004. Allgemein bildendes Gymnasium.* Ditzingen: Philipp Reclam jun.
Ministerium für Kultus, Jugend und Sport Baden-Württemberg (2017, 3. Dezember). *Bildungspläne 2016. Baden-Württemberg.* Zugriff unter http://www.bildungsplaene-bw.de/,Lde/Startseite

Ministerium für Kultus, Jugend und Sport Baden-Württemberg (2017, 30. Dezember). *Bildungspläne Baden-Wüttemberg.* Zugriff unter http://www.bildungsplaene-bw.de/,Lde/Startseite

Moll, C. (2014). Leichtathletik: Zielgerichtetes und effektives Aufwärmen. *SportPraxis, 55* (9+10), 6–11.

Moll, C. (2017). *Sportmotorische Tests in der Nachwuchsleichtathletik. Revision eines leichtathletikspezifischen Testverfahrens (Blockübergreifender DLV-Talent-Sichtungstest für das Grundlagentraining (AK 9 bis 14)) sowie Untersuchungen über Trainererfahrungen mit sportmotorischen Tests in der deutschen Nachwuchsleichtathletik.* Dissertation, Karlsruher Institut für Technologie (KIT). Karlsruhe. Zugriff am 06. Januar 2017 unter https://d-nb.info/1124903046/34

Morawietz, A. (2010). Sportliche Aktionsmöglichkeiten. In H. Haag & F. Mess (Hrsg.), *Einführung in das Studium der Sportwissenschaft. Berufsfeld-, Studienfach- und Wissenschaftsorientierung* (Grundlagen zum Studium der Sportwissenschaft : 1, 3. Auflage, S. 100–111). Schorndorf: Hofmann.

Mühlbach, T. (2007): Bausteine für das richtige Floppen. *leichtathletiktraining, 18* (8), 20–27.

Nagel, J. (2012). *Basisinformationen Hochsprung: Wichtigste geschichtliche Fakten, Wettkampfregeln und Einsteigertraining. Unveröffentlichte Stundenausarbeitung im Leichtathletik-Grundfach*, Karlsruhe.

Neumaier, A. (1983). *Sportmotorische Tests in Unterricht und Training. Grundlagen der Entwicklung, Auswahl und Anwendung motorischer Testverfahren im Sport* (Beiträge zur Lehre und Forschung im Sport, Bd. 86). Schorndorf: Hofmann.

Oltmanns, K. (2008). Das methodische Übungsnetz für die Entwicklung vom Ball- zum Speerwurf. *leichtathletiktraining, 19* (6), 28–33.

Pawlenka, C. (Hrsg.). (2004). *Sportethik. Regeln – Fairneß – Doping* (Ethica, Band 7). Paderborn: Mentis.

Pfitzner, M. (2017). Sozialer Kompetenzerwerb im Inhaltsbereich „Laufen, Springen, Werfen – Leichtathletik". *sportunterricht, 66* (4), 108–112.

Qualitäts- und UnterstützungsAgentur – Landesinstitut für Schule (2017, 30. Dezember). *Schulentwicklung NRW – Startseite.* Zugriff unter https://www.schulentwicklung.nrw.de/lehrplaene/

Ritschel, W. (2004). Eigenkreation Mini-Hürde. Die traditionelle Minihürde, ein sinnvolles aber leider auch teures Trainingsgerät. *Leichtathletiktraining: die Lehre der Leichtathletik, 15* (3), 11–15.

Rosenbaum, D. & E.M. Henning. (1997). Veränderung der Reaktionszeit und Explosivkraftentfaltung nach einem passiven Stretchingprogramm und 10minütigem Aufwärmen. *Deutsche Zeitschrift für Sportmedizin, 48* (3), 95–99. Zugriff am 27. September 2012 unter http://www.zeitschrift-sportmedizin.de/fileadmin/externe_websites/ext.dzsm/content/archiv1997/Heft03/1997_03_LEISTUNG%20NACH%20STRETCHING.pdf

Röthig, P. & Prohl, R. (Hrsg.). (2003). *Sportwissenschaftliches Lexikon* (Beiträge zur Lehre und Forschung im Sport, 49/50, 7., völlig neu bearb. Aufl.). Schorndorf: Hofmann.

Schittkowski, B., Woll, A. & Wagner, I. (2022). Hausaufgaben im Sportunterricht. Neue Potenziale durch Apps und digitale Angebote. *sportunterricht, 71* (1), 14-21.

Schneider, F. J. (2002). Revision des COOPER-Tests. Ein Normierungsversuch für das Gymnasium. *sportunterricht, 51* (5), 139–147.

Schneider, F. J. (2006). Revision des Cooper-Tests. Ein Normierungsversuch für die Grundschule. *sportunterricht, 55* (3), 79–86.

Schneider, F. J. (2011). Revision des COOPER-Tests. Ein Normierungsversuch für die Hauptschule. *sportunterricht, 60* (5), 141–147.

Schrader, A. (2010). Das methodische Übungsnetz für den Weitsprung. *leichtathletiktraining, 21* (2+3), 14–21.

Seeger, A. & Bernhart, J. (2012). Vom Hoch- zum Tiefstart. *leichtathletiktraining, 23* (4), 4–13.

Seidel, I., Moll, C. & Bös, K. (2014). Motorischer Test 2-B für die NRW-Sportschulen. Leichtathletik. In Ministerium für Familie Kinder Jugend Kultur und Sport des Landes Nordrhein-Westfalen (Hrsg.), *Motorischer Test 2 für die NRW-Sportschulen.* Düsseldorf: jva druck + medien.

Sekretariat der Ständigen Konferenz der Kultusminister der Länder in der Bundesrepublik Deutschland (2022, 15. Juli). *Vorgaben für die Klassenbildung Schuljahr 2021/2022.* Zugriff unter https://www.kmk.org/fileadmin/Dateien/pdf/Statistik/Dokumentationen/Klassenbildung_2021.pdf

Staatsinstitut für Schulqualität und Bildungsforschung München (2017, 30. Dezember). *LehrplanPLUS – Startseite.* Zugriff unter http://www.lehrplanplus.bayern.de/

Strüder, H. K., Jonath, U. & Scholz, K. (2013). *Leichtathletik. Trainings- und Bewegungswissenschaft; Theorie und Praxis aller Disziplinen* (1. Auflage). Köln: Sportverlag Strauß.

Ullrich, D. & Deister, D. (Hrsg.). (2011) Kinderleichtathletik – Wettkampfsystem 2012 [Themenheft]. *Leichtathletiktraining : die Lehre der Leichtathletik, 22* (9+10).

videomatt48 (2011, 16. Dezember). *Jonathan Edwards Breaks the Triple Jump World Record – YouTube.* Zugriff unter https://www.youtube.com/watch?v=2DIN4Q5yT9M

Voss, G., Witt, M. & Werthner, R. (2007). *Herausforderung Schnelligkeitstraining.* Aachen: Meyer & Meyer.

Wastl, P. & Wollny, R. (2012). *Leichtathletik in Schule und Verein. Ein Praxishandbuch für Lehrer und Trainer.* Schorndorf: Hofmann.

Weinert, F. (2003). *Leistungsmessungen in Schulen.* Weinheim: Beltz.

Wikipedia (Hrsg.) (2022, 09. Juli). *CrossFit.* Zugriff am 28. Juli 2022 unter https://de.wikipedia.org/w/index.php?oldid=172763654

Willimczik, K. (2015a). „Wenn uns unser Alltagswissen trügt". Eine Unterrichtseinheit zur Wissenschaftspropädeutik. *Lehrhilfen für den Sportunterricht, 64* (9), 14–16.

Willimczik, K. (2015b). Wissenschaftspropädeutik als Pflichtaufgabe im Sportunterricht – Anregungen zur unterrichtlichen Umsetzung. *sportunterricht, 64* (9), 264–270.

World Athletics (2022, 31. Juli). *World Records.* Zugriff unter https://www.worldathletics.org/records/by-category/world-records

Zeuner, A. (2015). Zum Auftrag des Schulsports. Erziehung durch und zum Sport. *sportunterricht, 64* (3), 86–89.

Zeuner, A. (2017a). Laufen, Springen, Werden/Stoßen im Sportunterricht. Unter besonderer Berücksichtigung inhaltlicher und methodischer Schwerpunkte für die Klassen 5–6/7 und 7/8–10. *sportunterricht, 66* (4), 100–105.

Zeuner, A. (2017b). Raus ins Freie – Laufen, Springen, Werfen/Stoßen bietet draußen vielfältige Chancen. *sportunterricht, 66* (7), 212.

Zeuner, A., Hofmann, S. & Lehmann, F. (1997). *Schulmethodik Leichtathletik. Sportiv Leichtathletik* (1. Auflage). Stuttgart: Klett.

Die Autorinnen

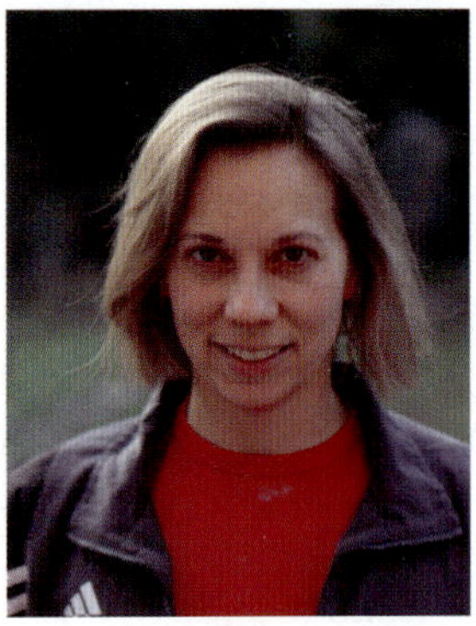

Dr. phil. Cornelia Moll ist Studienrätin am Albert-Schweitzer-Gymnasium in Gernsbach mit den Fächern Sport, Biologie und Deutsch. Das Thema Leichtathletik zieht sich durch ihren Lebenslauf: Angefangen mit eigenem Engagement im Leistungssport über eine B-Trainer-Ausbildung bis hin zur Lehre in der Leichtathletik und Promotion über sportmotorische Tests in der Nachwuchsleichtathletik am Karlsruher Institut für Technologie (KIT) drehte sich bislang in ihrem Leben (fast) alles um diese Sportart.

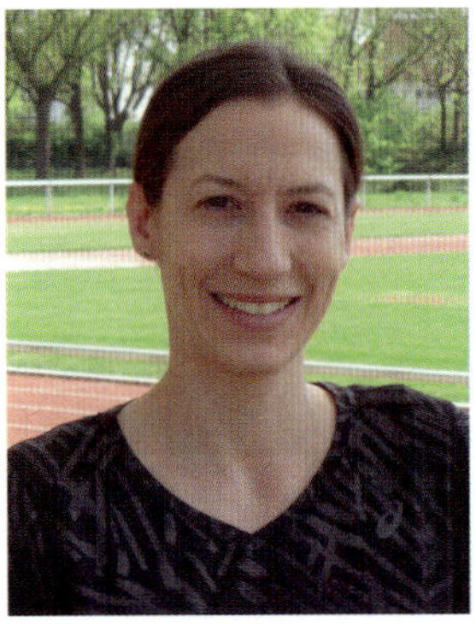

Diana Giesen ist langjährige erfolgreiche Leichtathletik-Trainerin sowie Talentstützpunktleiterin in Karlsruhe und besitzt die A-Trainer-Lizenz Mehrkampf. Die studierte Sportwissenschaftlerin M.A. arbeitete zunächst als wissenschaftliche Mitarbeiterin am Institut für Sport und Sportwissenschaft des KIT, wo sie u. a. für die Leichtathletik-Ausbildung zuständig war. Seit 2010 arbeitet sie als Bildungsreferentin der Badischen Sportjugend im Badischen Sportbund Nord e.V., wo sie ihre Erfahrungen an Übungsleiter, Jugendleiter und Trainer weitergibt.

Danksagung

Wir danken allen, die uns auf dem Weg zu diesem Buch unterstützt haben. An erster Stelle danken wir unseren Familien und Freunden.

Vielen Dank an unseren Fotografen Christian Kramczynski für seinen unermüdlichen Einsatz.

Vielen Dank an die Leichtathleten des TuS Neureut und deren Trainer Alexander und Sina sowie an die Schüler des Albert-Schweitzer-Gymnasiums in Gernsbach für ihr Engagement bei den Fotoshootings.

Vielen Dank an unzählige Trainer und Lehrer für ihre Ideen: Nur auf der Basis des von Generation zu Generation gewachsenen Wissens über Leichtathletik im Verein und in der Schule konnten wir dieses Buch schreiben. Wir haben uns nicht alles selbst ausgedacht. Wir haben selbst bei etlichen Trainern trainiert, bei vielen Trainingseinheiten und Lehrgängen zugeschaut und viel Literatur aufgesogen. Danke für viele Inspirationen insbesondere an (in alphabetischer Reihenfolge): Alexandra, Alina, Andrea, Berthold, Eva, Karlheinz und Sofia.